国家社科基金重大委托项目
中国社会科学院创新工程学术出版资助项目

中国民族地区
经济社会调查报告

总顾问　陈奎元
总主编　王伟光

互助土族自治县卷

本卷主编　秦永章

中国社会科学出版社

图书在版编目（CIP）数据

中国民族地区经济社会调查报告·互助土族自治县卷／王延中主编；
秦永章分册主编. —北京：中国社会科学出版社，2015.5
ISBN 978 – 7 –5161 –6067 –1

Ⅰ.①中⋯　Ⅱ.①王⋯②秦⋯　Ⅲ.①土族 – 民族地区经济 – 经济
发展 – 调查报告 – 互助土族自治县②土族 – 民族地区 – 社会发展 –
调查报告 – 互助土族自治县　Ⅳ.①F127.8

中国版本图书馆 CIP 数据核字（2015）第 094837 号

出　版　人　赵剑英
策划编辑　宫京蕾
责任编辑　孔继萍
责任校对　张依婧
责任印制　李寡寡

出　　　版　中国社会科学出版社
社　　　址　北京鼓楼西大街甲 158 号
邮　　　编　100720
网　　　址　http://www.csspw.cn
发 行 部　010 – 84083685
门 市 部　010 – 84029450
经　　　销　新华书店及其他书店

印刷装订　北京市兴怀印刷厂
版　　次　2015 年 5 月第 1 版
印　　次　2015 年 5 月第 1 次印刷

开　　本　710×1000　1/16
印　　张　21.25
插　　页　2
字　　数　361 千字
定　　价　78.00 元

《21世纪中国少数民族地区经济社会发展综合调查》

项目委员会

顾问委员会

总 顾 问 陈奎元

学术指导委员会

主　　任 王伟光

委　　员（按姓氏笔画为序）

丹珠昂奔　李　扬　李培林　李　捷　陈改户　武　寅

赵胜轩　郝时远　高　翔　黄浩涛　斯　塔

专家委员会

首席专家 王延中

委　　员（按姓氏笔画为序）

丁卫东　丁　宏　丁　赛　马　援　王　平　王希恩

王　锋　开　哇　车明怀　扎　洛　方　勇　方素梅

尹虎彬　石玉钢　龙远蔚　卢献匾　田卫疆　包智明

吐尔干·皮达　朱　伦　色　音　刘正寅　刘世哲

刘　泓　江　荻　赤列多吉　李云兵　李红杰　李克强

吴大华　吴　军　何星亮　张若璞　张昌东　张继焦

陈建樾　青　觉　郑　堆　赵立雄　赵明鸣　赵宗福

赵剑英　段小燕　姜培茂　聂鸿音　晋保平　特古斯

俸代瑜　徐　平　徐畅江　高建龙　黄　行　曹宏举

曾少聪　管彦波　毅　松

项目工作组

组　　长 扎　洛　孙　懿

成　　员（按姓氏笔画为序）

丁　赛　孔　敬　刘文远　刘　真　李凤荣　李益志

宋　军　陈　杰　周学文　程阿美　管彦波

总　序

　　实践的观点是马克思主义哲学最基本的观点，实事求是是马克思主义的活的灵魂。坚持一切从实际出发、理论联系实际、实事求是的思想路线，是中国共产党人把马克思主义基本原理与中国实际相结合，领导中国人民进行社会主义革命和社会主义建设不断取得胜利的基本经验。改革开放以来，在实事求是、与时俱进思想路线指导下，中国特色社会主义伟大事业取得了举世瞩目的伟大成就，中国道路、中国经验在世界上赢得广泛赞誉。丰富多彩的成功实践推进了中国化马克思主义的理论创新，也为哲学社会科学各学科的繁荣发展提供了坚实沃土。时代呼唤理论创新，实践需要哲学社会科学为中国特色社会主义理论体系的创新发展做出更大的贡献。在中国这样一个统一的多民族的社会主义国家，中国特色的民族理论、民族政策、民族工作，构成了中国特色社会主义的重要组成部分。经济快速发展和剧烈社会转型，民族地区全面建成小康社会，进而实现中华民族的伟大复兴，迫切需要中国特色民族理论和民族工作的创新，而扎扎实实开展调查研究则是推进民族研究事业适应时代要求、实现理论创新、服务发展需要的基本途径。

　　早在 20 世纪 50 年代，应民族地区的民主改革和民族识别之需，我国进行了全国规模的少数民族社会历史与语言调查，今称"民族大调查"。这次大调查搜集获取了大量的有关民族地区社会历史的丰富资料，形成300 多个调查报告。在此次调查的基础上，整理出版了 400 余种、6000 多万字的民族社会历史建设的巨大系统工程——《民族问题五种丛书》，为党和政府制定民族政策和民族工作方针，在民族地区开展民主改革和推动少数民族经济社会的全面发展提供了重要的依据，也为新中国民族研究事业的发展奠定了坚实的基础。

半个多世纪过去了，如今我国边疆民族地区发生了巨大而深刻的变化，各民族逐渐摆脱了贫困落后的生产生活状态，正在向文明富裕的现代化社会迈进。但同时我们也要看到，由于历史和现实的原因，各民族之间以及不同民族地区之间经济社会的发展依然存在着很大的差距，民族地区经济发展不平衡性问题以及各种社会问题、民族问题、宗教问题、生态问题，日益成为推动民族地区经济社会发展必须着力解决的紧迫问题。深入民族地区开展长期、广泛而深入的调查研究，全面了解各民族地区经济社会发展面临的新情况、新问题，科学把握各民族地区经济社会发展趋势，是时代赋予民族学工作者的使命。

半个多世纪以来，中国社会科学院民族学与人类学研究所一直把调查研究作为立所之本。1956 年成立的少数民族语言研究所和 1958 年成立的民族研究所（1962 年两所合并），从某种意义上讲，就是第一次民族大调查催生的结果。作为我国多学科、综合性、国家级的民族问题专业研究机构，民族所非常重视田野调查，几代学人已在中国各民族地区近 1000 个点进行过田野调研。20 世纪 90 年代，民族所进行了第二次民族地区典型调查，积数年之功完成了 20 余部调研专著。进入新的历史时期，为了更好地贯彻党中央对我院"三个定位"的要求，进一步明确今后一个时期的发展目标和主攻方向，民族所集思广益，经过反复酝酿、周密论证，组织实施了"21 世纪初中国少数民族地区经济社会发展综合调查"。这是我国民族学研究事业发展的迫切需要，也是做好新时期民族工作的前提和基础。

在充分利用自 20 世纪 50 年代以来开展的少数民族社会历史与语言调查相关研究成果的基础上，本次民族大调查将选择 60—70 个民族区域自治地方（包括城市、县旗或民族乡）作为调查点，围绕民族地区政治、经济、社会、文化、生态五大文明建设而展开，计划用 4—5 年的时间，形成 60—70 个田野调查报告，出版 50 部左右的田野民族志专著。民族调查是一种专业性、学科性的调查，但在学科分化与整合均非常明显的当代学术背景下，要通过调查研究获得开拓性的成果，除了运用民族学、人类学的田野调查方法外，还需结合社会学问卷调查方式和国情调研、社会调查方式，把静态与动态、微观与宏观、定量分析与定性分析、典型与一般有机结合起来，突出调查研究的时代性、民族性和区域性。这是新时期开展民族大调查的新要求。

　　立足当代、立足中国的"民族国情"，妥善处理民族问题，促进各民族平等团结，促进各民族地区繁荣发展，是中国特色社会主义的重要任务。"21世纪初中国少数民族地区经济社会发展综合调查"作为国家社科基金特别委托项目和中国社会科学院创新工程重大项目，希望立足改革开放以来少数民族地区的发展变化，围绕少数民族地区经济社会发展，有针对性地开展如下调查研究：（1）民族地区经济发展现状与存在问题调查研究；（2）民族地区社会转型、进步与发展调查研究；（3）西部大开发战略与民族问题调查研究；（4）坚持和完善民族区域自治制度调查研究；（5）民族地区宗教问题调查研究；（6）民族地区教育与科技调查研究；（7）少数民族传统文化与现代化调查研究。

　　调查研究是加强学科建设、队伍建设和切实发挥智库作用的重要保障。基础研究与应用对策研究是现代社会科学不可分割的有机统一的整体。通过全面深入系统的调查研究，我们冀望努力达成以下几个目标：一是全面考察中国特色民族理论、民族政策的探索和实践过程，凝练和总结中国解决民族地区发展问题、确立和谐民族关系、促进各民族共同繁荣发展的经验，把握民族工作的一般规律，为未来的民族工作提供坚实的理论支撑，为丰富和发展中国特色社会主义理论体系做出贡献。二是全面展示改革开放特别是进入21世纪以来民族地区经济社会发展的辉煌成就，展示以"平等、团结、互助、和谐"为核心内容的新型民族关系的当代发展状况，反映各族人民社会生活的深刻变化，增强各民族的自豪感、自信心，建设中华民族共同体，增强中华民族凝聚力。三是深入调查探寻边疆民族地区经济社会发展中存在的问题，准确把握未来发展面临的困难与挑战，为党和国家全面了解各民族发展现状、把握发展趋势、制定未来发展规划提供可靠依据。四是通过深入民族地区进行扎实系统的调研，搜集丰富翔实的第一手资料，构筑我国民族地区社会发展的基础信息平台，夯实民族研究的基础，训练培养一支新时代的民族问题研究骨干队伍，为民族学研究和民族地区未来发展奠定坚实的人才基础。

　　我们深信，参与调查研究的每一个专家和项目组成员，秉承民族学人类学界前辈学人脚踏实地、不怕吃苦、勤于田野、精于思考的学风，真正深入民族地区、深入田野，广泛汇集干部群众的意见、倾听干部群众的呼声，通过多种方式方法取得丰富的数据资料，通过科学严谨的数据分析和系统深入的理论研究，一定会取得丰硕的成果。这不仅会成为新世纪我国民族学与人类学学科建设的一个重要里程碑，也一定会为党和政府提供重要决策参考，为促进我国民族理论和民族工作的新发展，为在民族地区全面建成小康社会，为实现中华民族的伟大复兴做出应有的贡献。

王伟光

前　言

在祁连山南麓，湟水河北岸，有一片美丽的地方，人称"彩虹的故乡"，它就是青海省互助土族自治县。

互助土族自治县是全国唯一的土族自治县，位于青藏高原东北部，地理坐标为北纬36°30′—37°10′、东经101°45′—102°45′。北依祁连山支脉达坂山与门源回族自治县相接，东北与甘肃省天祝藏族自治县和永登县毗邻，东南、西南与乐都县和西宁市接壤，西邻大通回族土族自治县，南以湟水为界与平安县隔河相望，东西长86千米，南北宽64千米，总面积3423.9平方千米。县城所在地威远镇，地理坐标为北纬36°47′—36°52′、东经101°54′—102°02′，距西宁市32千米。

本县地处祁连山南麓，为黄土高原与青藏高原交错嵌接地带，地势北高南低，自然倾斜度2.03度，全县最高海拔4200米，最低海拔2100米，平均海拔2700米。境内山脉纵横，山峰众多，山体构成复杂。全县海拔在3000米以上的山峰有68座，海拔在4000米以上的山峰有26座。县境北部和东北部有达坂山和龙王山，东部有阿米多藏山、麻钱山、娘娘山和先克山，东南部有松花顶俄博，诸峰海拔高，山势陡峻，岭脊尖峭，巍巍壮观，一般山体多为石灰岩、花岗岩、麻岩、千枚岩、石英岩等，上半部多为裸露山石，下半部为灌木丛林、草场，适宜发展畜牧业。西北部则有平顶山和扎坂山，南部分布有众多的土石山和土岭。

由于受地形及海拔的制约，境内气候、植被、土壤、生物等自然条件呈明显的垂直分布状，可分为河谷地带（川水地区）、低山丘陵地带（浅山地区）、中山地带（脑山地区）、高山地带四个类型。各地带由南向北，海拔逐步升高，呈阶梯状分布，县城南端是海拔2100米的湟水河谷盆地，向北是海拔2400—3500米的丘陵、中高山地带，其间山岭相连，峰峦迭障，沟壑纵横，山川相间，地形较为复杂。北部至东北部一线，属高山地带，最高海拔达 4384 米，县境高差 2270 米，青石岭自北向东南延伸，将县境分成两大天然地形单元，即前山和后山。前山主体为农业区，后山主要为林、牧区。境内有 6 条天然河流，总长 289.5 千米。

境内气候属大陆寒温带气候，冬季受西伯利亚季风和寒流影响，夏季受东南沿海台风影响，春季干旱多风，夏季凉爽，秋季雨量集中，冬季寒冷少雪，冷凉气候特征明显。最近一个时期，年平均气温为 4.5℃，极端最高气温为 31.1℃，极端最低气温为 −21.6℃。年日照时数为 2563.8 小时，无霜期 112 天，年降水量 482.5 毫米，年蒸发量 1236 毫米，年相对湿度 64%，年平均风速 1.3 米/秒，雷暴日数 30 天。

目前，全县总面积 3424 平方千米，县辖 8 镇 11 乡，8 镇即威远镇、丹麻镇、高寨镇、南门峡镇、加定镇、五十镇、五峰镇、塘川镇，11 乡即红崖子沟乡、哈拉直沟乡、东山乡、东和乡、东沟乡、林川乡、台子乡、西山乡、蔡家堡乡以及松多藏族乡和巴扎藏族乡，共有 294 个村民委员会，11 个居民委员会。

据 2010 年第六次人口普查数据，全国土族总人口为 289565 人，主要分布在青海、甘肃二省，其中青海省土族人口 204413 人，主要分布在互助土族自治县、民和回族土族自治县、大通回族土族自治县、黄南藏族自治州同仁县，以及西宁市、海东市等地；甘肃省土族人口主要分布在天祝藏族自治县、永登县、甘南藏族自治州卓尼县等地。2011 年 6 月，土族被纳入国家民委、国家发改委等 5 部门联合制定的《扶持人口较少民族发展规划（2011—2015 年）》中。

互助县虽然是土族自治县，但民族构成仍以汉族为主体，据第六次全国人口普查数据，全县人口合计 356437 人，其中汉族 263456 人，占常住总人口的 73.91%。全县少数民族常住人口中数量排前 6 位的依次为土族、藏族、回族、蒙古族、满族和撒拉族，其中土族 63680 人，藏族 21203 人，回族 7674 人，蒙古族 178 人，这 6 个少数民族人口之和占全县少数民族总人口的 99.86%。土族人口占常住总人口的 17.87%，占全县少数民族人口的 68.49%。汉族绝大部分居住在县城附近或河谷、川水、浅山地区，土族绝大部分居住在浅山、脑山地区的东山、东沟、五十、丹麻、威远、松多、嘉定、东和、台子等乡镇，藏族主要聚居在巴扎、加定、松多、南门峡、林川等乡镇，回族主要聚居在高寨镇东村、中村、西村、双树乡什字村，在加定、西山等地区也有少量分布。民族分布总体呈小聚居、大杂居的格局。人口居住密度总的情况呈波浪形，县城高于农村，河谷地区高于浅山地区，浅山地区高于脑山地区。

土族自称"蒙古尔"（mongol）、"蒙古尔昆"（mongol kun，意为蒙古人。昆，系土族语"人"之意）、"察汗蒙古尔"（qagan mongol，意为白蒙古）等。藏族称土族为"霍尔"（hor），汉、回等民族称土族为"土人"、"土民"。"土族"是新中国成立之后，根据土族人民的意愿，经过各方面协商确定的族称。

关于土族的族源，自 20 世纪 30 年代迄今，相关专家、学者对之进行了大量调查研究，提出了一些颇有价值的观点或看法，概而言之，大致有两种观点：一种观点为蒙古说，认为土族是以蒙元时期入居河湟地区的蒙古人为主，吸取汉、藏等民族成分及其文化因素而形成的一个民族共同体，故自称为"蒙古尔"，此观点是目前学界比较认可的一种观点，也是长期以来通行的一种主流看法。最近时兴的另一种观点则为吐谷浑说，认为土族是公元 4 世纪初至 7 世纪中叶立国青海达 350 年之久的吐谷浑汗国被吐蕃所灭后，其国人之一部分随其王室东迁归唐，除大部分留居故土被吐蕃同化吸收者以外，尚有一部分在河湟地区繁衍生息下来，到蒙元时期，蒙古族迁入河湟地区与这部分人融合并吸收藏、汉等民族成分，遂形成　个新的民族。此外，多源说也是目前解释土族族源的一种值得关注的学术观点，其核心在于强调了不同地区土族来源的差异性与多样性特点，但却没有明示决定其民族属性的最主要的来源问题。虽然目前受各种因素特别是随着旅游业的发展，由于历史文化的资源化、产业化倾向及其市场化、商业化运作，乃至族源认同的工具论倾向等诸多非学术因素的影响，关于土族族源的争论似乎已经变得不再单纯且仍将继续下去，但不可否认，土族是以蒙元时期的蒙古人为主体，并融摄其他民族成分而形成的一个新生民族，这点当然是没有问题的。总之，对于一个民族而言，正本清源，避免错拜了祖先，这是对历史负责的一种态度，同时希冀历史更加悠久，源远且流长，也属正常的民族情感，但历史证明，源与流是辩证性与相对性的统一，源远未必流长，流长无须源远，一源多流、多源并流、源流互化，始终贯穿于民族形成、发展与变迁的整个过程。土族作为特色鲜明的民族共同体，其文化不仅兼具游牧与农耕、民族与地域之特色，其多样性、包容性特点也十分明显，这集中体现在宗教信仰、民间文学、习俗礼仪、语言文字、文学艺术和民族传统体育等诸多方面。

现在，土族主要信仰藏传佛教，兼信道教、萨满教。土族语言属于阿尔泰语系蒙古语族，没有传统文字。

土族是我国一个具有悠久历史和灿烂文化的少数民族。有关土族的研究早在19世纪末既已开始，主要是对土族语言及历史方面的研究，俄国学者波塔宁（G. N. Potanin）于1885年到今青海民和收集土语三川方言，后在其所著《中国之唐古特土伯特边地及蒙古中部》（1892）第二册中录有三川土语。20世纪30年代，比利时天主教神父田清波和斯迈德依据互助沙塘川那林沟语言材料，撰写了以《甘肃西部蒙古语蒙古尔方言》为题的三部著作《语音》、《土语词典》、《语法》。最值得一提的是，20世纪一二十年代，比利时神父许让在今互助土族地区传教期间，对土族的历史和文化等作了深入的观察和研究，并留下了堪称巨著的研究成果《甘肃边境的土族》三大册，即《土族的起源、历史及社会组织》（1954）、《土族的宗教生活》（1957）、《土族族谱》（1961）等。相较而言，新中国成立前国内学者的研究成果稀疏，主要有陈寄生的《甘肃青海"土族"之史的考察》（1941）、杨堃《甘肃土人的婚姻》（1943）、韩儒林的《青海佑宁寺及其名僧》（1944）、卫惠林的《青海土人的婚姻与亲族制度》（1947）等。新中国成立后，有关土族的研究逐渐增多，领域不断拓宽。20世纪五六十年代，随着全国性少数民族社会历史调查的开展，土族的社会历史和语言文化等得到一次较全面的调查，其主要成果随后陆续编印发行，即《土族简史简志合编》（1963）、《青海省互助土族自治县概况》（1963）、《青海土族社会历史调查》（1985）等。进入21世纪以后，土族的研究全面展开，研究成果丰硕，其中相关互助地区的调研专著有《土族：青海互助县大庄村调查》（"中国民族村寨调查丛书"，2004）、《互助县·土族卷》（"中国少数民族现状与发展调查研究丛书"，2006）等。

上述已有的研究成果为我们留下了极为丰富的宝贵资料，也为我们进一步研究土族及土族聚居区打下了良好的资料基础。但相对而言，以往的研究多集中在历史和传统文化领域，涉及当地经济、政治和社会发展的成果相对较少，现实问题，尤其是反映进入21世纪以来土族经济社会发展变化的研究不够。

2013年初，由中国社会科学院民族学与人类学研究所承担并主持的国家社会科学基金特别委托项目、中国社会科学院"创新工程"重大专项《21世纪初中国少数民族地区经济社会发展综合调查》项目获准立项，本课题《21世纪初青海省互助土族自治县经济社会发展综合调查》作为其中的一个子项目也随之立项。

本课题以十八大精神为指导，旨在实地调查的基础上，客观系统地反映21世纪以来互助土族自治县在政治、经济、社会、文化、生态、教育、卫生等各方面取得的发展成就，全面展示当地人民生活的变化，总结民族区域自治制度和民族政策对当地经济社会发展的支撑作用，分析21世纪以来出现的新情况和新问题，并且为解决这些问题提出对策性建议。同时，通过本项课题为学界增添21世纪初互助土族自治县综合调查的宝贵资料，以便与上述调研及成果形成一种自然接续的关系。

课题组由秦永章、梁景之、李丽、李臣玲、鄂崇荣、侯红蕊、哈斯其木格、杨学燕、马骏驰九位成员组成，由秦永章同志任组长，梁景之同志任副组长。经过必要的准备工作以后，课题组成员于2013年6月底至8月初深入互助县进行实地调查。调查期间，我们先后走访了县委、县政府、县人大、县政协，并在县委、县政府的40多个职能部门进行调查，收集到了大量的文字及访谈资料。此后我们又先后深入五十镇、东沟乡、加定镇、威远镇、丹麻镇的部分村、社，以及佑宁寺、却藏寺、五峰寺、"彩虹部落"、互助青稞酒厂、北山国家森林公园、民族中学、职业学校等企事业单位及寺院，通过座谈会、入户调查、深度访谈、问卷和查阅等形式展开调研活动，收集掌握了大量的第一手资料。课题组成员结束调研任务后，随即进入课题报告的撰写阶段，最终形成了本调研报告。

该报告共由九章组成，具体内容有：

第一章内容为经济建设与经济发展，分三个阶段叙述和呈现了互助土族自治县社会主义经济形态的确立过程和现代经济发展变化。指出自改革开放以来，互助县经济发展有了质的飞跃。进入21世纪以后，在党和政府的大力支持下，互助土族自治县的经济发展速度进一步加快。近十年来，互助县的国民生产总值一直呈现出强劲的增长势头。2012年，全年完成县内生产总值69.04亿元，同比增长18.3%，其中，第一产业实现增加值14.79亿元，增长5.8%；第二产业实现增加值30.77亿元，增长31.8%；第三产业实现增加值23.48亿元，增长11.4%。2012年的国民生产总值比2000年增加了6.057亿元，增长了8.15倍。同时，经济规模日益壮大，农牧养殖业成绩斐然，固定资产投资规模持续增加，城乡居民收入稳定增长，社会消费品零售总额持续增长，财政收入得到极大改善。但是在经济发展进程中也面临着一些突出的问题，如经济规模较小，产业结构不合理，区域发展不平衡，城镇化水平低，农民和部分城镇居民增收缓慢等问题。作者认为互助土族自治县作为一个民族地区，参与市场竞争的重要途径和着眼点放在特色经济、调整产业结构、培育新的产业增长点，走出传统经济发展的单一资源粗放窘境，发展特色产业是互助县经济转型和发展的关键环节。

第二章为政治建设与政治发展，分别叙述了互助土族自治县民族区域自治制度的发展与实践、民族关系的演变与发展、基层民主建设和基层组织建设，在介绍成绩的同时，分析了存在的问题，并提出了相应的对策措施。互助县自1954年建立自治地方以来，尤其是自1984年《民族区域自治法》颁布实施以来，互助县党委、政府从当地实际出发，根据自治法制定推进民族地区经济社会发展的各项措施，解决民族自治地方经济和社会发展中的实际问题，在各方面取得了显著成效。这些成效表现在互助县的经济综合实力有了很大发展，基础设施明显改善，城乡面貌发生了深刻的变化，社会事业和民生建设得到明显增强，文化和旅游产业发展势头良好，教育、医疗卫生、公共文化服务体系事业都得到了长足的发展和进步，少数民族干部和人才队伍进一步壮大，少数民族语言文字、风俗习惯、宗教信仰得到尊重，少数民族平等参与国家事务管理、自主管理本民族地区各项事务的权利得到实现。但是，由于自然条件和历史原因，该县的发展起点低，还面临着不少的困难，民族区域自治法的贯彻实施也存在一些问题。因此，结合互助县的实际情况，采取有效措施坚持和进一步完善并落实好民族区域自治制度显得非常重要。

新中国成立以来，特别是改革开放30多年来，互助县的民族关系呈现出良性发展的局面，平等、团结、互助、和谐的社会主义民族关系得到进一步的巩固和发展。特别是进入21世纪以来，互助县以科学发展观为统领，紧紧围绕全县经济建设这个中心，强调各民族"共同团结奋斗，共同繁荣发展"，并以建设"绿色、开放、和谐互助"为目标，紧扣创建"民族团结进步"和构建"和谐寺院"的主线，解放思想，促进各民族共同发展，使互助县的民族关系进入了一个新的发展时期。但是由于各民族历史发展的差异，在社会转型期下互助县的民族关系也呈现出一些新的特点，如经济发展不平衡和发展差距拉大；促进经济社会快速发展与保护群众合法权益之间的矛盾日渐突出；文化差异引发民族矛盾现象突出；境外民族分裂势力的干扰和破坏活动依然存在等，这给互助县构建和谐的民族关系带来了挑战，须引起重视。

村民自治制度是国家基层民主政治建设的重要组成部分。互助县农村村民自治的实践，不仅增强了农民的民主意识和政治参与热情，提高了农民的政治认知和参政能力。广大农民的政治独立性增强，必将极大地动摇农村社会非民主化的社会文化根基，促进农村民主政治的发展。但是，推动基层民主建设是一项长期工程，尤其在互助县这样一个经济欠发达的少数民族聚居地区建设农村基层民主要经过发展、完善一个比较漫长的过程，不可能一蹴而就，需要克服各种困难，对此，我们应该要有充分的认识。

第三章为社会建设与社会发展，主要介绍和分析了互助土族自治县的社会保障体系、扶贫与就业、社会事业管理等。指出进入21世纪以来，互助县正经历着巨大的社会变迁。伴随着城镇化的推进、产业结构的转变以及农村人口的流动，全县的社会人口结构、社会保障、社会公共服务、社会管理等多个方面都处于从传统的农业社会向城镇化、城乡社会均衡发展的新的社会发展模式的转型之中。尤其是近年来党和政府提出全面推进社会主义社会建设，推动改革开放的发展成果能够更多地、更公平地惠及全体人民。围绕这一社会发展目标，进入21世纪以来，互助县各项社会建设事业得到巨大的发展，社会保障体系从无到有，新型的社会救助、扶贫体系基本形成，城乡基本养老保险制度全面建立，全民医保基本实现，互助县的城乡社会一体化建设有了一个良好的开端。

第四章为生态建设与环境保护，在介绍、分析互助土族自治县资源条件、生态系统的基础上，分析了该县的生态危机和生态建设、环境治理和环境保护问题。互助县县域景观多样，资源丰富，决定了生态系统的复杂性，其中森林、草原和水是最为主要的生态系统。由于高寒生态系统的脆弱性特点，局地环境堪称恶劣，生态危机主要表现为水土流失、草原退化、物种数量减少、灾害频发和有害生物增多。因此，小流域综合治理、退耕还林还草、营造林工程以及鼠虫灾害的生物防控就成为实施生态修复和防护治理的关键领域。生态安全问题则主要表现为农业生态系统的渐次退化，其中最突出的是农药、农膜问题以及路网效应。较之生态建设，环境保护侧重于人工生态系统，如城镇、村落、农田等系统的治理与保护，主要涉及大气污染治理、水环境整治、农业污染防治、垃圾处理等几个主要方面。当然，环境保护是一项极其复杂的系统工程，结构上而言，可以分为工程性保护、产业性保护和文化性保护三大类，三者相对独立但却密切关联，从而构成统一过程的不同层面。具体而言，工程性保护主要涉及造林绿化和水源地保护两项举措，其中造林绿化涵盖城镇和农村两大板块，即城镇绿化是重点，农村绿化为主体。产业性保护则涵盖循环农业、生态经济的基本内容，也是加快发展现代性农业的重要途径，而沼气建设则是打造高原生态循环农业新模式的关键一环，即以沼气建设为纽带，连接养殖业与种植业，通过对人畜粪便的无害化处理，资源化利用，最终实现农业系统内部的良性循环，减少对环境的污染。文化性保护本质上是民间传统生态环境保护知识及其体系在文化上的智慧体现，它渗透在人们日常生产、生活的方方面面，或相沿为习惯，或升华为信仰，或表现为规约，内涵丰富，形式多样，在生态文明建设方面发挥着独特而又难以替代的作用。

第五章为文化建设与文化保护，重点叙述和展示了互助土族自治县的公共文化服务体系建设、民族艺术及其创新、民族文化遗产的保护与利用等情况，并就其中存在的问题提出了对策建议。互助土族民间艺术具有深厚的人文内涵，是土族人民创造新的富有时代气息的当代艺术的文化之根。互助县改革开放30多年来，在民族文化的丰厚基础上努力创新，与时俱进，民族艺术在形式和内容上不断创新，不断超越，展现了新的时代风采。互助县的公共文化体系不断完善，公共文化产品日益丰富，各类文化惠民工程的实施，为提高全民文化素质和满足广大人民群众日益增长的精神文化需求起到了重要作用。民族文化遗产保护已成为全民的共识，得到了有效的保护。以非物质文化遗产项目的申报成功为契机，非物质文化遗产得到进一步保护和传承，非遗作为最重要的文化资源在文化产业中发挥了巨大作用。

第六章探讨了互助土族自治县的文化产业特点及特色旅游业的发展情况，分析了存在的问题，并提出了相应的对策建议。在政府的积极推动下，互助县文化产业依托丰富的民族文化资源获得了空前的发展，形成了以非物质文化遗产为主要内容的文化产业集群，成为国民经济的支柱型产业。互助旅游业的兴起和发展，带动了当地农民脱贫致富。互助县将旅游经济作为县域特色经济的发展战略目标，旅游业已成为县域经济新的增长点。通过将旅游资源优势转化为现实的经济优势，把互助县建成集民俗宗教体验、自然生态观光、温泉养生度假、商务休闲拓展、旅游商品研发生产等为一体的高原旅游名城。

第七章展示和探讨了互助土族自治县的教育发展和土族语言文字的使用现状，并就存在的相关问题提出了对策建议。新中国成立以后，互助县的教育事业得到了长足的发展，已在全国统一教育体系下建立了适合于本地特色的教育系统。但随着本地区经济、社会、文化的不断发展，互助县教育出现了教师编制紧缺，师资力量薄弱，教育资源配置不平衡等一些亟待解决的问题。同时，互助土族自治县作为西部地区欠发达的少数民族聚居地区，相较经济发达的内地，教育发展仍较为缓慢，需加大力度进一步发展和推进。民族语言文字是一个民族的重要符号，互助县现居住着近7万土族群众，土族语言是土族群众日常生活和生产的主要交流工具。进入21世纪以来，在经济、政治、文化和社会变迁等各种因素的影响下，土族语言文字受到强势语言的渗透，语言活力下降，使用人口和使用范围日益萎缩，已出现濒临灭亡的趋势，亟待采取适当措施，并进行有效保护。

第八章介绍和分析了互助土族自治县医疗卫生事业及新型农村合作医疗发展的现状，并就存在的问题提出了解决途径。医疗卫生服务保障体系的建设直接关系到人民群众身体健康、生命安全和社会稳定，直接关系到社会经济及各项事业的全面、协调、可持续发展。进入21世纪以来，互助县始终坚持以人为本，夯实基础，加强医疗机构管理改革，创新运行机制，强化能力建设，全县公共卫生体系建设和农村医疗服务体系建设整体水平大有提高。特别是新型农村合作医疗制度自2003年在互助县试点实施以来，发展迅速，它给互助县农民看病带来了巨大的便利和实惠，不论在农民的健康观念和疾病认识方面，还是在农民的疾病支付能力方面，都产生了非常有益的影响，从而改变了农民传统的就医行为，提高了农民生病的就诊率。尽管如此，新农合制度在实施过程中也存在一些问题，需要引起相关方面的重视，并及时出台更贴合民意的政策、措施，更好地为农民群众服务。

第九章介绍了互助土族自治县各民族的宗教信仰情况，评析了当地的宗教事务管理情况，并就存在的问题提出建议。本章同时对土族民俗文化及其变迁情况进行了介绍和分析。互助土族自治县是一个多种宗教并存的地区，藏传佛教、汉传佛教、道教、伊斯兰教、天主教、萨满教、民间信仰多元共存。目前，互助县信仰宗教的人口占全县总人口的30%左右，少数民族基本上是全民信教。宗教在互助县各民族的生产、生活、思想意识、文学艺术和风俗等诸多方面，留下了深刻的烙印。进入21世纪以来，互助县党委和政府认真贯彻落实中央和青海省有关宗教工作的方针政策，依法加强对宗教事务的管理，积极引导宗教与社会主义社会相适应，全面推进寺院管理科学化、社会化，初步建立了分级管理、社会监督评议、动态化备案等寺院管理和民主管理的新体制和新机制，为互助县经济社会平稳发展，宗教和谐提供了稳定的基础。但是，目前互助县宗教及宗教事务管理中也存在一些值得重视的问题，尤其是在寺院管理等方面亟待加强。

民俗文化是一个国家、民族、地区中集居的民众所创造、共享、传承的风俗生活习惯，涉及衣食住行、生产生活、婚丧嫁娶、节庆娱乐等物质生活和精神文化生活多方面。它的形成与一个民族的社会历史发展紧密联系，具有深刻的社会根源、历史根源，是维系一个民族情感的重要纽带，也是区分一个民族的重要标志。但是民族风俗并非一成不变，它会随着外界客观环境和时代条件而发生变迁。随着互助地区经济社会发展速度的加快，土族传统的风俗习惯、民俗活动以及民族性的物质和非物质事象，渐趋简化或者重构甚至消失，各民族间趋于更多的共性。互助土族民俗文化的变迁多是从物质层面开始，并逐步引起了精神层面的变迁，但其传统民俗核心仍居于主导地位。互助土族民俗文化变迁与消解是历史的必然，但不会与传统彻底分离，而是将通过功能转换、形态变异等形式继续留存于当地人们的生活当中。多元民俗文化特质并存互渗、相互适应构成了土族民俗文化变迁的基本走向。

总之，1954年互助土族自治县成立以后，互助县进入了一个全新的社会历史发展时期。特别是改革开放以来，互助县的经济建设和社会各项事业得到了长足的发展，取得了巨大的成就。21世纪初，随着西部大开发战略的全面实施，又给互助人民带来了前所未有的发展机遇，人们的精神面貌和社会风貌发生了深刻的变化。经济总量迅速扩大，经济实力显著增强，经济收入不断增加，生活水平明显提高，基础设施建设全面改善，文化建设全面推进。"赤橙黄绿青蓝紫，谁持彩练当空舞？"步入21世纪的互助县各族人民，正乘着西部大开发的春风，挥动着美丽的七彩袖，翩跹起舞，给我们展示和带来一个色彩斑斓的世界。

目　　录

第一章

经济建设与经济发展

在长期的历史进程中，互助土族地区社会经济发展经历了不同的历史阶段，呈现出不同的发展形态和特点。新中国成立后，互助县的经济社会进入了快速发展阶段，尤其是改革开放三十多年来，互助县经济建设取得了巨大成就。但是，进入 21 世纪以来，在中国社会经济转型的大背景下，互助县传统的经济结构已经难以适应市场经济发展的需要，经济可持续发展遇到瓶颈。互助县政府立足县情，以经济结构调整为主线，发展特色经济为重点，依托园区经济，积极应对复杂多变的经济形势，经过多年的调整，互助县经济建设展现出鲜明特点。经济发展是互助县社会整体提升的物质基础，所以，经济可持续发展事关互助县建成小康社会、和谐社会的宏伟目标的实现。

第一节　社会主义经济形态的确立和发展

新中国成立前，互助地区的社会经济结构是以农业经济为主的单一型经济结构，自给自足的小农经济占主导地位，基本上处于封闭半封闭的自然经济状态。新中国成立后，互助土族自治县的经济社会发生了巨大的变化。纵观新中国成立以来互助县经济社会发展的历程，大体可分为以下几个阶段。

一　民主改革和社会主义改造时期（1949—1957 年）

新中国成立之后，宣布废除了民族压迫和民族剥削制度，在政治上实现了各民族的平等。但是，在少数民族地区存在的各种旧制度依然延续着，经济社会发展受到很大阻碍。这就要求少数民族地区必须实行社会改革，以适应经济与社会发展的客观需要。为此，我国政府实行了包括民主改革和社会主义改造的社会改革政策。

（一）土地改革

土族地区民主改革的主要内容是进行土地改革。改革过程中，基本上采取了同汉族地区相同的做法，主要是按经济标准划分阶级成分，开展诉苦斗争，征收或没收地主的土地和其他生产资料，分给无地、少地的贫苦农民的方式。

据相关资料记载，1949 年初互助县（不含松多、加定、甘禅、巴扎乡）有耕地 100.66 万亩，其中喇嘛寺院占有 44124.7 亩，地主、半地主、半富农拥有 238930 亩，人均 16.26 亩，而贫农、雇农人均土地为 3.15 亩，地主等的人均数高于贫农 5.16 倍，贫农、雇农及中农租种地主、富农及寺院的土地 124835 亩。后来，互助县委和政府根据西北军政委员会和省人民政府关于农村减租减息的规定，1950 年 10 月，全县抽调 225 名干部分别到东和、高寨等乡进行了减租减息工作试点，获得了较好的效果，于是在同年 11 月至 1950 年 12 月 15 日，在全县范围内（不包括巴扎、加定、和平乡）分三期开展了减租减息工作。减租减息工作按照原租额减少 25% 的规定执行，先后在 230 个出租户和 1911 个承租户中进行，租佃土地共 13412 亩，原租额 131992.5 千克，减租后租额 98896.5 千克，共减少租粮 33096 千克。同时，经协商后调减地租的喇嘛寺院 2 座，共出租土地 25648 亩，原租额 644127.5 千克，减租后租额 408067.5 千克，共减少租粮 236060 千克。农村和寺院共减少租粮 269156 千克。

互助县土地改革在试点的基础上，根据国家公布的《土地改革法》，于 1951 年 10 月 2 日至 1952 年 4 月 2 日在 44 个乡（除巴扎、加定、甘禅、松多乡）先后分三期进行。各区、乡、行政村农会为土改执行机关。期间共组建工作队 44 个，参加干部 531 人。土改工作认真执行"依靠贫农、雇农，团结中农，中立富农，有步骤、有分别地消灭封建剥削制度，发展农业生产"的路线和各项具体政策，由于措施得力，土改得以顺利进行。据相关资料显示，在土地改革中，共没收和征收土地 200344 亩、牲畜 6418 头（匹）、农具 91057 件、粮食 856.4 万千克、房屋 19902 间。对没收和征收的资产，经过民主评议和审批，合理分配给了贫农、雇农和其他劳动群众。其中分得土地的 10628 户，分得耕畜的 5740 户，分得农具的 14016 户，分得粮食的 11737 户，分得房屋的 3545 户。① 地主也按家庭人口留给了同等数量的生产、生活资料，富农资产基本未予触动。对地主、富农和寺院加在农民身上的债务，则予以彻底废除。经过土地改革，消灭了封建土地私有制，实现了"耕者有其田"，解放了生产力。

在民主改革中还废除了宗教寺庙对人民的封建剥削。由于宗教所具有的特殊性，党在领导改革中，始终采取稳妥慎重的方针和区别对待的政策，一方面坚决废除宗教寺庙的封建剥削压迫制度，另一方面认真执行宗教信仰自由政策，大力保护寺庙建筑和宗教历史文物，团结宗教界爱国守法的上层人士，不干涉宗教职业者的正常宗教活动。

（二）农业合作化

农业合作化是一个循序渐进的过程。先由互助组开始，经历了初级农业生产合作社、高级农业生产合作社，最后建立起了人民公社。农业合作化发展的基本过程同汉族地区基本一样，只是在时间、速度和形式上注意少数民族地区的特点。

土改后，全县范围建立了互助组。互助县委、县政府遵照中共中央《关于农业生产互助组的决议》，本着"自愿互利，典型示范"的原则，积极引导各组农民走互助合作道路，组建互助组。到 1954 年底，互助县互助组发展到 3879 个，参加农户 19057 户，占全县总农户的 73.5%。② 互助组能够使劳力、耕畜、农具得到较为合理的利用，互相弥补劳力、耕畜、农具等拥有不均衡的问题，克服制约生产发展不足的因素，促进了生产的发展。在发展互助组的基础上，1953 年，根据《关于发展农业生产合作社的决议》，本着"积极引导，稳步前进"的建设方针，开始组建初级农业生产合作社。到 1954 年，共试办初级社 4 个（社长胡明伟、吴万选、仲吉祥、吴学文），入社农民 41 个。到 1955 年，初级农业合作社发展到 161 个，入社农民 3759 户，占全县总农户的 14.8%。初级社是一种具有半社会主义性质的农业经济组织，统一经营、统一使用、统一劳动、按劳计酬是其最为鲜明的特点。生产资料归农民个人所有，土地由社统一经营，社员私有的耕畜、农具也上交到社里统一使用，社员参加集体劳动，收益分配以社员劳动报酬为主，兼顾土地、耕畜分红。因此，在初级

①　编写组：《互助土族自治县概况》，民族出版社 2009 年版，第 33 页。

②　同上书，第 34 页。

社里所生产的一切产品归社员共同所有，在剔除缴纳农业税、支付给社员土地、耕畜、农具、肥料等报酬，以及扣除生产费用，提留公积金、公益金外，其余按劳计酬。据相关资料来看，一般年景，收益分配按以下标准执行：在总收入中按劳分配占56%，按土地分配占13%，按耕畜分配占13%，公积金、公益金提取5%，其余用于肥料款、管理费等开支，副产品分配，多数采取随正产品走的办法。① 初级社在合理利用土地、推广农业先进技术等方面，较互助组有更多的优越性。据1954年对胡明伟等4个社的调查，平均亩产与建设前比较，水地增产了13千克，平旱地增产17.8千克，山旱地增产5.8千克②。

1956年春季，开始加快了合作化的步伐，在初级社的基础上，互助县又大力推进高级农业生产合作社的建立。高级社是社会主义性质的农业集体经济组织，土地归合作社，社员的耕畜、农具作价入社，实行统一经营，按劳分配。在推进高级社的建立工作中，互助县因地制宜，针对不同情况，采取了相应措施。农业区在吸收单干农民入社的同时，将所有初级社并转为高级社；在半农半牧区（北山）不急于推进高级社，而是在发展初级社的同时，适当并转高级社。1958年，按照中共中央《关于在农村建立人民公社问题的决议》精神和省委指示，将互助县12个乡的234个高级社合并为5个人民公社，入社村民26334户，其中大社12700户，小社780户。③ 高级社时期，主要生产资料归公，取消土地、耕畜分红，贯彻按劳分配原则，在总收入中社员个人分配占65%—70%，干部误工补贴占1.5%—2%，农业税由社缴纳。公积金和公益金，在总收入扣除生产费用后的部分中，分别按不超过8%和2%提取，五保户从公益金中给予补助。由于要求过高，初级社尚未得到完全巩固，加之合作化步子过快，因此，建社初期，在办社制度和社员劳动、牲畜饲养、财务收支等管理方面出现了诸多问题，严重影响了合作社的发展和生产的正常进行，在不得已的情况下，县、区、乡多次抽调干部，深入高级社内进行整社工作。经过两年的整顿工作，方扭转了经营管理方面的混乱状况，生产得以正常进行。

---

① 互助土族自治县志编纂委员会编：《互助土族自治县县志》，青海人民出版社1993年版，第135页。

② 同上书，第120页。

③ 编写组：《互助土族自治县概况》，民族出版社2009年版，第35页。

（三）手工业的社会主义改造

1949 年前，互助土族自治县没有近现代工业生产，只是有广泛的群众基础的手工业生产，手工业生产具有规模小、代代相继的特点，是本地经济生活中不可缺少的重要部分。互助县传统手工业门类较多，有木工、铁工、石工、砖瓦、制草、铜器、银器、铸造、编织、制粉、酿造、油漆等，但手工业生产的设备简陋，工艺落后，规模很小。据调查资料显示，1946 年，互助县有手工业者 110 户，年产值 20 万元（法币），之后的几年，由于社会动荡，苛捐杂税繁重，使得经济发展缓慢，关门歇业者很多，直至 1949 年前夕，互助县手工业者仅剩下 50 户，年产值更是降至 13.6 万元（法币）[①]。

中华人民共和国成立后，党和政府大力支持手工业的发展，手工业生产得到较快的恢复。到 1952 年，互助县从事手工业生产的人员达 954 人，包括 14 个行业，年产值达 71.15 万元。同年，按照党的"积极领导，稳步前进"的方针，本着自愿互利的原则，采取说服教育、典型示范和国家援助等办法，动员和组织个体手工业者分别加入手工业供销生产小组、供销生产社和生产合作社。互助土族自治县第一次出现的手工业合作组织是在威远镇和甘雷乡，最初成立的是两个铁工供销生产小组，有职工 6 人，生产经营与当地供销社直接挂钩。这两个生产小组在国家的帮助指导下，生产迅速发展，当年实现产值 4200 元。1953 年供销生产小组发展到 3 个，总产值达 6230 元。供销生产合作小组较之个体手工业者有着明显的优越性，极大地激发了广大的手工业劳动者参加合作小组的热情。1954 年 5 月 13 日，互助县正式成立了第一个手工业生产合作社威远镇铁质农具社。到 1955 年秋，互助县手工业生产合作社发展到 4 个，供销生产合作社发展到 5 个，供销生产小组发展到 3 个，参加社组的成员达 191 名，约占当时手工业劳动者总数的 18.61%。1955 年 12 月，在贯彻全国手工业生产合作会议和毛泽东关于《加快手工业的社会主义改造》指示精神下，互助县手工业合作化运动出现了高潮。广大手工业者纷纷报名申请入社。截至 1956 年 6 月，互助县手工业劳动者除部分加入农业生产合作社外，先后有 785 名手工业者组织成立了包括铁工、木工、缝纫、制鞋、砖

① 互助土族自治县志编纂委员会编：《互助土族自治县县志》，青海人民出版社 1993 年版，第 179 页。

瓦、印刷、五金、银铜器、毡织、粉、醋等行业在内的 17 个手工业生产合作社。至此，互助县手工业个体私有制到集体所有制的社会主义改造基本完成。据不完全统计，当年这些手工业生产合作社生产畜力车 368 辆、小农具 3600 多件、服装 12000 多件、鞋 1800 双、砖 91 万多块、瓦 66.53 万片、石灰 50 吨、家具 307 件、办公桌 57 张、粉条 8369 千克、醋 7718 千克。[①] 手工业生产合作社的产值迅猛提高，当年实现产值 172 万元，比中华人民共和国成立前手工业生产总值最高的 1946 年增加了 8.6 倍，比 1955 年增加了 95%，差不多翻了一番。手工业合作组织的发展，为支援农业生产，满足各族人民的生活需要，做出了积极贡献，1958 年，手工业生产合作社组织大部分转为地方国营企业和集体企业。

（四）私营工商业的社会主义改造

1949 年前，互助县工商业极不发达。1949 年时，互助县工商业户只有 131 户，从业人员 229 人，正规商铺很少，绝大多数是小业主和小摊贩。在农村中多为挑担游乡串村的行商，只有在人口较多较大的村庄里，有个别农民开设店铺，兼营日用杂品，但资金不多，规模很小。总之，整个互助地区的民营商业极其萧条冷落。1949 年后，互助县人民政府开始在威远镇建立国营商业机构，在农村发动农民集资，建立供销合作社。与此同时，按照国家"公私兼顾，劳资两利，城乡互助，内外交流"的经济政策，对私营工商业采取适当扩大批零差价和地区差价、平衡产运销、扩大银行贷款、进行物资交流、整顿市场等一系列措施，私营工商业得到一定发展。1952 年，针对工商业生产经营活动中一小撮不法商人进行的破坏捣乱活动，开展了"五反"运动。"五反"运动之后，县委、县人民政府采取调整利润幅度，延长贷款期限，组织工商业户到外地参观学习等措施，帮助工商业者提高经营管理水平，发展生产，促进了全县工商业的较快发展，经营商业的户数也由原来的 131 户、229 人增加到 321 户、466 人。

1955 年 12 月，根据毛泽东在中华全国工商联执委座谈会上的重要讲话精神，县委、县政府成立由 7 人组成的私营商业改造领导小组，依靠工商联组织，逐步在私营商业中实行以全行业公私合营为主要形式的社会主

---

① 互助土族自治县志编纂委员会编：《互助土族自治县县志》，青海人民出版社 1993 年版，第 179 页。

义改造。县委、县政府采取学习、讨论、说服教育、个别动员等形式动员
个体工商户合营，最后，146 户坐商，238 名从业人员参加了各类形式的
商业组织，其中实行公私合营的 35 户。在社会主义改造中，对公私合营
财产进行了清产核资，实行了定股定息，对私方资金按照年息5%计付定
息。在具体操作中，并没有实行一刀切的政策，而是根据各行业自身商业
特点，实行不同的方式方法。棉布经营户有 28 户，在实行公私合营后，
他们设立棉布总店，总店又下设 8 个门市部，采取统一核算、定股定息的
办法经营。国营医药业设总站，下设 5 个门市部。百货业在原有商店的基
础上作了个别调整，其中有 40 个坐商联合成立了一个合作总店，下设 8
个门市部，采取统一核算、股金分红、固定工资加奖励的办法进行经营。
饮食业组织成立了合作食堂，实行股金分红。一些小食店组成合作小组，
分散经营，按比例提取公积金、公益金。屠宰户有 8 户，全部纳入国营经
济轨道，成为国营门市部。农村中的小商小贩，通过组织成立合作商店、
经销和代销点、供销合作社等形式完成了改造。对尚未改造的 29 户小商
小贩，颁发营业证，继续经营商业。

　　到 1956 年 2 月底，互助县基本完成私营商业的社会主义改造。通过
改造，国营商业比重明显提高，1957 年，全县社会商品零售总额中，国
营集体商业占 21%，供销合作社所占比重由 1952 年的 24.4%上升到
63.08%，公私合营及合作商业占到 14.7%，私营商业比重由 1952 年的
53.2%下降到 1.6%。

　　私营工商业社会主义改造的实现，推动了互助县工商业的快速发展，
商品种类逐渐增加，销售量、销售额大幅提高。1956 年，工商业销售额
总和约比 1955 年增加了 44%，相当于 1952 年的 13 倍。

　　总之，在党的民族政策引导下，在党和国家的帮助和扶持下，这一时
期，互助县顺利地进行了民主改革和社会主义改造，农业、手工业和私营
工商业的社会主义改造基本完成，使全县经济的社会主义成分占到明显比
重，标志着互助土族自治县以生产资料公有制为主体的社会主义制度已经
基本建立起来，也标志着土族从前资本主义发展阶段逾越到社会主义发展
阶段。通过社会改革，消灭了阶级压迫和民族压迫，从根本上改变了生产
资料所有制形式，使互助县的社会结构和阶级关系发生了根本性变化，从
根本上消除了存在于各少数民族内部的反动上层建筑和落后的生产关系，
为进一步发展社会生产力、繁荣少数民族社会经济开辟了广阔的道路。事

实也表明，在社会主义改造完成后，不仅结束了互助县经济社会长期封闭、停滞的局面，更使得社会生产力得到迅速解放，经济得到较快发展。

二 人民公社化时期（1958—1978 年）

在社会主义改造完成后，国家逐渐走上了极"左"的道路。1958 年 8 月底，互助县县委按照中共中央《关于在农村建立人民公社问题的决议》精神和省委指示：将互助县 12 个乡的 234 个高级社合并成 5 个人民公社。入社农民 26334 户，大社 12700 户，小社 780 户。人民公社既是国家在农村的基层政权机构，又是集体所有制的农村经济组织，实行政社合一。公社建立前后，掀起了工农业生产和各项事业的"大跃进"运动，并按运动需要，大量无偿地调用了农村集体和社员的人力、物力及财力。在运动中忽视了客观条件，过分地夸大了主观作用，其结果造成了社会财富的极大浪费，严重影响了正常的生产秩序和经济效益，挫伤了群众的劳动积极性，并在一定程度上造成了此后三年的经济困难。

1961 年至 1963 年，贯彻中央"调整、巩固、充实、提高"的方针和《关于改变农村人民公社基本核算单位的指示》、《关于农村人民公社政策问题的紧急指示信》、《农村人民公社工作条例（草案）》，互助县人民公社调整为 20 个，生产大队调整为 258 个，生产队调整为 2199 个。对生产队实行"四固定"（土地、劳力、耕畜、农具），基本核算单位下放到生产队。生产队内实行各种形式的包工和劳动定额、评工记分制度。同时解决了公社建立以来的"一平二调"的问题，退赔牲畜 5963 头，占应退赔的 99.50%，赔偿树木 30537 棵，占应赔偿的 89.2%，互助县退赔金额（包括实物折价）2233874 元，占应退赔金额的 83%。从此，人民公社三级所有生产队为基础的管理体制基本稳定下来，生产逐步恢复。

1958—1960 年的"大跃进"运动使土族地区农牧业生产遭到了严重的损失，虽然在 20 世纪 60 年代上半年本地区认真贯彻执行中央的"调整、巩固、充实、提高"的方针，农牧业生产逐步恢复，但 1966 年下半年开始的"文化大革命"再一次导致了经济发展的混乱，在"文化大革命"中，在农村批判所谓"资本主义道路"，取消定额管理，实行政治工分；将自留地、自留畜、自留树收归集体，严重挫伤了社员的劳动积极性，生产效率大幅度下降，土族地区的经济发展也遭到了极大的影响。加之高估产、高征购，使农村集体和社员收入减少，互助县出现了 438 个困难队和2300多户困难社员。①

三 改革开放以来（1978年至今）

随着党的十一届三中全会的召开，互助县也和全国一样拉开了改革序幕。按照中央提出的"调整、改革、整顿、提高"的新八字方针，进行了一系列调整改革工作。不论是农村改革，还是城镇改革，不论是国有、集体企业改革，还是乡镇企业、个体工商业的发展搞活，都极大地调动了互助县广大劳动者的生产经营积极性，促进了国民经济的快速发展。

1980年4月，根据中央指示，撤销县革命委员会，恢复县人民政府。1983年5月，互助县人民公社体制改革结束，21个公社全部改为乡镇人民政府，288个大队改为村民委员会，2137个生产队改为农业生产合作社。1980年到1981年，关、停、并、转了农业修造、土窑砖瓦等一批落后的小型企业，兴办了一批有产品销路的乡镇企业。同时，实行"放开、搞活"政策，鼓励发展集体、个体商业，使城乡商品市场日趋活跃。

互助县的经济改革起源于农村，进而整体稳步推进。1978—1984年，互助县农业区逐步推行以家庭承包经营为主要形式的责任制，初步明确土地的保护和利用的责、权、利，极大地调动了农民的生产积极性；自1979年起，根据中共中央关于农村经济的各项政策，逐步试行统一经营、联产到户等多种形式的生产责任制。从1981年开始，农村试行农业生产责任制，1983年，互助县全面推行了家庭联产承包责任制。20世纪90年代中期，在稳定完善家庭联产承包责任制和统分结合的双层经营体制，土地承包责任制延长30年不变的前提下，本着"大稳定、小调整"的原则，进行了土地小调整，签订了新一轮土地承包合同。农村土地改革，解放了农业生产力，调动了农民的生产积极性，使农村经济发生了质的变化。

自1984年始，对国营商业体制也进行了改革。1984年冬，根据国务院〔1984〕92号文《批转商业部关于当前城市商业体制改革若干问题的报告的通知》和县委、县人民政府〔1984〕121号文《关于商业改革的若干规定（试行）》精神，对国营商业体制进行了初步改革，通过实行政企分开，扩大了企业经营自主权，使企业真正成为相对独立的经济实体，

---

① 互助土族自治县县志编纂委员会编：《互助土族自治县县志》，青海人民出版社1993年版，第121页。

增强了活力。对县属 31 个国营零售商业和饮食服务业，区别不同情况，分别实行不同形式的经营承包责任制，如对年利润 8 万元以下的百货公司等 11 个商店，实行国家所有、集体经营、照章纳税、自负盈亏的经营方式；对 19 个服务业单位实行个人租赁经营；对 5 个批发公司实行批发额计酬、联利计奖的经营责任制。通过经营承包责任制的实行，激发了企业和职工的积极性，经济效益明显提高。1992 年 10 月，中共第十四次全国代表大会后，国家积极推进农村牧区经济的"两个根本性转变"，进一步深化流通体制改革，大力发展多种经营和乡镇企业；于是，互助县个体私营商业企业全面放开，各类服务业店铺发展迅速，遍布全县。

1996 年开始经济改革不断深化，互助县开始股份制改革。首先对县食品公司，按照资本合作与劳动合作的原则进行改革，组建成股份合作制企业。1998 年对县饮食服务公司、百货公司、五交化公司等国营企业，以经营网点和柜台为基点，实行了"租赁经营"和"承包经营"，将县石化公司整体划归省司；对县医药公司，从股份制改革入手，组建成新的股份制企业；对县新华书店，通过清产核资、界定产权、设置股权，改制并组建成互助土族自治县新华书店有限责任公司；对县物资公司通过置换身份、买断产权、内部职工持股，改制为股份合作制企业。1998 年对粮食流通企业，按照"四分开一完善"的改革措施，将粮食仓储企业与附属企业在财务、账务上彻底分开。

对于供销社系统实行全面改革。1994—1998 年，在资产状况较好、经营较为稳定的南门峡、沙塘川等 5 个基层供销社，推行"三买（卖）、四变、两个承担、一步改制"的改革形式。通过清产核资、产权界定，用社有净资产给予补偿的办法，对 178 名职工进行身份置换，置换资产 253 万元。同时，在坚持供销社母体不变的前提下，以内部职工持股为主，组建了新股份合作制企业，企业门店实行"租赁经营"。对经营不善，亏损严重，资不抵债的基层供销社，实行"资产租赁，抵押经营"的改革措施。到 1998 年 9 月底，11 个基层供销社改革基本完成。

流通体制改革后，理顺了商品贸易流程，农牧工等产品可以按市场价自由交易，直接促进了农牧工业结构的优化调整，促进了经济的快速发展。

1994 年开始，大力推进工业企业和乡镇企业改革，按照"因企施策、积极推进"的改革原则，针对工业和乡镇企业的不同实际情况采取了三种改革方式：一是对生产形成规模，资产状况良好，经济效益较好的企业，从产权制度改革入手，进行股份制或股份合作制改造；二是对管理不善，资金短缺，技术水平低，零资产的企业，选聘能人实行承包经营或租赁经营；三是对少数资不抵债，扭亏无望的企业，依法实行破产。于是，1998年10月，青海青稞酒集团公司、青海特种水泥有限责任公司、青海威乐木业有限责任公司、青海民生搪瓷股份有限公司等4家企业（国有、集体）相继被改制为股份制企业。青海威远路桥公司、县印刷厂等4家企业（国有、集体）被改制为股份合作制企业。县造纸厂、福利玻璃厂等4家企业实行承包经营。县编织厂、地毯厂等企业的部分资产实行租赁经营。县二酒厂、三酒厂亏损严重，扭亏无望，依法实行了破产。另外，建筑企业也按股份制组建并运转。通过改制和多种形式的改革，有力地推动了企业产权的流动和重组，盘活了存量资产，促进了企业的生产经营和发展。在国有、集体企业改革的同时，自1994年始，对乡镇企业按照"在发展中探索改革，在改革中促进发展"的思路，探索多种改革方式。至1998年10月，互助县168家乡镇企业中，进行改革的有48家，其中实行股份制、股份合作制改制的16家。

1998年之后，各类企业改革继续推进。加大对重点企业的改制改造力度，另一方面进一步推进粮贸、供销企业改革，粮食企业分流安置人员131人，新组建粮油购销总公司；供销社系统改革全面完成，所属13个企业全部扭亏为盈。2004—2005年，继续深化企业改革，并加大对破产企业存量资产的整合重组力度。金属镁厂、氯酸钾厂等企业进行了改制和重组，理顺了企业管理体制和经营机制。青海青稞酒厂与青海华实投资管理集团公司共同出资入股，组建成立了青海互助青稞酒有限公司，至2005年底，国有企业改制面达到92%以上，基本完成了国有企业的改制工作。

在企业改革的同时，各项综合配套改革也随之进行。一是在各企业中推行了全员劳动合同制；二是加快了社会保障体系建设；三是积极实施再就业工程，一批下岗失业人员得到安置就业；四是实行企业内部"三项制度"改革，其自身建设得到加强。

随着经济体制改革的逐步深入，政治体制改革，医疗卫生制度改革，科技体制改革，人事制度改革，林业、水利产权制度改革，金融、邮政、电信体制改革，土地使用权出让制度改革等其他各项改革稳步推行，使互助县政治、经济、社会生活发生了深刻变化。在改革的基础上，县委、县政府审时度势，扩大并相继制定了《互助土族自治县经济技术协作优惠政策》、《关于加快经济发展的暂行规定》、《关于加强我县资源开发的若干意见》等一系列政策规定，加强与全国各地、企业集团、有关部门的经济技术交流与合作，并成立招商局，大力引进资金、技术和人才，促进了县域经济的发展。

世纪之交，党中央做出实施西部大开发的战略决策，制定一系列的优惠政策，加快民族地区的发展，给互助土族自治县的发展带来了新的历史机遇。互助县各族人民利用这一历史机遇，以更加积极的态度参与国内和国际经济合作，以改革促发展，以开放促开发，发挥自然资源丰富和劳动力成本低的优势，促进资源优势向产业优势、经济优势的转化。进入21世纪，互助县的经济社会也进入了历史上最好的发展时期，呈现出快速、健康、持续发展的良好态势。

第二节　现代经济发展状况

进入21世纪以后，在党和政府的大力支持下，互助土族自治县的经济发展速度进一步加快。尤其是西部大开发战略的全面实施和进一步深入，给互助县的经济社会发展带来了新的历史机遇。互助县紧紧抓住西部大开发的历史机遇，充分利用国家的一系列优惠政策，实现了高速跨越式发展，取得了瞩目的成就。

一　经济建设成就凸显

（一）经济规模日益壮大

自进入2000年以来，互助县通过"十五"与"十一五"两个五年计划的实施，经济发展水平一直保持着平稳快速的增长。

近十年来，互助县的国民生产总值一直呈现出强劲的增长势头。2012年，全年完成县内生产总值69.04亿元，同比增长18.3%，其中，第一产业实现增加值14.79亿元，增长5.8%；第二产业实现增加值30.77亿元，增长31.8%；第三产业实现增加值23.48亿元，增长11.4%。2012年的国民生产总值比2000年增加了6.057亿元，增长了8.15倍（见图1-1）。

随着县域经济结构的调整，互助县产业结构逐步得到优化，"十一

县内生产总值（万元）

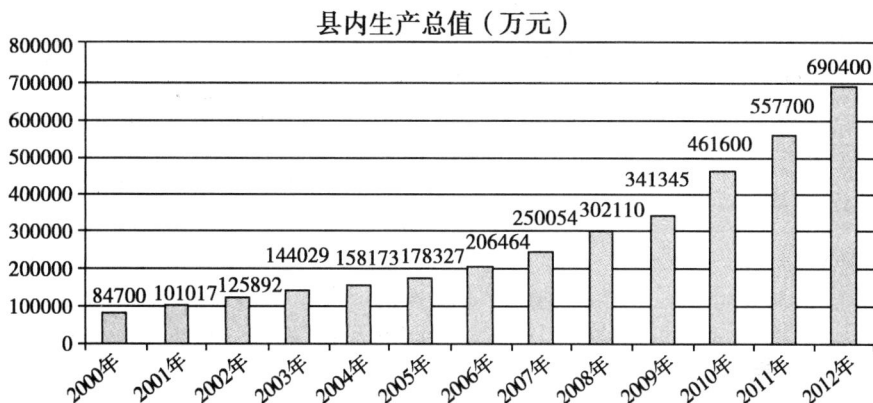

图 1 – 1 互助县 2000—2012 年 GDP 柱状图

数据来源：参见互助县发改局《七项指标图表》及互助县统计局编《互助统计摘要（2011—2012）》。

五"期间，互助县三次产业在国内生产总值中的比例由"十一五"初的26.1：30.3：43.6 调整为 21.4：44.6：34.0，二、三产业所占比重为78.6%，比"十一五"初增长了4.7 个百分点，由此可见，随着"十一五"计划的顺利实施，互助县又向工业化道路迈出了一大步。

（二）固定资产投资规模持续增加，工业迅猛发展

固定资产投资是建造和购置固定资产的经济活动，即固定资产再生产活动。包括固定资产更新（局部和全部更新）、改建、扩建、新建等活动。固定资产投资是社会固定资产再生产的主要手段。通过固定资产的投资，国民经济可以不断采用先进技术装备，建立新兴部门，进一步调整经济结构和生产力的地区分布，增强经济实力，为改善人民物质文化生活创造物质条件。2000 年到 2010 年来，互助县的固定资产投资持续增长，2010 年比 2000 年增长 195562 万元，是 2000 年的 9.08 倍，尤其是 2009年以后，固定资产投入呈现出跨越式发展，2012 年完成固定资产投资更是高达 57.2 亿元，较 2011 年增长 54.6%，是 2010 年的 2.6 倍（见图1 – 2）。2012 年互助县共落实续建、新建项目 242 项，其中，已完工 145项，在建 97 项，完成年计划的 102.97%。其中，完成工业生产性投资14.25 亿元，同比增长 54.9%。完成基础设施投资 42.89 亿元，同比增长 55.61%。

随着固定资产的高强度持续投入，不仅保障了国民生产总值的快速增

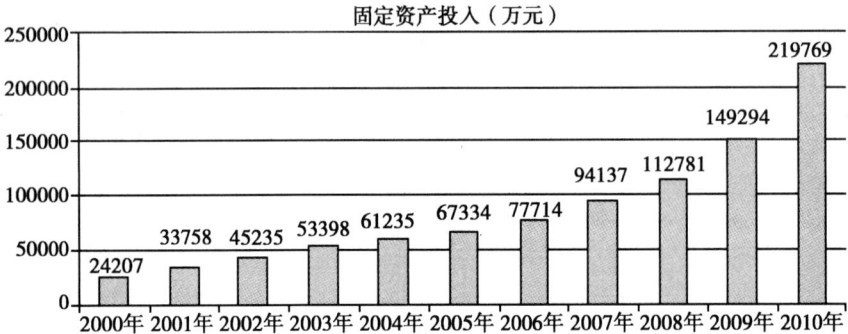

图 1 - 2　互助县 2000—2010 年固定资产投入柱状图

数据来源：参见互助县发改局《七项指标图表》及互助县统计局编《互助统计摘要（2011—2012）》。

长，也极大地促进了社会各行业的发展，尤其是促进了第一产业的飞速发展。2010 年比 2000 年工业增加值增长 121410 万元，是 2000 年的 8.45 倍，年平均增长速度为 23.79%（见图 1 - 3）。2012 年实现工业增加值 24.98 亿元，比 2011 年增长 35.2%，是 2010 年的 2.06 倍，两年工业增加值翻两番。对比固定资产投资和工业增加值之间的数据，可以发现工业增加值增长与社会固定资产投入之间高度关联。如 2012 年互助县固定资产投资 57.2 亿元，其中投入工业生产性的资金达到 14.25 亿元，同比增长 54.9%，占总投资的 25%，即四分之一，可以说固定资产在工业领域的高强度投入推动了工业快速发展。

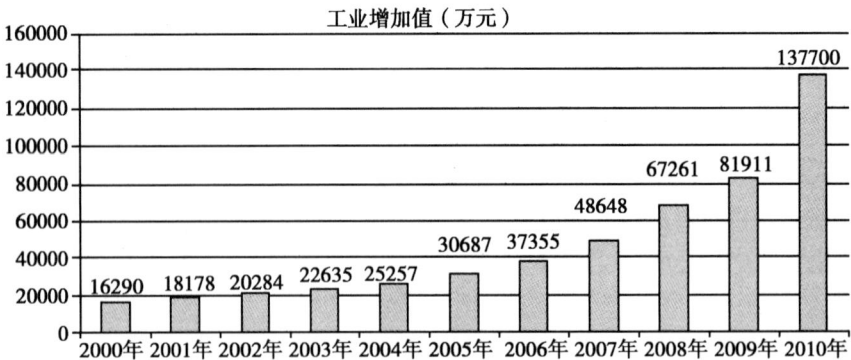

图 1 - 3　互助县 2000—2010 年工业增加值柱状图

数据来源：参见互助县发改局《七项指标图表》。

（三）城乡居民收入稳定增长，社会消费品零售总额持续增长

近十年来是互助县经济快速发展的阶段，也是城镇居民可支配收入和农民人均纯收入增长最快的时期。

1. 城镇居民可支配收入持续增长，人均收入有较大幅度的增加

2012 年，城镇居民可支配收入 17156 元，相比 2000 年时增长了 12688 元，年平均增长率为 12.89%。2000 年城镇居民可支配收入为 4468 元，2010 年则达到了 13300 元，比 2000 年增长 8832 元，是 2000 年的 2.98 倍，年平均增长速度为 11.53%。2012 年城镇居民可支配收入达到 17156 元，比 2011 年增长 13.45%（见图 1-4）。

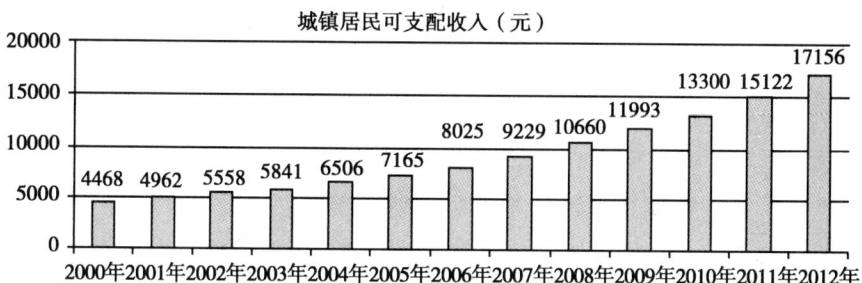

城镇居民可支配收入（元）

图 1-4　互助县 2000—2012 年城镇居民可支配收入柱状图

数据来源：参见互助县发改局《七项指标图表》及互助县统计局编《互助统计摘要（2011—2012）》。

2. 农牧民收入逐年增加，农牧民增收的渠道呈现多样化趋势

2012 年，农民人均纯收入 5853 元，比 2000 年时增长了 4551 元，平均增长率为 17.13%；比全省平均数（5364.38 元）高 488.62 元，在海东市也是名列前茅。最近五年（2007—2012 年）是农民收入增加最为迅速的阶段，农民的收入水平由 2007 年的 2883.0 元，增加到 2012 年的 5852.91 元，年均增长 15.21%，五年中增长翻番，年收入的增加额由 2007 年的 422.48 元，扩大到 2012 年的 820.75 元。

农民收入结构有了新的变化。就业渠道增加，工资性收入增长明显。2012 年，农牧民收入人均达到 3040.96 元，占纯收入的比重为 51.96%，五年间比重提高了 8.59 个百分点。比 2007 年的 1250.33 元，增加 1790.63 元，年平均增长 19.45%。其中在非企业组织中劳动得到的收入为 101.13 元，比 2007 年的 58.09 元年均增长 11.73%，在本乡地域内劳动所得收入为 205.41 元，比 2007 年的 88.44 元年均增长 18.36%（见图

1－5）。

图 1－5　互助县 2000—2012 年农民人均纯收入柱状图

数据来源：参见互助县发改局《七项指标图表》及互助县统计局编《互助统计摘要（2011—2012）》。

特色种养结合，家庭经营的二、三产业发展壮大，促使家庭经营纯收入结构性增长变化大。2012 年，农牧民家庭经营性收入人均 2069.70 元，占纯收入的比重是 35.36%，收入比重比 2007 年下降了 11.41 个百分点。2007 年以来，年均增长 8.95%，其中从事第一产业的收入为 1589.95 元，年均增长 7.08%，从事第二产业的收入为 92.76 元，年均增长 19.05%，从事第三产业的收入为 386.99 元，年均增长 19.10%。

近几年由于农民正处于转型时期，外出务工形式的多样化，出现了农民的土地转包和土地集约化经营等流转形式，导致财产性纯收入逐年增加，2012 年达 93.67 元，2007—2012 年，平均增长 31.05%，占纯收入的比重为 1.6%，纯收入比重提高了 0.8 个百分点。

互助县农牧民享受党和政府的各项优惠政策而获得的转移性收入呈现高增长态势。由于粮食直补、医疗报销比例、低保标准、农村养老金发放标准等一系列补助标准的提高以及农村危房改造、奖励性住房和新农村建设等项目的实施，有力地拉动了农民转移性收入的高速增长。2012 年，转移性纯收入高达 648.58 元，占纯收入的比重为 11.08%。从 2007 年到 2012 年，五年间比重提高了 2.06 个百分点，年均增长 20.04%。①

3. 城乡收入差距逐步缩小

总体来看，城镇居民可支配收入增长幅度低于农民人均纯收入，但是

---

① 刘应新：《十七大以来：互助县农牧民纯收入呈现新变化》，2013 年 5 月 7 日，互助县人民政府网，http：//www. huzhu. gov. cn/Huaihi_ ReadNews. asp? NewsID＝3459。

由于城镇居民可支配收入基数高，导致城镇居民可支配收入额远远高于农民人均纯收入。实际上，近些年来，互助县人民城乡收入差别也在逐步缩小，如图 2-5 所示，2012 年农民人均纯收入 5853 元，比 2000 年时增长了 4551 元，平均增长率为 17.13%；如图 2-4 所示，2012 年城镇居民可支配收入 17156 元，相比 2000 年时增长了 12688 元，年平均增长率为 12.89%。2000 年城乡居民收入比为 3.43∶1（农民人均纯收入为 1），2012 年城乡居民收入比为 2.93∶1（农民人均纯收入为 1）。城乡居民收入差距正在缩小。为了验证这一点，我们取了"十一五"初期城乡居民收入的数据，2006 年城乡居民收入比为 3.26∶1（农民人均纯收入为 1），由此可见，城乡居民收入差距在这 12 年间正在逐渐缩小。这是国家坚持以工补农的一项重要成果，也为统筹城乡经济社会发展提供了重要条件。近年来农民收入的增速加快除了农产品价格普遍上涨和国家强农惠农富农政策力度加大这两个原因以外，更主要的原因是工资性收入的增长保持了非常快的速度，可以说，主要靠市场力量、靠农民转移就业的推动实现了农民收入增速对城镇居民的赶超。靠政策性增收、靠农产品价格增收、靠提高工资水平增收的空间依然存在，但缩小城乡居民收入差距的任务还很艰巨，特别是要建立促进农民稳定增收的长效机制。"十二五"时期，有可能成为加速缩小城乡居民收入差距的一个拐点。

4. 恩格尔系数下降、生活质量提高，社会消费品零售总额持续增加

随着城乡居民收入的增长，提高了居民购买力，改善了物质文化生活条件，尤其是农民生活质量改善较为明显。据互助县统计局 2011 年农牧业抽样调查主要指标数据和农村住户 2012 年报资料显示（见表 1-1）①：互助县农牧民生活消费支出持续增长，2011 年人均生活消费支出为 4288.55 元，2012 年，人均生活消费支出高达 5473.28 元，同比增长 27.63%，恩格尔系数由 2011 年的 0.3744 下降至 2012 年的 0.367，食品消费支出的比重同比下降了 0.74 个百分点，说明农牧民的生活质量明显提高。在食品消费支出中，农牧民对食品油、薯类和食品加工及服务的消费明显下降，分别下降 88.44%、33.33% 和 4.27%，而对于糖果、瓜果、干坚果、水果、糕点及营养滋补品等其他类食品消费占消费主导优势，达 349.64 元，同比上涨 144.33%，对肉、禽、蛋、奶及其制品的消费是

①　刘应新：《恩格尔系数下降　生活质量提高》，2013 年 5 月 7 日，互助县人民政府网，http：//www.huzhu.gov.cn/Huaihi_ ReadNews.asp？NewsID＝3459。

616.89 元，同比上涨 34.9%，对茶叶和饮料的消费是 15.62 元，同比上涨 34.4%，对蔬菜及其制品的消费是 198.12 元，同比上涨 28.35%，对烟酒类的消费是 203.21 元，同比上涨 27.54%，消费者在外饮食人均高达 260.58 元，同比上涨 26.74%。

表1-1　　　互助县级农牧业抽样调查主要指标（2011 年）

指标名称	单位	2011 年	指标名称	单位	2011 年
一、调查户	户	40	五、人均年纯收入	元	5032.16
二、调查户常住人口	人	183	1. 工资性收入	元	1498.10
三、人均年总收入	元	7079.39	2. 家庭经营收入	元	3058.33
1. 工资性报酬收入	元	1498.10	3. 财产性收入	元	87.05
2. 家庭经营收入	元	5013.96	4. 转移性收入	元	388.68
3. 财产性收入	元	87.05	附：平均每人年生活消费支出	元	4288.55
4. 转移性收入	元	480.28	1. 食品	元	1605.48
四、人均年总支出	元	6760.83	2. 衣着	元	303.90
1. 家庭经营费用支出	元	1832.10	3. 居住	元	1137.85
2. 购置生产性固定资产	元	50.67	4. 家庭设备用品及服务	元	379.12
3. 税费支出	元		5. 交通和通信	元	335.50
4. 生活消费支出	元	4288.55	6. 文化教育娱乐用品及服务	元	235.23
5. 财产性支出	元	38.30	7. 医疗保健	元	228.97
7. 转移性支出	元	551.20	8. 其他商品及服务消费	元	62.51

数据来源：互助县统计局 2011 年数据册，内部资料。

近两年，互助县农牧民食品消费主要呈现以下特点：一是消费者对动植物油消费量减少，相应地对肉、禽、蛋、奶及制品的需求在增加；二是随着农民外出务工人员的增加，增加了在外饮食的支出，刺激烟酒、饮料等食品消费快速增加，相应地农牧民对食品服务性支出明显减少；三是对主食消费量减少，包括薯类、豆类、米、面的消费，而对蔬菜及制品为主的副食消费量扩大；四是随着收入的增加，生活水平提高显著，人们的饮食习惯、膳食结构正在发生变化，食品需求趋于多元化，对水果、糕点和营养品等消费需求逐年增加，以前城市居民享受的生活消费品被越来越多的农村居民所拥有并享用，饮食结构方面的城乡差距正在逐步缩小。

　　人民生活水平的不断提高，还可以由互助县社会消费品零售总额持续增长得到直接反映。社会消费品零售总额反映一定时期内人民物质文化生活水平的提高情况，反映社会商品购买力的实现程度，以及零售市场的规模状况，是研究居民生活水平、社会零售商品购买力、社会生产、货币流通和物价的发展变化趋势的重要资料。2000 年，互助县社会消费品零售总额仅仅为 18570 万元，到 2010 年已上升到了 72400 万元，比 2000 年增长 53830 万元，是 2000 年的 3.90 倍，年平均增长速度为 14.58%（见图 1－6）。2012 年，更是实现社会消费品零售总额 9.99 亿元，增长 17.01%。对比 2000 年到 2010 年城乡居民收入增长幅度来看，略低于社会消费品零售总额增长，总体持平。

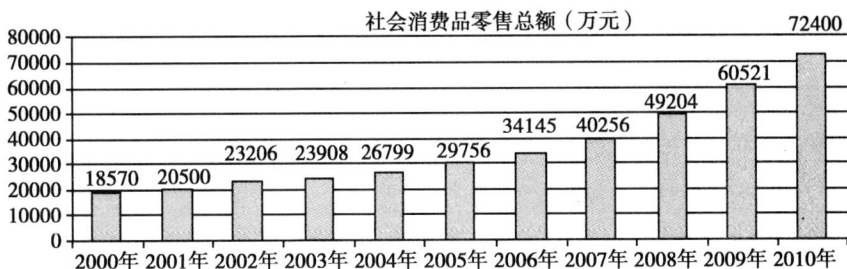

图 1－6　互助县 2000—2010 年社会消费品零售总额柱状图

数据来源：参见互助县发改局《七项指标图表》。

　　城乡居民消费水平明显改善，生活质量普遍提高，这与互助县政府一系列民生工程的实施密切相关。在"十一五"期间，互助县从三个方面强化民计民生，稳步实施惠民工程：一是千方百计扩大就业。全县新增城镇就业 1660 人，四类下岗人员、"4045"人员及城镇就业困难人员实现就业 1308 人，城镇登记失业率控制在 3.4% 以内。组织引导农村劳动力转移就业 12.05 万人（次），实现劳务收入 7.8 亿元。完成技能培训 6064 人（次），合格率达到 100%，就业率达 95%。二是社会保障体系日趋完善。全县参加职工养老保险人数达 10233 名，扩面净增 572 人，养老金发放率和社会化发放率均保持了 100%。参加新农保人数 19.53 万人，参保率达 87%。城镇职工参保人数 18064 人，新增人数 109 人，城镇居民医疗保险参保人数 11555 人，参保率达 94%。工伤保险参保人数达 15417 人，扩面净增 1021 人。三是加大扶贫攻坚力度。编制了《六盘山片区互助县区域发展与扶贫攻坚规划》，深入实施了 23 个村的整村推进项目和 15 个村的易地扶贫项目，完成投资1.99亿元，2.1万贫困人口实现稳定脱贫。四是保障房建设进展顺利。开工建设廉租房300套、公共租赁房1900套、农村奖励性住房4750户、农村困难家庭危房改造2100户，共完成投资9.5亿元。

（四）财政收入与招商引资

社会经济发展，使得地方财政收入得到了极大的改善。2000年，地方一般预算收入仅为4856万元，到了2010年已经过亿元了，达到了11000万元，比2000年增长6144万元，是2000年的2.27倍，年平均增长速度为8.52%（见图1-7）。两年之后翻了两番。2012年完成地方公共财政预算收入2.13亿元，比2011年增长28.8%。但是，需要指出的是，即使如此，互助县财政不能自主的现状并未得到改变。如2011年，县地方财政一般预算收入16543万元，完成年初预算的125.33%，增收3343万元，同比增长高达50.4%。但是，这一年完成地方一般预算支出却高达236852万元，缺口达220306万元。所以，县财政不能够维持正常的社会经济发展需要，只能依靠国家财政的补助，就在这一年，上级补助互助县76843万元。专项资金148927万元，同比增长105%，基本抹平了互助县的财政缺口，足见国家财政对于民族自治地方的扶持力度之大。

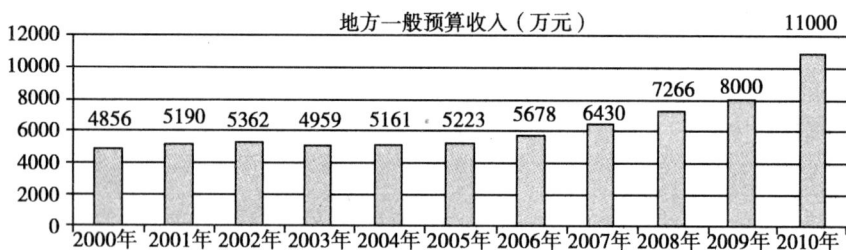

图1-7　互助县2000—2010年地方一般预算收入柱状图

数据来源：参见互助县发改局《七项指标图表》。

在经济发展中，互助县一直面临着资金短缺的压力，因此招商引资就成为一项重要的选择。通过招商引资，将本县的资源优势与外地商人的资金优势结合起来，建设各类项目、把资源优势转化为经济优势，自2000年以来的十年中，共洽谈项目100多个，落户建设投资百万元以上项目47个，项目协议投资资金40.78亿元，至目前，到位资金28.1亿元，占协议资金的69%。2012年，共洽谈引进各类项目35个，项目拟总投资

59.89 亿元，已经到位的资金 14 亿元，完成互助县招商引资全年目标任务的 108%。其中新建项目 11 个（投资上亿元项目 4 个，千万元项目 6 个），到位资金 5.64 亿元；续建项目 24 个，到位资金 8.36 亿元。并在塘川工业区，已征地区域内引进了投资 10 亿元的新北山家居建材市场项目。招商引资不仅能够弥补资金上的短缺，并且在积极引导经济结构调整方面发挥着重要的作用，互助县根据经济结构调整规划，通过设立项目，引资建设，从而达到调整经济结构的目的。

通过对招商引资近十年的资料分析，引资主要集中在以下几个领域：

1. 水电开发：引进 10 个水电站项目。其中包括大通河流域 7 个，湟水河流域 3 个，已建成运行的 7 个，正在建设和准备建设的 3 个。项目总投资 13.83 亿元，到位投资 12.33 亿元，总装机容量 17 万千瓦。

2. 工业项目：19 个工业生产项目，项目总投资 18.9 亿元，到位投资 11 亿元。建成投产 15 个，正在建设的 4 个。

3. 农业生态项目：2 个农业生态项目，项目总投资 3980 万元，投资全部到位。其中，2003 年投资 980 万元建设的高寨后山润通生态项目，2005 年投资 3000 万元的绿革农业产业化项目，在原下农场进行食用菌的栽培和有机肥料的加工生产。

4. 旅游景点建设项目：引资 2 个项目，总投资 1800 万元，投资全部到位。

5. 矿业开发：6 个采矿项目。项目总投资 1.3 亿元，到位投资 5000 万元。主要有投资 2000 万元的龙王山钼矿探测开采项目；投资 2000 万元松多铅锌矿开采项目；投资 2000 万元的盐昌石膏矿开采加工项目；投资 2000 万元高寨钙芒硝开采加工项目；投资 3000 万元的新疆西部禾新矿业石膏开采加工项目；投资 2100 万元的今正矿业石膏开采加工项目。

6. 其他项目：项目总投资 6.17 亿元，到位投资 3.6 亿元。其中，浙江商人投资 4000 万元的互助林泰房地产开发项目，投资 300 万元组建的互助公交公司，投资 2000 万元陶家寨千仙居陵园建设项目；宏鑫地产投资 9800 万元富民路商业街；青海盛大房地产公司投资 1.5 亿元建设的阳光酒城住宅区项目；青海成林房地产公司投资 2.4 亿元的鼓楼住宅小区项目；重庆金地燃气公司投资 6000 万元建设的天然气输送项目；青海省客运公司、申青汽车运输公司等 3 家企业投资 600 万元合资组建青海瑞驰汽车运输有限公司。

通过十几年的招商引资，使优势资源得到开发，思想观念得到更新，经济结构得到改观，经过投资优势向经济优势的转化，财政收入，税收进一步增多。就业岗位增加，剩余劳力减少，农民的收入提高，人们的住房、交通等生活条件逐步提高，社会各项事业得到了发展。招商引资带来的社会效益和经济效益逐步凸显。

二　农牧养殖业成绩斐然

（一）农业

互助县是青海省重要的农业生产基地，也是农业生产大县，农业发展一直是互助县的立县之本。"十一五"期间，互助县种植业产值达到12.5亿元，是"十五"末4亿元的3.13倍；2012年时，互助县粮油综合产量也达27.38万吨，种植业总产值更是突破了15亿元大关，达到了15.49亿元。特色作物种植面积达到82.1万亩，制种面积达到24.24万亩。在台子、塘川、威远镇、南门峡等乡镇建立6个千亩和15个百亩蔬菜生产示范基地，总面积20127亩，使特色蔬菜种植面积达6万亩。

1. 特色种植业成为农业生产的主导

互助县立足资源优势和不同地区的气候特点，因地制宜，优化农产品区域布局，经过多年培育，互助县基本形成了以马铃薯、油菜、蚕豆、食用菌、蔬菜等为主的特色种植业，规模产量都在逐年提高。据统计，2009年马铃薯、油菜、豆类、蔬菜、低温珍稀食用菌、制种等特色优势农作物种植面积达80.5万亩，占互助县农作物播种面积的89%以上，其中，马铃薯、油菜、豆类三大优势作物面积分别达28万亩、36万亩、8.51万亩，优质小麦5.94万亩。特色蔬菜和反季节蔬菜种植面积达2万亩；脱毒马铃薯种植面积达23.1万亩，脱毒化程度达82.5%，杂交油菜种植面积达31.86万亩，杂交化程度达88.5%。到2013年，仅仅4年时间，互助县特色农业无论在结构上还是在规模上都有了极大的提升，2013年，互助县播种各类农作物111.3万亩，油菜、马铃薯、蚕豆三大特色优势农作物播种面积分别达40万亩、30万亩和8万亩，果蔬品的种植面积达到11万亩，以上四项占到了总播种面积的88.7%。马铃薯脱毒化程度和油菜杂交化程度分别达89.7%、85.6%以上。可见，特色种植业已经成为互助县农业发展的主导产业。

2. 农业产业化

农业投资是农业发展的保障。2012 年，互助县围绕高原繁种、特色蔬菜、油菜、马铃薯、蚕豆等优势主导产业，重点储备了拿得出、用得上的农业项目共 38 项，计划投资达 4.35 亿元。并争取实施设施农业、重点农业技术推广、农产品批发交易市场、农业服务体系、农村能源建设等新建和续建项目 21 项，总投资达 3.02 亿元，2012 年计划投资 3.01 亿元，已完成投资 2.87 亿元，占总投资的 95.3%。

随着农业投入的增加，农业设施建设得到较快发展。依托国家专项资金的支持，推进高标准农田建设，在塘川镇建设高标准农田示范项目，2012 年，建成示范田 5200 亩，整修田间机耕路 24 千米，农田治理 400 亩，推广测土配方 5200 亩，病虫害防治 5200 亩，购置配套农业机械 6 套，培训农民 2096 人次。完成投资 454.4 万元，其中，财政专项资金 412.5 万元，农民自筹 41.9 万元。

农业机械化水平是衡量农业发展程度的一个标尺，在农业和农村经济的发展中发挥着很重要的作用。互助县重视农机新技术、新机具的推广。据统计，2004 年，互助县农机总动力达 32.54 万千瓦，比上年增加 2.14 万千瓦，增长 7.04%，农用车拥有量达 29911 台，比上年增长 8.5%，机引农具 15675 台（件），比上年增加 1313 台（件），增长 9.14%，拥有脱粒机 1148 台，联合收割机 11 台，各类农副产品加工机械 1784 台。农机总作业量达 932 万标准亩，其中农业作业量达 468.8 万标准亩，占 50.3%。为了提高农业生产的机械化水平，国家对农机具实施补贴项目，补贴资金和范围比较广泛，使得互助县农机具数量、新技术推广面积不断增加。2012 年，实施农机购置补贴项目资金 1055 万元（其中，中央资金 990 万元，省级资金 65 万元），补贴各类农机具 4089 台（件），收益农户 3312 户，拉动农民投入 2365 万元，有效改善了全县农机具装备结构，农机总动力达 45.62 万千瓦，机具配套比达 1∶1.3。与此同时，农机作业面积大幅提高。互助全县机耕面积达到 81.3 万亩，机播 50.4 万亩，免耕播种、分层条播、旱作沟播、蚕豆点播、马铃薯机械播种面积分别达到 3.18 万亩、40.64 万亩、2.05 万亩、2.24 万亩、2.29 万亩，机收面积达 10.3 万亩，互助县耕、种、收综合机械化水平达 48.4%。加大农机新技术推广力度，示范推广保护性耕作技术 3.06 万亩，机械深松 11.5 万亩。可见，互助县农机化水平、科技贡献率、农机安全管理水平不断提高，使得互助县农机化水平有了较大提升。

互助县自然环境较复杂，气候对农业生产影响大，随着科学技术的发展，逐步改变了农业生产的微环境，使得不利的生产气候得到了改善。主要采取两种技术：

一是温室技术。温室能够有效地消除高原低温对农作物的不利影响，并且使得种植能够在青海漫长的冬天进行，无形中增加了农民的收入。因此，互助县对温室技术非常重视。互助县积极引入科技力量，运用科学管理经验，系统地推广温室。按照"统一规划、提高标准、集中建设、连片发展"和工程化管理、企业化经营、生态化建设的总要求规范全县的温室建设，技术要求严格，采取多种新技术，比如"七步上土"建棚技术和"钢管 + 新型环保 PVC 管 + 铁丝 + 水泥顶杆"的网状棚架结构，并配有技术员负责全程指导监督，对建材实施合格证管理制度。多种措施并进极大地推动温室技术的推广，截至 2011 年，全县共建成日光节能温室 1.55 万栋。2012 年，又在塘川、林川、五峰、台子四个乡镇流转土地 3000 亩，新建温棚 6000 栋（其中，塘川 3375 栋、林川 1310 栋、五峰 615 栋、台子 700 栋）。

二是推广全膜覆盖技术。全膜覆盖技术是另一项增产增收技术，能够延长农作物的生长期，具有实施起来简单，成本较低的优势，在互助县政府的推动下，全膜覆盖技术得到了广泛的运用。据统计，2013 年，在东山、西山、蔡家堡等 13 个浅山地区乡镇使用全膜双垄覆盖技术的农田达到了 16 万亩（其中秋覆膜 13 万亩，春覆膜 3 万亩），并在蔡家堡乡建立马铃薯全膜覆盖栽培技术万亩示范乡 1 个，在东山、西山等乡镇建立千亩示范田 7 个，百亩示范田 16 个，建立对比试验 32 个，在塘川镇新元村、包家口村建立杂交油菜全膜覆盖试验示范基地 1012 亩，在蔡家堡、西山乡建立全膜蚕豆繁种示范基地 500 亩。全膜覆盖技术使得农业生产成效明显。经测产，杂交油菜全膜制种试验示范基地平均亩产 112 千克，露地制种平均亩产 102 千克，亩增产 10 千克，节约劳动成本 200 元，亩增纯收入 245 元；地膜覆盖蚕豆平均亩产 355.3 千克，露地蚕豆平均亩产 330.5 千克，亩增产 24.8 千克，亩增收 104 元，增产增收效果明显。[1]

3. 农业产业化经营初具规模

农牧业产业化是现代农业的重要产业组织形式，是特色农业可持续发

---

[1]　互助县农科局统计数据（2013 年）。

展的基础。继续加大支农惠农政策力度，积极发展现代农业，用现代物质条件装备农业，用现代科学技术改造农业，用现代经营形式推进农业，用现代发展理念引领农业，用培育新型农民发展农业。

互助县产业化经营有很大的发展，农民专业合作社数量达到130个，农民参与合作社的比例达到19.5%。据统计，2009年，农户从事产业化经营中增加收入达到7700多万元。但是，多数农业合作社在建立后一直面临着资金的困扰，成为产业化经营的瓶颈。针对农业合作社底子薄，资金不足，发展不畅等问题，互助县政府给予较大力度的扶持，2012年，仅对绿田和金胜马铃薯营销、高羌和台子富农蔬菜种植营销、双树得林农机等5个示范合作社，投入了361.94万元的资金扶持。投资范围主要集中在生产性的固定投资。绿田马铃薯营销专业合作社购置农机具78台（件），新建深冬温棚90栋，建全膜马铃薯种植基地1000亩，建了1000平方米的马铃薯分拣车间，总投资金额为275.3万元，2012年7月，绿田马铃薯营销专业合作社被评为国家级标准化农民专业合作社；对金胜马铃薯专业合作社投资48万元，用于新建450平方米的马铃薯分拣工棚、380平方米的马铃薯储藏窖；对高羌蔬菜和台子富农蔬菜专业合作社投资20万元，用于新建办公室8间，蔬菜交易市场2000平方米，配套了电子磅称、微耕机等，指导种植苦菊、沙拉生菜100亩，娃娃菜、互助长白葱100亩；对得林农机专业合作社投资18.64万元，用于购置农机具7台（件），完成机械作业3900多亩，总投入达36万元。[①] 通过扶持，合作社的规模和示范带动能力明显提高，逐渐成为带动当地农民增收和产业发展的"领头羊"。

（二）畜牧养殖业

互助县是青海省农区的畜牧业大县。近年来，互助县将畜牧业发展作为全县农村脱贫致富的重要抓手，通过特定项目扶持、贴息贷款、政策倾斜等方式，持续加大对养殖业的投入，极大地促进了畜牧业的发展。截至2012年，畜牧业产值达到6.05亿元，是"十五"末3.3亿元的1.83倍。

畜禽饲养量增加迅速。2012年末，互助县各类畜禽饲养量达368.44万头（只），其中：牛、羊、猪、成鸡饲养量分别达10.8万头、60.94万只、106.21万头、136.2万只，较2011年同期增长11.45%、17.55%、

---

① 互助县农科局和统计局相关数据（2013）。

16.54%、8.76%；年贩育雏鸡 100 万羽；年末能繁母畜存栏 32.07 万头（只），同比增加 3.56 万头（只），增长 12.48%，其中能繁母猪 4.02 万头、能繁母牛 5.34 万头、能繁母羊 21.52 万只，繁活各类仔畜 101.2 万头（只），同比增加 26.01 万头（只），增长 34.59%。

随着饲养量的增加，出栏量也随之增长。在 2012 年内，出栏各类畜禽 218.6 万头（只），其中：牛、羊、猪、成鸡出栏分别为 3.4 万头、25.6 万只、46.03 万头、96.2 万只，同比增长 9.32%、14.59%、11.97%、2.01%，出栏率也有所增加，提高了商品率。牛、羊、猪、成鸡的出栏率分别为 51.67%、86.78%、114.62%、235.78%；贩育牛羊 36.18 万头（只），同比增长 2.46%；牛、羊、猪、成鸡的商品数分别为 3.17 万头、23.06 万只、37.31 万头、80.44 万只，商品率分别为 93.23%、90.08%、81.06%、83.62%。

畜产品产量有了较快增长，完成肉类 53693 吨（其中自繁自育 39896 吨、西繁东育 13797 吨）、牛奶 10014 吨、羊毛（绒）674 吨、禽蛋 3661 吨，同比分别增长 7.46%、11.08%、4.98%、8.15%。完成畜牧业产值 7.02 亿元，比上年增长 16%。

随着畜牧业规模和产值的增加，传统的散养方式难以适应畜牧业可持续发展的要求，已经成为畜牧业进一步发展的瓶颈。互助县通过政策和资金的扶持，积极鼓励和引导养殖户发展规模养殖，推进养殖业向规模化养殖转变，取得了较大的成绩。据统计，截至 2012 年底，互助县共成立养殖专业合作社 149 家，建成规模养殖场 196 个，其中万头猪场 7 个、千头猪场 24 个、百头猪场 127 个，千只以上肉羊养殖场 18 个，肉奶牛养殖场 8 个，万只以上獭兔场 5 个，养鸡场 7 个，带动全县规模养殖户达 2.31 万户，规模养殖场（户）畜禽存栏达 60 万头（只），占畜禽总存栏量的 46%。根据"十二五"规划，互助县在"十二五"末，将建成各类养殖基地村 94 个，养殖场 250 个，包括"八眉猪"养殖基地村 80 个，新增万头猪场 16 个、千头猪场 40 个、500 头以上猪场 80 个；标准化肉羊养殖场 20 个、肉牛养殖场 10 个；獭兔养殖基地村 10 个，示范户 1000 户；"葱花土鸡"养殖基地村 4 个，5000 只以上规模养殖场 24 个。建畜用暖棚 2.4 万栋。畜牧业良种覆盖率达到 90% 以上。① 规模化养殖正在改变互助

————————

① 相关数据参见互助县畜牧局内部资料。

县畜牧养殖业的面貌，带来明显的经济效益。

（三）特色种植和养殖业

1. 特色种植业——马铃薯

特色农业的兴起有效地促进了互助县农业的快速健康发展，提高了农民的收入。我们以互助县种植业中最为核心的马铃薯为切入点，深入了解互助县特色种植业的状况。

马铃薯在青海俗称洋芋，栽培历史悠久，早在 18 世纪末就有种植，农民已积累了丰富的栽培、管理、贮藏经验。现在马铃薯已成为青海省的第二大栽培作物，常年播种面积约 6 万平方千米。

互助县独特的气候条件和光热资源十分适宜马铃薯的生长。互助县地处青藏高原东北部，气候冷凉（年平均气温 3.4℃），昼夜温差大，秋季雨水多，作物生长周期长，日照充足，土壤疏松且富含钾，无污染，有着适宜马铃薯生长的得天独厚的气候资源和高效生产的地理环境条件。马铃薯的平均产量不仅明显高于全省水平，而且生产的马铃薯以个大、整齐、质优、味美、无污染而久负盛名。尤其是在海拔 2500—3000 米的中、高位山旱地，由于特殊的地理条件，形成了自然的隔离带，加之海拔高，气候冷凉，病虫害少，是生产优质高产脱毒种薯的良好场所。

互助县提出了在"十一五"期间将互助县打造成马铃薯种植生产大县的口号。经过不懈努力，互助县马铃薯的种植有了极大发展。据统计，在"十一五"期间，互助县的马铃薯年种植面积达 28 万亩，年总产量达45.6 万吨以上，占全省马铃薯种植面积的 21%、总产量的 26%，成为青海省第一生产大县。马铃薯种植规模持续增长，马铃薯种薯成为关键。互助县为了进一步做大做强马铃薯种薯产业，充分发挥生产马铃薯优质脱毒种薯的自然优势条件和技术优势条件，通过资金和技术的扶持，依托科技力量，积极筹建马铃薯脱毒种薯繁育基地。农业科技人员对马铃薯栽培技术进行了多方面的研究示范，取得了大量科研成果，并广泛应用于生产当中，均取得了显著的经济效益和社会效益。如马铃薯脱毒技术、地膜覆盖栽培技术、配方施肥技术、垄种、窝种技术等高产栽培措施，进一步完善了马铃薯栽培技术规范，提高了单位面积产量。特别是通过马铃薯品种的脱毒，提高了植株生命力，增强了抗逆行，马铃薯产量得到了大幅度的提高。互助县农业技术推广中心在原马铃薯脱毒中心的基础上，于 2003 年9 月 29 日，成立了集科研、开发、推广为一体的科技民营企业——青海省霍普兰德科技有限责任公司，专门从事以马铃薯新品种引育、茎尖脱毒、种薯繁育、商品薯生产及有关农业新技术、新产品研究、开发、利用等为基础的农业科技研发工作。通过重新修建脱毒中心，改善基础设施条件，购置仪器设备，成功引进多个专用型马铃薯品种及先进生产技术，加大茎尖脱毒力度，彻底改变了长期以来"小打小闹"、"半死不活"的生产状态。种薯基地产业化格局已基本形成，并健康地向着完善和优化发展。

截至 2012 年，互助县已经成为青海省最大的优质专用薯脱毒种薯生产基地和商品薯生产基地，拥有马铃薯新品种引育、茎尖脱毒、离体诱导试管薯、试管苗切段快繁、病毒检测等国内领先技术，以及温网室微型薯工厂化生产及种薯规模化种植、规范化管理的先进生产技术和经验，达到了年产马铃薯脱毒苗 250 万株、微型薯 500 万粒、原原种 1500 吨，原种 1 万吨的生产能力。品种有高淀粉型的下寨 65、青薯 2 号等，薯片、薯条（全粉）专用型的大西洋、夏波蒂，菜用型的青薯 9 号、庄薯 3 号等。生产的种薯除供本县外，还供应到平安、湟源、共和、化隆、乐都等县及甘肃、宁夏、陕西、新疆、西藏、云南、上海等外省区，深受省内外需求者的赞誉，互助县成为西北地区马铃薯优质脱毒种薯的繁育供应基地。

2011 年，互助县马铃薯播种面积 34 万亩，占全县农作物播种面积的30%，平均亩产鲜薯 1347 千克，马铃薯总产达 45.8 万吨，商品率达 65%以上。实现产值 4.58 亿元，占全县种植业总产值的 32.2%，人均纯收入811 元。马铃薯作为振兴县域经济和增加农民收入的一项支柱产业，逐步形成了"企业＋合作社＋农户"的发展模式。目前互助县建有马铃薯繁种企业 1 家，年生产微型薯 800 万粒以上，生产原种 4 万吨；具有一定规模的马铃薯淀粉加工企业 1 家，年加工鲜薯 8 万吨；马铃薯食品加工和粉条加工企业各 1 家，年生产油炸土豆片 20 吨，洋芋粉条 80 吨；组建马铃薯专业合作经济组织 11 个，年外销马铃薯 4 万吨以上。[①] 产业链条不断延长，产业优势和经济效益日益显现。

2. 特色养殖业——八眉猪

互助县在发展畜牧养殖业上，思路明晰，依据本地资源优势，突出畜牧养殖特色，制定了"优化结构、注重特色，提升规模养殖水平，重点

---

① 相关数据参见互助县农科局统计资料。

发展八眉猪产业"的发展思路，依托良好的生猪养殖基础和独有的八眉猪资源，围绕打造以八眉猪为基础的特色品牌，加大资金投入力度，促进互助县畜牧业的快速发展。

互助八眉猪属华北型猪种，俗称为"大耳朵"。在青海约有四千年的驯养历史，是高原特定环境下经过长期自然和人工选择而形成的地方猪种，主产于青海省东部湟水流域，互助县是八眉猪的中心产区，故又称为互助猪。八眉猪具有适应性强、抗逆性好、性早熟、产仔多、母性好、沉积脂肪能力强（是肉味鲜美的主要原因）、肉质好、遗传性状稳定等特性，是高海拔地区最适宜的当家母本，具有显著的杂交优势和较好的配合力，与国内外其他猪种杂交，其杂交子代生长快、耐粗饲、贮积脂肪能力强、色美味香、含水率低、肉质好，肉呈大理石纹状，肉色红而微暗，皮下脂肪为乳白色，切面呈颗粒状。经测定，其屠宰率达73.44%，瘦肉率57.21%，日增重597克，料肉比为3.19：1。

第一，养殖规模不断扩大。自2007年以来，随着猪肉价格不断上涨，群众养猪积极性空前高涨，养猪业投入不断增加，规模养殖得到迅猛发展，规模养猪场、生猪养殖专业合作社逐年增加。截至2011年年底，互助县共建成万头猪场6个、千头猪场17个、百头猪场109个，成立生猪养殖专业合作社23家、养猪协会2家。互助县生猪饲养量达到60万头，出栏40万头，生猪出栏量占海东地区总出栏量的30%，在西宁市场的占有率达到20%以上。

第二，良种化程度逐年提高。随着良种猪优势日益凸显，八眉猪二元母猪、良种公猪、三元仔猪不断得到推广，农户自留劣质种猪迅速减少，生猪良种化程度不断提高。以八眉猪繁育场和保种场为主的良种繁育体系不断健全，八眉猪原种群得到不断巩固。截至2011年底，两场存栏八眉猪原种母猪895头，年向社会提供八眉猪二元母猪8220头。互助县存栏二元母猪达1.75万头，三元商品仔猪生产能力达28万头，生猪良种化率达到90%以上。

第三，品牌建设初显成效。2002年，八眉猪肉被国家标准管理委员会评定为无公害瘦肉型猪肉，2006年，互助八眉猪被农业部确定为国家级畜禽遗传资源保护品种，2011年"互媚"商标在国家工商行政管理总局成功注册，"互助八眉猪"、"互助八眉猪肉"被农业部农产品质量安全中心授予"无公害农产品证书"，互助八眉猪农产品地理标志通过国家农业部认证。"三品一标"认定工作的扎实推进，为提高互助县八眉猪知名度，实现八眉猪优质优价奠定了基础。

随着工业化、城镇化步伐的不断加快和产业化分工、专业化生产的市场需求，畜牧养殖业生产受比较效益低、疫病及市场风险等因素的影响，农村散养户逐步退出养殖行业，无畜户逐年增加，据调查，目前互助县无畜户已达到 2.2 万户，占农户总数的 26.8%，较 2007 年增加了 1 万多户。与此同时，规模养殖在各级政府及有关部门的重视和支持下得到长足发展。八眉猪产业化得到较快发展，已经是互助县畜牧经济的支柱产业，其产值已占到畜牧养殖业总产值的 60%，是农民家庭经济收入的主要来源。按照互助县"十二五"规划，到"十二五"末，建立健全高原瘦肉型猪繁育体系，力争实现年产优质生猪 60 万头，年繁育良种仔猪 100 万头，年屠宰加工生猪 50 万头，开发高、中档猪肉，提高猪肉档次和市场竞争力，使互助县成为全青海省最大的八眉猪生产和百万头良种仔猪生产基地，全青海省最大的以生猪屠宰加工为主的肉食品加工生产基地和集散中心。

三　园区经济发展迅速

园区经济是适应当前市场经济的创新性、人文性、生态化、现代化和国际化而兴起的新兴市场竞争主体，是地域经济主体的现代化、特色化和社会化。随着中国经济的发展，园区已成为地方经济发展的主要承载平台和地方经济发展的重要方式。

互助县委和政府根据互助县工业基础薄弱，产业结构单一，竞争优势弱的实际，认为建设绿色产业园区将是互助县加快推进城镇建设、优化产业布局、提升县域经济、实现工业强县的有效途径。并提出了"绿色、生态、科技"的发展理念，其目的是充分利用资源优势，大力发展绿色经济，努力培育绿色产业，由此可见，互助县的经济和社会发展必将紧紧围绕着园区经济展开，并将园区经济作为一切经济活动的依托点。

（一）高原特色现代农业示范园区

在农牧业发展中，互助县集中优势资源，采取超常措施，实施重点突破，不撒"胡椒面"，不求面面俱到，而是将战略的注意力集中于一个个特色点上，依托青海海东高原特色国家现代农业科技园区（互助示范园），挖掘深加工潜力，实施农牧产业化，把特色产业逐步做强做大，使之在激烈的市场竞争中形成领先优势，示范引领辐射带动作用明显增强。因此，为了推动互助县现代农牧业发展，把高原特色现代农业园区的建设作为重要抓手，视其为现代农业发展的平台。于2008年7月，筹划建设了高原特色现代农业（互助）示范园区，其在体制上为海东市海东工业园区的重要组成部分。

高原特色现代农业示范园区的发展原则是"合理开发、小块起步、逐步推进、滚动发展"，不急于求成，提出了"一年打开局面，两年打好基础，五年初具规模，十年全面建成"的建园目标，稳步推进。园区发展思路是"统一规划，突出特色，一园多区，分类指导"，将园区功能定位为"科研、示范、推广、培训、加工、旅游"六大项，强化招商引资，整合项目资金，引进先进技术，创新运行机制，提高管理水平。在建设过程中，互助县以科学规划为先导，以农业示范园区为引领，以特色化、规模化、设施化、标准化、品牌化、产业化为发展方向，推动农业向科技化、设施化、集约化和产业化方向发展。园区引领作用不断提升，特色农业、设施农业、生态农业和循环农业得到了加快发展，现代农业取得新突破。

互助县加大投入，完善基础设施建设。2011年，示范区投入资金达8.25亿元，其中地级以上财政资金4.25亿元、县级财政资金0.25亿元、涉农企业资金2.48亿元、银行信贷资金0.07亿元、农民自筹资金1.22亿元。截至2012年，已建成道路4千米，配套滴灌设施2320套，开展科技培训4000人次，建成连栋温室5000平方米等，完成投资1950万元。

按照核心区、示范区和辐射区的功能划分，调整产业结构，加快科技创新应用步伐，通过"园区＋企业＋协会＋基地＋农户"的运行模式，将杂交油菜、马铃薯、八眉猪等作为优势主导产业，不断扩大农牧业生产基地规模。截至目前，园区规划总面积56万亩，其中核心区1万亩、示范区5万亩、辐射区50万亩，核心区位于威远镇东南部，主要按"一区五园"（"一区"即核心区，"五园"即农业科技研发园、农畜产品展示园、农畜产品加工园、农畜产品物流园、休闲农业观光园）的规划布局进行建设。示范区包括塘川、台子、东沟等11个乡镇，是核心区的拓展和延伸区，主要按"二轴六带"（"二轴"即平大公路和宁互公路两条轴线，"六带"即六大产业带）的空间布局进行建设，重点发展油菜制种、马铃薯繁种、特色蔬菜生产、优质蚕豆繁种、八眉猪养殖和特色苗木生产六大农牧业生产基地；辐射区包括核心区和示范区以外及周边环境条件类似的区域，主要承担示范区主导产业发展模式和配套技术的推广任务，通过辐射区的建设，最终达到带动互助县农牧业发展的目标。

通过多年的建设，互助县国家级现代农业示范区已初具规模，其示范带动效应开始显现，有力推动了互助现代农业的快速发展。现在，农业示范区已成功引进农业产业化企业25家，有13家龙头企业，其中省级以上龙头企业3家、地区级龙头企业10家；各类农产品批发市场4个，建成特色农业生产基地30.5万亩（其中杂交油菜制种基地3万亩、脱毒马铃薯繁种基地18万亩、特色蔬菜生产基地9.5万亩），建成规模养殖基地（小区）166个，畜禽存栏数达到60万头（只），其中互助"八眉猪"商品猪年出栏达40万头，年产猪肉2.3万吨；示范区机械化作业水平达44%，规模化经营面积达到10.8万亩，农业科技贡献率达到51%；创建名牌农产品3个，认证无公害农产品4个，获得地理标志认证农产品4个，成功注册农产品商标2个。

2010年和2011年，互助县农业示范园区先后被农业部、科技部命名为国家级农业示范园区和国家级农业科技园区，成为双国家级农业科技示范园区，互助县由此成为海东地区第一个国家级现代农业示范区建设县。根据互助县"十二五"规划，依托自身优势，加快现代农业产业化进程，大力构建现代农牧业产业体系、经营体系、服务体系、安全体系、保障体系五大体系。

（二）新型综合经济发展园区

经过新中国成立后几十年的建设，互助县工业有了较大发展，但是21世纪以来，互助县传统经济发展模式和体系难以适应市场经济，也与国家发展新战略难以产生共振，工业发展潜力日益萎缩。于是，互助县以转变和改革为工业发展主线，提出工业强县战略，改造提升传统优势产业，发展新兴产业，建立现代产业体系，加速推进新型工业化进程。对此，互助县一方面加快工业企业的转型升级步伐，尤其对塘川工业集中区，加大工业企业"关停并转迁"力度，对石膏加工企业和铁合金企业进行有序整合重组，对4家碳化硅企业进行了停产整顿，对华鑫等5家铁合金企业进行全面整合重组，组建成立了青海博强实业集团有限公司。另一方面推动帮企活动，按照省地有关帮企活动安排和要求，县上及时动员200多名科级领导干部深入县域内200家中小微企业开展"帮企业、稳增长、调结构"活动，帮助企业融资 6.05 亿元，解决困难问题 254 件，力促企业稳产增效。在建立现代工业体系进程中，互助县提出以园区建设为主的发展思路，推动绿色产业园区的建设。

当前，互助县在实现"工业强县"战略，保持全县工业经济平稳发展的态势，主要是围绕着青海曹家堡临空综合经济区、塘川工业集中区、青海互助绿色产业（基地）园区等三大区展开的，以三大园区的发展为突破点，逐步建立现代工业体系，并取得了突出成效。

1. 绿色产业园区

互助县绿色产业园区以绿色经济、循环经济、高新技术为重点，低能耗、低排放和高产出、高效益为特征，着重发展青稞酒、中藏药、农畜产品、旅游文化纪念品加工等产业。其建设蓝图雄心勃勃，提出将绿色产业园打造成为全国最大的青稞酒生产基地和高原绿色食品加工基地。

（1）产业园区基本情况

互助绿色产业园区规划总面积 30 平方千米，最初规划将产业园区分为威远、塘川两个区块，后来随着经济布局的调整，塘川被定位为绿色产业园区的延伸加工区。其中，威远镇规划面积 20 平方千米，范围东至安定山根，南至塘川镇董家村，西以威北千米为界，北到东和乡宋家庄村；塘川镇规划面积 10 平方千米，范围东至塘川东山根，南至三其村，西至塘川西山根，北至下山城。园区位于青海省"四区两带一线"经济带东部，处在兰西格经济区三大中心城市之一的西宁市半小时辐射圈，西互一级公路南接西宁市；威北旅游公路北通海北州和甘肃省；平人公路东到平安县、西至大通县。

经过几年的建设，绿色产业园区建设全面推进，园区建设初显成效。绿色产业园区总体规划论证已批复，总体环评大纲已完成，编制控制性详规初稿，成立了园区管委会。组建了安定投资开发有限公司，完成征地 3000 亩，实现融资 2.2 亿元。园区已完成拆迁 178 户，安置 144 户，水、电、路等基础设施全面动工。目前，园区已经列入了青海省 10 个 500 亿元重大产业基地，基础设施和项目建设纳入全省产业基地建设计划；园区是青海省东部城市群建设的产业支撑区，道路、给排水、供电等各类基础设施项目被纳入了东部城市群建设总体规划。2013 年，完成投资 4.07 亿元，规划区内供电设施已建成，其中威远区有 2×63MKVA 和 3×50MKVA 的 110 变电所各一座，塘川区有 3×50MKVA 的 330 变电所一座、

2×50MKVA 和 3×50MKVA 的 110 变电所各一座，满足园区建设需要；规划区内水源充足，供排水主管网已建成；天然气主管道已建至威远核心区；移动、电信、联通等通信网络全部覆盖园区范围；威远区块区内主干道班彦路和振兴大道延伸段正在建设，连接城区与园区的振兴大桥已完工；供水管网与道路建设同步进行。可见，园区基础设施逐渐完善。初步形成了以酿造、建材、冶炼、农副产品加工等产业为主的工业体系，工业经济运行质量和效益进一步提高，工业发展基础更加稳固。项目承载能力进一步增强，"十一五"期间，新建规模以上工业企业 20 家，投资上亿元的工业项目 7 个，其中，青海互助青稞酒股份有限公司、春天药用资源有限公司是全省重点培育为百亿元的企业，青稞酒股份有限公司更是青海省第十家、海东地区首家上市企业。总投资 13 亿元 3 万吨优质青稞原酒项目和总投资 8000 万元物流项目正在威远绿色产业园建设。到"十二五"末，青稞酒产能达到 5 万吨，农畜产品加工量达到 25 万吨，工业生产总值达到 45 亿元，完成增加值 17 亿元。

（2）园区的功能区分和主导产业

主导园区不同板块之间规划功能有较大差异，并不重叠，各有所专。威远区块以青藏高原特色生物资源为依托，以青稞酒酿造、高原绿色食品及农副产品精深加工、生物制药、民族旅游工艺品加工为主导产业。据调查，大致如下：

①特色酿造业

园区的青海青稞酒股份有限公司，在 2012 年实际生产白酒近 19000 吨，实现工业产值 110642.8 万元，工业增加值 73024.2 万元，正在进行 5 万吨青稞酒原酒生产项目的建设，同时开展青稞酒工艺改进、新产品研究步伐，开发保健酒、功能酒等系列产品。

②高原绿色食品加工业

园区在高原绿色食品加工业方面已有三家企业，主要产品为淀粉和食用植物油。其中青海互助威思顿精淀粉公司于 2012 年实现精淀粉 12984.575 吨，实现工业产值 12481.7 万元，工业增加值 4119.0 万元；青海西海油脂加工有限公司和青海通达油脂有限公司生产精制食用植物油分别为 14500 吨和 15858 吨，实现工业产值 14500.0 万元和 19463.8 万元，工业增加值 4594 万元和 5800 万元。

③生物制药业

园区生产制药产业以青海春天药用资源有限公司为龙头，发展冬虫夏草纯粉精深加工产业。依托自身强大的研发实力、国内外数个研发平台、100 多项发明专利和实用新型技术，使极 5X 冬虫夏草系列产品成为冬虫夏草物理加工领域的最高科技成果，并通过大量的宣传，使含着吃的虫草成为国内具有影响力的新产品，2012 年，春天药业实现工业产值 136500 万元，工业增加值 47565.7 万元。

2. 塘川工业集中区及升级改造

塘川工业区是互助县重工业较为集中的园区，园区内有冶金、建材等行业。铁合金行业最初有青海华鑫硅业有限公司、青海中力硅业有限公司、青海荣鑫利冶炼有限公司、青海长源特种硅业有限公司、化隆盛兴冶金有限责任公司等五家企业，但是，企业规模小，规模效益不显著，发展面临困境，后来由省政府提出整合发展的要求，这五家铁合金企业经过协商，整合重组为青海博强实业集团有限公司。整合后的铁合金集团公司，总资产 4.5 亿元，年产能 30 万吨硅铁和金属硅，年产值 21 亿元。

园区内的建材企业有三家，分别为青海互助金圆水泥有限公司、青海博川矿业有限公司和青海联邦新型建材有限公司。主要产品为水泥、石膏建材和建筑用砖。其中金圆水泥在 2012 年实现产能 2409785.6 吨，实现工业产值 85833.88 万元，工业增加值 34333.6 万元，博川矿业实现石膏产能 62200 吨，产值 6220 万元，工业增加值 1928 万元，联邦建材实现建筑用砖 4250 万块，实现产值 1122 万元，工业增加值 471 万元。经测算，到"十二五"末，水泥产能保持在 300 万吨，石膏粉达到 200 万吨，纸面石膏板达到 6000 万平方米，新型节能砖年产量达到 5 亿标块，各类铁合金产量达到 25 万吨，工业生产总值达到 60 亿元，完成增加值 22 亿元。

但是，这些行业具有高能耗、高污染的特点，对环境破坏明显而突出，发展模式不具有可持续性，塘川工业集中区升级改造势在必行。因此，互助县政府制定了"控制现有规模，加快结构调整"的原则，突出了产业升级改造。对集中区现有企业从生产设备、工艺、技术等方面进行改造，促进冶炼业升级，延长产业链，扩大生产能力，实现产业结构由资源开发型向加工制造型转变。2012 年启动实施金圆水泥公司环保综合整治工作、完成华鑫硅业等硅铁企业余热发电项目，控制能耗，突出清洁生产。加快工业布局调整，减少环境污染，对圣戈班、丹峰、高纯硅、汇恒及威远地区的回升等 5 家碳化硅企业，做好迁建并转的调研论证定案工作，力争环保达标，生产有序，提质增效；完成航威冶金公司落后生产工艺转型升级管理工作。同时，配合环保等部门对区内石膏、砖厂黏土开采企业的管理常抓不懈，禁止在可视范围内进行开采，保护生态。围绕新型建材产业，大力发展新型环保建材业，配套建设一处大型建材物流市场，将其打造成青海重要的新型建材生产基地。并力争将塘川工业集中区融入省级中小企业群总体布局，继续做大塘川工业集中区的规模，以基础原材料、新型建材、仓储物流为主导产业，引进更多新型产业项目。

互助县在大力推动塘川工业区升级改造的同时，通过科学论证，积极规划，将塘川工业区所在的塘川河谷地区纳入全县特色旅游发展规划，据旅游规划，互助县旅游业最终要形成"一核一线两翼"的发展新格局，而塘川地区即被纳入了"一线"之中，并成为"一线"的核心区，打造生态长廊，基于此，互助县科学制定塘川河流域东西两山绿化和农田林网、通道绿化年度实施方案，重点在塘川河流域东西两山高标准造林2000亩，并做好威北旅游线路两侧生态修复工作，逐步将塘川流域至大通河流域打造成为集亲水观光、休闲娱乐、流域治理为一体的"绿河谷"生态长廊。由此可见，今后塘川工业区必将转型为一个以生态旅游为主业的旅游区。

3. 青海曹家堡临空综合经济区

青海曹家堡临空综合经济区是海东市海东工业园区的核心，位于互助县地界内，但在体制上属于海东市直辖。按照青海曹家堡临空综合经济区总体规划思路，互助县积极配合省上做好青海曹家堡临空综合经济区互助片区开发建设，并审时度势地将经济发展重点落在保税、仓储物流业及高新技术产业等方面。依托曹家堡机场口岸优势，按照"立足互助、配套西宁、连接周边省市"的物流业发展思路，发展货运物流的配套作业和周边加工贸易企业深加工结转服务的保税物流业务，积极探索生产制造企业的库存管理新模式，建立现代物流园。其主要目的是充分利用曹家堡机场位于互助县的优势，建立临空综合经济区，积极培育和引进一批骨干物流企业入驻园区，形成具有高时效性的货运通道网络和具有多样化服务的现代物流集散中心，将青海曹家堡临空综合经济区打造成青海省东部重要的物流中心。

红崖子沟工业园区（又称平北工业园区）是青海曹家堡临空综合经济区重要组成部分，以新型产业为重点，发展新能源、新材料、精细化工等产业，最终使其成为全省重要的有色金属加工、硅材料加工和化工产业生产基地。初步估算，到"十二五"末，青海曹家堡临空综合经济区互助片区有色金属规模达到 5 万吨，硅材料达到 20 万吨，化工类规模达到 100 万吨，实现工业生产总值 45 亿元，工业增加值 15 亿元。目前正在加紧水、电、路、气和排污等基础设施的建设。青海曹家堡临空综合经济区的建设可以为互助县的就业和财政收入带来极大的效益，也能带动互助县工业的发展，搭上顺风车。因此，互助县积极配合海东工业园区建设，争取互助县工业经济的发展在临空综合经济区的开发建设中占有一席之地。

互助县的工业园区有了较大发展。互助县采取以"园区经济＋产业联盟＋龙头企业"为核心的园区经济架构模式。通过工业园区建设，落实重大项目，培育龙头企业，夯实工业发展的基础，使得工业生产有了极大的提高。一是工业生产稳步增长。2012 年实现工业增加值 24.98 亿元，增长 35.21%，其中规模以上企业增加值达 20.2 亿元，增长 37.1%；完成工业生产性固定资产投资 14.26 亿元。二是新型产业不断丰富。青海三江泉液酒业公司枸杞加工、青海建高混凝土有限公司混凝土搅拌站、互助博祥科技有限公司玻璃纤维制品生产线等项目陆续落地建设，总投资达 4.5 亿元，2012 年内完成投资 2.27 亿元。

总之，互助县的园区经济在经济发展中发挥了积极作用，它已成为互助县经济腾飞的中坚力量。互助县各个园区内产业的不断集中再到集聚，通过极化效应和扩散效应，同时带动区域经济快速发展，在互助县经济版图中起到了"增长极"作用。并且园区不仅担负了互助县技术创新和现代化产业建设的重任，在对外出口、土地开发、吸引就业以及城镇化进程中都扮演了重要角色。

需要指出的是，虽然互助县园区经济建设取得了显著的成绩，但是，调查显示，目前还存在很多值得关注的问题：一是工业企业规模小，大项目大企业少，新型工业化水平不高。园区仅青稞酒厂和春天药业产值超过 10 亿元，其他除金圆水泥外，销售额均在 1 亿—3 亿元，缺乏有效的大项目大企业。经济总量不大，整体实力不强。2012 年，园区工业总销售额为 48 亿元，总量仍然偏小；二是园区产业之间关联度低，无法形成合力。园区的非生物类产业之间缺乏联系，基本不存在上下游产业链，无法形成合力。部分产业过于薄弱，未形成有效产业群。尤其在特色酿造业和生物制药领域，目前还没有一家企业。园区各个产业的发展高度依赖单一企业，一旦企业发生状况，将极大影响该产业的发展；三是工业集中区产业特色不突出，产业导向不明确，产业集群不集中，产业布局不合理，塘川工业集中区现有企业工艺落后、高耗能、高污染的企业较多，一大批企业面临迁、转、并、停、关的局面，导致工业集中区建设难以为继。

四　金融发展状况

进入 21 世纪以来，互助县金融业运行、发展状况良好，服务领域不断扩大，存贷款平衡增加。2006 年以来，互助县金融机构各项存、贷款余额增长较快（见表 1 - 2）。到 2010 年末，互助县各项存款余额达325077.91 万元，比年初增加 79303.68 万元，增长 32.27%。其中企业存款 73387.58 万元，比年初增长 57.24%；城乡居民储蓄存款达 181095.7万元，比年初增长 22.47%。2011 年，互助县金融机构各项存款余额56.48 亿元，较年初增长 73.75%，增长迅猛；各项贷款余额 15.53 亿元，较年初增长 55.54%（见表 1 - 2）。2012 年互助县金融机构各项存款余额更是达到了 68.66 亿元，较年初增长 21.56%。实际上，2006 年以来，城乡居民储蓄存款余额一直呈上升趋势，2006 年为 6974 万元，五年内翻了三番，到 2012 年，达到了 181096 万元，这意味着这五年城乡居民收入不断增加。

表 1 - 2　　　　　　　　　**2011 年金融机构存款余额**　　　　　　　　单位：万元

	本期余额	2010 年	2011 年比 2010 年可比增长（%）
一、各项存款	564823.4	325077.91	73.75
1. 单位存款	295187	73387.58	302.23
其中：活期存款	280468	71719.58	291.06
定期存款	3177	1668	90.47
通知存款	11100		
2. 个人存款	261814.35		
储蓄存款	261814.35	181095.7	44.57
3. 财政存款	3335.53	356.28	836.21
4 临时性存款	4454		
5. 其他存款	32.08		
二、应付及暂收款	4834.16		

续表

	本期余额	2010 年	2011 年比 2010 年可比增长（％）
其中：应付利息	3245.99		
三、同业往来	2000.09		
四、各项准备金	5230.36	3776.37	38.50
其中：贷款损失准备金	5230.36		
五、所有者权益	8215	5438.41	51.06
其中：实收资本	2240		
六、其他	−52153.11	−9908.48	426.35
资金来源总计	532950.14	328914.04	62.03

数据来源：互助县统计局 2012 年资料册，内部资料。

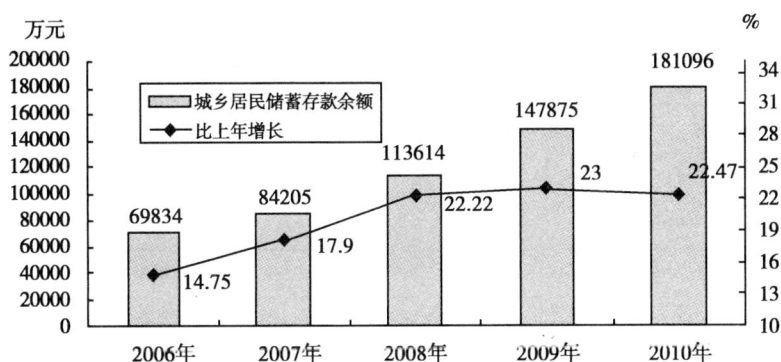

图 1-8　互助县 2006—2010 年城乡居民储蓄存款余额及其增长速度柱状图

数据来源：互助县统计局编《互助土族自治县 2010 年国民经济和社会发展统计公报》，2011 年 3 月 15 日。

金融业的发展加大了对优势产业、小额担保贷款、助学贷款、商业性房地产和经济社会发展薄弱环节的信贷支持力度。2010 年，互助县各项贷款余额 99858.79 万元，比年初增加 29450.79 万元，增长 41.83％，其中短期贷款余额 47999.65 万元，比年初增加 12106.18 万元，同比增长 33.73％。在短期贷款中，个人贷款 36340.5 万元，单位贷款 11659.15 万元；中长期贷款余额 44858.74 万元，比年初增加 10344.61 万元，增长 29.97％，其中，个人贷款 6851.74 万元，单位贷款 38007 万元。2011 年，各项贷款余额 155316.7 万元，较上年增长 64.29％。金融业的信贷支持，有力地促进了互助县经济快速发展。

表1-3	2011 年金融机构贷款余额	单位：万元
	2011 年	2010 年
一、各项贷款	155316.7	99858.79
1. 短期贷款	64569.62	47999.65
（1）个人贷款及透支	46182.67	36340.5
其中：个人消费贷款	119.35	
（2）单位普通贷款及透支	18386.95	11659.15
其中：经营贷款	18386.95	
2. 中长期贷款	78747.09	44854.74
（1）个人贷款	7748.09	6851.74
其中：个人消费贷款	7104.21	
（2）单位普通贷款	70999	38007
其中：经营贷款	19839	
固定资产贷款	51160	
3. 票据融资	12000	7000
其中：贴现	12000	7000
三、股权及其他投资	50	50
四、应收及预付款	1376.27	642.23
其中：应收利息	364.32	
五、系统内资金往来	368955.12	222166.9
六、固定资产	4024.76	3510.18
七、库存现金	3227.28	2688.26
资金运用总计	532950.14	328914

数据来源：互助县统计局 2012 年资料册，内部资料。

　　近年来互助县保险业呈现出萎缩状态。2005 年，中国人寿保险股份有限公司互助支公司各种人身保险保费收入达到 240 万元，其中长期人身保险保费收入 223 万元，短期人身保险费收入 17 万元；中国人民财产保险股份有限公司互助支公司收保费 500 万元。2010 年全年保险公司保费收入 228.88 万元，其中，寿险保费收入 121.5 万元，财产险保费收入 107.38 万元。全年保险赔付额 91.8 万元，其中寿险赔付额 49.51 万元，财产险赔付额 42.29 万元。可见，互助县的保险业呈现出萎缩状态，保险额也有较大幅度的缩水。

2012 年，互助县全面实施积极财政政策，坚持扩大收入总量与优化支出结构并举，有效发挥财政资金的撬动作用，有力支持了互助县经济社会各项事业的快速发展。全年完成地方公共财政预算收入 2.13 亿元，增收 4759 万元，同比增长 28.8%；完成上级补助及返还收入 8.12 亿元，增收 7578 万元，同比增长 10.3%；完成专项收入 18.02 亿元，增收 2.78 亿元，同比增长 18%。消费市场繁荣活跃，大力实施"家电、轿车下乡"等政策，全面提升居民消费能力。加快发展商贸流通业，推进"万村千乡"市场工程、家政服务工程、社区商业示范工程等项目，居民消费预期和能力快速上升，广大群众消费水平得到全面提高。

五　新型城镇化稳步推进

互助县将本县的城镇化发展纳入以西宁市为中心的东部城市群建设的发展规划之中，提出了"城市现代化、乡镇特色化、城乡一体化"的发展思路，具体来说就是，突出发展县城，优先发展重点镇，积极发展一般乡镇，提高城乡一体化水平。

为了推动城镇化的发展，互助县相继实施了"城市建设推进年"、"招商引资项目建设年"、"东扩西延南伸北展中完善"等活动，极大地提高了城镇化水平。截至 2011 年，建制镇 7 个，互助县城镇人口达 10.85万人，比 2005 年末的 5.3 万人增长了 104%；县城建成区达 7.6 平方千米，比 2005 年末的 5.6 平方千米增长了 37.5%；城市化水平达 28.04%，比 2005 年增加了 10 个百分点；城镇居民人均住房面积 24.03 平方米，比 2005 年末的 16 平方米增长了 50%；自来水普及率达 94%，比 2005 年末的 85% 增加了 9 个百分点；供水管网达 69 千米，比 2005 年末的 48 千米增长了 43.75%；日供水能力 1.7 万立方米，比 2005 年末的 1.5 万立方米增长了 13.3%；县城绿化覆盖率达到 30.4%，比 2005 年末的 17.5% 增加了 12.9 个百分点。随着城镇化工作的稳步推进，城镇化建设取得了显著成效。根据互助县"十二五"规划，到"十二五"末，互助县的城镇建设要完成投资 80 亿元以上，城镇人口达到 16 万人以上，城镇化水平达到40% 以上，并争取实现撤县建市的目标。同时，按照发展中等城市概念来谋划城镇建设，为今后互助县城镇人口达到 20 万人以上，实现发展中等城市目标奠定基础。

（一）互助县城建设快速发展，基本形成了具有浓厚民族风情、功能完善的城市

虽然，互助县城历史悠久（城中至今仍保留着明代的钟楼），但是，受各种因素的制约，其发展速度缓慢，直到21世纪，才逐步走上了快速发展的轨道。互助县投资着力打造县城新形象。按照"经营城市、以地建城"的理念，围绕"旅游休闲型、山水园林型、生态宜居型"的城市定位，高标准谋划县城建设，全力推进新城区建设，按照"三年打基础，五年显形象"的目标，在建设中，高起点、大手笔谋划，突出体现民族特色和大空间、低密度理念，推进城区战略性东扩、南延、北整治，大力拓展城市新的发展空间。以行政中心东移和产业中心南移带动新区建设，扩大城市规模，完善城市功能，加快新城区新安东路、振兴大道东路等路网基础设施和配套服务设施建设，加快行政办公、城市休闲广场、文化娱乐、园林式居住和酒店商务等公用设施建设。于是，在"十一五"期间，互助县城掀起了建设高潮，几年间城建资金投入达到了近12.8亿元，先后动工实施了近40项重点基础设施建设工程和9项房地产开发项目。2013年，县城建设更为宏拓，实施了彩虹广场、七彩人工湖、安定河河道治理、县城第二水源及输水管网、东新街、毛斯路、南大街延伸段、龙腾印象、海洲国际等各类城建项目45项，完成固定资产投资18亿元。城市建设实现了跨越式发展。

互助县城建设成效显著，城市规模和功能都有了显著的提高，县城发生了翻天覆地的变化。

1. 城市规模不断扩大

随着城市规模的扩大，互助县城建成区面积由原来的5.6平方千米扩大到了7.6平方千米，城市化水平达到了28.04%。从拉开城市建设框架、完善城市功能和群众的需求出发，本着"打通断头路，改造瓶颈路，提升形象路"的基本思路，投资1亿多元实施并完成了西、北过境公路、振兴大道建设工程，打通了县城西北环路。新建了酒城南路，改造了粮食巷、武装巷、新安路和西街延长段道路，新建道路10.6千米、改建道路2.9千米，形成了"三纵五横七出口"的城市交通大框架。

2. 城市功能日趋完善

互助县投资1500万元建成了垃圾填埋场建设工程，新建、改建公厕11座。启动实施了投资2950万元的水源扩建与供排水管网改扩建工程、

投资3200万元的青稞酒文化广场建设工程、投资1200万元的东城区体育场综合健身馆工程、投资1400万元的粮贸商行、北街市场、物流中心等市场建设工程、投资3580万元的污水处理厂建设工程、投资5900万元的城市天然气工程。通过设施配套，城市功能日益完善，综合承载力明显提高，辐射带动力进一步增强。

3. 城市环境明显改善

以创建省级园林城市为目标，推进了以城市绿化和污染整治为重点的生态环境建设。先后投资1000余万元实施了"拓城、通路、增绿、添景"四大工程，把迎宾大道、北街、南干道、东街等重点路段建设成了绿化景观路，恢复沿河湿地，着力打造县城水系。经过几年的努力，城市绿化量持续增长，园林绿化质量水平不断提升，城市生态效应逐步显现。加之近年对环保工作的重视和强化，为营造"天蓝、地绿、景美"的人居环境打下了良好的基础。

4. 房地产开发势头强劲

县委、县政府把廉租房、经济适用房建设提到前所未有的高度，与大规模进行的房地产开发同步推进。"十一五"期间，园丁花园、阳光酒城、彩虹小区、鼓楼小区、富民路商业街、滨河丽景等一批高档住宅和商贸小区启动建设或投入使用，总投资额达6.3亿元，总建筑面积66万平方米以上，县城新增住房4000套以上，目前人均住宅面积达24.09平方米。

5. 产业支柱作用日益凸显

在县城东新区、南新区大力发展园区经济，高原特色现代农业示范园核心区初具规模，青稞酒产业及土族民俗文化生态园建设稳步推进。结合城镇建设，旅游开发成效显著，中国土族园、彩虹故乡农业生态园等旅游开发项目已动工实施，《彩虹部落》推介工作全面展开，鼓楼、青稞酒作坊等已申报国家级非物质文化遗产。现代服务业的植入，有力地推进了新城区建设水平的大幅提升。

为展现地方民俗文化特色，提升县城形象，互助县投资600万元开展了以彰显"民族地方特色"为主要内容的县城临街建筑物"穿衣戴帽"工程。通过建筑物"穿衣戴帽"和旧城改造，将互助县城打造成既有浓郁地方民族风格又有现代气息的城市风貌。为凸显威远古镇的夜景效应，投资500万元通过加快县城道路、西门河两岸灯光夜景工程建设和临街建筑物亮化工程建设，街道夜景效应逐步凸显，土乡城市环境形象得到了全面提升，城市面貌焕然一新。

（二）特色小城镇的建设工作有序推进

在举全县之力加快县城威远镇率先发展的基础上，县委、县政府统筹城乡协调发展，加强了小城镇的建设。2006年以来，在互助县总体规划指导下，有序地进行了小集镇规划编制工作，取得了初步成效。先后编制完成了丹麻、南门峡等7个建制镇的总体规划。十八届三中全会提出在城镇建设中，要关注"推进城乡要素平等交换和公共资源均衡配置，完善城镇化健康发展体制"。互助县以此为契机，开始全力推动小城镇建设，启动除威远镇外的18个小集镇建设，大力推进建制镇、一般乡镇特色化发展，加快道路、照明、供排水、污水垃圾无害化处理等公用设施建设，加快发展特色产业，增强中心集镇的公共服务和居住功能。

互助县根据不同乡镇特点，制定了发展思路，赋予不同的功能。根据规划，互助县将丹麻、南门峡、加定、五十、高寨和塘川建设成功能较齐全、设施较完善、市场要素较健全的特色小集镇。其中，将丹麻镇建成以农业生产、土族民俗文化旅游为主的综合型集镇；南门峡镇建成以生态旅游、商贸服务和宗教旅游为主的综合型集镇；加定镇建成县域东北片的区域性中心集镇和以生态观光为主的旅游型集镇；五十镇建成县域东部地区的商品集散地，以土族民俗文化旅游为主、设施农业为辅的综合型集镇；高寨镇建成全省重要的仓储物流、保税区；塘川镇建成县域南部的区域性中心集镇，承接西宁工业转移的工业型集镇，并尽快启动实施塘川镇宁东新城建设项目。做好林川、东沟、红崖子沟、东和、台子、哈拉直沟、巴扎等七个乡的撤乡建镇工作，促进集镇向建制镇发展。

加快推进户籍制度改革，建立城乡统一的劳动力市场和相互衔接的社会保障体系，逐步实现进城务工人员在住房、基本公共服务、劳动报酬及社会保障方面与城镇居民享有同等待遇，解除进城务工农民的后顾之忧，有序地鼓励和引导有条件的农民到城镇创业、居住，积极推进人口的城镇化。互助县提出到"十二五"末，建成初具规模、特色鲜明的小城镇10个，建制镇总数达到15个，建制镇人口增加到6万人以上的建设目标。

互助县的小城镇建设特点鲜明，以点带面，共同发展。即结合国家和青海省社会发展规划，将小城镇发展与新农村示范村建设、公路沿线和乡镇政府所在地环境整治等工作结合起来，这样可以做到互相支持、统筹发展，有力推动小城镇建设。比如，利用新农村建设、中小学危房改造、村道硬化、人饮工程、乡镇基层政权建设等涉农项目，不断完善乡镇和农村基础设施建设，仅 2009 年互助县就完成基础设施项目投资 3.61 亿元。这些项目的实施，使集镇基础设施和环境逐步得到改善，交通、通信日益完善，文化、卫生、教育等公共服务能力得到不断提升，镇容村貌也得到了不断改善。以新农村建设为契机，以"绿化、硬化、净化、美化"为目标，积极整合各类涉农项目资金，从设置绿化带、商铺穿衣戴帽、铺设人行道、拆除破旧建筑物、改造农村困难群众危房、整治集镇环境卫生等方面着手，重点开展新农村建设示范村、乡镇政府所在地和中心村、旅游景点村、主要公路沿线村的村容村貌整治工作。仅 2009 年，县上就整合各类资金 1979.2 万元，进行了镇容村貌综合整治，集镇面貌得到了很大改观。

经过 60 年的努力，互助县经济社会发展取得了令人瞩目的成就，既实现了社会制度的历史性变革，也实现了经济体制由计划经济向社会主义市场经济的历史性转变，实现了城乡居民生活从温饱到总体小康的历史性跨越。

第三节　现代经济发展中的问题和路径

在经过了近 30 年的经济快速增长后，互助县经济发展虽然有了质的飞跃，但是在其经济发展进程中也面临着一些突出的问题，如产业结构不合理、区域发展不平衡、农民和部分城镇居民增收缓慢等发展中常见的"瓶颈"问题。所以，路径选择就成为当务之急。

一　经济依然薄弱，财政收支矛盾突出

经过几十年的建设，互助县县域经济持续快速发展，综合实力明显增强，县内生产总值达到 46.16 亿元，是"十五"末 17.83 亿元的 2.59 倍，年均增长 13.6%，完成规划目标 32.86 亿元的 140.47%。但是，经济总量小、人均水平低的经济发展现状并未得到根本性改变，人均县内生产总值不到全省平均水平的一半，缩小发展差距难度很大，民不富、县不强仍是最大的县情。由于大型的工业企业少，多数企业生产水平低，工业生产总值在整个国民经济中所占比例虽然不小，但是经济效益普遍较差。这无

疑会导致地方税源严重不足，直接影响到了地方财政收入。2011 年，完成地方财政一般预算收入 16543 万元，同比增长 50.4%，完成年初预算的 125.33%，增收 3343 万元。但是，一般预算支出 236852 万元，同比增长 63%。虽然，财政收入有较大的增幅，但是，仍然相差甚远，即使将所收的税款足额入库，也只能占到互助县财政支出的 7%，而 93% 的开支仍靠国家财政拨款，这些有限的财政收入（地方税收和国家拨款）中的 80% 以上，只能保证干部职工的工资发放和政府办公运转费用等。由此可见，扩大再生产的资金十分短缺。完成地方基础设施、投融资平台等硬件、软件环境的能力仍比较差，特别是近年来财政改革和工资、物价变化等因素，对财政收支平衡压力很大。近年来，收支不平衡的状况没有得到改善，反而呈扩大趋势。对上级和国家财政专项资金的依存度越来越高，国家的财政支持的力度也是越来越大，如前文所述，2011 年度，国家通过上级补助的方式补助互助县财政 76843 万元，同比增长 21.7%；国家专项补助 148927 万元，同比增长 105%。各商业银行对地方经济发展的支持力度不够，作用不明显，经济持续发展的基础有待进一步加强。

二　现代经济体系发育缓慢

经过三十多年的改革和发展，互助县初步建立了较为完善的经济体制，但由于多种主、客观原因的制约，互助地区的商品化程度还较低，市场经济发育缓慢、不健全，互助县的经济结构并没有发生根本性的变革，自然经济状态的色彩还较为明显。建立现代企业制度的大中型企业少，就调查来看，只有互助酒厂等几个规模较大的企业，而乡镇企业、个体私营企业、合资企业数量更少，现代企业比重小，活力不足，工业企业并没有占据主导地位，工业强县的目标仍然需要努力。

产业结构不尽合理，现代化企业少。三次产业结构有待进一步优化，产业层次仍然比较低。全年完成县内生产总值 55.77 亿元，同比增长 17%，其中，第一产业实现增加值 13.44 亿元，增长 5.8%；第二产业实现增加值 21.86 亿元，增长 27.4%；第三产业实现增加值 20.47 亿元，增长 14.2%。第一产业以农牧业为主，但农牧业生产中能有规模效益的优良品种、畜种不多，市场竞争力弱。种植业、养殖业与之相关的加工、流通业联系松散，产业化经营仅仅处在起步阶段，缺乏一批具有较强竞争力的龙头企业；第二产业方面，虽然建立了一些较大规模的现代性企业，但是数量总体上偏少，企业之间缺乏相对紧密的生产链条连接。没有形成整体优势，呈现群龙无首、各自为政的竞争局面。因而，在结构调整中，对内缺乏亲和力，对外面临竞争性的压力，导致那些装备水平比较高的行业快速萎缩，举步维艰。这些情况表明，工业精加工增值的水平基本没有大的提高，出售原材料和初级产品的状况没有大的改变，工业结构仍然处于低级化的水平；第三产业发展较快，但是，还没有形成现代服务业，服务方式、服务内容落后，经济带动作用不强。目前，互助县经济发展状况，与党的十八界三中全会提出的"加快完善现代市场体系、宏观调控体系、开放型经济体系，加快转变经济发展方式，加快建设创新型国家，推动经济更有效率、更加公平、更可持续发展"的要求，还有较大差距。

互助县经济发展总体态势是现代经济体系尚未成熟和完善的情况下，又面临着绿色发展、可持续发展的挑战，经济发展陷入了双重挤压的困境，经济结构的调整，经济发展模式的转型都面临着巨大挑战。据调查访谈，互助县县委、县政府主要领导，对此有较清醒的认识，认为要实现经济与社会环境资源全面协调发展，就必须要进一步转变经济发展方式，坚定不移地走城镇化、工业化道路，并制定了"突出特色、科学发展、转变方式、统筹推进、快中加快"的发展战略予以应对，同时提出：做强农业、做大工业、做特旅游、做精城镇、做美生态、做实民生，最终将互助县建成"绿色互助、开放互助、和谐互助"。互助县发展战略和发展目标，对于今后互助县经济发展效果如何，是否具有科学性和可持续性，我们将寄予厚望。

三　城镇化处于低级水平

互助县城镇化总体水平仍然较低，其发展程度远远落后于非民族地区。2011 年，互助县城镇化水平为 28.04%，低于全省平均水平（40.9%）12.86 个百分点，低于全国平均水平（45.37%）17.33 个百分点。由于县级财政困难，城建资金投入严重不足，致使城镇基础设施薄弱，自来水普及率不高，给水管网年久失修，跑冒滴漏现象严重；交通建设滞后，县城道路不畅，交通压力加大；环卫设施及消防设施不足，污水处理和垃圾处理设施滞后；广场、图书馆、青少年活动中心、体育场等公共服务设施还不能满足城市发展的需要。除县城威远镇以外的其他建制镇和小集镇更是深陷于建设资金不足，基础设施和公共设施年代久、标准低、设施陈旧，不能满足运行功能等困境之中。

新农村生产生活环境有待进一步改善和提升，贫困地区群众自我发展能力有限，农民增收压力大。城乡平衡发展，就必须加快工业化、城镇化与推进农业现代化结合起来，努力促进"三化"协调发展（"三化"是指新型工业化、新型城镇化、农业现代化）。2012年，党的十八大提出"促进工业化、信息化、城镇化、农业现代化同步发展"。"三化"是互助县社会主义现代化建设的重要组成部分，三者不是孤立的，存在着互动发展的内在联系，是相辅相成协调发展的。但"三化"协调发展的这种内在机制受到了城乡分割制度的制约。因此推进"三化"协调发展，必须打破分割，统筹城乡一体化发展。通过一系列建设规划，加快建立城乡一体的交通、供水、流通、能源、信息网络体系，大力发展农村各项社会事业，促进基础设施建设和公共服务的城乡统筹、区域共享。

目前来看，互助县城乡区域发展不协调，二元结构矛盾比较突出，基本公共服务均等化水平不高。二元经济所造成的工农差别和城乡壁垒，切断了城镇经济与传统农村经济之间的天然联系，既不利于少数民族经济本身市场化程度的提高，也不利于现代大工业的力量对民族地区经济的辐射扩散。另外，先进的现代城市工业经济，与落后的乡村传统农牧业经济形成强烈反差，与传统农牧区的落后贫困的反差更是明显。

城市的辐射力和吸纳力很小，已经不能适应劳动力向第三产业转移和就业的需要。没有大城市、中等城市，只有一座较大的县城，并且县城镇作为行政中心的氛围浓厚，作为经济中心和文化中心的功能亟待加强。在农业区的中心城镇，规模较小，分布稀少，对周边农村地区的辐射带动作用不强，不能更好地发挥第三产业的载体作用。由于互助县城镇产业发展较慢，科技创新能力低、产业链条短、知名品牌产品少、结构性矛盾明显，市场经济发展空间受到制约，无法形成特色工业主导产业，不能有效带动相关一、三产业的发展。农村劳动力转移不顺畅，严重制约了农村富余劳动力向城镇转移，造成大量隐性失业需求。小城镇产业用地布局分散，各类性质用地区别不明显，不能形成一定规模的服务，影响到第三产业发展，实现城镇可持续发展缺乏产业支撑。所以由于城镇化水平低，致使第三产业的发展受阻。这与十八届三中全会提出的"城乡二元结构是制约城乡发展一体化的主要障碍。必须健全体制机制，形成以工促农、以城带乡、工农互惠、城乡一体的新型工农城乡关系，这些与让广大农民平等参与现代化进程、共同分享现代化成果"的发展要求有较大差距。

由此可见，推进"三化"协调发展是一项复杂的系统工程，必须打破传统模式，在遵循科学发展规律的基础上结合互助县实际，立足当前，着眼未来。

四　发展特色经济是趋势

互助土族自治县作为一个民族地区，参与市场竞争的重要途径和着眼点放在特色经济、调整产业结构、培育新的产业增长点，走出传统经济发展的单一资源粗放窘境，发展特色经济。所谓特色经济是指在一定的区域范围内依据本区域现有的经济、社会、文化状况，资源禀赋和生产力水平，能最大限度地扩张经济总量，结构合理且主导产业优势突出，经济效益显著，能确保可持续发展的、具有鲜明区域特点的经济发展模式。

发展特色产业是互助县经济转型和发展的关键环节。实践证明，一个地方经济要获得持续发展的动力和源泉，从近，就必须谋求在某一方面或某一领域持久的特色竞争优势，取得高于平均水平的经济效益。特色就是质量，特色就是效益；根据各县（市、区）现有的优势，采取适宜各自发展的特色竞争战略，把握关键，实施重点突破。所以，特色优势产业的形成和发展首先要瞄准一个"特"字，就是"独有"，就是"区别于其他"，也就是独一无二的"魅力"。"特色"的东西是历史的积淀、文化的传承，是由其赖以产生发展的特定具体环境所决定。互助县经过多年摸索，在立足县情的基础之上，通过研究和把握本地区的"特色"优势，盯住个性化和有地方特色的产业，能为市场提供与众不同的特色产品和服务，积极推动，大力发展，形成了一系列特色优势产业。农业形成了以马铃薯、油菜籽、蚕豆为核心的特色农业发展体系。畜牧业则是围绕着互助县特有畜种八眉猪做文章，做大做强，形成了较为完整的生产链。旅游业则是依托独特的、丰富多彩的民族风情和优美的自然风景展开，打造了一系列旅游品牌，在省内外都产生了较强的影响力（相关特色旅游详见本书第六章"文化产业与旅游业"）。正是立足于独特性之上，互助县的经济发展赢得持久的竞争优势，获得超常的经济收益。

互助县经济发展的特色之路，给予了我们深刻的反思。要深刻认识到"特色"本身的一个显著特点，就是它体现了经济发展是一个逐步演进的过程。强调了落后地区应从一个特色产业开始，按照脚踏实地、实事求是、逐步发展的基本思路，当发展到一定程度以后，各方面已积累了广泛的资源要素、知识要素、管理能力、资本运作能力、营销能力，就可以迈开步伐，向多元化方向发展。这里所说的"特色"并不排斥"一县二色"、"一县三色"、"一县多色"的发展思路。

五　经济发展路径选择

（一）依托园区引领，培育特色，强力推进农业"六化"的发展。在建构互助县现代农业可持续发展体系的过程中，必须把发展现代农业，繁荣农村经济作为首要任务，通过农业示范园区的引领，紧紧抓住现代农业发展的六大核心不放松，即"规模化、特色化、集约化、产业化、设施化、市场化"。将发展定位于绿色有机生态循环农业，实施无公害化、品牌化战略。持以工业的经营理念经营农业，在稳定和完善家庭承包经营长期不变的前提下，探索多种形式的合作和联合经营，发展产前、产中、产后的合作，打破部门分割、地区界限、所有制界限，走农业产业化路子，增加农民收入。逐步实现由主要依靠土地和劳动力要素投入向依靠科技和资本投入转变、由注重单纯农业生产向生产、加工、流通方向转变、由分散的家庭经营向多形式适度规模经营转变、由主要依赖自然生产向发展可控的设施生产转变、实现劳动者由传统农民向新型农民转变。

（二）突出绿色环保工业，强化绿色产业园区的扶持，积极引导新型工业不断壮大。将发展绿色环保工业作为工业发展主线，坚定不移地走低碳、环保、绿色、循环的新型工业化道路，对于传统工业积极推动升级改造，降低在工业生产中的比例。将绿色产业园区作为绿色工业基地，通过政策倾斜、资金投入、招商引资等手段，扶持绿色产业园区的发展，将具有低污染、低排放和高效益的新兴工业吸引过来，成为互助县工业发展的支柱产业，最终将互助打造成绿色产业大县和青海省循环经济先行县。

（三）全面规划特色旅游业，引导文化与旅游的深度融合，提升软实力，创建国家级高原旅游度假区和国家5A级旅游景区。举全县之力，集全民之智，编制科学的旅游规划，合理确定旅游业发展目标，为实现由旅游大县向旅游强县的转变打下基础、指明方向。在做好水、电、路、宾馆、餐饮等旅游设施建设的基础之上，将旅游业发展全面引入互助县丰富多彩的民族文化，将文化旅游作为旅游发展之内核，通过高端策划，精品打造，全力提升各个旅游区的档次和品位，切实增强对游客的吸引力。乡村旅游应该是文化之旅，应以民俗旅游为重要内容，兼顾乡村风景观光，重点打造塘川设施农业休闲观光旅游，东沟大庄、威远小庄和白崖、丹麻东家、加定桥头民俗旅游，让乡村旅游成为农民增收的重要渠道。

　　旅游服务水平是旅游业发展的软实力，更是推动旅游业健康快速发展的倍增器。定期举办旅游从业人员培训，不断提高旅游行业从业人员的整体素质和旅游企业的服务质量，提高互助旅游的服务形象。

　　（四）统筹城乡，科学规划，突出文化符号，全力打造高原最美县城。按照城市的理念谋划县城建设，按照城镇的功能谋划集镇建设，推进城乡一体化进程，适当扩充城市规模，提高城镇化率。以东新区、绿色产业园区和城西旅游区建设为城市发展重点，全面推进新区水电路等基础设施和配套服务设施建设。城乡建设中，提炼文化符号，彰显民族特色元素，摒弃千篇一律、千人一面的城镇建设，形成独特的具有标志性的城镇面貌。基础性的城市设施建设要有前瞻性，将眼光放至三五十年后，城市建设要以县城、集镇、城中村垃圾和污水处理为关键，以城市绿化率为标杆，加强城市管理，改变"脏、乱、差"的面貌，重点解决好马路市场、沿街摊点、私搭乱建、乱停乱放等突出问题，确保县城所有街区干净整洁。

第二章

政治建设与政治发展

党的十八大报告从"制度自信"出发，以"制度建设"为切入点，系统提出了中国民主政治建设的基本路径，其中最基本的内容是要坚持和不断完善中国特色社会主义政治制度，更加有效地发挥中国特色社会主义政治制度的制度效力。中国特色社会主义制度，是当代中国发展进步的根本制度保障，集中体现了中国特色社会主义的特点和优势。中国特色社会主义政治制度包括人民代表大会制度这一根本政治制度，中国共产党领导的多党合作和政治协商制度、民族区域自治制度以及基层群众自治制度等构成的基本政治制度，以及在这些制度上建立的各项具体制度。实践证明，中国特色社会主义制度有利于保持党和国家的活力、调动广大人民群众和社会各方面的积极性、主动性、创造性，有利于解放和发展社会生产力、推动经济社会全面发展，有利于维护和促进社会公平正义、实现全体人民共同富裕，有利于集中力量办大事、有效应对前进道路上的各种风险挑战，有利于维护民族团结、社会稳定、国家统一。在新形势下，坚持和完善中国特色社会主义制度，充分发挥中国特色社会主义制度的根本保障作用，是坚持和发展中国特色社会主义的必然要求。

第一节 民族区域自治制度的发展与实践

民族区域自治制度是在中华人民共和国范围内，在中央政府的统一领导下，以少数民族聚居区为基础，建立相应的自治地方，设立自治机关，行使宪法和法律授予的自治权的政治制度。民族区域自治作为我国解决民族问题和处理民族关系的基本政治制度，是中国共产党坚持把马克思主义民族基本理论同我国民族问题实际相结合的重大成果，它凸显了国家充分尊重和保障各少数民族管理本民族内部事务权利的精神，体现了国家坚持实行各民族团结、平等和共同繁荣的原则。民族区域自治既是少数民族地区政治建设的制度条件，也是少数民族地区政治建设的重要内容。历史证明，民族区域自治是合乎我国国情的正确选择。在新形势下，坚持和进一步完善党的民族区域自治制度，对于推进少数民族地区的民主政治建设，实现少数民族地区乃至全国建设小康社会的现代化目标，具有极为重要的现实意义。

互助土族自治县成立于1954年，2014年是她的60华诞。互助土族自治县60年的成功实践证明了民族区域自治制度的正确性和优越性，它得到了土族等互助各族人民的欢迎和拥护，并根据法律享受着民族区域自治的权利。

一　自治地方的成立和自治机关建设

（一）自治地方的成立

1949年10月，中华人民共和国的成立，标志着民族压迫制度的结束和民族平等新时代的开始。从此，互助土族地区的历史也揭开了新的篇章，土族人民迎来了自己当家做主的新时代。1951年11月，按照《中华人民共和国民族区域自治实施纲要》的规定，互助县人民政府开展了关于建立土族自治地方的宣传、酝酿和筹备工作，以实现土族人民在管理本民族事务方面当家做主的愿望。在1953年10月召开的县政府第七次各族各界会议上，决定成立"互助土族自治区筹备委员会"，参加筹备委员会的委员有17名，其中土族委员8名，汉族6名，回族2名，藏族1名，选举张进仁（土族）任筹备委员会主任。后经过广泛的政策宣传，反复酝酿讨论，第一届人民代表大会第一次会议于1954年2月14日在威远镇隆重开幕。出席这次会议的代表共有221名，少数民族代表占代表总数的25%，其中土族代表42名，占代表总数的19%。经过各族各界代表的充分协商，报请国务院批准，于2月17日正式成立了"互助土族自治区"（1955年根据《宪法》五十三条规定，改为"互助土族自治县"），张进仁（土族）当选为自治区人民政府主席，李厚斋（汉族）当选为副主席，白玉祥（回族）、丹吉敏尖措（藏族）等21人当选为自治区人民政府委员。在当选的区政府主席、副主席和委员中，土族和其他少数民族占60%。为了充分保障互助县散杂民族群众的权利，于1953年10月，又建立了巴扎、加定、松多3个藏族乡，以及和平、峡门2个回族乡。① 土族自治地方的建立，使土族人民第一次享受到了民族平等的权利，使土族人民获得了在本区域内自主管理本民族内部事务和地方性民族事务的权利。

（二）自治机关建设

民族自治地方自治机关的建设问题，是保障民族区域自治政策实施的关键一环，直接关系到民族区域自治政策在民族自治地方能否得到真正的实施。

（1）人民代表大会。新中国成立初期，革命政权初建，政府着力于恢复国民经济，进行土地改革，法律尚不完善，不能进行普遍选举，召开人民代表大会的条件还不成熟。因此，县人民政府邀请各族各界代表讨论、协商决定全县政治、经济、文化教育以及社会改革等重大事项，代行县人民代表大会的职权。1949年11月，召开互助县首次各族各界代表会议，参加会议的代表25名，会议就建立人民政权、接受国民党互助县政府财产、搞好社会治安等方面进行了协商。此后至1953年，共召开七次各族各界代表会议，会上就全县政治、经济、文化等有关事项进行了协商，选举产生了互助县各族各界代表会议常务委员会。在1953年10月召开的第七次各族各界会议上，决定成立"互助土族自治区筹备委员会"，选举张进仁（土族）任筹备委员会主任。1954年《中华人民共和国宪法（草案）》公布后，改各族各界人民代表会议制为人民代表大会制，并通过选民登记，逐级召开选民大会、人民代表大会，民主选举产生县人民代表大会代表。第一届人民代表大会于1954年2月14—21日召开。出席会议的代表共211名，其中土族42名，藏族16名，回族8名。第二届人民代表大会于1956年12月12—20日召开，参加会议代表共192名，其中土族37名，回族5名，藏族19名。第三届人民代表大会于1958年5月11—26日召开。出席会议的代表共173名。此后，分别于1960年10月、1963年9月、1965年9月召开第四届、第五届、第六届县人民代表大会。1966年"文化大革命"开始后，县人民代表大会中断。1967年11月10日成立了互助县革命委员会。县革命委员会组成人员不是选民选举产生的。第七届人民代表大会于1977年8月8—14日召开，出席会议的代表共550名。改革开放后，于1980年3月31日至4月6日召开第八届人民

---

① 编写组：《互助土族自治县概况》，民族出版社2009年版，第46页。

代表大会，出席会议的代表共 420 名，其中少数民族代表 133 名。会议决定改县革命委员会为县人民政府，并选举成立了互助土族自治县人民代表大会常务委员会，选举产生了县人民政府领导班子。此后，分别于 1984 年 6 月、1987 年 6 月、1990 年 5 月、1993 年 5 月、1998 年 4 月、2003 年 4 月、2009 年 4 月、2011 年 8 月召开第九届、第十届、第十一届、第十二届、第十三届、第十四届、第十五届、第十六届人民代表大会。2013 年 4 月召开互助土族自治县第十六届人民代表大会第四次会议。

（2）人民代表大会常务委员会。1980 年以前，互助历届人民代表大会均未设立常设机构——县人民代表大会常务委员会。每逢召开人民代表大会时，由中共互助县委员会和县人民委员会（县革命委员会）主持召开。1980 年 3 月，县第八届人民代表大会第一次会议根据全国人大五届二次会议制定的《组织法》和《选举法》，正式选举成立了县人民代表大会常务委员会。县人大常委会由 13 名委员组成，设主任 1 名，副主任 3 名。下设办公室，有工作人员 10 名，办理日常事务工作。县人大常委会依据《中华人民共和国地方各级人民代表大会和地方各级人民政府组织法》行使职权。主要有：听取县人民政府、法院、检察院、财经单位（即财政局、发展改革局）工作汇报；组织委员视察、检查工作；联系代表，处理人民来信来访；督促检查提案办理工作；进行立法和法规建设，开展法制宣传教育；依法进行人事任免等。1989 年 6 月，县人大常委会设置财经、法制、科教文卫、民族等四个工作委员会。各工作委员会是在常委会领导下，为常委会依法行使职权特别是监督权进行服务的专业性工作机构，对常委会负责并报告工作。

（3）人民政府。1949 年 9 月 12 日，互助县人民政府成立，根据《中华人民共和国民族区域自治实施纲要》的规定，1953 年 10 月成立"互助土族自治区筹备委员会"，1954 年 2 月 17 日正式成立"互助土族自治区人民政府"（1955 年改为互助土族自治县人民委员会），民主选举产生了县人民政府领导班子。县人民政府设秘书室、民政科、财政科、建设科、教育科、工商科、统计科、卫生科、公安局、人民银行、手工业联社、邮电局、粮食科等 13 个办事机构。1967 年 11 月，县人民委员会改称为县革命委员会，设政治组、宣传组、办事组、农牧组、政法组、农机组、文卫组、工交组、群工组、财贸组等 10 个办事机构。1983 年 3 月召开的互助县第八届人民代表大会上，决定取消"革命委员会"，正式命名为"互助土族自治县人民政府"。截至 2013 年 7 月，县人民政府序列设 24 个，即办公室（下属二级局法制局、应急办）、发展改革局、经济和商务局（下属二级局安全生产管理监督局）、公安局、民政局、司法局、财政局、人力资源和社会保障局（下属二级局劳动就业局、社会保障局）、国土资源局、环境保护局、住房和城市建设局（下属二级局城管局、房产局、人民防空办公室）、水利局、交通局（下属二级局地方海事局）、农业和科技局、畜牧局、文化体育局、卫生和食品药品监督管理局、人口与计划生育局、审计局、林业局（下属二级局森林公安局）、统计局、扶贫开发局、旅游局、教育局、监察局、民族宗教事务局、广播电视局分别与县纪委、县委统战部、县委宣传部合署办公，列入政府工作序列，不计政府工作部门机构个数。另外，县政府下属的科级事业单位有档案局、招商局、信访局、县供销联社、新农村办公室等。

二 少数民族干部的培养和使用

大力培养和使用少数民族干部，既是党的民族政策的重要内容和干部工作的重要组成部分，也是实现民族区域自治、加快少数民族地区经济社会发展和促进各民族共同繁荣的必然要求。互助自治地方成立以后，高度重视民族干部工作，将民族干部的培养选拔任用工作作为贯彻党的民族区域自治政策的重要内容提到议事日程上，常抓不懈。

1949 年底，全县仅有 15 名少数民族干部，其中土族 9 名，藏族 1名，回族 5 名。至 1956 年，少数民族干部人数达到 237 名，占干部总数的 14%，其中土族 134 名、藏族 53 名、回族 46 名，其他少数民族 4 名。到 1964 年全县有少数民族干部 159 名，其中土族 108 名，占当时干部总数的 12.7%。在这批少数民族干部中，有 2 名分别担任过县委书记和副县长，占同级干部总数的 33.3%；担任县科级干部的有 9 名（土族 8 名，藏族 1 名），占同级干部总数的 14.7%。担任乡镇党委书记、乡镇长的有16 名（土族 7 名，藏族 6 名，回族 2 名，满族 1 名），占同级干部总数的 21.9%。

"文化大革命"期间，互助县的少数民族干部培养工作受到重创。改革开放以后，互助县经济社会迎来了全新发展的良好机遇，少数民族干部队伍建设也步入了一个新的历史时期。至 1985 年，全县共有少数民族干部 673 名，其中土族 486 名，藏族 147 名，回族 30 名，其他少数民族 10

名，少数民族干部占全县干部总数的 18.30%。在这些少数民族干部中，担任县级以上职务的 7 名，占同级干部总数的 58.3%；担任副科级以上职务的 43 名，占同级干部总数的 26.7%。同"文化大革命"前的 1964 年相比，少数民族干部占全县干部总数的比例提高 5.6%，净增 514 人，其中土族干部净增 378 人。至 1994 年，全县的少数民族干部达到 1015 人，占干部总数的 19%。其中土族 701 名，占少数民族干部的 69%；藏族 248 名，占 24.4%；回族 52 名，占 5.1%。县级干部增加到 12 名，科级干部达到 78 名。少数民族妇女干部 224 名，占少数民族干部的 22%，少数民族专业人才达到 669 名。[①]

进入 21 世纪以后，尤其是近年来，互助县坚持把培养、选拔和使用少数民族干部作为深化干部人事制度改革、促进土乡经济社会发展的一项重要举措来抓，全县少数民族干部和民族乡镇干部队伍建设得到不断加强，一大批德才兼备的少数民族干部走上了领导岗位，为全县经济社会发展和社会稳定发挥了积极作用。

近几年，互助县加强少数民族干部队伍建设的具体措施有：

（1）加强培训，提高少数民族干部队伍的整体素质。根据全县经济社会发展长远规划和少数民族乡镇实际发展情况，合理制订少数民族干部培训计划，充分利用本县党校、延安红色革命教育基地、杨凌等人才培养阵地，分层次地对少数民族干部进行党的基本理论、经济社会发展形势、民族政策、民族法规、农业科技知识等专题培训。2010 年以来，县委共选派 12 名少数民族干部参加省、地及上级组织部门举办的业务培训，县委组织部、县委党校共举办各类主题班 12 期，共培训少数民族干部 168 人次，县委组织部、各乡镇党委、县直属各单位共选派 342 名少数民族干部到发达地区培训学习、参观考察，使少数民族干部的政治理论和业务水平得到了普遍提高。

（2）注重实践锻炼，增强少数民族干部的实际工作能力。按照"优秀干部在基层环境中培养，丰富经验在工作一线上积累，真实水平在群众工作中检验"的人才培养原则，县委积极采取选派少数民族干部到复杂工作环境中挂职锻炼、参与重点工作等方式，促进少数民族干部在实践中积累经验，丰富阅历，增长才干。2007 年以来，县委共选派 3 名少数民

---

① 中共互助县委组织部、中共互助县委党史研究室、互助县档案馆编：《中国互助县委组织部志》，2009 年 12 月内部印刷，第 182 页。

族科级干部到省地机构挂职锻炼，共选派 3 名少数民族干部到果洛藏族自治州下属乡镇挂职锻炼，共选派 6 名少数民族干部到本县的乡镇农村综合服务中心挂职锻炼，共选派 2 名少数民族干部到县信访局挂职锻炼，选派 3 名少数民族干部到县政府办公室、农业局和新农村建设办公室挂职锻炼。玉树发生地震后，县委共选派 3 名科级干部到玉树挂职锻炼，并选派 7 名少数民族干部积极参与玉树地区灾后重建工作。通过交流挂职和压担锻炼，一批有知识、有发展潜力的少数民族干部得到了快速发展。

（3）择优选拔使用，激发少数民族干部工作活力。县委在德才兼备、以德为先的干部选拔任用原则的前提下，对少数民族干部实行"同等优先"和适度倾斜的选人用人原则，加大对少数民族干部的使用力度。对政治坚定、成绩突出、群众公认的少数民族干部及时提拔使用；在公开选拔、竞争上岗等工作中，同等条件下优先选拔使用少数民族干部。在 2011 年乡镇领导班子换届工作中，县委进一步拓宽选人用人视野，大力选拔使用优秀少数民族干部，52 名优秀少数民族干部（其中新选拔干部 26 名）进入乡镇领导班子，使乡镇领导班子中少数民族干部的比例明显提高，同时这些措施也进一步激发了少数民族干部干事创业的积极性。

据统计，2005 年，全县 33 名县级干部中，有少数民族干部 15 名，占同级干部总数的 45.45%；在全县 247 名科级干部中，有少数民族干部 47 名，占同级干部总数的 19%；在全县 696 名非领导职务公务员中，有少数民族公务员 211 名，占公务员总数的 30.3%。[1] 2008 年底，全县少数民族干部有 1597 名，占全县干部总数的 21.4%，其中土族 1148 名，占少数民族总数的 71.9%，藏族 307 名，占 19.2%，回族 92 名，占 5.8%。[2] 2009 年，全县 22 名县处级领导干部中有少数民族干部 11 人，占同级干部的总数 50%；在这些县处级领导少数民族干部中，大学本科以上学历的占 68.2%。在县委班子 11 名成员中，有少数民族干部 4 名，占成员总数的 40%。在县人大名成员中，有少数民族干部 4 名，占成员总数的 80%，在县人民政府名组成人员中，有少数民族干部 4 名，占组成人员总数的 66.7%，在县政协名组成人员中，有少数民族干部 2 名，占组成人员总数的 33.3%；在全县 289 名科级干部中，有少数民族干部 87 名，占

---

① 编写组：《互助土族自治县概况》，民族出版社 2009 年版，第 50 页。
② 中共互助县委组织部、中共互助县委党史研究室、互助县档案馆编：《中国互助县委组织部志》，2009 年 12 月内部印刷，第 182 页。

同级干部总数的 30%；在这些科级领导少数民族干部中具有大学本科以上学历的占 21.1%。全县 6105 名专业技术人员中，有少数民族专业技术人员 1215 名，占专业技术人员总数的 19.9%，高级职称职务的 518 名，有少数民族高级职称职务的 63 人，占同类职称职务总数的 12.2%，全县 2815 名中级职称职务的专业技术人员中，有少数民族中级职称职务的 615 人，占同类职务总数的 21.8%。①

截至 2013 年 7 月，全县干部 8301 人，其中少数民族干部达到 1625 人，占全县干部总数的 19.58%。其中土族 1133 人、藏族 371 人、回族 88 人、蒙古族 18 人；少数民族公务员 290 人，专业技术人员 1192 名。全县县处级领导干部 21 人，其中少数民族 12 人，占全县处级干部总数的 57%。②

在大力培养和使用少数民族干部的同时，互助县在召开党代会、人代会等各种代表会议时，十分重视在代表构成中少数民族的比例，让少数民族充分行使自己的政治权利。安排较高比例的少数民族干部和民族宗教界人士进入县政协、人大等领导机关和社会团体，自治县的县长由土族公民担任，充分体现了各民族的平等和民族区域自治权的行使。1953 年的第一次普选，各乡人民代表选出县人民代表大会代表 219 名，其中土族代表 42 名，藏族代表 16 名，回族代表 8 名，少数民族代表占代表总数的 30.1%。1956 年 9 月 6 日开始第二次普选，选出乡人民代表大会代表 1405 名，其中少数民族代表 411 名，占乡人民代表总数的 29.25%；选出县人民代表 193 名，其中少数民族代表 62 名，占县人民代表总数的 32.12%。1965 年，已进行 6 次普选。1977 年 5 月 7 日开始进行第六次普选，此次普选由于"文化大革命"刚刚结束，选举制度尚未完全恢复，所以县、公社（乡）的人民代表都是采取民主协商、推荐与选举的办法产生，全县共选出人民代表 550 名。2005 年 12 月，进行第十四次普选，共登记各民族选民 238247 人，占全县总人口的 64.28%；选出县人民代表 194 名，其中少数民族代表 71 名，占代表总数的 36.6%，③ 少数民族代表的数量超出以往的任何一次代表选举。

2011 年 8 月 9—21 日，中国共产党互助土族自治县第十四次代表大

---

① 互助县民族宗教局提供资料：《互助县少数民族基本状况调查》，2010 年 12 月。

② 互助土族自治县组织部汇报资料，2013 年 7 月。

③ 编写组：《互助土族自治县概况》，民族出版社 2009 年版，第 46 页。

会、互助土族自治县第十六届人民代表大会第一次会议、中国人民政治协商会议互助土族自治县第十五届委员会第一次会议在互助县隆重召开。第十四次党员代表大会共选出代表211名，其中少数民族代表58名，占总代表数的27.5%；第十六届人民代表大会，共选出县人大代表195名，少数民族代表67名，占代表总数的34.4%；人民政协互助县第十五届委员会上选出委员112名，少数民族33名，占委员总数的28.44%。① 由此可见，互助县党代表、人大代表、政协委员中少数民族的比例大大超过了其人口所占的比例，这有效地保证了少数民族当家做主的权利，同时也说明自治机关实现了民族化。

三　自治法规建设

在保证行使自治权方面，互助土族自治县根据《中华人民共和国宪法》和《中华人民共和国民族区域自治实施纲要》的规定，于1963年制定了第一个《互助土族自治县自治条例》。实行改革开放以后，互助县的立法工作进入了一个新的时期，并取得了显著成效。互助土族自治县人大及其常委会加强民族立法工作的基本做法和经验可以总结为以下几个方面：

1. 提高认识，加强领导，不断增强民族立法工作的自觉性。民族地方立法作为国家立法的重要组成部分，是社会主义法制建设的重要内容。互助土族自治县人大及其常委会从加强社会主义民主法制建设的高度去认识民族地方立法工作的重要性，积极组织常委会一班人认真学习宪法、民族区域自治法等有关法律法规的规定，深刻领会民族区域自治这一适合我国国情的基本政治制度的内涵，正确把握国家立法、地方立法与民族地方立法的权限划分，不断拓宽立法思路，积极探索立法途径，真正把立法工作摆在人大工作的重要位置，经常研究解决立法工作中的困难和问题，督促检查立法规划的执行情况，充分调动各方面参与立法的积极性，力求使制定的条例完善严谨，切实可行。

2. 坚持立法原则，突出民族地方特色。坚持国家法制统一和维护民族的整体利益是民族地方立法的总要求。突出民族特点和地方特色，着眼于国家立法不能解决的民族自治地方的特殊问题，是自治地方立法的生命

---

① 《2011年互助县领导班子换届选举工作总结》。

所在。因此，在具体立法工作中，主要把握三点：一是维护国家法制的统一性，使民族立法不与宪法和法律的基本原则相抵触。即使依照当地民族的政治、经济和文化的特点需要对某些法律进行变通规定的，也必须符合法律规定；二是坚持急用先立，注重立法的实效性，使制定的条例要在具体的实施过程中行得通，落得实，具有较强的针对性和可操作性；三是注意立法的程序性、严肃性，从各个环节上严格按照立法程序规定办事，为提高立法质量奠定基础。

3. 把握"五个关系"，保证立法质量。为提高立法质量，互助土族自治县人大及其常委会不断进行探索和研究，在立法工作中注意处理好五个方面的关系：一是简与繁的关系，力争避免"大而全"、"小而全"；二是管与放的关系，从本县改革开放和经济建设实际出发，该管的要管住，管好，该放的要放开，搞活；三是局部与整体、眼前与长远利益的关系，既要照顾局部和眼前利益，更要考虑整体和长远利益；四是民族立法与国家法律、地方性法规的关系，不"照抄照搬"法规的内容，着重体现和突出地方民族特点，有几条，定几条；五是立法规划编制与年度立法计划的关系，将立法规划作为年度立法计划的基础，把执行好年度立法计划作为落实立法规划编制的保证，从而使立法工作有序进行。①

4. 坚持法制宣传与执法监督相结合。县人大督促县人民政府加大民族法制宣传力度，将已颁布实施的相关条例列入普法规划，在全社会进行广泛宣传，有效地推进自治条例、单行条例深入贯彻实施。

30多年来，尤其是进入21世纪后，自治县人大及其常委会认真履行宪法和民族区域自治法赋予的职责，立足县情，着眼发展，创新思路，坚持"立、改、废"并重，立法工作取得了显著的成效。

一是先后制定并报请省人大常委会批准实施了《互助土族自治县关于施行〈中华人民共和国婚姻法〉的补充规定》、《互助土族自治县自治条例》、《互助土族自治县森林管护条例》、《互助土族自治县水利工程管护条例》、《互助土族自治县公路管护条例》、《互助土族自治县县城市容和环境卫生管理条例》、《互助土族自治县水土保持条例》、《互助土族自治县河道管理条例》八个地方性法规。这些法规对加强自治县民主法治建设，促进自治县经济社会发展，巩固和发展平等、团结、互助、和谐的

① 祁德明、高乃禄：《认真履行职责 加强民族立法——互助土族自治县人大五年立法工作回顾》，《青海人大》2006年第3期。

社会民族关系发挥了重要作用。同时，为了做好民族立法工作，按照《立法法》等有关规定，制定并施行了《互助土族自治县立法程序规定》，使互助县的立法工作得到进一步规范，促进了科学立法、民主立法进程。

二是坚持民主立法，把条例修改放在立法工作的重要位置。为维护国家法制统一，按照行政处罚法、行政许可法和修改后的民族区域自治法等有关法律、法规规定，结合自治县实际，分别对互助土族自治县《自治条例》、《水利工程管护条例》、《森林管护条例》、《县城市容和环境卫生管理条例》进行了修改、补充和完善，有的条例如《互助土族自治县小型餐饮服务及食品安全监督管理条例》等的修订工作正在调研论证中。这种修订工作对贯彻执行党的路线、方针、政策和国家法律、法规，保障自治县依法行使自治权，推动经济社会又好又快的发展，营造了良好的法制环境。

三是坚持法制统一，把条例清理工作作为立法工作的重要内容。根据省人大常委会安排，县人大常委会结合县情实际和发展需要，制定了《关于开展自治条例、单行条例专项清理工作的实施意见》，集中清理了自治条例和公路、河道、水利工程管护等条例及规定，上报了清理工作报告。其中，《互助土族自治县部分条例、规定相关条款修改决定》已经省人大常委会批准，县人大常委会公告施行。条例、规定的清理修订，对于正确处理权力与权利、权利与责任的关系，加强对行政强制行为的规范，维护公民、法人和其他组织的合法权益提供了更加有效的法规保障。[1]

互助县配套法规的不断健全，有效地促进了民族区域自治法的深入贯彻实施。目前，县人大常委会正以新一轮的西部大开发为契机，根据"立足县情，突出重点，急需先立"的原则，适时修订急需的条例。由于目前互助县的城镇化建设正在深入推进中，相关房屋征收与补偿方面的问题突出，为此，互助县人大常委会为进一步规范互助县房屋征收与补偿安置工作，开展了对城市规划与建设、拆迁安置等方面的立法调研、论证工作，并且正在着手制定《互助土族自治县城镇房屋征收与补偿安置管理条例》[2]，以适应全县经济社会发展需要。

---

① 根据 2005—2013 年《互助土族自治县人民代表大会常务委员会工作报告》整理。
② 《互助土族自治县人民代表大会常务委员会工作报告》（2013 年 4 月 13 日）。

四　新形势下坚持和完善民族区域自治制度的思考

互助县自1954年建立自治地方以来，尤其是自1984年《民族区域自治法》颁布实施以来，互助县党委、政府从当地实际出发，根据自治法制定推进民族地区经济社会发展的各项措施，解决民族自治地方经济和社会发展中的实际问题，在各方面取得了显著成效。正如本书其他章节所述，这些成效表现在互助县的经济综合实力有了很大发展，基础设施明显改善，城乡面貌发生了深刻的变化，社会事业和民生建设得到了明显增强，文化和旅游产业发展势头良好，教育、医疗卫生、公共文化服务体系事业都得到了长足的发展和进步，少数民族干部和人才队伍进一步壮大，少数民族语言文字、风俗习惯、宗教信仰得到尊重，少数民族平等参与国家事务管理、自主管理本民族地区各项事务的权利得到实现。但是，由于自然条件和历史原因，该县的发展起点低，还面临着不少的困难，民族区域自治法的贯彻实施也存在一些问题。主要是：

1. 《民族区域自治法》学习宣传及理解深度不够。一些上级国家机关对学习宣传、贯彻实施《民族区域自治法》的重要性、紧迫性认识不到位，认为这是少数民族的事、民族自治地方的事、民族工作部门的事、少数民族干部的事，依法帮助民族自治地方加快发展缺乏积极性、主动性、自觉性。由于对《民族区域自治法》等法律法规的学习、理解不到位，一些上级国家机关特别是有关行政主管部门民族政策观念淡薄、法制意识不强，对民族自治地方的特殊性照顾不足，尤其是对民族自治地方在立法和政策执行中的变通缺乏必要的理解和支持，放权让利做得不够，致使一些有利于加快民族自治地方发展的法规和规章不能适时出台。同时，民族自治地方对《民族区域自治法》缺乏全面的认识和理解，依法履行自治权意识薄弱，依法争取上级国家机关的支持和帮助不够。

2. 上级国家机关、民族自治机关及其他地方政府机关之间的关系协调问题。从民族区域自治制度在包括互助县的民族地区的实践看，"最为突出的是自治机关的自治权在纵向上受到上级国家机关很大的限制，在横向上受到其他机关的很多限制，实际存在的党委决策、政府执行、人大监督的体制使得自治地方的人大和政府无法充分行使宪法和法律赋予的自治权。因此，自治权出现了纵向和横向的双向流失，少数民族在聚居区自主管理内部事务的权利受到很大的限制"①。

3. 一些优惠政策及照顾规定无法落实。一是配套资金减免规定落实不到位，民族区域自治法第56条第2款规定："国家在民族自治地方安排基础设施建设，需要民族自治地方配套资金的，根据不同情况给予减少或者免除配套资金的照顾。"但近年来，上级有关部门在民族地区安排基础设施建设项目投资计划时，除个别项目外，一般都要求本地财政配套。互助县由于发展基础薄弱，地方财政实力有限，往往不能提供足够的配套资金，使一些建设项目得不到及时安排。如互助土族自治县2009年全县项目资金共计27889.06万元，其中中央支付5035万元，省财政拨付13963.06万元，互助县要配套8891万元，而该县2009年地方一般预算收入只有8000万元。② 二是财政转移支付不够规范，部分专项转移支付内容交叉，分配过程不够透明，资金下达不及时。三是对生态建设、环境保护等做出贡献的民族自治地方补偿机制不健全，政策不完善，合理补偿的规定落实不到位。四是对民族自治地方扶贫开发工作力度需要进一步加大，项目的确定和审批机制有待进一步完善。

4. 实施《民族区域自治法》的配套法规和具体办法不够完善。《民族区域自治法》作为一部基本法，它对民族自治地方照顾的规定较为原则。全面贯彻实施《民族区域自治法》，需要建立健全与之相配套的法规体系。目前，虽然民族自治地方大多积极、深入地开展了配套法规建设工作，但由于绝大多数省级部门未就帮助和支持少数民族和民族自治地方发展制定相应的配套措施或办法，辖有自治县的市、地区（州）国家机关对自治县的帮助也大多缺乏制度性规定，导致各级国家机关对民族自治地方的帮助和支持存在随意性和不确定性，直接影响了《民族区域自治法》的深入贯彻实施。

5. 少数民族干部和人才的培养使用力度不够。做好培养、选拔和使用少数民族干部工作，对于加快少数民族和民族地区经济社会发展、推进民族团结进步事业和和谐社会建设具有决定性意义。互助县虽然在培养选拔少数民族干部取得了很大的成绩，但从目前互助县少数民族干部队伍的实际来看，存在结构不合理，综合素质偏低，民族干部来源匮乏，少数民

---

① 周平：《边疆民族地区的政治文明建设》，《思想战线》2003年第3期。

② 青海省人大民族侨务外事委员会：《关于贯彻实施〈中华人民共和国民族区域自治法〉情况的调研报告》，青海人大网，http：//www.qhrd.gov.cn／。

族专业技术人才、高层次高学历人才偏少，人才"进不来、留不住"的问题比较突出。①

为了深入贯彻落实党的民族区域自治政策和党的十八大精神，促进互助土族自治县经济社会全面、协调、可持续发展，加快全面建设小康社会和构建社会主义和谐社会的进程，结合互助县的实际情况，采取有效措施坚持和进一步完善并落实好民族区域自治制度：

1. 加大《民族区域自治法》的宣传和学习力度，增强贯彻《民族区域自治法》的责任感和自觉性。从深入贯彻落实科学发展观，促进各民族共同团结奋斗、共同繁荣发展的目的出发，提高对贯彻实施《民族区域自治法》长期性、重要性的认识，采取切实有效的措施，加强学习宣传和教育，使各级各部门、各族人民深刻理解《民族区域自治法》的法律地位和重要作用，切实纠正一些地方和部门在贯彻实施《民族区域自治法》中的错误认识，明确帮助民族自治地方加快发展的法定职责和义务，增强贯彻执行的责任感和自觉性。上级国家机关在制定政策时要充分尊重和保障民族自治地方的自治权，民族自治地方也应当努力增强自治观念，充分行使国家赋予的自治权利，最大限度地发挥自治权的效能。

2. 上级国家机关要加大对民族自治地方的扶持力度，完善扶持措施。为确保民族自治地方能切实享受到法律规定的优惠政策，要进一步规范和完善对民族自治地方的一般性财政转移支付、专项转移支付管理办法和措施，提高一般性转移支付比重，加大转移支付力度，更好地帮助民族自治地方解决财力上的困难。各级用于教育、科学技术、文化、医疗卫生、社保等方面的专项转移支付应重点向民族自治地方倾斜，帮助民族自治地方加快各项社会事业发展步伐。省级投资项目重点投向民族自治地方的民生工程、基础设施等领域，逐步建立和完善上级国家机关帮助民族自治地方发展的长效机制。

3. 要切实加强配套法规建设。法制化建设既是巩固和完善民族区域自治的一项基本内容，也是推动少数民族地区政治建设的重要途径。因此，一要加强立法工作，使民族区域自治有法可依，切实地保障各少数民族的平等自治权利；二要依法行政，认真执行和遵守民族区域自治法及相关法律；三要加强监督检查，确保民族区域自治法各项规定能落

①　互助县委组织部汇报资料，2013 年 7 月。

到实处。

4. 要进一步完善培养、选拔和使用少数民族干部机制，加大少数民族干部和人才队伍建设力度。互助县虽然在培养选拔少数民族干部取得了很大的成绩，但从目前互助县少数民族干部队伍的实际来看，存在结构不合理、综合素质偏低、民族干部来源匮乏等问题。[①] 因此，要进一步完善培养、选拔和使用少数民族干部机制，增加少数民族干部数量，加大对少数民族干部的使用力度，把更多优秀的少数民族干部特别是年轻干部选拔到各级领导岗位上来。在公开选拔、竞争上岗配备领导干部时，可以划出相应名额和岗位，定向选拔少数民族干部。进一步完善录用、聘用国家工作人员对少数民族公民照顾的规定，采取定名额、定比例、降条件等照顾性措施，确保民族自治地方少数民族公民能"进得来、用得上、留得住、升得起"。同时，制定和完善配套优惠政策，鼓励和支持各级各类人才到本地工作。

每一种事物都存在两面性。说民族区域自治制度适合我国的国情，说它是一个好制度，说的是制度本身。虽然在实际工作中，在它的施行过程中，仍然存在着许多有待解决的问题。但这些问题的产生是执行过程中的问题，不是制度本身的问题，所以我们不能因此而怀疑甚至否定这项制度，而是要牢固树立"民族区域自治，作为党解决我国民族问题的一条基本经验不容置疑，作为我国的一项基本政治制度不容动摇，作为我国社会主义的一大政治优势不容削弱"的坚定政治信念，为全面建成小康社会、实现中华民族伟大复兴的"中国梦"而共同奋斗。

第二节   民族关系的演变与发展

民族关系历来是社会政治关系的重要方面，直接影响党和国家工作的全局。正确协调和处理汉族与少数民族及各少数民族之间的关系，巩固和发展平等、团结、互助、进步、和谐的社会主义民族关系，形成各民族共同团结奋斗、共同繁荣发展的局面，实现各民族和睦相处、和衷共济、和谐发展，是构建社会主义和谐社会的必然要求和重要内容，同时也是民族地区建设小康社会的重要社会基础和政治保障。

---

① 互助县委组织部汇报资料，2013 年 7 月。

一　民族关系历史回顾

互助县自古以来就是一个多民族杂居、多宗教并存、多元文化汇聚交融之地。历史上，许多民族在这一地区往返迁徙，生灭兴衰，互动交融，为互助地区积淀了十分丰厚、复杂的多民族文化背景与族源基因。及至明代，已经有汉族、土族、藏族、回族、蒙古族等民族在互助地区繁衍生息，并成为当地的世居民族，这种多民族分布格局一直延续到今天。而且上述各民族的来源中，具有鲜明的"你中有我，我中有你"的特点。在长期的历史发展过程中，互助地区的各民族形成了大杂居、小聚集、交错杂居的分布格局。其中汉族、土族分布地域最广，形成网络大轮廓，其他民族则散处其间。由于受地理条件的制约以及各民族生产、生活方式的差异，各民族人口的分布一直是西南密东北疏，并呈阶梯状立体分布的特点。如现阶段，互助县的藏族主要分布在海拔 2700 米以上的高山或脑山地区，主要从事牧业生产（兼农业）；土族及汉族分布在半浅山及平川地区，主要从事农耕；回族则分布在交通沿线一带。

在长期的历史发展过程中，历史上互助地区的各民族间形成了共生、互补、相依相存的关系。比如在明清时期，由于自然地理环境及社会传统，各民族在自己相对固定的区域里从事各自的经济生活，形成了各自不同的生计方式，如藏族以牧为主，汉族、土族等以从事农耕为主，农耕与畜牧两种经济形式在这里一直处于并存状态。由于农、牧经济的巨大差异，加之这里的各民族交错杂居或居地相连，各民族民间的经济交往相当普遍。牧业民族为了获取生活中不可或缺的农副产品，不得不依赖于农业民族，同时农业民族也需要农业经济的补充和支持。农、牧民族之间这种密切的经济交往，在一定程度上弥补了各自经济结构内部的缺陷，丰富了各自的经济生活。在农、牧经济的交流中，当地回族发挥他们的经商传统和才能，以及吃苦耐劳的精神，深入农村、牧区，与其他民族广泛地从事各种民间贸易，为沟通汉、藏两大民族以及分别代表的农、牧两种生产方式与两种文明之间的交流和理解做出了积极的贡献。

任何民族间的经济交流，都必然带来文化上的交流。明清时期的互助地区，植根于农业经济的以儒家文化为代表的汉文化，凭借其先进程度以及官学、科举等途径，得到了突飞猛进的推广和发展，汉族的语言文字、哲学思想、伦理价值，以及文化艺术深深地注入到当地少数民族的社会生活中，甚至潜移默化融人民族心理中，各少数民族的一部分成员在文化上形成汉化的趋向。少数民族在大量吸收汉文化的同时，当地的少数民族的文化因子也源源不断地输入到汉文化系统内，族际间的文化共享情况相当普遍，比如不少汉族不仅掌握了土族语、藏语等少数民族语言，而且藏传佛教成为不少汉族人的主要信仰，如汉族的传统节日春节、清明节、端午节、中秋节等，也成为当地土族等少数民族的重要节日；"花儿"是当地土族、藏族、回族、汉族等各民族喜闻乐见的民歌艺术，在当地各族群众中广泛传唱，每年农历六月举行的互助县"二月二擂台庙会"、"丹麻花儿会"、"五峰寺花儿会"等不仅成为各民族群众竞相放歌的舞台，同时也成为当地土、汉、藏、回等各民族进行物资交流、人际交往的盛会。但是，由于互助县各民族都拥有自己独特的历史发展过程和民族传统文化，特别是都有较强的宗教信仰，有自己独特的生活方式和风俗习惯。因此，各民族的自我认同意识较强，各民族的族际"边界"依然清晰，各民族都有自己相对独立的居住区域。

尽管互助地区历史上的各民族间在经济、文化等方面的民间交往非常普遍，但是，历代封建统治者从维护其统治阶级的利益出发，实行民族压迫和民族歧视政策，如明清时期采取"以夷制夷"、"分而治之"的统治之策，在青海东部地区实行土司制度，在互助地区先后有陈、祁（东、西）、李、汪、纳、吉等几家土司，这些土司直至民国时期才被明令废止。又如清代中后期，清政府镇压西北回民起义过程中，实行"以回治回"政策，挑拨民族关系，造成了汉、藏、土、回民族之间的仇杀，民族隔阂严重，这对以后当地民族关系的正常发展投下了阴影。

辛亥革命推翻了封建帝制，但封建制度依然延续。辛亥革命后青海地区的地方政权逐渐转入马家军阀手中，马氏家族先后统治青海地区长达40多年，直至新中国成立。马氏家族统治时期，挑拨民族关系，造成互助地区的民族关系复杂，民族矛盾突出，民族冲突事件时有发生。1938年，马步芳下令强迫土族妇女改变本民族的头饰和服装。在学校里，禁止土族学生穿本民族的服装、讲本民族的语言。训练壮丁时如发现有人讲本民族的语言，即诬为"讲黑话"，遭到毒打。由于土族人民没有政治地位，处处受到压迫，不得不大批外逃，有的甚至为了上学或谋职，不得不隐满自己的民族成分。

新中国成立后，推翻了压在中国人民头上的"三座大山"，废除了民族压迫制度，从根本上清除了民族压迫、敌视、斗争的根基和条件，开辟了民族平等、团结、互助、友爱、合作、共同发展的社会主义新时代，使各族人民实现了当家做主。六十多年来，为了保障各民族的平等权利，互助县在全县各族干部群众中广泛深入地进行民族政策宣传教育的同时，认真贯彻执行党的民族政策，在经济社会发展中，根据本县各民族的特点和多民族杂居的实际，始终坚持积极慎重的方针，不断地教育各族群众互相尊重风俗习惯和宗教信仰，并大力倡导互帮互学、团结友爱的良好风尚，呈现出各族群众和谐相处，共同繁荣的新局面。在民族工作中，在实行区域自治的基础上，特别注意其他散杂民族的工作，在全县设立3个藏族乡、1个回族乡，充分保障自治县散杂民族的权利。同时，特别注意统一战线工作，争取和团结少数民族代表人物和爱国宗教界人士，进一步改善民族关系。

党的十一届三中全会以来，互助县进一步加大了民族团结进步创建工作，在深入开展民族政策、理论教育的基础上，教育各民族群众牢固树立"少数民族离不开汉族、汉族离不开少数民族、少数民族之间也相互离不开"的思想，使各民族之间的社会交往日趋频繁。如近年来，互助县群众对民族之间通婚现象的认可度大大增强，族际通婚的比例也不断增长。由于宗教信仰及风俗习惯的原因，汉族、土族、藏族、蒙古族之间通婚比例较高，而信仰伊斯兰教的各民族与非信仰伊斯兰教的民族之间的通婚率则很低。

据2010年互助县第六次人口普查统计资料"互助县家庭户中民族混合户户数"显示，全县家庭户89219户，其中单一民族户81763户，占家庭户比重的91.64%；其中两个民族户7332户，占家庭户比重的8.22%；三个民族户123户，占家庭户比重的0.14%；四个以上民族户1户。其中民族户比重最高的是加定镇，两个民族户389户，占22.51%；三个民族户19户，占1.1%。其次是松多藏族乡，两个以上民族户178户，占12.41%；威远镇两个民族户2047户，占11.88%；三个民族户25户，占0.15%。五十镇两个民族户497户，占10.95%；三个民族户6户，占0.13%。① 上述数字比2000年第五次人口普查时互助县家庭户中的民族

① 互助土族自治县第六次全国人口普查领导小组办公室、互助土族自治县统计局编：《互助土族自治县2010年第六次全国人口普查资料》（内部印刷），准印证号、青文新出（2013）准字第60号，第107页。

混合户比例有所提高。这也从一个侧面反映了互助县民族关系的和谐程度，正如学者所言："只有当两个民族群体的多数成员在政治、经济、文化、语言、宗教和风俗习惯等各个方面达到一致或者高度和谐，两族之间存在着广泛的社会交往，他们之间才有可能出现较大数量的通婚现象。从这个角度看，族际通婚是民族关系融洽和谐带来的结果。"①

二　推进民族关系和谐发展的举措

进入21世纪以来，互助县以科学发展观为统领，紧紧围绕全县经济建设这个中心，强调各民族"共同团结奋斗，共同繁荣发展"，并以建设"绿色、开放、和谐互助"为目标，紧扣创建"民族团结进步"和构建"和谐寺院"的主线，解放思想，促进各民族共同发展，使互助县的民族关系进入了又一个新的发展时期。尤其是近几年，互助县为了推进民族关系和谐发展，结合互助县实际，采取了一系列重要举措。

1. 加强宣传教育，巩固民族团结进步的思想基础。近年来，互助县高度重视民族宗教政策法规的宣传工作，定期组织人员深入各乡镇、各部门督促检查民族宗教工作，并通过开展民族团结进步宣传月、寺院法制宣传月等活动，在广大干部群众中牢固树立起"三个离不开"的思想，在全社会形成了维护民族团结、推进民族地区又好又快发展的氛围。另外，认真实施《学校民族团结教育指导纲要（试行）》，在全县各级学校学生中开展了"民族团结进步、共同繁荣发展"的教育，使青少年从小受到民族政策教育，树立民族团结思想。广泛、深入、持久的宣传教育，有力地巩固了民族团结进步的思想基础，平等、团结、互助、合作的社会主义新型民族关系得到了进一步巩固。

2. 注重民生工程，强化惠农政策及项目扶持，优化民族团结、进步的社会环境。经济发展是民族团结进步、社会和谐的物质基础。近年来，互助县紧紧把握"共同团结奋斗、共同繁荣发展"的主题，坚持把加快民族经济发展作为推进民族团结进步事业的重中之重，大力扶持少数民族和全县经济社会的协调发展。积极争取各项资金，并且紧紧抓住2011年国家把土族纳入扶持人口较少民族发展规划的机遇，支持少数民族聚居村实施基础设施、特色优势和民生保障产业等项目，不断增强全县自我发展

---

① 马戎：《中国各民族之间的族际通婚》，《民族与社会发展》，民族出版社2001年版，第161页。

和可持续发展能力。坚持把实施少数民族发展资金项目作为提高人民群众生活水平、改善农民生产生活条件的出发点和落脚点，立足实际，因地制宜地选择一些具有示范引领作用和发展潜力的项目。如先后实施了松多西沟人饮工程、丹麻优质油菜制种基地、小寺小学电教设施、县民中语音教育、彩虹部落等民族地区扶持开发项目。将寺院基础设施建设列入了县乡经济社会发展整体规划，完成了佑宁寺的旅游总体规划的编制工作；基本完成全县各寺院道路硬化工程；实施了佑宁寺人饮工程主管道埋设、佑宁寺的低压整改工程、高寨镇10座清真寺人饮工程等。实施了投资1247万元的东山乡白牙合村村道硬化等八个项目；实施了投资2293万元的东沟乡卡子村村道硬化等九个项目。

3. 排查矛盾纠纷，全力维护社会稳定。近年来，互助县进一步落实和完善民族宗教重大事项社会稳定风险评估、维稳责任查究、矛盾纠纷排查化解、突发事件应急预案和快速反应等机制，切实提高了不稳定因素的预防预警能力。按照《关于认真开展民族宗教领域矛盾纠纷排查化解及坚持"月"、"周""零"报告制的安排意见》要求，认真排查化解影响民族团结进步的各类隐患和矛盾纠纷，坚持做到"月"、"周""零"报告制度。如果发现问题督促有关部门及时解决。如2009年互助县高寨镇和平安县的部分群众与千鹤陵园有限公司因土地问题引发纠纷，有关部门结合《民族区域自治法》和《土地法》提出了比较合理的处理意见，并督促国土部门及时解决。2011年，高寨镇东村二社坟园与曹家堡临空开发区发生土地纠纷后，抽调干部组成工作组协调解决，及时化解了矛盾；2011年佑宁寺僧侣周转房开工后，引起部分僧侣的反对，事件发生后，及时组织工作组驻寺开展说服教育工作，化解了纠纷。

4. 抓依法管理，保持宗教领域的和谐稳定。坚持两手抓，在旗帜鲜明地维护民族团结的同时，深入开展反分裂反渗透斗争，坚决抵御敌对势力的分裂渗透活动。以"平安寺院"建设为载体，抓住寺院管理这个关键，推行寺院社会管理新体制，建立和落实寺院日常分级管理、寺僧治安管理、部门齐抓共管和民主管理四个新机制。建立县乡领导干部联系宗教寺院和代表人士制度，重视对宗教界代表人士的培养教育。通过联系交友活动，充分发挥宗教界及代表人士的重要作用。在汶川、玉树等抗震救灾中，互助县宗教界组织志愿者到抗震救灾第一线，并捐助近百万元物资。

互助县还将基础设施建设和社会公共服务延伸到寺院，使改革开放成果惠及宗教界和广大信教群众，增强了对党和国家的凝聚力、向心力。现今已基本完成全县各寺院道路硬化工程，实现了通水、通电、通路，并改造了一大批寺院僧舍危房，全面完成了佑宁寺旅游总体规划编制和藏医院建设。将宗教教职人员纳入新型农村合作医疗及低保户序列。

5. 扎实推进创建民族团结进步示范县活动。近年来，互助县不断赋予民族团结进步新的内涵，坚持围绕落实民族政策、促进发展和强化爱国爱乡理念开展民族团结进步创建活动。加定镇作为民族乡镇，高度重视与甘肃省天祝县天堂镇的学习交流和友好往来，根据民族乡镇工作条例，定期或不定期开展联谊活动，并签订友好往来协议书，建立联席会议制度，共同促进区域经济社会发展，强化区域联动和信息交流共享，协同维护了区域社会稳定。通过开展联谊活动，召开联席会议等形式多方联系，协调解决了修建天堂大桥征占用地问题，这极大地推动了"天堂—加定环大通河旅游商贸区"的建设，有利于共同推动区域民族经济社会的发展。加定镇的"民族团结两地共建活动"，将民族团结进步宣教活动、创建活动融为一体，目前，这项活动不仅促进了两镇之间的民族关系，还为全县民族团结进步树立了典范和榜样。

三　影响构建和谐民族关系的相关因素

新中国成立以来，特别是改革开放30多年来，互助县的民族关系呈现出良性发展的局面，平等、团结、互助、和谐的社会主义民族关系得到了进一步的巩固和发展。特别是进入21世纪以来，互助县社会和谐，民族和睦，各族群众安居乐业，民族关系呈现出良好的发展态势，使互助县的民族关系进入了历史上最好的时期。但是由于各民族历史发展的差异，在社会转型期下互助县的民族关系也呈现出一些新的特点，给互助县构建和谐的民族关系带来了挑战，这需引起重视。当前影响互助县民族关系的主要因素可归结为以下几个方面。

（1）经济发展不平衡和发展差距拉大。改革开放以来，尤其是进入21世纪以后，互助县的经济社会发展取得了显著成绩，少数民族群众的生活水平明显提高。但是，由于地理环境、历史发展及思想观念等因素制约，互助县的整体发展水平与东部发达地区有较大距离，县不强、民不富，发展不均衡、不协调的问题日益突出。据统计，2010年我国农民人均纯收入 5919 元，而当年互助县农民纯收入为 4864 元，少 1055 元，占比 17.82%；2010 年我国城市居民可支配收入是 19109 元，互助县是 13300 元，少 5809 元，占比 30.4%；2012 年我国城镇居民可支配收入 24565 元，互助县为 17156 元，少 7409 元，占比 30.16%；全国的农民人均纯收入为 7917 元，互助县为 5853 元，少 2064 元，占比 26.07%①。如果同沿海发达地区相比差距则更大，而且这种差距显现出日趋拉大的趋势。另外，贫困人口多，贫困面大，贫困程度深也是互助县的重要县情。截至 2012 年底，按照农民人均纯收入低于 1300 元的贫困标准全县贫困人口有 5.99 万人；如果按照人均纯收入 2300 元扶贫标准，截至 2013 年 6 月，全县有贫困农户 6.42 万户 25.4 万人，覆盖 19 个乡镇 294 个村 2022 个社。② 如果按照新的扶贫标准③，全县有贫困人口 137852 人，分布在 19 个乡（镇）294 个村，分别占全省贫困人口总数的 10.03%，占全县农业人口的 40.5%。④ 如果发展差距持续扩大，容易加剧少数民族干部群众心理上的不平衡，容易在民族之间形成隔膜，甚至引起少数民族的失落感和被剥夺感，极易诱发同汉族群众的矛盾纠纷，直接影响到民族关系的健康发展。

（2）促进经济社会快速发展与保护群众合法权益之间的矛盾日渐突出。进入 21 世纪以后，随着改革的深化和社会利益关系的不断调整，以及西部大开发战略的推进和城市化进程的加快，城镇拆迁、土地征用、国家重点工程项目建设、危房改造、异地搬迁等引发的各种摩擦和纠纷大大增加，如 2012 年县法院全年共审理拖欠农民工工资案件 228 件，受理民商事纠纷案件 1534 件。这些问题也成为引发一些群众集体上访、聚众闹事的原因。近几年，在县信访局受理的上访案件中，拖欠农民工工资、土地征用、因国家重点工程项目建设涉及的安置补偿、城镇拆迁、山林水土纠纷、村干部违纪、危房改造、异地搬迁、低保评定、农民生活困难等问题是群众反映最集中的问题⑤，也是目前严重影响当地民族关系、社会稳

---

① 根据互助县统计局提供数据计算。

② 互助县扶贫开发局工作汇报材料，2013 年 6 月 13 日。

③ 2011 年青海省扶贫标准由 2010 年的农牧民人均纯收入 800 元（农业区）调整为 1300 元。

④ 参见青海省互助县扶贫开发局《青海省互助县"十二五"扶贫开发规划（2011—2015）》，2010 年 7 月。

⑤ 参见《互助县信访局 2012 年信访工作总结及 2013 年工作要点》，2012 年 11 月 22 日。

定的主要因素。

（3）文化差异引发民族矛盾现象突出。随着社会文明程度的逐步提高，民族间的相互理解和包容度进一步增强，民族关系处理得比较融洽。但是"尊重差异，包容多样"的观念尚未深入人心，在现实生活中往往存在忽视民族特点、民族差异的问题，尤其是历史上遗留下来的"大汉族主义"与"地方民族主义"在部分社会成员思想意识中根深蒂固。一些汉族群众在交往过程中表现出自身的某种优越感和先进性，对少数民族的历史文化、风俗习惯不能正确认识或缺乏应有的尊重，歪曲、丑化少数民族习俗和信仰的言谈行为时有发生。由于缺乏对民族政策、民族知识、风俗习惯和文化传统的了解，当下以猎奇的方式宣传和"开发"民族传统文化的情况也大量存在，这极大地伤害了少数民族群众的民族感情，严重影响了当地的民族关系和社会稳定。

（4）境外民族分裂势力的干扰和破坏活动依然存在。互助县的土族、藏族、蒙古族群众普遍信仰藏传佛教，藏传佛教在互助地区具有广泛而深刻的社会影响。因此，境外的达赖集团出于分裂祖国的目的，利用藏传佛教对土族地区的渗透活动一直没有停止过，他们制定的"控制了一个寺院就等于控制了一片地区"策略迄今未变。近年来，境外分裂集团通过互联网络、卫星广播电视、手机等途径传播、散布和鼓吹分裂言论呈加剧趋势，而且还通过拉拢和侵蚀宗教人士，非法认定转世活佛，吸引、策反宗教人士出逃等手段，加紧对包括互助县在内的青海信教地区的渗透活动，严重破坏了互助地区的社会稳定和民族关系，如 2008 年"3·14"事件发生前后，互助县多次遭到"藏独"势力的侵扰。近几年土族、藏族年轻僧侣中非法出境到印度等地的现象依然存在。

四　构建和谐民族关系的对策思考

综上所述，随着我国经济社会的发展，民族关系将越来越多地与各种社会问题相互交织和相互作用，民族关系在整个社会关系体系中所具有的影响力也将日益显著，构建和谐的民族关系任重而道远。因此，以下就互助县进一步构建和促进和谐民族关系提出几点对策建议。

（1）实现本地区经济社会全面协调可持续发展是构建和谐民族关系的根本。由于历史、自然、基础等诸多原因，互助地区仍然是基础设施脆弱，经济社会发展滞后，当前面临着解决温饱和全面建设小康社会的双重任务。因此，目前要以科学发展观推动互助县经济、政治、文化及社会事业的全面发展，应注意解决民族地区内部收入差距、地区差距、城乡差距的问题，把促进共同富裕摆在更加重要的地位。国家应进一步加大对互助地区的经济扶持力度，给予更大优惠和政策倾斜，大力改善经济社会发展的条件，还应进一步加大改善民生的力度，采取强有力措施切实解决好扶贫、教育、卫生、就业、社会保障等问题，努力提高群众的生活水平，让群众真正体会到党和政府的关怀。

（2）必须进一步坚持和完善民族区域自治制度，切实保障民族地区和少数民族的合法权益。民族区域自治，是我国解决国内民族问题的一项重要政治制度和基本政策，同时也是从根本上维护民族关系健康发展的重要制度。实践证明，民族区域自治是适合我国国情的制度，是中国共产党领导全国各族人民作出的正确选择。它保证了祖国的统一，又保障了少数民族的平等权利；既发展了平等、团结、互助的社会主义民族关系，又促进了国家的社会主义建设和民族的繁荣昌盛。今天，在新形势下，我们一方面要全面落实《民族区域自治法》，另一方面要坚持和不断完善民族区域自治制度，要结合互助自治县自己的特点和需要，发挥民族区域自治的优势和作用，行使好变通权，加快配套法规建设，与时俱进，制定出适合形势发展需要的法律法规，为民族自治地方改革、发展、稳定工作提供法制保障。落实自治权，推进发展时，既要照顾少数民族群众的权益，同时也要照顾民族地区汉族群众的权益，否则极易引起汉族群众的不满而引发民族矛盾。

（3）必须大力加强和维护民族团结，扎实推进民族团结进步创建活动。巩固和加强民族团结，是解决民族问题的重要前提，也是保持国家稳定、和谐的重要条件，因此要把大力加强和维护民族团结作为构建和谐民族关系的重要着力点。现阶段的民族团结工作，要在青海省委、省政府正在开展的"民族团结进步示范区创建活动"的基础上，突出重点，抓好示范点建设，实现以点带面、整体推进民族团结进步示范区创建工作。同时，要坚定不移地贯彻执行民族平等和宗教信仰自由政策，进一步完善宗教事务社会管理体系，加强引导宗教与社会主义社会相适应，强化抵御分裂渗透、维护社会稳定的能力与机制，真正实现秩序和谐、群众和乐、民族和睦、宗教和顺的创建活动总体目标。

（4）提升构建和谐民族关系的社会参与度和民众认知度。促进民和睦、推进社会和谐是一项复杂的社会系统性工作，在社会转型的新形势下其复杂性更为突出。因此，无论采取什么政策与措施，促进民族和睦与社会和谐的工作都不是民族工作部门的一家之责，而是要凝聚各方力量，合力推进。现阶段，必须要建立以党和政府为主导、以基层政权为核心、以社会组织为中介、以城乡社区为基础、公众主动参与的社会管理新格局。① 换言之，民族工作部门在政府领导下，需要采取政策、法规、经济、行政等手段，整合社会资源，让社会各层面参与民族工作、支持民族工作，通过扶持民族地区经济、社会事业发展，增进民族团结、实现各民族共同繁荣。

第三节　基层民主建设

农村基层民主建设，是中国特色社会主义民主政治建设的重要内容，是发展更加广泛、更加充分、更加健全的人民民主的迫切要求。党的十八大报告指出："完善基层民主制度。在乡村社区治理、基层公共事务和公益事业中实行群众自我管理、自我服务、自我教育、自我监督是人民依法直接行使民主权利的重要方式。要健全基层党组织领导的充满活力的基层群众自治机制，以扩大有序参与、推进信息公开、加强议事协商、强化权力监督为重点，拓宽范围和途径，丰富内容和形式，保障人民享有更多更切实的民主权利。"农村基层民主建设对于开展社会主义新农村建设，推进城镇化建设，全面建设并实现小康社会，具有十分重要的意义。

一　互助县村民自治的发展历程

村民自治制度是国家基层民主政治建设的重要组成部分。所谓村民自治是广大农民直接行使民主权利，依法办理自己的事情，实行自我管理、自我教育、自我服务的一项基本制度。村民自治制度的基本内容和核心是"民主选举、民主决策、民主管理、民主监督"，即以直接、平等、差额、无记名投票为基本原则的民主选举制度；以村民会议、村民代表会议为主要形式的民主决策制度；以村规民约、村民自治章程为基本形式的民主管理制度；以村务公开、民主评议和村民委员会定期报告工作为主要内容的

---

① 参见赵英《青海构建和谐民族关系的探索与实践》，《攀登》2013 年第 2 期。

民主监督制度。

村民自治制度肇始于 20 世纪 80 年代。1988 年 6 月 1 日，《中国人民共和国村民委员会组织法（试行）》开始试行，标志着包括村级直选在内的中国村民自治开始启动，一些农村开始直选村委会。1998 年 11 月 4 日，《村民委会员组织法》正式通过，从而结束了长达十年之久的试行期。这样一来各省、自治区、直辖市先后修改了村委会选举办法，开始由村民直接提名进行选举，选举的直接性促使村级民主的真实性更加明显。目前，村民自治制度已成为中国农村扩大基层民主和提高农村治理水平的一种有效方式。

由于受各种因素的制约，村民自治制度在各地的发展并不平衡。青海省于 1990 年开始展开村民自治试点工作，设置 4109 个村（牧）民委员会，并于当年进行了全省第一次村（牧）委会民主选举。随着村民自治制度的全面展开，青海省结合本地方实际，1998 年 6 月 18 日，青海省人民政府发布了《青海省村务公开、民主管理工作实施办法》（共五章二十一条），分别就村务公开的组织领导，村务公开的内容、时间、形式，民主管理制度，村务公开的管理与监督等作出了详细的规定；1999 年 4 月 2 日，青海省第九届人民代表大会常务委员会第七次会议通过的《青海省村（牧）民委员会选举办法》（共八章四十一条），分别就选举工作机构、选举登记、候选人的产生、选举程序、罢免和补选、法律责任等作了相应规定。此后，青海省又相继制定了《村（牧）民议事规则》、《村级领导班子和班子成员民主评议制度》、《村（牧）民委员会工作报告制度》、《村（牧）民代表联系户制度》、《村级组织学习宣传村民自治政策法规办法》、《村级财务账目审计制度》和《省村务公开民主管理工作领导小组各成员单位职责》等一系列规章制度，使青海省农村基层民主政治建设逐日趋完善。

互助土族自治县村民委员会的选举工作开始于 1990 年，截至 2011 年已举行了八届。近年来，互助县进一步加强了对村委会换届选举工作的组织领导，每次换届选举前，县委、县人大、县委组织部、民政局及各乡镇党委超前谋划，研究制订符合实际的实施方案，做到思想认识到位、工作部署到位、组织措施到位。换届选举中，坚持德才兼备、以德为先的标准，紧紧抓住酝酿、推荐和选举等关键环节，选好配强村级领导班子。通过近几届村民委员会换届选举，互助县村级民主政治建设成绩显著，基层民主政治建设得到了全面加强，民主选举、民主管理，民主监督、民主决策已在基层得到了较好的落实，广大村民的参政议政意识和民主法制观念得到进一步增强，现已经逐步形成以村民代表会议为主要形式的民主议事制度，实现了较充分的基层民主自治。

从互助县最近两届村委会的换届选举工作来看，村民的参选率较高，如2008年3月完成的第七次村民委员会换届选举中，互助县共登记选民253138名，参加投票选民209070名，参选率为82.6%；294个村民委员会，一次性选举成功291个，成功率达98.9%。这次选举共选出村民委员会成员1709名。上述村委会成员中，在文化程度上，小学文化程度的307名，占18%，初中文化程度的1009名，占59%，高中文化程度的245名，占14.3%，大专以上文化程度的148名，占8.6%；在年龄结构上，30岁以下的193名，占11.3%，31—40岁的389名，占22.7%，41—50岁的784名，占45.8%。村委会成员文化结构、年龄结构得到进一步优化，一批有文化、有知识、有素质、懂管理的年轻人被充实到村民委员会班子中。[①] 2011年2月完成的第八届换届选举涉及294个村民委员会和11个社区居民委员会，经过选举，目前全县294个村中选举成功的286个，占总数的97.3%。其中实现村支书、村委主任"一肩挑"的有44个村，大学生村官、志愿者当选村委主任1名、村委副主任35名、委员12名，227个村实现妇女干部进村委。从年龄结构上看，此次换届选举中干部进一步年轻化，35岁以下的村委委员有235名。有报道称，通过这次换届选举基本形成了"结构合理、精干高效、运转协调、充满活力"的村委班子。[②]

二　村民自治中存在的问题

虽然互助县农村基层民主建设取得了显著成效，但是由于受经济发展、文化教育等方面的限制，也不同程度地存在着一些不可忽视的问题，主要表现在：

1. 民主意识淡薄，民主参与程度不高。由于农村经济发展缓慢，村

---

① 《青海省互助县率先完成第七次村民委员会换届选举》，青海民政信息网（http://www.qhmz.gov.cn/html/show－543.html）。

② 《互助县村级换届选举工作圆满完成》，新华网（http://www.qh.xinhuanet.com/misc/2011－03/24/content_22364669.htm）。

民文化程度低，加之交通不便、信息闭塞及受传统文化、心理的影响，村民的民主观念淡薄，许多人还不了解村民自治的基本内容，只关心自家经营，对村里事务不关心、不热心，主动、自觉参与自治的积极性和热情度不够高。

2. 选举不规范。不少村民对自己的权利和义务没有全面的认识，民主选举时采取应付和敷衍的态度。一些村民从众心理严重，他们并不在意候选人的素质如何，认为选谁都一样，看大家选谁就跟着选谁。不少候选人不是由村民直接提出，而是在一次党员或村组干部会议上确定下来，有的甚至来自乡镇领导的安排；也有部分村民存在狭隘的宗族意识和地方意识，选举时只选本族本姓的人或本社村民。外出务工人员多委托家人或候选人代写选票，受托人是否真的按照委托人的意愿填写了选票根本无从证实，有的干脆放弃选举权。同时在村干部的选举中个别地方存在贿选、违规操作等问题，引起群众的不满，引发集体上访现象①。

3. 民主决策和民主管理流于形式。自 2010 年，互助县推行"四议三定两公开一注重"（"四议"即党支部提议、村"两委"商议、党员大会审议、群众代表大会决议；"三定"即定内容、定形式、定时间；"两公开"即决议公开、实施结果公开；"一注重"即注重监督及其效果，简称"4321"）的村级民主决策制度。但调查发现，虽然互助县村级公共决策已在一定程度的民主基础上运作，但是，近年来青壮年农民外出务工非常普遍，人口流动性增强，加之其他各种原因，村民会议或村民代表会议很难召开。个别村干部以难以召开村民会议为由，长期不开村民会议，村里的决策省略了村民进行民主决策这一程序，村务决策权仍然掌握在村党支部或村委会干部等少数人的手中，但他们的决策不能充分反映村民群众的意愿，民主决策、民主管理、民主监督存在走过场现象。

4. 村务公开不规范。很多村委会满足于建立公开栏，却不重视公开内容的真实性、全面性和群众的满意度。不公开或假公开现象依然存在。个别村为了应付上面的检查，才在公开栏上写一些东西，但公开的是一些无关痛痒的内容，村民真正关心的诸如征地补偿、宅基地使用、退耕还林、救灾救济款物发放、种粮直补、项目资金、惠农资金、低保评定等事项公开不够；有的则是将一些公开的事项进行"技术处理"，公开虚假数

---

① 参见互助县信访局 2011 年工作总结。

字，蒙骗群众。也有些群众认为村务公开只是上级和村干部的事，与自己没多大关系，不闻不问，不参与监督和公开等问题。

5. 财务管理混乱。近年来，互助县各乡镇实行了"村级财务委托乡（镇）代管制度"，对整治农村财务账目混乱状况、规范村级财务管理发挥了积极作用。但也有个别村财务管理混乱：一些乡镇财务人员只负责给村里理财做账，不去审核、监督村里的收支；甚至不正规、不合理的票据也可入账，更有甚者帮着做假账。此外，由于少数村班子成员调整频繁，未及时办理财务交接，甚至出现几年不做账的现象。部分村会计难司其职，听凭村支书、村主任的想法随意入账，规章制度形同虚设。

6. 村干部整体素质较低。目前农村文化素质较高的、年纪较轻的村民绝大多数进城经商或外出打工，而留在家中的一般都是年龄偏大、文化水平较低的村民，在村委会换届选举中选出的不少村干部属于这类人员。如2008年互助县第七次换届选举中共选出村民委员会成员1709名，其中小学文化程度的307名，占18%，初中文化程度的1009名，占59%，初中及以下文化程度的比例高达77%。其次是思想观念落后。不少村干部思想保守，"等、靠、要"思想严重，缺乏能动意识，他们的工作能力还不能完全适应形势发展的要求。

7. 村干部违纪违法现象屡禁不止。近年来，广大村干部兢兢业业，无私奉献，为推动农村发展做出了重要贡献，但仍有少数村干部作风不实，为政不廉，他们的违纪违法现象呈逐年上升趋势。据统计，互助县纪委2009年收到来信来访举报村干部8件，2010年7件，2011年17件。村干部的违纪违法情况有两个显著特点：一是多表现在利用职务之便贪污挪用侵占集体资金、私分退耕还林补助款等，如2007—2011年，6名村干部因上述问题受到党纪处分和法律制裁，占受处分村干部的86%；二是一案多人，村领导班子集体违纪，如2007—2011年五年间立案查处的3件村干部违纪违法案件中，一案多人的就有2件。[①]

除上述问题外，还存在村级集体经济普遍薄弱，"空壳村"比例较高，村级阵地建设及活动经费没有保障，存在"有人主事、无钱办事"的问题，严重制约了村级组织各项工作，影响村级组织在群众中的威信；

---

① 王三北：《当前我县村干部违纪违法现状浅析》，互助县组织部编《互助组织工作》，2012年第2期。

由于村党组织与村委会之间的关系没有完全理顺，职责和功能区分不明，存在权力摩擦，村"两委"不团结，搞内耗，思想不统一，步调不统一，缺乏凝聚力和向心力，导致群众思想涣散，无所适从等问题。

三　加强基层民主建设的路径

当前，互助县农村和全国一样，正处于社会主义新农村建设和推进城镇化建设的热潮中，国家对农业和农村投入和扶持的力度也在逐步加大，上级拨付的各项支农资金和发放的支农物资以及粮食直补、扶贫救济、危房改造、养老保险等费用越来越多，农村要办的事情诸如制定新农村建设规划和实施方案、农村建设项目的立项和实施等事务也越来越多。如何建立有效的监管机制，加强对这些事项的决策、管理和监督，使之发挥应有的效益，让农民群众得到更大的实惠，使新农村和城镇化建设稳步推进，是一个极其重要的问题。鉴于此，以下就加强和完善互助县农村基层民主建设，保障村民依法行使当家做主的权利，提出几点浅见。

第一，要认真宣传贯彻落实好有关村民自治的法律法规。就目前情况看，关于村民自治方面的制度、法规不少，但是基层对其宣传和贯彻落实的力度不够。因此，要通过多种形式，向广大农民做好相关法律法规的学习和宣传工作，使广大农民群众都能明确自己的权利和义务，落实好现有的各项选举、决策、管理和监督制度，让农民在村级事务中真正地有知情权、参与权、管理权和监督权，调动他们管理村级事务的积极性，引导他们依法维护自己的合法权益。

第二，加快发展农村地区的文化、教育，全面提高农民素质。一方面必须加大对教育的投资，尤其要加大对基础教育的投资，以便尽快改善基础教育设施，满足基层教育教学的基本要求；另一方面，要在促进基础教育发展的同时，采取多种形式开展村民科技培训和宣传，加强村民法制、民主意识的培养，提高他们政治参与的积极性和主动性，使其逐步适应自我教育、自我管理、自我服务的管理模式，发挥他们的主体作用，成为合格的村民自治主体。

第三，大力发展农村经济，提高农业对农村人口的吸引力。经济基础决定上层建筑，要想搞好农村基层民主建设，就得先大力发展农村经济。从根本上讲，农村人口的大规模流动在于经济利益的驱动，当农民能在本地区得到经济创收时才能在本地区的管理和发展中投入更多的关注，才能有参与到基层民主建设中的行为动机。所以各级政府要想尽一切办法，不断壮大农村经济，增加农牧民收入，为农民参与民主政治提供物质保证。尤其要注重搞活本地区经济，让更多的农民能够在本地区获得务工的机会，这是使农民有机会直接参与农村民主建设的一条现实途径。

第四，强力推行村务公开，建立健全监督保障机制。强制推行村务公开，规范村务公开的内容和形式。设立村务监督组织，定期审查村级财务的收支情况和村内事务的办理情况，监督村委会的工作和村干部的行为。同时要加大执法检查和违纪处置力度，对村务公开不实、不详、假公开等问题，要追究主要负责人的责任。

第五，明确"两委"职能，理顺"两委"关系。村党组织和村民自治组织要发挥各自应有的功能，必须从制度上对其各自职权范围作出合理的界定。党的领导主要是政治领导、思想领导和组织领导，应将主要精力放在对村的发展方向的把握上，而非越俎代庖，代替村委会直接办理村民自治的各项事务。由村民自己能够处理好的事情，应尽可能由村民委员会根据法律制度自主处理。同时，通过继续推行"一肩挑"，村"两委"成员交叉任职等机制，更好地理顺村"两委"关系，进一步增强班子的团结，提高班子的效能，为构建和谐农村、建设社会主义新农村提供坚强的组织保证。

第六，加强对村干部的培训工作。针对目前互助县村干部文化素质较低、连续任职等现状，各级政府应加强对村干部的培训工作，建立和形成一套培训村干部的长效机制，比如通过县级党校教育阵地，对村干部普遍进行集中轮训，使他们能够坐下来系统地学习村民自治法律法规和涉及农村事务的其他有关法律法规，以增强村干部贯彻执行党的各项方针政策、履行岗位职责的自觉性和责任感，切实提高他们依法办事、管理村级事务的能力，以带动村民自治建设的健康发展。

总之，互助县农村村民自治的实践，不仅增强了农民的民主意识和政治参与热情，而且提高了农民的政治认知和参政能力。广大农民的政治独立性增强，必将极大地动摇农村社会非民主化的社会文化根基，促进农村民主政治的发展。但是，推动基层民主建设是一项长期工程，尤其在互助县这样一个经济欠发达的少数民族聚居地区建设农村基层民主要经过一个比较漫长的过程，不可能一蹴而就，需要克服各种困难，对此，我们要有充分的认识。

第四节 基层组织建设

党的基层组织是党全部工作和战斗力的基础，是党联系广大人民群众的桥梁和纽带。基层组织建设事关党的执政基础的巩固和执政能力的提高，直接关系到党的各项方针政策和重大决策能否得到实现。要推进民族地区经济社会发展，必须切实加强党的基层组织建设，提高党组织的创造力、凝聚力和战斗力。近年来，特别是从 2009 年连续三年开展"基层组织建设年"活动以来，互助县委始终把加强党的基层组织建设摆在重要位置，抓重点破难点，抓基层打基础，以深入开展学习实践科学发展观活动和创先争优活动为载体，坚持分类指导、整体推进的原则，围绕中心，服务大局，不断加强基层党组织建设，取得了显著成效，为全县经济社会发展提供了坚强的组织保障和政治保证。

截至 2013 年 6 月，互助县共有党工委 3 个，党委 25 个（乡镇党委 19 个，县直机关事业党委 5 个、非公有制企业党委 1 个），总支 14 个，支部 498 个（农村党支部 294 个、机关党支部 75 个、事业单位党支部 87 个、国有集体企业党支部 7 个、非公企业党支部 26 个、社会组织党支部 5 个、社区党支部 4 个）。党员 15072 名，其中农村党员 10425 名，占 69.2%；少数民族党员 3357 名，占 22.3%；女党员 2946 名，占 19.5%；大专以上学历的 3224 名，占 21.4%。[1]

一 基层组织建设工作及成效

（一）优化工作实施模式，促进基层组织建设扎实有序推进

一是围绕全县中心工作，创新工作思路。围绕县域经济社会发展中心工作和"十二五"规划谋划基层党建工作思路，使党的建设始终围绕大局、服务大局。特别是围绕互助县十四次党代会提出的紧紧围绕"四个发展"、"三大历史任务"和"八个方面走在全省前列"的总体要求，按照建设绿色、开放、和谐互助的部署，积极实施"做强农业、做大工业、做特旅游、做美生态、做活市场、做精城镇"六大战略，不断创新工作思路、丰富活动内容、统筹各领域基层党建、深化党建工作实施模式。二

---

① 中共互助县委组织部提供资料。

是继续落实各项制度，形成工作合力。继续落实县委常委抓基层党建责任制度等"八项制度"，落实基层党委书记是党建工作第一责任人的工作机制，以党建月汇报会、季度考核等形式及时分析研究基层党建工作，将党建工作与全县的重点工作同部署、同推进、同落实。建立完善"三级联述、三级联评、三级联考"制度，夯实各级党组织书记"第一责任人"的职责。三是突出工作重点，丰富活动载体。结合学习实践科学发展观活动、"创先争优"活动，进一步深化"三级联创"实践活动，着力在农村党支部开展以"有班子、能干事，有场所、能活动，有产业、能增效，有民主、能公开，有后备、能接任"为主题的"五有五能"创建活动。到 2012 年底，全县 85% 以上的乡镇党委基本实现"五个好"（即领导班子好、党员队伍好、工作机制好、工作业绩好、群众反映好）目标，农村 80% 以上的党支部基本实现"五个好"目标。四是加强"结对帮扶"，推动统筹发展。成立了 30 个城乡统筹基层党建工作指导组，加强对农村、非公企业、社会组织党建工作的指导，统筹城乡党建均衡发展。扎实开展"共驻共建"、"联姻结对"活动，截至 2011 年 12 月，全县 194 个党政机关、企事业单位党支部与 294 个农村党支部实现联姻帮扶全覆盖，实现党建工作城镇与乡村、机关与基层、党组织与党员联动，促进以城带乡、资源共享、优势互补、协调发展，全面提高党建工作水平。着眼于推动新农村建设，互助县大力实施"党政军企共建示范村"活动，39 个村的村级综合服务中心等执政基础设施和其他基础设施进一步完善，村"两委"班子得到加强，党员党性得到锻炼，党员的先锋模范作用进一步发挥。五是深入推广"文建明工作法"。各乡镇在深入学习"文建明工作法"的基础上，借鉴有效做法，健全镇党委议事规则和决策程序，完善信访接待日、领导接待日、开门接访、约访恳谈等制度，健全和落实领导干部联系点、定期下访、首问负责制、限时办结制、责任追究制等制度，深入开展镇机关行政效能建设，推行精细化管理，加大乡镇机构和人员整合力度，增强乡镇统筹协调和整体服务功能，大力提升乡镇党委工作科学化水平。

（二）优化党组织设置模式，扩大基层党组织覆盖面

一是扩大在农村各领域党组织覆盖面。稳步在产业链、专业协会、经纪人队伍和其他联合体中建立党组织，采取"协会＋支部"、"基地＋支部"等形式，在农村产业链上扩大党组织覆盖面，把党支部的组织优势转化为农村产业的发展优势。按照"有利于开展活动、有利于发挥作用"

的原则，在外出务工党员相对集中的地方建立临时党小组或党支部，全面负责当地流动党员的教育管理服务工作，确保党员离乡不离党、流动不流失。二是扩大机关党组织覆盖面。以建设"学习型、服务型、节约型、创新型、廉洁性党组织"为重点，努力抓好党组织建设和机关党员的学习教育培训、创新工作、服务意识、廉洁从政。近五年来，新建机关党支部13个，同时大力开展城乡统筹基层党组织建设工作，扎实推进机关党建"五个机制"进程，不断深化"共建共富促发展"活动，切实在组织、活动、人才、资源及其他优势方面取得新的进展。三是扩大学校党组织覆盖面。开展以"修身正德"、"治学育人"为主题的师德建设大讨论活动，注重在教学骨干、少数民族、女性中发展党员，壮大党员队伍。积极开展城乡学校之间的"联姻结对"帮扶工作，促进全县城乡教育工作者队伍素质的提高和各学校教育教学质量的提升。2012年3月及时成立了教育党工委，理顺了党组织隶属关系（部分完全中学、乡镇中心学校原来隶属于地乡镇党委，现隶属于教育局党委），调整、重新任命31所中小学党支部书记，为各学校配齐了专兼职党务工作者。坚持以加强中小学领导班子建设为重点，做好中小学党的建设和思想政治工作，着力打造一支业务精、党性强的教职工队伍，努力开创中小学党的建设和思想政治工作新局面。四是扩大社区党组织覆盖面。以实现"四有一化"为目标，积极适应农村城镇化、农民居民化、城乡一体化的新趋势，推行"社区＋企业"、"机关＋社区"等党组织设置模式，探索建立"社区党组织、片区党支部、楼幢党小组"三级组织管理模式，建立社区党支部4个，党小组42个，加强办公场所建设。截至2012年底，有人管事、有地议事、有钱办事、有章理事的"四有"社区党组织达到75%，社区党建工作提高到全新水平。扎实开展辖区企事业单位共驻共建"五个一"活动，推进了社区"四有一化"建设。五是扩大非公经济和新社会党组织覆盖面。及时成立非公经济党工委和社会组织党工委，加强对全县非公企业和社会组织党建工作的指导，先后选派72名党建指导员工作，进一步加大对非公有制经济和社会组织党建工作的指导力度。扎实开展"三达标三争创"、"双强六好"、"12345"创建等活动，做到成熟一个、组建一个，建立一个、巩固一个。近五年来，新建非公企业党组织7个、社会组织3个，使非公有制经济组织和社会组织党组织符合组建条件实现应建必建，能建全建。达不到条件建立党组织的建立健全工青妇组织，为创建党组织创造条件。

（三）优化党组织用人模式，选好配强领导班子

一是扎实做好"村两委"换届工作。在县委的统一领导下指导各乡镇党委超前谋划、研究制订符合实际的实施方案，做到思想认识到位、工作部署到位、组织措施到位。在换届选举中，坚持德才兼备、以德为先的标准，紧紧抓住酝酿、推荐和选举等关键环节，选好配强村级领导班子。严格按照"5 个严禁、17 个不准、5 个一律"的纪律要求，坚持教育在先、警示在先、预防在先，扩大党内民主，引导广大党员干部增强纪律观念，保证换届工作风清气正。自 2009 年以来，先后有 437 名优秀青年后备干部调整到村级主要岗位上来，为村级党组织和村干部队伍注入了新鲜血液。二是完善民主管理制度，加强对村干部的管理。严格实行《互助县村干部管理考核办法》，严格兑现奖惩。健全村党支部书记队伍管理机制和村党支部书记岗位目标责任制，逐步完善村干部诚勉谈话、经济责任审计等制度。落实"一定三有"要求，进一步完善村级组织运转经费动态增长机制，近五年，新增加 152 名卸任老干部享受生活补助。截至2012 年年底，全县享受生活补助的卸任老干部达到了 728 名，每年享受的生活补助款也从 360 元提高到 560 元。三是健全民主决策机制。在有效贯彻落实"三议一表决"制度的基础上，创新开展实施以"四议三定两公开一注重"即"4321"为主要内容的村级民主决策制度，健全村级党组织领导的、充满活力的民主自治机制，完善民主管理制度，充分调动党员和群众参与的积极性，为农村基层组织建设营造良好氛围。四是扎实开展党代表常任制，切实提高党代表服务群众的自觉性和能力。五年来，围绕基础设施建设、产业发展等项目共提出议案 2596 项，已办理 2328 项，其他正在办理中。通过采取有效措施，着力推进了基层民主政治建设。实行党代表常任制以来，群众集体上访、村企矛盾事件等明显减少。

（四）优化党员管理模式，加强党员队伍建设

一是提高党员素质。围绕党员培训五年规划，充分利用现代远程教育站点、村级活动场所、县乡镇党校资源，利用上党课、党员活动日、组织生活会等多种形式，在全体党员中开展以"讲大局、比党性，讲致富、比双带，讲团结、比和谐，讲承诺、比兑现，讲文明、比新风"为主要内容的"五讲五比"创建活动，开展马克思主义理论、理想信念、民族精神和时代精神、社会主义荣辱观、反自焚反邪教维护社会稳定、学习党

的十八大精神等教育活动和主题实践活动，农村党员培训面达到98%以上，农村党员干部的政治思想教育水平和党性修养得到进一步提高。二是改善党员结构。健全完善党员发展、教育、管理的长效机制，严格按照发展党员的"十六字"方针和"控制总量、优化结构、提高质量、发挥作用"的基本要求，注重在知识分子群体、非公有制经济组织以及农村致富能手、产业带头人、青年农民、大学生"村官"和妇女中发展党员，逐步改善党员队伍年龄老化、文化程度偏低、"双带"能力弱和模范带头作用发挥不够的问题，近五年来，共发展党员1725名，党员队伍进一步壮大，党员结构进一步合理。三是加强分类管理。针对农村、学校、机关企事业、社会组织和非公经济组织等不同类型，加强对有职、无职、流动党员的分类管理，结合实际，深入开展各类主题实践活动，对农村党员、社会组织、非公企业党员加强党性修养、技能培训，对事业干部职工党员重点进行党性修养、理想信念、服务意识等知识培训，对流动党员实现"三问一汇报"制度，分类加大加强党员管理。四是健全关爱机制。进一步健全党内激励、关怀、帮扶制度，对涌现出的先进基层党组织和优秀基层共产党员进行表彰。落实"五必访"制度，及时对因灾因病致贫党员、下岗困难党员、农村老党员进行关怀和帮扶，让广大党员真正感受到党组织的关怀和温暖。五年来，共培树表彰典型县级以上党组织167个、优秀共产党员563名，对1057名贫困（老）党员、贫困村干部进行了慰问。

（五）优化活动阵地建设模式，加大对活动场所建设、管理力度

一是加大整建力度。积极筹措项目和资金，先后对166个活动场所进行新建，并完成对107个危旧狭小活动场所的维修，配套桌椅156套，全面提高村级组织活动场所建设水平。2012年以来，结合"党政军企共建示范村"活动开展的有利时机，陆续建成广场式、高标准、多功能为一体的村级活动场所39个。二是加强管理管护。制定村级组织活动场所管理、综合利用办法，充分发挥场所"五个中心"功能。建立村级活动场所固定资产台账，并由专人负责监管。建立健全村干部轮流值班制度，加强对村级组织活动场所的日常管护。三是发挥综合作用。完善站点功能，积极拓展领域，充实教学课件，用好党员干部现代远程教育网络。因村制宜，努力把村级组织活动场所建成党员学习教育中心、民主议事中心、为民服务中心、群众文化中心等，探索拓展使用功能，实现村级组织活动场所作用发挥最大化。

（六）优化典型培育模式，着力打造党建示范点

一是扩大示范点建设范围。以高寨镇东庄村、威远镇白崖村、东和乡魏家滩村等省级党建示范点为样本，倡导全县各乡镇党委学习创建省级示范点工作的典型经验，在巩固现有省、县级党建示范点的基础上，科学规划，舍得投入，高效实施，继续扩大创建县级党建示范点的力度，着力在全县打造了7处各领域省级党建示范点，87个县级党建示范点相当的基层党组织。二是创建主题实践活动示范点。按照开展"四型"特色党建的要求和"主抓一项、带动全部"的思路，要求各乡镇党委统筹部署、科学安排，分别确定一个主题实践活动示范点，有侧重、有选择地打造一些特色鲜明、优势独具的示范点。截至2012年年底，打造各类特色党建示范点56个，以点带面、辐射带动，促进全县农村基层组织建设整体水平的提升。三是推进党建带群团建工作。把党建带群团建作为创先争优活动的一项实质性工作，坚持以"带思想、带组织、带班子、带队伍、带工作、带作风，强化制度保障""六带一强化"的思路，结合工、青、妇组织的特点，找准党建带群团建的结合点和着力点，突出以人为本的工作理念，开展丰富多彩的活动，努力形成以党建带团建、党建帮妇建、党建促工建，开创党的建设与群团工作共同创先争优的新局面。①

二　基层组织建设工作中存在的问题及对策

近年来，互助县基层组织建设工作进展顺利，成效显著，但由于全县经济发展滞后，社会发育程度低，总体上处在社会主义初级阶段的较低层次，因此该县的基层组织建设仍存在一些不足和问题，主要表现在：

个别党组织负责人党建工作意识淡薄，存在抓一抓就行的应付思想，在工作上缺乏思路和创新；部分基层党组织战斗力不强，部分基层党组织不能正常开展组织活动；部分乡村干部和党员的文化素质偏低、思想观念落后，工作积极性、创新能力不强，自身带领群众致富能力不足，难以为群众办实事，在群众中威信不高，导致党支部凝聚力、号召力削弱；部分非公有制企业党建工作滞后；部分有文化的年轻人不愿意留在农村，不愿意入党，党支部找不到培养的"苗子"，很难发展新党员，甚至有村庄多年没有发展一名新党员，农村党员队伍老化现象突出；受经济发展水平所

---

① 参考中共互助县委组织部提供资料整理。

限，党员教育和培训经费不足，县乡党校设施短缺，难以发挥主阵地作用；农村党员培训相对滞后，部分党员党性观念和党员意识差，等同于一般群众，不能彰显党员的先进性和发挥模范带头作用；村级活动场所利用率不高，有场所不活动或活动较少的现象还存在；个别村支书贪污、挪用公款等违纪现象突出，影响社会和谐稳定的因素还存在。

针对互助县基层组织工作中存在的上述问题，应着力抓好以下几项工作：

第一，按照十八大报告中提出的"创新基层党建工作，夯实党执政的组织基础"要求，强化党建责任意识，坚持不懈地抓基层打基础，充分发挥党建工作引领发展、促进发展、保障发展的重要作用，研究制定基层党组织建设总体规划，对基层党建工作的总体目标、主要任务、工作重点、实施步骤、推进措施、组织领导等进行总体设计，确保基层党建工作方向明确、目标清楚、重点突出、责任明晰、推进有序、取得实效。

第二，继续加大农村党员培训教育、管理工作力度，强化党员的宗旨教育和党性观念，提高基层党员干部队伍综合素质，提高发展意识和致富能力，树立党员的良好形象，发挥好党员的先锋模范作用，密切党群关系。

第三，进一步抓好村级组织活动场所规范化建设，完善管理使用制度，充分发挥村级组织活动场所的阵地作用和"一室多用"的综合效能。

第四，不断扩大党的组织和党的工作在全社会的覆盖面，尤其要进一步加强非公有制企业党的建设，采取包企、派驻指导员、联络员等有效措施，通过独建、联建、挂靠等形式加大组建力度，实现应建必建，扩大组织覆盖面，实现党的工作全覆盖。

第五，村级民主管理要保证机制运行。坚持落实党务村务公开制度、民主评议党员和干部制度，建立健全民主监督机制，加强农村党风廉政建设，健全完善村"两委"班子协调配合工作和决策机制。

第三章

社会建设与社会发展

进入 21 世纪以来，互助土族自治县正经历着巨大的社会变迁。伴随着城镇化的推进、产业结构的转变以及农村人口的流动，全县的社会人口结构、社会保障、社会公共服务、社会治安以及社会管理等多个方面都处于从传统的农业社会向城镇化、城乡社会均衡发展的新的社会发展模式的转型之中。尤其是近年来党和政府提出全面推进和谐社会建设，推动改革开放的发展成果能够更多地、更公平地惠及全体人民。围绕这一社会发展目标，进入 21 世纪以来，互助县各项社会建设事业得到巨大的发展，社会保障体系从无到有，新型的社会救助、扶贫体系基本形成，城乡基本养老保险制度全面建立，全民医保基本实现，互助县的城乡社会一体化建设有了一个良好的开端。

第一节　社会人口结构

人口是一个社会的基础，一个地区的人口结构、人口特点往往直接反映这一地区的社会发展状况。从 2010 年互助县第六次人口普查数据来看，过去的十年是互助县人口变动较大的十年，全县常住人口数量第一次出现减少，而这一变化主要是由于近十年外出人口不断增加造成的。互助县劳动人口呈现出从第一产业向第二产业和第三产业转移，从农村向城镇流动的趋势，非农业户籍人口比重明显增加，人口从农村向乡镇转移，虽然这一人口迁移和流动目前只是刚刚开始，规模还不是那么大，但是，随着互助城镇化建设的发展，互助县人口流动和迁移向着城镇集中这一趋势已经明确。

2000 年第五次人口普查以来，互助县人口自然变动的三个主要指标即出生率、死亡率、自然增长率全面下降，人口再生产已基本实现了向"低出生、低死亡、低自然增长"类型的转变。2000 年以来，互助县少数民族常住人口呈现出数量减少、占总人口的比重增长减缓的新特点。2010年全县常住人口中，各少数民族人口为 92981 人，占总人口的 26.09%，少数民族人口所占比重达到了历史峰值。其中土族人口达 63680 人，少数民族构成以土族为主体，占常住总人口的 17.87%，占全县少数民族人口的 68.49%。但是，从绝对人数上看，同 2000 年第五次人口普查相比，全县少数民族人口减少 3247 人，在全县范围内，除回族外，土族、藏族这两个人口较多的少数民族人口均出现了减少的现象。总人口中，女性人口所占比例低，反映出互助县人口性别比失衡现象比较突出。

一　常住人口数量的变化

与 2000 年第五次人口普查结果相比较，互助县目前常住人口总量减少，各乡镇人口增减情况有所不同。

(一) 常住人口总量减少

2010 年 11 月 1 日零时，互助县常住人口为 356437 人，与 2000 年第五次人口普查的 374995 人相比，常住人口减少 18558 人，下降 4.95%，年平均递减幅度为 0.51%。从已有的历次人口普查数据来看，互助县在以往历史上相邻两个普查年份之间人口数量都是增加的，只有 2010 年的第六次人口普查，这一人口增长的规律被打破了。1964 年第二次人口普查至 1982 年第三次人口普查的 18 年间，人口增加 118924 人，增长63.65%，年平均增长 2.77%；1982 年第三次人口普查至 1990 年第四次人口普查的 8 年间，人口增加 39299 人，增长 12.85%，年平均增长1.52%；1990 年第四次人口普查至 2000 年第五次人口普查 10 年期间，人口增加 29919 人，增长 8.67%，年平均增长 0.84%。

从这次普查看，外出人口增加是常住人口总量减少的主要原因。由于外出人口增多和人口自然增长率下降等原因，全县常住人口总量减少。普查时全县户籍人口中外出人口数量达 41484 人，占全县常住人口的11.64%，占普查登记户籍人口的 10.98%，其中，男 22847 人，女 18637人。与 2000 年第五次人口普查相比，外出人口增加 26343 人，增长 1.74倍，年均增长 10.6%，致使县内常住人口大幅减少。

（二）女性人口所占比例低

互助县目前常住人口为 356437 人，其中：男性 185777 人，占 52.12%；女性 170660 人，占 47.88%，男女性别比为 108.86∶100（女性按 100 算），与第五次人口普查的 107.17∶100 相比，总人口减少，男女性别比提高，显然女性人口所占比重有所下降。

表 3 - 1　　　　　　　　　常住人口性别结构表　　　　　（单位：人）

	男	女	男女性别比（女性 = 100）
五普	193985	181010	107.17
六普	185777	170660	108.86
十年增长百分比（%）	- 4.23	- 5.72	1.69

数据来源：互助县第六次人口普查资料。

从年龄结构看，女性人口呈现出低龄及青壮年数量比男性少，老年数量比男性多的特点。女性常住人口中，0—14 岁女性人口为 32308 人，比男性少 5524 人，性别比为 117.1∶100；15—64 岁青壮年女性为 127771 人，比男性少 10097 人，性别比为 107.9∶100；65 岁及以上女性老年人口为 10581 人，比男性多 504 人，性别比为 95.24∶100。在低龄及青壮年人口中，性别比失衡的情况比较严重，这反映出当地存在比较严重的性别偏好。这一状况会对当地的婚姻家庭产生深远的影响。

表 3 - 2　　　　　　　　分年龄男女人口数量对比情况表　　　　（单位：人）

年龄别	六普				五普			
	合计	男	女	性别比	合计	男	女	性别比
总计	356437	185777	170660	108.86	374995	193985	181010	107.17
0—14 岁	70140	37832	32308	117.1	103480	53859	49621	108.54
15—64 岁	265639	137868	127771	107.9	255495	132259	123236	107.32
65 岁及以上	20658	10077	10581	95.24	16020	7867	8153	96.49

数据来源：互助县第六次人口普查资料。

（三）外来人口虽有大幅增加但总量仍然较少

人口普查时，全县有外来人口 6366 人，占常住人口的 1.79%，比 2000 年第五次人口普查的 2981 人增加了 3385 人，增长 1.14 倍。其中，省外人 3153 人，比 2000 年第五次人口普查的 1124 人增加 2029 人，增长

1.8 倍，占全县外来人口的 49.53%；省内其他县市人口 3213 人，比 2000 年第五次人口普查的 1857 人增加 1356 人，增长 73.02%，占全县外来人口的 50.47%。从人口流动来看，互助县是一个典型的人口流出地区。

（四）非农业户籍人口比重明显增加

常住人口中农业户籍人口 322895 人，占 90.99%；非农业户籍人口 31992 人，占 9.01%，非农业户籍人口所占比重比 2000 年第五次人口普查增加 2.02 个百分点。

表 3－3　　　　　　　互助县常住人口户口性质结构对比表　　　（单位：人）

	农业户籍人口	比重（%）	非农业户籍人口	比重（%）
五普	347909	93.01	26166	6.99
六普	322895	90.99	31992	9.01

数据来源：互助县第六次人口普查资料。

（五）各乡镇人口增减情况有所不同

与 2000 年第五次人口普查相比，除威远镇和高寨镇常住人口增加外，其余 17 个乡镇常住人口均有不同程度减少。其中，经济贫困的乡镇外出人口较多，人口减少幅度大，经济相对比较发达的中心乡镇外来人口多，人口减少幅度小，县城所在的威远镇外来人口多，人口总量增加明显。人口从农村向城镇转移的趋势十分明显。

表 3－4　　　　　　　　互助县各乡镇人口对比表　　　（单位：人）

	六普	五普	增减	增长（%）
互助县	356437	374995	－18558	－4.95
威远镇	66490	53892	12598	23.38
丹麻镇	19174	22088	－2914	－13.19
高寨镇	12903	12780	123	0.96
南门峡镇	17280	20995	－3715	－17.69
加定镇	7079	7798	－719	－9.22
塘川镇	38407	39441	－1034	－2.62
五十镇	18067	18406	－339	－1.84
五峰镇	22775	23639	－864	－3.65
台子乡	20425	22778	－2353	－10.33

续表

	六普	五普	增减	增长（%）
西山乡	17514	18940	－1426	－7.53
红崖子沟乡	16650	18807	－2157	－11.47
巴扎藏族乡	4430	5358	－928	－17.32
哈拉直沟乡	13686	15392	－1706	－11.08
松多藏族乡	5821	7180	－1359	－18.93
东山乡	9715	11896	－2181	－18.33
东和乡	16337	18354	－2017	－10.99
东沟乡	20075	21198	－1123	－5.3
林川乡	22921	27427	－4506	－16.43
蔡家堡乡	6688	8626	－1938	－22.47

数据来源：互助县第六次人口普查资料。

（六）人口出生率、死亡率、自然增长率全面下降

2000 年第五次人口普查以来，互助县人口自然变动的三个主要指标即出生率、死亡率、自然增长率全面下降。2009 年 11 月 1 日至 2010 年 10 月 31 日，常住人口中的出生人口为 4704 人，出生率为 13.23‰，死亡人口为 2606 人，死亡率为 7.33‰，自然增长人口为 2098 人，自然增长率为 5.9‰。与 2000 年第五次人口普查相比，出生人口减少 1028 人，出生率下降了 2.16 个千分点；死亡人口增加 98 人，死亡率提升 0.07 个千分点；自然增长人口减少 930 人，自然增长率下降 2.23 个千分点。人口自然变动已基本转变为"低出生、低死亡、低自然增长"的人口再生产类型。

二　少数民族人口数量的变化

2000 年以来，互助县少数民族常住人口呈现出数量减少、占总人口的比重增长减缓的新特点。

（一）少数民族常住人口数量在历次普查中首次出现减少

2010 年全县常住人口中，各少数民族人口为 92981 人，占 26.09%，其中，男性少数民族人口为 47624 人，占 51.22%，女性少数民族人口为 45357 人，占 48.78%，少数民族人口所占比重达到了历史峰值。但是，从绝对人数上看，同 2000 年第五次人口普查相比，全县少数民族人口减

少3247人，在全县范围内，除回族外，土族、藏族这两个人口较多的少数民族人口均出现了减少的现象，主要原因是外出人口中少数民族人口数量多、比重较大。

从历次人口普查少数民族人口数量变化情况看，前五次都是连续增加，2000年第五次人口普查达到峰值，为96228人。从两次普查年间少数民族人口的增长速度来看，以1964—1982年"二普"至"三普"间增加最多，达29078人，年均增长率为7.04%。从各普查期少数民族占总人口的比重来看，各普查期所占比重直线增长，以2010年"六普"间最高，达26.09%，但增势明显减缓。

表3-5　　　　　　　　互助县历次普查少数民族人口数　　　（单位：人）

	二普	三普	四普	五普	六普
全县总人口	186853	305777	345076	374995	356437
汉族人口	146597	236434	261917	278767	263456
土族人口	27277	47208	57147	65928	63680
藏族人口	10631	17233	19649	22714	21203
回族人口	2283	4813	6157	7166	7674
其他	65	89	206	420	424

数据来源：互助县第六次人口普查资料。

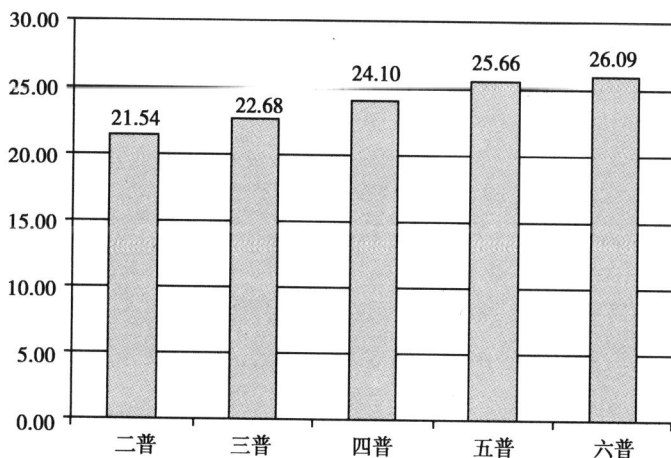

图3-1　互助县少数民族常住人口占常住人口的比重（单位:%）
数据来源：互助县历次人口普查资料。

（二）全县人口中汉族占多数，少数民族构成以土族为主体

互助县虽然是土族自治县，但是人口构成仍以汉族为主体，汉族占常住总人口的73.91%（见图3-2）。全县少数民族主要有土族、藏族、回族、蒙古族、满族、撒拉族、东乡族、土家族、壮族和苗族等28个民族，占常住总人口的26.09%。少数民族构成以土族为主体，各少数民族常住人口中数量排前6位的依次为土族、藏族、回族、蒙古族、满族和撒拉族，这6个少数民族人口之和占全县少数民族总人口的99.86%。全县少数民族人口中土族人口达63680人，占常住总人口的17.87%，占全县少数民族人口的68.49%。

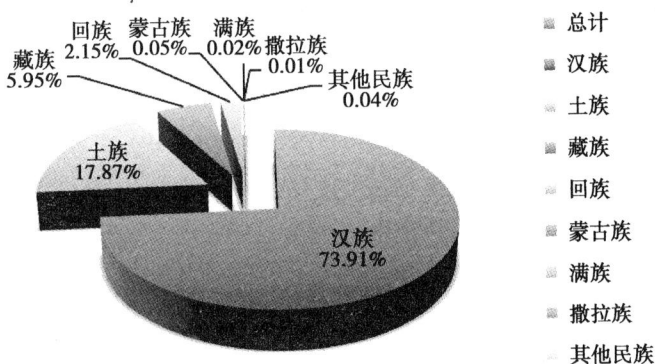

图3-2　互助县主要民族人口比重图（单位:%）

数据来源：互助县第六次人口普查资料。

第二节　社会保障

进入21世纪以来，互助县的社会保障事业得到巨大发展，特别是民政和社会保障工作在社会救助、社会福利、社会保险上基本做到了全覆盖，以完善城乡低保、养老和医疗保险制度为根本，不断扩大社会保障覆盖面，努力做到应保尽保。政府在城乡低保、五保供养以及孤儿和重度残疾人保障等方面不断加大投入，并随着社会经济发展不断提高社会保障的力度和范围，使得最草根最困难的城乡低保人群，也能分享到改革开放的成果，也能在社会制度的保护下感受到社会的温暖，这一惠及民生的政策受到城乡居民的一致好评，有益于缩小城乡差距，从根本上促进了社会公平与和谐，有益于社会的稳定发展。

一　社会救助体系的建立

目前政府倡导并大力组织建设的社会救助体系主要以城乡低保、医疗救助、临时救助以及五保供养、孤儿救助、重度残疾人救助、高龄补贴等为主要内容，并且伴随着社会经济发展，不断扩大能够享受到社会保障的人群，提高社会保障力度和社会救助水平，确保城乡困难群众的基本生活有保障。

（一）城乡最低生活保障制度

互助县推行城镇居民最低生活保障工作较早。2002 年，全县范围内确定享受城镇最低生活保障的人数为 2886 人，发放保障金 191 万元。[①]2007 年，互助县开始在全县范围内建立并实施农村牧区居民最低生活保障制度，确定了 31800 名农村低保对象，发放农村低保金 1809.48 万元[②]。

最低生活保障制度是城乡社会救助体系的重要组成部分，关系到城乡特困群体的基本生活、和谐社会建设和社会稳定。互助县过去几年曾经在低保户的认定和低保金的领取上出现过基层干部的贪污犯罪问题，为此，互助县通过专题调研，制定并下发了《互助县农村居民最低生活保障工作细则》《互助县城镇低保管理办法》，并在具体工作中不断规范完善城乡低保工作。严格落实三级审查、三级评议、三榜公示和低保金社会化发放等制度，不断健全准入退出机制，着力强化过程监督，不定期深入农户明察暗访、检查监督，将保障对象、保障标准、保障资金及时公开，坚决取缔了村（社区）干部优亲厚友、保人不保户等违规现象，使城乡低保工作制度日益完善，操作流程规范合理。

互助县最低生活保障制度历经几次扩大覆盖范围、提高保障标准的调整，已经基本上做到了应保尽保。到 2012 年，互助县农村低保对象达11628 户 34800 人，占农业人口的 10.78%，城镇低保对象达到 1927 户4215 人，占城镇人口的 13.18%。年内发放农村低保金 5580 万元，发放城镇低保金、廉租房补贴 1307 万元。城市最低生活保障线已由最早的每月 87 元调至 298 元，目前，农村的最低保障线为 1865 元，低保人员人均年发放补助金 1180 元。

---

① 郝时远、任一飞主编：《中国少数民族现状与发展调查研究丛书·互助县土族卷》，民族出版社 2006 年版，第 140 页。

② 互助县民政局：《互助土族自治县 2008 年度民政工作总结及 2009 年工作要点》。

　　针对近年来个别低保家庭收入超标的现象，互助县 2013 年 1 月对全县现有低保家庭进行了一次全面的核查清理，凡常住户口一年以上未办理低保金领取手续的低保户，截止日期内携带低保证、户口簿、身份证、结婚证等相关证件到所辖社区进行登记办理，逾期未办理的，根据有关规定停发低保金。在强化入户调查、邻里访问、信函索证等调查手段的基础上，建立跨部门、多层次、信息共享的救助申请家庭经济状况核对机制，健全完善工作机构和信息核对平台，确保最低生活保障等社会救助对象准确、高效、公正认定。经救助申请人及其家庭成员授权，协调公安、人力资源与社会保障、住房城乡建设、金融、保险、工商、税务、住房公积金等部门和机构了解掌握城市低保户的户籍、机动车、就业、保险、住房、存款、证券、个体工商户、纳税、公积金等信息，详细核实低保对象家庭生活状况。对收入超标及群众举报的一经查实及时取消低保资格，并对相关责任人给予党纪行政处分，使全县城镇低保动态率达 25%，农村低保动态率达到 51%。为杜绝低保资金发放环节出现违纪违规问题，全县对低保资金实行专账管理、专款专用，并通过农村信用社实行"一卡通"发放。

（二）城乡医疗救助

　　根据青海省民政厅等部门制定的《青海省城乡医疗救助实施办法》，互助县认真贯彻执行城乡大病医疗救助政策，极大地方便了群众。2012年，又注重加大城乡困难群体大病医疗救助力度，规范操作程序，年内共报销城乡大病医疗费用 1168 万元，为城乡低保、五保、重点优抚对象、孤儿、重度残疾人资助合作医疗参保金及门诊费 880 万元。并不断完善医疗"一站式"服务，切实保障了因病致贫特困群众的基本生活，为弱势群体筑起了第二道生活保障线。

（三）城乡临时救助

　　互助县由于所处地理位置的影响，生态环境恶劣，自然灾害频繁，几乎每年都不同程度地受到自然灾害的侵袭，因此，高度重视救灾救济工作，做好城乡临时救助工作，直接关系到困难群众的基本生活。2012 年互助县连续遭受冰雹、低温冷冻等自然灾害的影响，受害乡镇 15 个，受灾人口达 27.4 万人，造成直接经济损失 12817 万元。面对灾情，县民政局积极筹措资金为全县受灾户下拨救灾款 285 万元，发放救济面粉 179 万千克，审批发放临时救助金 26.51 万元；帮助因暴雨、火灾造成 78 间房屋倒塌受损的 40 户农户重建家园，及时下拨重建资金 56.7 万元。通过一系列措施，使受灾群众的基本生活得到保障。

在本届政府重视社会保障、关注民生的社会背景下，互助县出台了《互助县自然灾害应急预案》，规范了灾民"救助卡"制度，提高了应急救助能力。在各乡镇、村（社区）确定了灾害信息员，举办了首届灾害信息员培训班，对全县 336 名灾害信息员进行了系统的业务培训，并从上级业务部门争取资金 30 万元，给县、乡、村（社区）三级灾害信息员配备报灾设备，进一步夯实了防灾、减灾、救灾工作基础，有效地提高了报灾工作的时效性和准确性。并且在救灾救济工作中不断完善互助县城乡居民临时救助政策，严格按实施细则进行救助。在临时救助工作中，突出抓好临时救助档案资料的审核关，对因临时性、突发性等原因造成家庭基本生活特别困难的城乡居民及时给予临时救助，确保每一位急需救助人员得到救助，帮助他们渡过临时性的生活困难，确保在重大自然灾害发生后，灾民的吃、穿、住、饮用水、医疗等救助措施到位。2013 年年初，山体滑坡威胁到威远镇红崖村小菜子沟自然村 25 户 103 人、五峰镇北沟村 42 户 140 人和石湾村 165 户 500 人的生命财产安全，县民政局配合有关部门通过灾害预警、搭建帐篷临时安置等方式，解决了临时安全和转移安置问题，减灾、防灾和应急救助能力在实践工作中不断增强。在全国防灾减灾日期间，成功举办了全省 2013 年首次县级自然灾害救助应急演练，起到了完善应急预案、锻炼应急队伍、检验联动机制、扩大防灾减灾宣传等多面效应。

（四）五保供养

2012 年 9 月，民政局对互助县全部五保对象进行核查，实现应保尽保，应退尽退。目前全县已纳入的五保供养对象有 1621 户 1897 人，根据《青海省人民政府办公厅转发省民政厅省财政厅关于调整提高农村牧区五保供养标准实施意见的通知》精神，按政策规定，县政府从 2012 年 1 月 1 日开始应将五保供养标准按分散供养和集中供养分别以 3522.40 元和 4025.60 元执行，但由于县财力不足，互助县五保供养标准仍以原标准每人每年 2073 元发放，2012 年共发放五保金 430.9608 万元。

（五）孤儿和重度残疾人保障

2012 年之前，互助县孤儿和重度残疾人保障工作有许多缺失，仍有孤儿或无人抚养的未成年人、重度残疾人没有进入低保或社会救助体系。

2012 年，互助县全面普查了这部分人口，核准全县有孤儿和事实上无人抚养的未成年人共计 316 名，按标准发放 2011 年和 2012 年年度基本生活费和医疗补助金共计 203.52 万元。并积极开展孤儿保障大行动，发放了爱心保险卡，让孤儿享受 12 种重大疾病的理赔待遇。

2012 年，根据省民政厅等部门《关于建立重度残疾人生活补贴制度意见的通知》精神，互助县全面完成了 3006 名重度残疾人（农村 2936 人、城镇 70 人）的审定、数据录入等基础工作，并按农村每月 50 元，城镇每月 100 元标准实行社会化发放，2012 年共下拨重度残疾人生活补贴 184.56 万元。

（六）高龄老人补贴

从 2009 年起，互助县民政局开始为 70 岁以上的老年人办理"青海省高龄老人优待证"，并按《互助县高龄老人长寿保健费发放办法》，对户籍在本县境内的年满 85 岁以上的 380 位高龄老人按每人每年 500 元的标准发放长寿保健补助费。2012 年，互助县民政局将高龄老人保健费的发放年龄降到了 70 岁，并对全县高龄老人进行了核查。目前，全县 70 岁以上的高龄老人有 12457 人，其中 70—79 岁 10453 人，80—89 岁 1957 人，90—99 岁 46 人，100 岁以上 1 人，全年核发高龄津贴 480.17 万元。

（七）其他社会救助

除了以上规模较大的社会救助以外，政府部门还有其他一些规模较小，或不固定的专门救助。例如：

1. 教育救助：2009 年，有 12 名特困大学生受到了省慈善总会的救助；与此同时，互助县对当年新录取的 366 名特困大学生按一本 4000 元，二本、三本 3000 元，大专 2000 元的标准予以资助，资助金额达 99.1 万元。2012 年，互助县又筹资 100 万元，资助了 344 名贫困大学生，为他们顺利入学提供了资金保障。

2. 慈善救助：互助县每年都积极争取社工协会等慈善机构的帮助，多年来对全县儿童及残疾人进行免费治疗。如 2011 年，组织 700 多名先天性心脏病和疝气患儿接受免费治疗；2012 年又组织全县 200 多名先天性心脏病和疝气患儿接受了免费医疗，还为全县残疾人组织了免费安装义肢的救助活动。

3. 法律援助：县法院及司法所还对有法律需求的困难人员实施免费的法律咨询及法律援助等。

目前互助县已经建立了以城乡低保对象为重点、以最低生活保障为主体、以政府救助为主渠道、以社会互助为辅助、以基层组织为依托的新型城乡社会救助体系。基本实现全县城乡困难群体老有所养、病有所医、贫有所济。社会救助的内容已经从单一的灾害生存救助向医疗、五保、住房、教育、就业、法律援助等生产生活的各方面拓展，救助的范围也从最困难的低保人群覆盖到全县所有城乡困难群体。

二 社会福利设施及其运转情况

社会福利设施是实现社会保障与福利服务的基础和保证，互助县目前已有的社会福利设施有：一个福利院、两个殡仪馆、两个公墓以及一个烈士陵园。

（一）社会福利设施状况

1. 互助县社会福利院：互助县社会福利院始建于 1958 年，1997 年进行了改建，建成一座占地 1800 平方米，可容纳 60 张床位的集住宿、医务室、食堂、办公室、活动室于一体的综合楼。2007 年，县里又筹资 300 万元修建了敬老院，并与社会福利院融为一体，建筑面积 3360 平方米，内有 3 人间 41 间，标准间 27 间，可容纳 170 余张床位。2009 年筹资 80 万元，对围墙、地坪、大门等进行了改建。目前，互助县社会福利院总占地面积为 8070 平方米，拥有 2 栋公寓楼，建筑面积为 5757 平方米。现有院民 127 人，其中男 77 人，女 50 人，孤寡老年人 61 人，残疾人 47 人，孤儿 19 人。现有员工 30 人，其中在编工作人员 17 名，外聘临时工 13 人。

2. 青海神安民族殡仪馆：青海神安民族殡仪馆是青海省唯一的一座能满足汉、藏、土等民族所需的民族殡仪馆，也是青海省唯一的一家以股份制形式运作的殡葬企业。它位于西宁至互助县交界处，占地面积 20010 平方米，建筑面积 3000 平方米，投资 1200 万元。现有职工 29 名，其中具有大专以上文化程度的 15 名。馆内设施新颖，操作全电脑化，属青海一流。殡仪馆自 2002 年 12 月 8 日正式运行。目前，馆内建有大中小悼念厅 13 间，环保节能火化炉 6 台，高档拣灰炉两台，高中档殡仪车 8 辆，存尸冰柜十组，冰棺 18 副，可同时冷藏 78 具遗体。

3. 互助县殡仪馆：互助县殡仪馆是互助县民政局下属单位，于 1979 年 8 月开工修建，1982 年 4 月投入运营。占地面积为 8398.3 平方米，总建筑面积为 883.3 平方米。建筑设施有二层办公楼 10 间 180 平方米,追悼厅一处 170 平方米,火化车间一处 240 平方米,休息室 3 间 48 平方米,骨灰堂 1 间 80 平方米,平房 6 间 75 平方米,仓库及车库 2 间共 90 平方米。现有工作人员 3 名。火化设备为 1980 年包头产火化炉两台。该馆自建成运行以来,火化量不断呈上升之势,1994—2002 年期间达到高峰期,年火化量在 300 具以上,为海东地区的殡葬改革和殡葬事业的发展起到了极大的促进作用。但是,从 2003 年起,因设备老化和配件缺乏,致使故障频发,污染严重,危险性大,严重影响火化质量和效率,并且在运行过程中将两台火化炉拆并为一台运行,年火化量锐减到 120 具左右。

4. 千仙居陵园:千仙居陵园于 2008 年由青海省民青物业有限公司投资修建,位于塘川镇陶家寨村,投资 1000 万元,占地面积约 34.6 万平方米,建筑面积 1500 平方米。现有工作人员 30 名。

5. 千鹤陵园:千鹤陵园于 2008 年由青海千鹤陵园有限公司投资修建,位于互助县高寨镇西湾村,现已修建公墓 1000 多座,占地面积 17.34 万平方米,建筑面积 1300 平方米,投资 1800 万元。现有工作人员 30 名。

6. 互助县烈士陵园:互助县烈士陵园始建于 1954 年,原位于县城威远镇南街,2006 年因县城建设搬迁至威远镇安定村,总投资 120 万元,占地面积 8 亩,有工作人员 3 名。烈士陵园建有高约 8 米的革命烈士纪念碑、26 个烈士墓和 6 间 120 平方米的业务用房。绿化带 1340 平方米,开展纪念活动的人员聚集场所硬化面积 1500 平方米。因陵园地基为垫土方,纪念碑为砖混结构,目前,多处出现塌陷,地坪大面积毁损,防震等抵抗自然灾害及自然现象的能力差,表面瓷砖严重脱落,更为不足的是无陈列展示室,没有充分发挥烈士陵园的观瞻、纪念、教育等功能。为此,需要对现有烈士陵园进行维修。

(二) 社会福利设施存在的问题

从互助县目前社会福利设施运行状况看,存在以下几个方面的问题:

1. 现有福利设施存在功能缺失的问题。例如,作为一个自然灾害多发的地区,互助县到目前为止,仍然没有一个功能完备的救灾物资储备库,这是影响全县减灾、防灾和应急救助能力的一个重大缺陷。当然,这一问题即将得到解决。2013 年,省厅下达了一所县级救灾物资储备库项目,目前已决定在社会福利中心院内建设一个占地面积为 3892 平方米,建筑面积 651 平方米，总投资 171 万元的救灾物资储备库。这一项目的建成，可以弥补互助县社会福利设施的缺失。

2. 现有设施存在设备老化、功能不足的问题。老旧的社会福利设施有的已是满负荷运转多年，例如现在的县福利中心和敬老院，不能接纳新的五保户和孤儿、重度残疾人入住，不能满足目前全县社会福利服务新增的需要。另外，县殡仪馆设备已陈旧，需要进行改造，添置火化炉、灵车、恒温柜等设备、重新修缮内部环境等。县烈士陵园也急需修缮和维护，否则不能继续履行它的社会福利和服务功能。这些都需要政府加大对社会福利设施的投入。在本届政府关注社会福利和社会保障，大力倡导公共服务均等化的社会背景下，政府财政近些年来对社会福利服务设施的投入有了明显的增长。2012 年，青海省民政厅下达互助县一个社会福利中心和一个县级敬老院项目。互助县根据实际情况在县城威远镇实行整合建设。项目总占地面积 48.9 亩，总投资 1807.5 万元，总建筑面积 8736 平方米，设计床位 422 张。其中社会福利中心项目投资 510 万元，建筑面积 2000 平方米，设计床位 58 张；县级敬老院统筹 364 户五保户危房改造资金集中建设，总投资 1297.5 万元，建筑面积 6736 平方米，设计床位 364 张。新的社会福利中心集食宿、教育、娱乐、健身为一体，供养与服务相结合，届时互助县的五保户、孤儿与残疾人福利会有一个新的面貌。

3. 在社会福利服务设施短缺的同时，还存在设施空置的浪费现象。2010 年，根据省厅《关于下达 2010 年农村牧区敬老院建设项目计划任务的通知》精神，互助县统筹 100 户农村困难群众危房改造资金 200 万元，利用县政府无偿划拨已撤销的原边滩乡政府房屋和土地在林川乡保家村修建了一处敬老院。总占地 14.4 亩，建筑面积 1360 平方米，主要是新建和改建老年宿舍、围墙、锅炉房、地坪等，设计床位 100 张。项目全面完成后，因未解决机构和人员编制问题，一直闲置，未能启用。社会福利设施是公共物品，投入的是财政转移支付的公共财政，理应充分运转，最大限度地服务群众，这种闲置在福利设施短缺的总体背景下尤其不应该发生。

4. 福利机构运转问题。近年来，互助县利用社会福利和社会保障项目专项基金以及危房改造等资金修建敬老院等福利设施 3 个，可容纳 522 人，正式投入使用后可极大地推进社会福利事业，但是也随之带来了新的机构设置和人员编制等问题。由于这些社会福利设施和服务主要是由政府投资修建并运营的，因此，落实工作人员编制和运转经费成为人力资源与社会保障部门以及民政部门的难题。从社会福利机构长期运转角度来看，要完善社会福利服务体系，坚持以扶老、助残、救孤、济困为重点，抓好社会福利服务工作，民政和社会保障部门的人员扩编和解决福利设施长期运转的费用问题已是当务之急。

三　社会保险

社会保险是指国家通过立法强制实行的，由劳动者、企业（雇主）或社区，以及国家三方共同筹资，建立保险基金，对劳动者因年老、工伤、疾病、生育、残废、失业、死亡等原因丧失劳动能力或暂时失去工作时，给予劳动者本人或供养直系亲属物质帮助的一种社会保障制度。它具有保障劳动者基本生活、维护社会安定和促进经济发展的作用。

传统的五大社会保险是指失业、工伤、医疗、养老以及生育保险。长期以来，农村人口无法享受社会保险。互助县由于长期以来都是农业县，全县范围内能够享受社会保险的人口极少，只有少数的政府公务人员、事业单位以及大型国营企业职工才有社会保险，社会覆盖面很低。建立健全覆盖城乡的社会保障体系，不断扩大社会保险覆盖面，是全面建设小康社会的重要目标。

2003年以来，伴随着国家对城乡最低生活保障制度的推行，地方政府和财政也逐步加大对社会保障的投入，并加大了对社会保险的宣传和全社会推广，社会保险的各个险种开始在互助县陆续施行。在原有城镇职工基本养老保险、城镇职工基本医疗保险、工伤保险的基础上，2003年，互助县又被纳入青海省首批八个新型农村合作医疗试点县，参保人群开始迅速扩大。2010年、2011年和2012年互助县又开始实施新型农村社会养老保险、城镇居民社会养老保险、生育保险制度，目前五大社会保险9个险种在全县全面开展，使社会保险制度涵盖了城乡居民和城镇职工所有人群，基本上实现了全覆盖。全县推行的社会保险以保民生为目标，使城乡居民共享社会发展的成果，为缩小城乡差距，最终实现城乡一体化打下了基础。

2008年，全县各类参保人数为37万人，其中城镇职工养老保险参保7729人、城镇职工医疗保险参保16105人、工伤保险参保5465人、新农合参保330693人、城镇居民医疗保险参保10394人，至2012年，互助县城镇职工养老保险参保10093人、工伤保险参保15417人、城镇职工医疗

保险参保 18090 人、新型农村社会养老保险参保 188194 人、城镇居民社
会养老保险参保 582 人、新型农村合作医疗参保 337675 人、城镇居民医
疗保险参保 11523 人、失业保险参保 10380 人，生育保险参保 5013 人，
全县各类参保人数达 59.6 万人，比 2008 年增长 61.1%，参保人数迅速增
加。

2008 年，各项社会保险待遇 7487.9 万元，参保人人均待遇 208 元，
其中养老金待遇 2314.45 万元，医疗保险待遇 5051.24 万元，工伤保险待
遇 122.21 万元。至 2012 年 10 月底，各项社会保险待遇 19482.27 万元，
人均待遇 356 元，人均增加 148 元，增长 71%。其中养老金待遇 7452.36
万元，医疗保险待遇 11550 万元，工伤保险待遇 479.9 万元。各险种待遇
进一步提高。

（一）养老保险

城乡居民养老保险采取个人缴费、集体补助、政府补贴的形式，家
庭、集体、政府三方合理分担责任，确保城乡居民养老的顺利实施。2011
年，全县新农保参保缴费 1809.08 万元，各级财政配套资金 161.78 万元，
其中农户个人缴费 100 元的补助 30 元，缴费 200 元的补助 35 元，个人缴
费每增加一个档次政府补助增加 5 元。同时由政府为 2881 名二级以上重
度残疾人每人每年代缴 100 元养老保险金，村级正职干部政府代缴 500 元
养老保险金、副职干部代缴 400 元养老保险金。城镇居民养老保险收缴参
保费 5.41 万元，各级财政配套资金 12.08 万元，其中个人缴费 100 元的
补助 30 元，个人缴费 200 元的补助 35 元，个人缴费每增加一个档次政府
补助增加 5 元。目前，互助县的城乡居民养老保险以政府主导和农民自愿
相结合的方式，基本上实现了低水平起步，做到了保基本和全覆盖。

1. 城镇职工养老保险。2012 年，全县参加职工养老保险人员 10093
名（其中单位参保职工 5336 人，个人身份参保 4701 人，历史遗留人员
56 人），全县城镇职工基本养老保险缴费人数为 8579，收缴城镇职工基本
养老保险基金 4605.03 万元，征缴率为 90.0%。

2. 城镇居民养老保险。城镇居民养老保险参保条件为：年满 16 周岁
（不含在校学生），不符合职工养老保险参保条件的城镇非从业居民，可
以在户籍所在地或省内居住地自愿参加城镇居民养老保险。缴费标准为每
人每年 100 元至 1000 元 10 个档次，参保人自主选择档次缴费。互助县城
镇居民养老保险工作从 2011 年 11 月启动实施，符合参保条件的有 1344

人，2012 年，互助县城镇居民养老保险参保 582 人，参保率为 43.3%。收缴城镇居民养老保险基金 11.6 万元，为 330 人发放城镇居民社会养老保险养老金 33.28 万元。

3. 新型农村养老保险。新农保参保条件为：具有本县农村户籍，年满 16 周岁（不含在校学生），未参加城镇职工基本养老保险的农村居民。缴费标准设为每年 100 元、200 元、300 元、400 元、500 元 5 个档次，由群众自愿选择档次缴费。2011 年起，60 岁以上老人每月发放基础养老金 55 元。互助县新型农村养老保险试点工作从 2010 年 10 月启动，2012 年，互助县新农保实际参保人数为 188194 人，参保率为 87.0%，收缴新农保参保费 1814.24 万元，为 33217 人发放新型农村社会养老保险养老金 3119.1 万元。

（二）失业保险

截至 2012 年，全县参加失业保险的单位达到 205 户，参保职工达 10380 人，征缴失业保险金 154.4 万元，为享受失业保险待遇的 260 人发放失业保险金 129.7 万元，失业金发放率达到 100%。

（三）医疗保险

城乡居民医疗保险采取个人缴费和政府补贴的形式，确保城乡居民医疗保险制度的顺利实施。同时民政为农村"五保户"、低保户代缴合作医疗金。

1. 城镇职工基本医疗保险截至 2012 年，互助县城镇职工基本医疗保险参保人有 18090 人，职工基本医疗保险基金收缴 5646.33 万元，征缴率 78.9%。2012 年城镇职工医疗保险待遇支出 4173.97 万元，享受待遇 239765 人次，其中为 1677 人次支付住院费 1676.01 万元（其中为 1042 人次职工支付 969 万元、为 635 人次退休职工支付 707.01 万元），支付门诊费 2497.96 万元 238088 人次。支付 179 人次离休伤残人员住院费用 93.8 万元。

2. 城镇居民基本医疗保险。2012 年全县城镇居民医疗保险实际参保人数为 11523 人，参保率 94%，收缴城镇居民医保费 482.8 万元，城镇居民医疗保险基金支出 360.37 万元，享受待遇 1552 人次，其中支付住院费 929 人次 351.62 万元、慢性病治疗费 27 人次 1.73 万元。

3. 新型农村合作医疗。至 2012 年全县新农合实际参保人数达 337675 人，参保率达 99.9%，收缴新型农村合作医疗基金 13507 万元，2012 年共支出新农合基金 9353 万元，享受待遇 384129 人次，其中家庭账户支付 314176 人次 1134.03 万元、门诊补偿 22 人次 1.2 万元、住院费用补偿 3745 人次 7600.16 万元、大病补偿 1082 人次 227.01 万元、其他补偿费用 65104 人次 390.6 万元。

（四）工伤保险

2012 年，工伤保险参保人数达 15417 人（其中农民工参保 4761 人，餐饮商贸 75 人）。工伤保险基金征缴 318.46 万元，征缴率 85.4%。2012 年为 103 人支付工伤保险待遇 479.9 万元，其中为 8 人支付丧葬补助金 14.96 万元、一次性工亡补助金 288.03 万元，为 15 人支付一次性伤残补助金 28.14 万元，为 39 人支付医疗费 114.03 万元，为 7 人支付伤残津贴 9.55 万元、辅助器具费 2.59 万元、生活护理费 1.01 万元。

（五）生育保险

生育保险是 2012 年刚刚开始在互助县施行的险种，当年，有 5013 名女职工人参保了生育保险。

互助县逐步实现城乡社会保险全覆盖走的路径是：改革和完善企业和机关事业单位社会保险制度，整合城乡居民基本养老保险和基本医疗保险制度，逐步做实养老保险个人账户，实现基础养老金全县统筹，建立兼顾各类人员的社会保障待遇确定机制和正常调整机制。扩大社会保障基金筹资渠道，建立社会保险基金投资运营制度，确保基金安全和保值增值。商业保险机构经办服务城乡居民医保试点正是迈向这个方向的一个尝试。

2012 年，互助县被省政府确定为全省商业保险机构经办服务城乡居民医保试点县，通过公开招标，确定中国人寿青海分公司为城乡居民医保服务经办机构。目前商保机构对新农合住院费用审核、外伤调查、城乡居民慢性病药费审核等业务工作正在逐步移交并顺利开展。自启动试点工作以来，县人寿经办中心累计初审参合农民住院医药费用 20383 人次 5560.21 万元，支付非直报医疗机构和省外住院就诊 334 人次 248.57 万元。共发现违规病案 30 例，扣除违规金额 2737.39 元。完成外伤原因调查 728 件。初审新农合门诊家庭账户 19 个乡镇 35.2 万人次，支付 1205.75 万元。审核并支付异地就诊医药费用 261 人次，补偿 216.15 万元。

四　社会事业管理

（一）社会事业管理的主要工作

1. 优抚安置工作

县民政局每年开展拥军优抚活动，关心伤残军人、复员退伍军人、烈属等重点优抚对象的生活，切实解决他们在生产生活上的实际困难和问题，为他们送去政府的关怀和温暖。2012 年，给 924 名优抚对象共下拨各类抚恤补助 658 万元，并加大督查力度，做到了资金按期足额发放到位。为了全面掌握参加核试验军队退役军人的健康状况，组织 25 名参核人员（调查核实参加核试验军队退役军人 158 人）到省疾控中心免费进行健康检查。全面完成了 60 岁以上农村籍退役士兵老年生活补助人员的档案整理、数据录入工作，并发放生活补助及医疗参合金 34 万元。会同地区民政局组织 20 名退役军人进行了就业技能培训。完成了 60 岁以上烈士子女生活补助人员（3 人）的身份认定工作，并按每人每月 260 元发放了生活补助。认真开展零散烈士墓的调查摸底工作，对 4 座零散烈士墓与其家属签订了协议并按省上的要求统一制作了墓碑。"八一"期间对 30 户优抚对象进行了慰问，每户赠送慰问金 500 元，同时，组织开展了"八一"军事日活动。对历年退役的 25 名自主就业退役士兵兑现一次性经济补助 101.4195 万元，对符合安置条件的 13 名退役士兵进行了安置。

2. 婚姻登记工作

认真贯彻《婚姻登记条例》，规范婚姻执法工作。对婚姻登记管理人员进行婚姻登记管理培训，并通过检查指导各乡镇婚姻登记和档案建设工作，有效推进了全县婚姻登记的规范化建设。加强婚姻登记规范化建设，进一步改善婚姻登记场所的服务和设施，创建文明和谐的婚姻登记机关，加快婚姻登记信息化进程，为实现婚姻登记信息资源共享奠定基础。

3. 收养登记工作

依法做好收养登记工作，切实维护收养当事人和儿童的合法权益。

4. 特殊人群管理

加强对特殊人群的管理，对生活无着落流浪乞讨人员实行关爱性救助。2012 年，救助流浪乞讨人员 41 人。同年，民政局会同公安、卫生、城管等部门，对全县 327 名精神病人进行登记造册，并成立监控小组，管理措施得到进一步完善。

5. 民间组织管理

加强对民间组织的监管，特别要把好社会组织登记与年检两个关口。指导开展民办非企业单位自律和诚信建设活动，发挥了社会组织在服务社会管理方面的积极作用。根据省、地安排，创新登记管理体制，对行业协会、公益慈善类、社会福利类、社会服务类等社会组织，开展直接登记试点工作。全面开展社会组织等级评估工作，全县社会组织评估率达到100%。积极促进农村专业经济协会和行业协会的发展，2012年，互助县累计登记各类民间组织75个。

6. 区划地名工作

规范地名管理，健全完善地名数据库，积极稳妥开展乡镇村组和社区居委会调整，完成区划调整，现互助县下辖8个镇、11个乡（其中民族乡2个），11个居委会和294个村民委员会，全面启动了地名公共服务工程，全面完成农村地名标牌设置任务，并依照地名档案和相关资料开展了地名数据库属性数据与空间数据的对接及图形制作工作。完成了寺院门牌的设置工作。深入开展平安边界创建活动，做好边界联检，确保边界地区社会稳定。

7. 殡葬改革

继续深化殡葬改革，采取有效措施巩固和提高火化率，制定《互助县殡葬管理实施办法》和《互助县公墓管理实施办法》。强化殡葬行业内部管理，改进设施，拓展服务领域，提高服务水平，同时引导群众树立文明节俭、丧事简办的良好风尚。

（二）创新社会管理体系

传统的社会事业管理基本上是在民政工作范畴内进行的，不过，随着社会管理信息化的推进，特别是新时期社会保障工作的快速发展，使得传统的民政工作范畴有了巨大的突破。社会保障与社会事业管理正在朝着服务社会发展，服务民生需求的方向转变，从而对社会管理体系和社会管理方式都提出了新的和更高的要求。互助县"十二五"时期全县民政工作的目标是：牢固树立"以民为本、为民解困、为民服务"的理念，以"解决民生、落实民权、维护民利"为主线，加强制度建设，健全投入机制，完善服务功能，推进民政事业全面协调可持续发展。由此可见，从新时期民政和社会保障工作的需要出发，社会基层组织建设、城乡社区服务体系、社会保障人员和机构设置等几个方面都有待在制度层面配套完善。

1. 加强基层组织建设，履行社会管理职责。进入 21 世纪以来，国家在统筹推进城乡社会保障体系建设方面投入了大量的财力物力，社会保障是保障人民生活、调节社会分配的一项基本制度，要坚持全覆盖、保基本、多层次、可持续的方针，以增强公平性、适应流动性、保证可持续性为重点，因此，要求社会加大行政管理力度，建立和完善管理、服务与监督相结合的运行机制。这些都对基层组织的社会事务管理和公共服务能力提出了更高的要求。因此，紧扣建设社会主义新农村"民主管理"的要求，积极推进民主选举、民主决策、民主管理和民主监督的落实，让农民群众充分享有知情权、参与权、管理权、监督权。继续开展村务公开、民主管理示范单位创建活动，做好"难点村"治理工作，切实加强城乡社区组织建设，合理设置城镇社区，使社区管理服务功能得到提升，基层政权建设得到巩固加强。

2. 改进和完善城乡社区服务体系。统筹城乡发展，积极推进社区建设步伐，提升社区服务功能。一是强化社区基础设施建设。积极探索建立"政府主导、财政投入、项目支持、社会参与"的社区建设投入机制，推动社区硬件建设提档升级。在条件较好的乡镇，探索建设 1—2 个具有较高水平的示范性农村社区。同时，加强社区服务设施建设，解决县城所有社区的办公场所问题。二是创新社区服务管理模式。以社区居民需求为导向，整合社区服务资源，大力发展社区服务，重点开展对困难群众、优抚对象、老年人、残疾人、未成年人的服务。培育发展社区公益性、服务性、互助性社会组织，广泛开展社区志愿服务活动。全面推进社区建设，深入开展"和谐社区"创建活动，卫生、教育、劳动、文化、法律等服务普遍进社区，使基层群众性自治组织管理和服务能力逐渐增强。

3. 加强社会保障系统人员配置和机构建设。近几年，互助县社会保障工作发展得很快，涉及的具体工作内容多、范围广，机构和人员设置方面的不足也凸显出来。社会保障系统应该按照精简、效能的原则，进一步调整完善机构和人员配置，打造与保障职能相匹配的工作平台，更好地服务民生、服务社会。目前，低保工作牵涉面广、任务重，要落实的具体工作很多。但县民政局低保办公室只有 1 名城镇低保工作人员和 1 名农村低保工作人员，在乡镇只有 1 名民政助理员，社区只有在威远镇 4 个社区有专职低保工作人员。只有这些人要完成全县城乡低保对象的入保调查、公示、审核、资金拨付，动态管理，任务极为艰巨，况且乡镇民政助理员还要承担各项民政业务和当地政府交付的其他工作，因而在实际工作中力不从心。低保工作人员力量严重不足，导致县乡两级在执行城乡最低生活保障工作过程中难免存在问题。例如，互助县塘川镇五上村村民委员会几名干部就在从事本村低保对象的申请、初审、日常管理和服务等工作中，利用职务上的便利，从2007年至2011年，将部分社长评为低保户，共同骗取国家给困难群众的最低生活保障金，将低保金作为社长的工作补偿予以私分，犯下了贪污罪。虽然事发后，他们退回了全部贪污款项，但是已经造成了恶劣的社会影响。因此，鉴于社会保障工作涉及大量人、财、物的统筹、核实和分配，应该配备相应的专（兼）职人员从事具体工作。乡镇按每1万人不少于1名配备专职民政助理员或社会救助工作人员，社区、村委会配备专（兼）职社会救助工作人员，敬老院按供养对象的10∶1比例配备工作人员。不断充实基层民政工作力量，确保乡镇配好专职民政助理员，所需编制包括在乡镇的行政编制总额之内，不足的可根据业务需要，适当配备事业编制干部，确保乡镇专职民政工作者队伍的相对稳定。推动民政工作融入民生保障的大局，民生问题涉及人的生老病死，民政解决的是民生问题的基础环节。只有把民政工作融入民生保障的大局，才能充分发挥出它的保障职能与作用。民政和社保工作在创建城乡社会救助体系，参与医疗保险、医疗救助体系建设，以及城乡养老、社会福利、社会事业服务等工作中，保障好困难群众的基本生活，为实现"人人享有基本医疗卫生服务"的目标创造基础条件，同时也为教育、就业、住房、司法等方面的专项救助提供基础数据。

第三节　扶贫与就业

互助县地处祁连山脉东段南麓，是黄土高原与青藏高原交错嵌接地带。受生态环境恶劣，自然灾害频繁，基础设施落后等综合因素的影响，互助县的贫困问题十分突出。1993年，互助县被国家确定为《八七扶贫攻坚计划》重点贫困县。2002年，互助县又被确定为省级扶贫开发工作重点县。2011年，互助县的扶贫问题被纳入"六盘山集中连片特殊困难片区"。由此可见，互助县的贫困问题十分突出，是制约全县经济社会发展的一个障碍。

根据2012年统计，全县按国家"十二五"贫困标准重新计算，还有贫困人口 5.99 万人，同时，全县有 17 个乡镇 88 个村 2.4 万人，是典型的"原生态贫困"村，需要实施易地搬迁扶贫政策，继续扶贫的任务十分艰巨。互助县通过专项扶贫，以整村推进、扶贫易地搬迁、劳动力转移就业、产业化扶贫、社会帮扶为重点，不断转变扶贫开发方式，创新扶贫开发模式。

互助县是农业大县，常住人口中农业人口有 32 万，全县有富余劳动力约 12 万人，季节性富余劳动力 19.5 万人左右。每年向异地转移劳动力 12 万人次左右。引导富余劳动力多渠道增收就业是全县就业工作的重点。

全社会推动扶贫事业和促进就业是党和政府提出的全面推进社会主义社会建设的核心内容，是政府提供的公共服务的主要内容。扶贫资金主要来自政府财政的转移支付，扶贫政策的目的是扶持贫困人口发展生产，改善民生，推动改革开放的发展成果能够更多地、更公平地惠及全体人民，缩小人口的贫富差距，促进全社会共同富裕。

一　扶贫工作

（一）扶贫机构

1979 年，互助县民政部门根据全国第七次民政工作会议精神，把扶贫工作列为民政工作的一项重要任务。1980 年成立了县扶贫工作领导小组。1984 年在县民政局成立县扶贫开发办公室。1996 年，县机构改革时与县计划委员会合署办公。1998 年，更名为互助土族自治县扶贫开发办公室，机构分设。2002 年 3 月，县扶贫开发办公室整合划入县农业局，负责全县扶贫开发项目管理、劳务输出、定点帮扶、实用技术培训等工作，以及全县易地扶贫工作的组织、协调、管理、服务等工作，其办公室主任由农业局副局长兼任。2010 年 5 月，正式成立互助土族自治县扶贫开发局，成为县政府的一个职能部门。

目前，互助县扶贫开发局内设综合股、项目股、财务股、社会股、易地股、统计信息股 6 个股室，有工作人员 18 名。扶贫开发局主要工作内容有：（1）贯彻执行党中央、国务院和省、地、县委、政府及省、地扶贫局（办）有关扶贫开发工作的方针、政策、法规和决定；会同有关部门研究、拟定全县扶贫开发战略，制订中长期扶贫规划和年度实施计划；负责拟定全县扶贫开发重大经济政策、技术政策和产业政策，并组织实施，对贯彻执行情况进行检查、监督；协调解决全县扶贫开发重大事宜。

（2）掌握和反映全县扶贫开发工作、信息；分析、研究、总结、推广扶贫开发典型经验。（3）负责全县异地扶贫工作。（4）负责协调和组织省、地、县国家机关、企事业单位定点帮扶和干部、专业技术人员联户扶贫等社会扶贫的联系、衔接，扶贫开发项目的申报、专项资金使用管理及协调服务工作。（5）组织全县扶贫开发情况进行统计和动态监测工作。（6）承担全县贫困地区劳动力转移培训和实用技术培训。（7）负责贫困地区干部培训工作。

（二）贫困问题

互助县地处祁连山脉东段南麓，是黄土高原与青藏高原交错嵌接地带。由于地形复杂，水热结合不平衡，生态失调，干旱、冰雹、洪涝、霜冻等自然灾害频繁，水土流失严重，生态环境恶劣。加之土地面积少，人口密集，人多地少矛盾十分突出。受生态环境恶劣，自然灾害频繁，基础设施落后等因素的综合影响，互助县的贫困问题表现为贫困人口多，贫困面广，特殊贫困问题十分突出，扶贫开发任务艰巨。1993年，互助县被国家确定为《八七扶贫攻坚计划》重点贫困县；2002年，互助县又被确定为省级扶贫开发工作重点县；2011年，互助县的扶贫问题被纳入"六盘山集中连片特殊困难片区"。由此可见，互助县的贫困问题十分突出，是制约全县经济社会发展的一个障碍。

互助的扶贫开发工作可以归纳为三个阶段。即：1979—1993年，是全县扶贫开发起步探索阶段；1994—2000年，实施《国家八七扶贫攻坚计划》阶段，扶贫工作获得了国家大量资金的支持，主要是扶持全县范围内的重点贫困村、贫困人口，取得了很大成效，积累了大量的实践经验；2001年至今，是重点实施《中国农村扶贫开发纲要》阶段。到2012年，全县扶贫工作累计投资达27016.8万元，先后在全县220个贫困村实施了整村推进扶贫工程，为5.8万户25.7万名贫困人口扶持建立了以八眉猪、肉羊、奶牛、獭兔养殖，马铃薯、油菜、苗木种植以及餐饮、经商等二、三产业为主的增收产业。对缺乏基本生存环境和生活条件的南门峡镇却藏寺、西山乡和平村等8个乡镇15个村的1420户6277人进行了异地搬迁安置。培训转移安置贫困劳动力5500名，培育了7家产业化扶贫龙头企业。同时，深入推进社会帮扶工作。仅2012年，全县共争取落实专项扶贫资金7333万元，通过认真组织实施整村推进、易地搬迁、劳动力培训、产业化扶贫和社会帮扶五大脱贫工程，使全县贫困人口由2002

年的 25.7 万人减少到了 2011 年的 3.4 万人（见图 3 - 3），减少贫困人口 22.3 万人（按照 2000 年的贫困标准）。220 个贫困村农民人均纯收入由 2004 年的 601 元增加到了 2012 年的 1620 元（见图 3 - 4），增长了 2.7 倍。贫困村基础设施明显加强，生产生活环境显著改善。

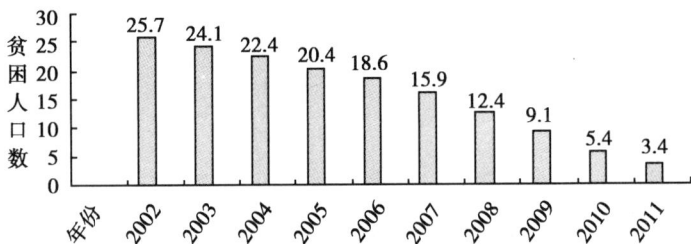

图 3 - 3　2002—2011 年互助县贫困人口变化情况图（单位：万人）

数据来源：互助县扶贫局历年年终总结材料。

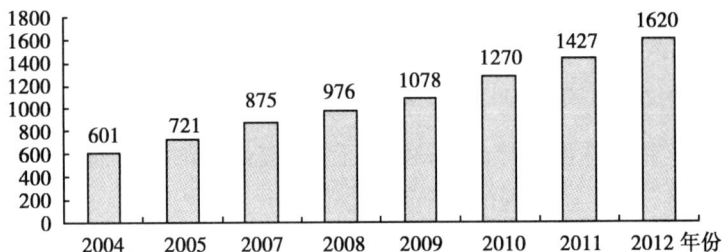

图 3 - 4　2004—2012 年互助县贫困农牧民人均纯收入情况表（单位：元）

数据来源：互助县扶贫局历年年终总结材料。

　　不过，贫困的标准是随着社会发展水平的变化而变动的。根据 2012 年统计，全县按国家"十二五"贫困标准①重新计算，还有贫困人口 5.99 万人，如果按照人均纯收入 2300 元的扶贫标准计算，贫困农户更是高达 6.42 万户 25.4 万人，覆盖 19 个乡镇 294 个村 2022 个社，具有点多、面广、量大的特点。同时，全县有 17 个乡镇 88 个村 2.4 万人，是典型的"原生态贫困"村，需要实施易地搬迁扶贫，继续扶贫的任务十分艰巨。

------

　　①　2012 年，互助县将贫困标准调整为人均纯收入 1300 元，与国家"十二五"贫困标准相统一。按照农民人均纯收入低于 1300 元的贫困标准计算，全县贫困人口为 5.99 万人。

（三）易地搬迁扶贫

经反复调查与研究，互助县有 17 个乡镇 88 个村（共有 2.4 万人）是典型的"原生态贫困"村，需要实施易地搬迁扶贫。互助县积极探索扶贫开发的新机制，不断加大扶贫易地搬迁的力度。2006 年以来，按照"搬得出、稳得住、有发展、能致富"的总体要求，投入扶贫专项资金 4012.36 万元，整合行业资金 5776.5 万元，建成移民安置新村 15 个、启动建设"三集中"安置小区 1 处，使"一方水土养不活一方人"的林川昝扎、南门峡老虎沟等 15 个村的 1420 户 6233 人搬进了户型紧凑、分布合理、巷道整齐、排水畅通、绿化美化、村容整洁的新村。扶贫易地搬迁为改善农村贫困面貌发挥了巨大作用，其经济、社会和生态效益已初步显现。以下是 2010 年互助县易地扶贫项目情况一览表。

表 3 - 6　　　　　2010 年互助县易地扶贫项目情况表　　（单位：万元）

项目名称	建设规模	资金来源	总投资	主要建设内容	行业配套	备注
南门峡镇老虎沟村	安置农村贫困人口 172 户 822 人	总投资 易地扶贫试点资金 行业资金 自筹	693 430 203 60	主要建设住房 172 栋，输配水管总长 9.57 千米，各类建筑物 189 座；10kV 供电线路 0.07 千米，低压线 4.23 千米，300kVA 变压器 1 台，电表及表箱 173 套；硬化道路 4.47 千米	奖助补贴每户 0.4 万元	完成县级验收
南门峡镇东沟村	安置农村贫困人口 76 户 354 人	总投资 易地扶贫试点资金 行业资金 自筹	269 190 54 25	主要建设住房 76 栋，输配水管总长 2.85 千米，各类建筑物 83 座；低压供电线路 2.3 千米，电表及表箱 76 套；硬化道路 1.61 千米；垃圾池 4 个	奖助补贴每户 0.4 万元	完成县级验收
五峰镇石湾村	安置农村贫困人口 66 户 320 人	总投资 易地扶贫试点资金 行业资金 自筹	264 165 74 25	主要建设住房 66 栋，输配水管总长 3.16 千米，各类建筑物 72 座，20 吨蓄水池 1 座；10kV 供电线路 0.18 千米，低压线 1.5 千米，100kVA 变压器 1 台，电表及表箱 67 套；硬化道路 1.54 千米	奖助补贴每户 0.4 万元	完成县级验收
五峰镇平峰村	安置农村贫困人口 50 户 236 人	总投资 易地扶贫试点资金 行业资金 自筹	212 125 67 20	主要建设住房 50 栋，输配水管总长 4.21 千米，各类建筑物 52 座；10kV 供电线路 0.07 千米，低压线 2.19 千米，30kVA 变压器 1 台，电表及表箱 50 套；硬化道路 0.93 千米	奖助补贴每户 0.4 万元	完成县级验收

续表

项目名称	建设规模	资金来源	总投资	主要建设内容	行业配套	备注
加定镇浪士当村	安置农村贫困人口218户868人	总投资易地扶贫试点资金行业资金自筹	1214 545 586 83	主要建设住房218栋；供水管道总长10.91千米，各类建筑物230座；新建10kV输电线路0.2千米，380/220V低压入户输电线路5.45千米，200kVA变压器4台，表箱218个；硬化道路5.76千米；村委会120平方米，卫生室40平方米，公厕4座共120平方米，垃圾池11个	奖助补贴每户0.4万元	正在建设
高寨镇曹家堡村	安置农村贫困人口172户710人	总投资易地扶贫试点资金行业资金自筹	1118 355 735 28	主要新建住房91栋，改造住房81栋；供水管道总长7.63千米，各类建筑物180座，其中50吨蓄水池1座；硬化道路2.66千米；公厕4座共120平方米，垃圾箱9个；新建日光节能温室70座共计23380平方米	奖助补贴每户0.4万元	正在建设
8乡15村	安置农村贫困人口1420户6277人	总投资易地扶贫试点资金行业资金自筹	9788.86 4012.36 2226.5 3550			

资料来源：互助县扶贫局总结材料。

因为异地扶贫搬迁的难度比较大，从项目规划、论证、建设，到最后完成、通过验收通常需要几年的时间，因此，有的2010年的项目，到2013年的时候仍然还在建设之中。

按照"先易后难、群众自愿、有地安置、因地制宜"的原则，互助县在今后十年计划完成对全部17个乡镇的88村、5962户2.4万人的易地扶贫搬迁，其中"十二五"期间对威远镇凉州营等14个乡镇45个村社的3223户1.4万人进行易地扶贫搬迁。

（四）参与式扶贫

紧紧围绕"参与式"扶贫开发方针，通过产业带动、连片开发、入股投资、联户经营、项目整合、大户带动等多种模式，积极探索扶贫开发与农业化、工业化、产业化生产基地、旅游业发展建设的有效结合，以县域主导产业的发展，加快群众脱贫致富步伐，着力构建"大扶贫"工作格局。一是做强农业，增强农村发展后劲。全面实施农业大县向农业强县转变战略，以农业增效、农民增收为主线，以特色化、规模化、设施化、标准化、品牌化、产业化为发展方向，不断加大投入力度，狠抓基地和市场体系建设，大力发展设施农业和规模养殖业。2012年全县油菜、马铃薯、蔬菜三大特色优势作物种植面积占总播种面积的89%以上，新建高标准温棚1000栋，标准化养殖场44个。全县粮油综合产量达25.7万吨，蔬菜产量达26.4万吨，畜禽饲养量达391万头（只），出栏232万头（只），实现畜牧业产值23.5亿元。完成林业固定资产投资6705万元，实施林业重点工程造林项目10项13.7万亩。农业的稳固、发展和壮大为贫困群众的脱贫致富奠定了坚实基础。二是做大工业，夯实以工扶农基础。坚持"工业强县"战略不动摇，塘川地区工业企业转型升级步伐加快，启动了金园水泥环保改造工程，深入推进"关停并转迁"工作，工业企业万元工业增加值综合能耗控制在了指标之内。全力配合海东工业园区建设，加快推进绿色产业园区建设。积极引导西山、五峰、哈拉直沟、五十等乡镇大力发展粉条加工、刺绣、玉雕等乡村加工业。全年完成工业生产性固定资产投资14.2亿元，增长54.9%；完成工业总产值64.3亿元，增长28.06%，销售产值55.7亿元，增长24.22%。工业园区的开发建设及新型工业的迅速崛起，成为吸纳农村剩余劳动力，增加农民收入的重要组成部分。全县转移输出劳动力12.05万人，实现劳务收入7.8亿元。三是做特色旅游，以旅游促发展。不断加大旅游基础设施投入力度，加强旅游与文化、农业、城乡建设、生态文明的结合，加大土族文化衍生品的开发力度。投资2.9亿元，实施了梦幻谷游乐养生度假区、古城度假村、纳顿庄园改扩建、浪士当景区道路及环卫设施建设等一批重点旅游开发项目。同时，依托"环湖赛"、冰雪文化欢乐节、河湟旅游文化艺术节、油菜花音乐节等大型文体活动，多渠道、全方位、深层次进行宣传推介，使土乡知名度和影响力不断提升。2012年，全县共接待游客230万人次，实现旅游收入4.5亿元。旅游业的快速发展，对于开发贫困乡村资源特色、发展农村经济、促进农村社会进步，增加农民收入的作用日益凸显。

（五）存在问题及建议

虽然互助县的扶贫开发工作取得了显著的效果，但继续扶贫却面临着诸多的困难和问题。

（1）全县贫困人口数量大，扶贫开发任务艰巨。全县按国家"十二五"贫困标准重新计算，还有贫困人口 5.99 万人，如果按照人均纯收入 2300 元的扶贫标准计算，贫困农户更是高达 6.42 万户 25.4 万人。同时，全县有 17 个乡镇 88 个村 2.4 万人属于典型的"原生态贫困"村，实施易地搬迁扶贫难度巨大。

（2）贫困程度深，返贫率高。由于受生态环境恶劣、自然灾害频繁、基础设施落后等因素制约，返贫因素控制难，贫困户抵御各种风险能力较弱，因自然灾害、重大疾病或遇突发事件造成返贫的现象较为严重，返贫率高，扶贫开发难度增大。

（3）收入差距扩大，相对贫困现象凸显。目前，互助农民人均纯收入与城镇居民可支配收入之比已接近 1∶5，低收入人群、贫困人口纯收入与农民人均纯收入之比为 1∶4，而且收入差距呈不断扩大的趋势。伴随着社会发展而来的相对贫困问题表现得越来越突出。

（4）基础设施脆弱，生产生活条件改善难。贫困村基础设施还相当脆弱，特别是干旱浅山地区和边远脑山地区行路难、吃水难的问题仍然突出。教育事业基础较差，医疗卫生水平低下，贫困人口受教育程度较低，思想观念保守，接受新事物慢，应用新技术开拓市场的能力弱，自我脱贫致富的能动性不高。

（5）转变扶贫开发方式难度加大。目前互助县贫困村经济结构单一，缺乏长期有效的致富产业。农牧业集约化、规模化、产业化程度还不高，产业结构不尽合理，特别是龙头企业数量少、规模小，整体竞争力低，能够承载的转移劳动力能力小，这些都严重制约着扶贫开发方式的转变。

针对上述扶贫工作存在的困难和问题，我们建议：

（1）积极争取六盘山连片特困地区资金项目，进一步增大扶贫资金规模。在现有扶贫开发资金的基础上，继续主动与上级扶贫局汇报衔接，聚集一切资源，积极争取六盘山集中连片开发地区资金项目，增加扶贫投入，同时逐步提高项目实施的资金补助标准，减少贫困群众自筹资金比例。

（2）扎实搞好整村推进扶贫工程。按照"科学规划、精选项目、整合资源、整村推进"的工作思路，坚持与工业化、城镇化、发展壮大特色产业基地、旅游业发展和现代农业园区建设相结合，着力实施好整村推进扶贫工程，进一步改善贫困村的生产生活条件，积极实施产业化扶贫。

（3）加大行业扶贫力度。建立健全行业部门扶贫开发责任制，使农业、水利等部门在安排项目、资金时向贫困地区、扶贫对象重点倾斜，不断加大对道路、水利、人畜饮水等公共基础设施和教育、文化、卫生等社会事业的扶持力度。

（4）加大社会扶贫力度。继续完善党政机关、企事业单位、群众团体定点帮扶制度和党员干部结对帮扶制度，对贫困户进行重点帮扶。探索建立各类企业、高等院校、科研院所参与扶贫开发的有效方式，为贫困地区发展提供资金、技术和智力支持。加强扶贫开发对外交流合作，积极引进外来扶贫项目和资金，努力形成扶贫开发工作合力。

（5）进一步加强主导产业扶持。研究制定支持贫困地区发展的金融政策，继续扩大小额贷款投放面，更好地发挥小额信贷在支持贫困地区发展种养业中的作用，同时，培育和发展农民专业合作组织，对有发展前景、对扶贫对象带动作用大的专业合作组织，进行重点扶持。

（6）重视劳动技能培训。围绕劳务经济，大力开展农民务工和农业实用技术培训。加强农村劳动力技能培训，围绕特色产业，培育一批掌握一技之长的"土专家"、"田秀才"，提高贫困户脱贫致富的能力。做到"培训一人、转移一人、脱贫一户、带富一片"。重点实施好"雨露计划"创业培训工程，同时，制定就地创业和外出人员回乡创业的优惠政策，提供投资、信贷和土地等支持。

（7）加速农村保障救助体系建设。建立完善农村低保和五保标准的增长机制，不断增加对农村低保五保对象的补助标准。继续加大农村贫困群众医疗补助和临时救助力度，防止"因灾"、"因病"、"因学"返贫的现象。

（8）在加强职能部门自身建设上下功夫。为了适应新形势、新任务下的扶贫开发工作，职能部门必须进一步加强自身建设。首先，加强扶贫干部的培训、教育，加强对干部职工的理论政策、业务知识、职业道德以及勤政廉政教育，进一步提高扶贫干部的理论水平和业务能力。其次，进一步密切干群关系。结合干部经常性联系群众工作，经常深入村社，调查研究，掌握乡情、村情，了解社情民意，把扶贫产业政策和群众脱贫致富积极性有机结合起来，在项目选择上把政策、上级的意图与群众的愿望，群众的意见有机地结合起来，选好项目，选准项目。再次，确保项目资金安全，充分发挥项目资金的最大效益。严格执行项目资金管理办法，实行项目责任制。做到扶贫项目逐项审计制和年终审计制，在项目选择、立项、检查、验收等各个环节，邀请县纪检、检察、审计、财政、发改等有关部门领导和业务人员参与，将扶贫项目运作置于有关部门和广大群众的监督之下，实行阳光操作。

二　就业服务

互助县就业服务是政府提供公共服务的一个窗口。就业服务以强化就业服务体系建设为基础，以促进当地劳动力充分就业为目标，以落实再就业优惠政策为主线，以促进农村劳动力转移和帮扶就业群体就业创业为重点，是互助县政府社会管理工作的一个亮点。

（一）互助县就业状况

2012 年，互助县城镇新增就业 1660 人，各类下岗失业人员就业 1160 人，"4045" 人员及城镇就业困难人员实现再就业 108 人，城镇登记失业率控制在 3.4% 以内。

2012 年，就业局完成了互助县就业服务中心的成立工作。通过建立全县劳务市场，集中整治并进一步规范了劳务市场秩序。做好劳动力市场的信息调查，及时做好招聘、求职信息的发布工作。全年完成劳动技能培训 5064 人，技能培训合格率为 100%，就业率达到了 95%；完成失地农民技能及素养培训 9000 人次。年内组织引导农村劳动力转移就业 120508 人次，实现劳务收入 78249 万元。做好流动人口计划生育工作，办理流动人口《婚育证》89 本，办证率为 100%。同时，为 5 家小微企业的 48 人发放岗位补贴 15.4 万元，发放创业小额担保贷款 4500 万元，筹集担保基金 150 万元。

（二）全县就业人口现状及变化特点

根据第六次人口普查资料显示，2010 年，互助县常住人口中劳动适龄人口 240833 人，占全县总人口的 67.57%，比第五次人口普查时的 62.78% 上升了 4.79 个百分点，劳动适龄人口的增加，一方面为经济发展提供了丰富的劳动力资源，另一方面也使得当地劳动力供大于求的矛盾更为突出。

全县从事经济活动人口占 16 周岁以上人口的 82.33%，其中，就业人口占 16 周岁以上人口的 81.79%。全县劳动参与率达 82.33%，就业率为 95.76%，就业人员规模继续扩大，在业率稳步提高。

1. 就业人口以30—49岁壮年劳力为主

从就业人口年龄组看，30—49岁年龄组占就业人口的55.61%，16—29岁年龄组占25.2%，50—64岁年龄组占16.86%，65岁及以上的占2.32%。

表3-7　　　　　　　　互助县分年龄段就业人口比重表　　　　　（单位:%）

	占就业人口比重	占一产业就业人口比重	占二、三产业就业人口比重
16—19岁	4.41	4.7	0.68
20—24岁	10.16	10.56	5.04
25—29岁	10.63	10.53	11.62
30—34岁	12.92	12.57	17.33
35—39岁	15.19	14.76	20.71
40—44岁	15.41	15	20.71
45—49岁	12.09	12	13.34
50—54岁	6.98	7.07	5.9
55—59岁	6.62	6.87	3.56
60—64岁	3.26	3.46	0.68
65—69岁	1.67	1.78	0.31
70—74岁	0.4	0.42	0.06
75岁及以上	0.25	0.27	0.06

数据来源：互助县第六次人口普查资料。

2. 就业格局呈一三二，农业从业人口比重仍然最高

第一产业就业人口比重由五普的92.06%下降至六普的87.01%，下降5.05个百分点。第二产业就业人口比重由五普的2.62%提高至六普的4.51%，增加1.89个百分点。第三产业就业人口比重由五普的5.32%提高至六普的8.48%，增加3.16个百分点。[①]

3. 就业人口文化程度较低

10%长表抽样资料显示，全县16周岁以上就业人口中，初中及初中以下文化程度的人口占89.93%，其中，未上过学的占13.48%，具有小学文化程度的占39.6%，具有初中文化程度的占36.85%；高中及以上文化程度的只占10.07%，其中，高中文化程度的占5.13%，大学专科以上

---

① 数据来自互助县第六次人口普查资料。

文化程度的占4.94%。就业人口文化程度偏低，高中文化程度的所占比重低，说明互助县整体就业人口还处在以低层次体力劳动为主状态，具有专业技术技能的劳动力缺乏。

从分行业就业人口文化程度来看，未上过学的劳动力集中在第一产业，从事第一产业的以具有小学和初中文化程度的劳动力为主，占80.61%；从事第二产业的以具有初中文化程度的劳动力为主，占49.25%；大学专科以上文化程度的劳动力主要集中在第三产业，从事第三产业的以具有初中和大学专科文化程度的劳动力为主，占52.31%。

（三）就业服务特色及措施

1. 抓输出，着力引导富余劳动力多渠道增收

（1）劳务经济稳中有升。就业局继续按照"东扩西进"和"做强季节务工、做大新疆、海西务工，做细就近就地务工，做响珠三角，做精特色劳务经济"的主题思路，全力抓好劳务输转工作，共转移农村劳动力120508人次（其中：省外输出36009人次；就近就地输出41408人次；省内跨地区转移43091人次），实现劳务收入78249万元。与2011年相比，转移人数增加4500余人，实现增收4049万元。人均劳务收入达到6493元，同比增加了87元，劳动力输出转移呈现出成批量转移、规模大、组织化程度高的特点。

（2）夯实基础，强化服务。深入全县各乡镇开展富余劳动力资源的调查工作，进一步规范了乡镇劳务台账，建立健全了劳动力资源信息库，夯实了县、乡、村三级人力资源市场的规范化建设。同时，为进一步强化组织化输出程度，通过建立9个重点乡镇就业服务中心、15个劳务服务公司、海西新疆两地的同乡会、劳务办事处等服务平台，使规模输出更加规范有序。

（3）加大输出基地，巩固开拓力度。加强和扩大了珠三角、长三角、京津唐等输出基地的考察和协作，巩固强化了与深圳美律电子等企业厂家建立的合作关系，春节后成批量向深圳方向输送务工人员286人，提高了"互助技工"就业人数的稳定率，"互助技工"人数继续保持攀升的态势，已成为辐射示范带动省外输出的主要支撑点。同时，加大了对新疆和海西劳务市场的调研、考察力度。县主要领导和人社局及相关部门领导赴海西、新疆及建设兵团考察了互助县劳务人员比较集中务工地区的用工状况，并与当地政府、用工企业达成了劳务合作框架协议，为成批量大规模

输出奠定了基础。2012 年 8 月份互助县向海西格尔木大格勒乡等三地专车组织护送枸杞采摘工 1130 人；10 月份向新疆建设兵团农六师铝厂输送务工人员 60 人。

（4）季节性增收效益显著。通过采取"政府引导组织、就业部门服务、市场化运作、劳务经纪人组织、群众自愿"的组织模式，大力抓好季节性务工，全年向新疆输出采棉工 10011 人，实现劳务收入 4805 万元，人均创收 4800 余元。在人数略有下降的状况下劳务创收比上年同期增加 948 万元，增幅达 24.6%；向海西引导组织枸杞采摘人员 8205 人，采摘工人数创历年之最，实现劳务创收 4923 万元，与 2011 年同期相比，劳务创收增加 4048 万元，增幅达 463%，人均创收 6000 元，"海西枸杞采摘"已成为互助县季节性增收最显著的特色劳务品牌，同时，"河湟玉雕"、"土乡农家乐"等一批特色劳务产业在就近就地转移中发挥的作用进一步彰显。

2. 抓培训，着力提升职业技能水平

将各种培训与转移就业、技能鉴定有机结合起来，本着实际、实用、适用的原则，采取理论和实践相结合的方式，因地制宜，按照实际需求开展各类培训，已逐步形成了"以培训促进就业、就业引导培训、就业助推创业、创业带动就业"的培训新格局，全年共有 14659 人次得以不同层次的培训（其中：技能培训 5064 人；创业培训 510 人；理财及素养培训 9000 人次）。

（1）开展短期培训。年初在东和、东沟等乡镇开展了以权益保护、求职等为主的农民工素养短期培训，共培训农民工 5000 人；针对高寨等乡（镇）村社已纳入产业园区及新城区建设涉及拆迁安置，农民得到补偿款不会理财的实际，开办了理财短期培训班，4000 名被征地农民得到有效培训。

（2）开展农民工进城务工技能培训。围绕长三角、珠三角、京津塘等全国劳务市场需求，利用现有的教育培训优势资源，根据沿海用工企业需求，加大对有市场前景和技术优势的数控机床、机械、电焊（氩弧焊、电氧焊、铝锡焊）、物流、模具工等工种的专业培训力度，培养一大批具有中、高级技术技能的"互助技工"，继续巩固和拓展互助技工群体的数量。全年共举办培训班 74 期，培训农民工 3700 人，培训合格率为 100%。取得技能鉴定证书人数达 2590，鉴定合格率为 70%，培训后转移就业人数 3515，就业率为 95%。

（3）开展了下岗失业人员技能培训。共举办培训班 14 期，有针对性的在计算机、烹饪、电工、电焊、刺绣等专业展开了培训，培训学员 700 人。

（4）创业培训（SIYB）。对有创业意愿和创业项目的返乡创业人员和失业人员开展了创业培训，培训学员 510 人，这种先培训后创业再扶持的创业模式，有力提高了创业人员的创业能力和经营能力。

（5）被征地农民技能培训。针对全县城乡一体化建设加快，被征地农民增多，就业技能单一的实际，为了让农民失地不失业，生活有保障，积极开展了被征地农民技能培训，1000 人得到有效培训。

（6）申报小微困难企业培训项目。2012 年，对威远县汽车运输公司、县粮食营运中心等企业进行了在岗培训和岗位对接培训，共培训企业各类在岗人员 364 人。积极申报小微企业培训项目，共落实培训资金 12 万元，培训大客驾驶员 200 名，有效缓解了公司各班线的正常营运及大客驾驶员严重不足的现状。

（7）开展"3+1 项目"劳动预备制培训。紧紧抓住夏季初高中毕业生回乡高峰的时机，争取培训项目委托县职校培训学员 340 人，委托江南大学对青稞酒公司新招录的 45 名人员开展为期三年的酿酒技术培训。

3. 抓创业，着力发挥创业带动就业倍增效应

2012 年，进一步完善机制，把小额担保贷款发放作为创业促就业工作的重要抓手，紧紧围绕"河湟玉雕"、"土乡农家乐"、特色种养殖等特色产业的发展，立足"一个中心"，严把"两大关口"（以创业促就业为中心，严把审批发放两个关口），通过开辟创业贷款"绿色通道"、扩大受益群体、增加投放额度等举措，不断完善创业扶持工作体系，注重贷款的优惠扶持倾向，给每名有创业愿望、有使用能力和信用环境好的群众发放，尤其是往致富能人上贷，往产业上贷，扶持大户带动小户，推动主导产业发展，使创业小额担保贷款尽可能发挥最大效益，小额担保贷款在促进创业，带动就业等方面的作用日益显现：全年已发放创业小额担保贷款 4500 万元，共扶持 583 户下岗失业人员、农村创业者、大中专毕业生、复转军人实现自主创业，有效带动、吸纳 1800 余人实现就业，小额贷款为土乡经济的发展注入了新的活力，实现了经济和社会效益的双赢。

4. 抓规范，着力认真落实各项就业惠民政策

一是以开展"再就业援助月"等活动为契机，对未失业人员及就业

困难人员等群体进行了摸排登记，落实政策，帮助就业困难人员实现就业，全年新增就业 1660 人，城镇登记失业率控制在 3.4% 以内。二是利用全省新建的"金保工程"信息平台建设为达到条件的下岗失业人员、大中专高校毕业生办理换发《就业失业登记》628 册，让其享受相关优惠政策，共为实现再就业的 32 名下岗失业人员减免各项税费 8 万元。三是按照规范公益性岗位管理相关文件精神，严格工作流程，开展了公益性岗位的"裁员"工作，通过走访调查、采集信息、严格审查筛选，减裁公益性岗位 313 个，稳定公益性就业岗位 238 个，兑现公益性岗位工资 202 万元。四是拨付落实再就业资金 2324.5 万元（其中：社保补贴 3540 人，补贴资金 1580 万元；培训补贴 5180 人，补贴资金 311 万元；岗位补贴 638 人，补贴资金 300 万元；职介补贴 14373 人，补贴资金 115.5 万元）。五是积极申报项目，对认定的高校毕业生见习基地青稞酒科技投资开发公司落实见习岗生活补助、企业就业奖金 17.78 万元。六是以抓扩面，促征缴、发放为重点，做好失业保险工作。五家企业失业保险新增扩面 185 人，目前全县共有参保单位 205 家，参保职工 10380 人，征缴失业保险金 230 万元。全年为享受失业保险待遇的 260 人发放失业保险金 129.7 万元，失业金的社会发放率为 100%。同时，为 5 家小微企业的 48 人发放岗位补贴 15.4 万元。

（四）就业压力及挑战

目前，全县就业再就业工作的发展面临着诸多压力和挑战，主要表现在：1. 结构性失业问题较为明显。劳动力技能结构与市场需求不相适应的矛盾在短期内无法得到扭转。劳动者整体技能水平偏低，高技能人才严重缺乏，与市场的供需无法相匹配。2. 社会保障问题凸显。按照城乡统筹的原则，失地农民和进城务工人员及高校毕业生等新成长劳动力就业使得社会保障问题凸显出来，成为新的就业难点，亟待研究解决。3. 创业促就业工作制度和运行机制还不完善。由于存在担保基金来源单一、缺口较大和贴息额度小等问题，贷款覆盖面窄，贷款受惠与群众需求有较大的差距，全社会全民创业的氛围不太浓厚。

针对就业工作存在的问题，我们提出如下一些建议：

1. 进一步加强公共就业服务体系建设

本着立足当前，着眼长远的原则，建立覆盖城乡的公共就业服务体系，加强县乡人力资源市场和培训基地建设。一是加快县级人力资源市场建设，为开展公共就业服务夯实基础。二是抓好职业技术教育培训基地建设，完善培训设施。三是建设城乡统一的信息技术网络。加强县乡之间的信息交流和网络联通，实现信息资源共享。

2. 推进农村富余劳动力向非农产业转移

大力推进工业强县和城镇化建设，支持发展劳动密集型产业和企业，充分吸纳进城务工农民；助推农业结构调整，促进农业产业化经营，鼓励外出创业成功人士回乡创业，支持成功创业者吸纳本土农民就业，实现农村劳动力的就地转移；支持第三产业发展，以此带动就业。

3. 逐步放开各项优惠政策

一是税收优惠政策。将享受的覆盖范围扩大到城镇有劳动能力和就业愿望的劳动者、从事非农产业的就业困难群体。二是收费减免政策。登记失业人员、残疾人、退役士兵、返乡农民工以及高校毕业生从事个体经营的，免收管理类、登记类和证照类的有关行政事业收费。三是小额担保贷款政策。对自谋职业、自主创业的城乡劳动者，创新担保方式，简化程序，降低贷款门槛，扩大发放范围，逐步提高贷款额度、延展贷款期限。四是各类补贴政策。对城乡劳动者，提供免费职业培训、创业培训和职业介绍服务。对促进就业的各类职介机构、培训机构、用人单位和劳动者根据不同情况分别给予职业介绍补贴、培训补贴、职业技能鉴定补贴、岗位补贴、社会保险补贴。

4. 建立健全覆盖城乡的就业制度

一是建立完善城乡劳动者平等就业的制度。取消依据城乡二元户籍制度制定的针对农村劳动者进入城镇就业、社会保险等方面的限制性政策，建立城乡劳动者平等就业的制度。二是建立健全职业培训制度，全面提升劳动者的技术技能素质。三是建立健全统筹城乡的就业援助制度。针对城乡劳动者中的不同群体，在拓展就业渠道、开发就业岗位、加强城乡就业服务、落实经费保障等方面，建立专项援助制度，如民营企业招聘周活动、再就业援助月活动等。四是建立健全农村富余劳动力转移就业的帮扶制度。为劳动者提供政策咨询、人力资源供求信息、法律维权等服务，并形成制度，促进劳务输出的规模化。五是建立城乡就业和失业统计调查制度。将现行城镇就业失业登记制度扩展至城乡劳动者，建立涵盖城乡劳动者的就业和失业统计调查制度。

第四章

生态建设与环境保护

进入 21 世纪以来，随着县域经济的快速发展以及城镇化的逐步推进，环境污染、生态破坏等问题日渐突出，成为制约经济与社会可持续发展的一大瓶颈，其中诸多环境问题既带有一定的共性和普遍性，更具有明显的区域性特点。因此，把握县域生态环境的体系结构及其特点，针对其存在的突出问题，特别是最具典型性、代表性乃至潜在性的问题作为主要点加以关注就显得尤其必要。某种意义上而言，环境问题事关县域发展的整体利益和大局目标，必须汇聚全民共识，妥善处理好环境与发展的关系，转变观念，创新思路，加强环境保护，推进生态建设，形成全民自觉，这既是建设生态文明的时代要求，也是实现县域经济与社会均衡、可持续发展的题中应有之义。

第一节　县域资源与生态系统

一　资源条件

互助土族自治县地处青藏高原东北部，祁连山南麓，地势北高南低，依次为高山地带、中山地带（脑山）、低山丘陵地带（浅山地区）、河谷地带（川水地区）四种类型。受地形地貌影响，境内气候、植被、土壤、生物、水系等呈明显的垂直分布，景观丰富，资源多样，地域特点极其显著。

（一）土地资源

境内土壤资源丰富，土类、土种繁多，据 1980 年土壤普查，共有 11

个土类，3个亚种，35个土属，73个土种①。自高山到河谷，呈明显的地带性垂直分布，依次为盐碱土、沼泽土、新积土、潮土、高山寒漠土、高山草甸土、山地草甸土、山地灰褐土、黑钙土、栗钙土、灰钙土等。根据土壤性质以及可利用程度，在目前全县总面积3423.9平方千米（合513.6万亩）中，农业用地4188180.4亩，其中耕地1115300.2亩，包括水浇地12.22万亩，浅山地48.76万亩，脑山地28.17万亩。坡地15度以下适宜机耕的面积约为54万亩，占总耕地面积的61%。园地2700.6亩，林地1909404.2亩，牧草地843033.5亩，其他农用地317741.9亩，建设用地104613.4亩，尚未开发利用土地659501.1亩，其中荒草地461588.5亩，沼泽地1006.4亩，裸土地76507亩，裸岩石砾地34889.4亩，河流水域面积10291.8亩，滩涂地75218.4亩。总体而言，境内土地资源类型较多，但分布不均，绝大部分土壤为石质性土壤，约占89%，以轻石质、中石质为主。耕地中绝大部分为壤土，约占全县土壤的67%以上，黏土比例较小，河流两岸地带则分布有少量沙土。

（二）草场资源

长期以来，境内草场面积相对稳定，有可利用草场面积114.34万亩，占总面积的22.69%。草本植物168种，其中可食性牧草7科32种，即禾本科11种、莎草科10种、蓼科2种、蔷薇科2种、鸢尾科1种、菊科4种、豆科2种。禾本科、莎草科为草场植物主题，占各类草种的30%。草场形态可分为山地草场、灌丛草甸草场、高山草甸草场、疏林草场等四种类型。山地草场主要分布在浅山、川水等丘陵山地，包括红崖子沟、高寨、哈拉直沟、沙塘川、东山、西山、五峰、台子、威远、双树、丹麻、东沟等乡镇，面积32.2万亩，占全县草场面积的28.2%，平均亩产鲜草不到100千克，载畜量约15亩一只羊。灌丛草甸草场主要分布在脑山等中高山地带，巴扎、加定、松多、南门峡、边滩、林川、东和、东沟、丹麻、五十、五峰、台子等乡镇，面积54.2万亩，占草场总面积的47.4%，为草场主体，平均亩产鲜草162千克，载畜量9亩一只羊。高山草甸草场主要分布在巴扎、松多、加定等乡镇的高岭山顶、山掌及沟脑地带，面积22.3万亩，占草场总面积的19.5%，属夏秋草场，平均亩产鲜

①　互助土族自治县志编纂委员会编：《互助土族自治县志》，青海人民出版社1993年版，第75页。

草 140 千克，载畜量 10.4 亩一只羊。疏林草场则主要分布在松多、巴扎、加定等乡镇的林区，面积 5.6 万亩，占草场总面积的 4.9%，平均亩产可食牧草 60 千克，每 24 亩可养一只羊，该类草场只能在林缘和阳坡放牧牛羊，利用率较低[①]。

（三）森林资源

全县林业用地达 316.8 万亩，占全县总土地面积的 61.7%，其中林地 90.75 万亩，占林业用地面积的 28.65%，疏林地 6.08 万亩，占 1.92%，灌木林地 85 万亩，占 26.83%，未成林造林地 48.58 万亩，占 15.33%，苗圃地 0.26 万亩，占 0.08%，宜林地 81.95 万亩，占 25.87%。按林地权属划分，国有 181.26 万亩，集体 135.5 万亩，分别占全县林地面积的 57.22% 和 42.78%。全县活立木总蓄积量 600.35 万立方米，森林覆盖率达 34.2%，林木绿化率为 36%[②]。

（四）水资源

地表水较为丰富，境内有大小天然河流 8 条，均属黄河流域湟水水系，全长 289.5 千米。其中过境的大通河、湟水河水源充足，流量大。湟水流径长 42 千米，流域面积 240 平方千米，入境水量 12.2 亿立方米，出境水量 16.91 亿立方米，多年平均径流量 0.2 亿立方米，年径流量每秒 39.04 立方米。大通河流径长 63 千米，流域面积 986 平方千米，入境水量 22.04 亿立方米，出境水量 26.72 亿立方米，多年平均径流量 2.22 亿立方米，年径流量为每秒 75.2 立方米。其他河流短而小，流量不大，其中直接汇入湟水的一级支流有沙塘川河、哈拉直沟河、红崖子沟河、水磨沟河，汇入湟水支流北川河二级支流的有马圈沟河，汇入湟水一级支流大通河的有扎隆沟河、浪士当沟河、元甫河、甘冲沟河等 4 条。

地下水区域间分布不平衡，比较而言，威远盆地、河谷地带最为丰富，脑山地区较为丰富，但水位深，开采难度大，浅山地区贫缺。全县地下水综合补给量为 1.06 亿立方米，总储量 3.611 亿立方米，可开采利用量为 0.77 亿立方米，保证率为 20%，年开发利用量为 0.042 亿立方米，利用系数为 5.4%，水质良好，矿化度小于 1 克/升[③]。

---

① 互助县民族宗教局：《互助县少数民族基本情况调查》，2010 年 12 月。
② 互助县林业局：《互助县林业经济发展"十二五"规划》，2013 年。
③ 互助县县志办公室：《互助土族自治县志》修订稿（待版），2013 年。

（五）生物资源

本县植被丰富多样，生物多样性表现突出。植被形态上可分为森林、灌丛草甸、高山草甸、荒漠草甸、干旱草原、高山流石坡稀疏植被等六种类型，其中以前4种为主。已定名的高等植物有981种，隶属92科391属，其中乔木31种，灌木143种。植物种类最大的科为毛茛科59种、蔷薇科65种、豆科49种、菊科118种、禾本科91种，占已查明物种的39.4%。低等植物24种。主要乔木树种有祁连圆柏、青海云杉、青杨、油松、山杨、白桦、小叶杨、冬瓜杨等，其中祁连圆柏、冬瓜杨为青藏高原特有。灌木有沙棘、柽柳、高山柳、黄花柳、杜鹃、锦鸡儿、小檗、金露梅、银露梅等。草本植物达780多种，其中药用植物几十种，名贵者如党参、黄芪、贝母、大黄等。蕨菜、柳花菜、鹿角菜、蘑菇等菌类资源也极为丰富。

野生动物达190多种，其中爬行类2种，哺乳类40种，鱼类14种，两栖类2种，鸟类139种，其中列入国家一、二级保护的野生动物有35种，如雪豹、麝、马鹿、棕熊、金雕、高原兔、狐、荒漠猫、猫头鹰、马鸡、雪鸡等。有昆虫265种，隶属4个目45科202属[1]。

（六）矿产资源

已探明41个矿种，144处矿点。其中金属矿种有铁、锰、铜等7种，建材及非金属矿种有煤碳、芒硝、硫铁、岩金、石膏、磷、白云岩、黏土、石灰岩、红柱石、玄武岩等29种，燃料矿种有煤、油页岩及其他矿种。已探明石膏储量达1.3亿吨，硫酸钙含量为98%，并伴生玉石矿脉。芒硝储量达6亿多吨，硫酸钠含量为32.9%。石英矿储量1068万吨，二氧化硅含量为98%左右。白云岩储量1218万吨，氧化镁含量为26%左右[2]。

（七）气候资源

气候资源是指可为人类所利用的诸多气候条件的统称。作为自然资源的一部分，气候资源主要是指农业气候资源，包括光、热、水分、空气、风等。本县属大陆性寒温带气候，春季干旱多风，气温上升缓慢，夏季凉爽，秋季雨量集中，冬季寒冷少雪。年平均气温4.5度，极端最高气温

---

① 互助县林业局：《互助县林业经济发展"十二五"规划》，2013年。
② 互助县民族宗教局：《互助县少数民族基本情况调查》，2010年12月。

31.1 度，极端最低气温零下 21.6 度。无霜期一般年份 100 天左右，最长为 150 天，最短 44 天。年日照时数为 2563.8 小时，年平均日照百分率为 59%，光照非常充足。年降水量 482.5 毫米，年蒸发量 1236 毫米，年相对湿度 64%，年平均风速 1.3/秒，雷暴日数 30 天。地面温度年平均为 7.6 度[①]。应该说在各种自然资源中，气候资源最具变化性，有利的气候条件可转化为自然生产力，表现为资源，反之则破坏生产力，表现为灾害。虽然气候资源天然自在，取之不尽，用之不竭，但在时空分布上具有显著的差异性和不可取代性特点。

总之，土地、草场、森林、水、生物、矿产和气候，作为县域自然资源，虽然其各个要素的存在形式具有非常明显的条件性、有限性和区域性等基本特征，但在自然资源的各要素之间，彼此却相互依存，共生共荣，从而形成一相对独立而又紧密关联的有机整体，这一整体即生态系统，生态系统是自然资源整体性的外在体现，资源的多样性决定生态系统的多样性，生态系统的多样性则是自然资源多样性的本质特征。

二　生态系统

境内资源条件的统一性决定了生态系统的整体性，由此构成县域生态系统的母系统即陆地高寒生态系统，而资源条件的多样性决定了生态系统的丰富性，由此则构成县域生态系统的子系统，即土壤系统、草原系统、森林系统、荒漠系统、水系统、大气系统等自然生态系统。而人工生态系统则主要表现为城镇系统、村落系统以及农田生态系统。其中森林生态系统、草原生态系统和水系统是县域生态各子系统中最为主要的生态系统，往往决定和影响着县域自然生态系统的基本特征和面貌。

高寒森林生态系统属于植被生态系统之一，是县域比较复杂的生态系统，也是物种多样性最为丰富，结构最为复杂，生产力最高，食物链比较发达的生态系统。其范围主要限于本县东北部的北山天然林区，该区地处祁连山支脉达坂山北坡、大通河中下游地区，海拔 2500—3500 米，东西长 63 千米，南北宽 45 千米，总面积 11.27 平方千米，目前设有北山国家森林公园作为保护区。保护区内动植物资源十分丰富，植物种类达 1000 多种，多为针阔叶混交次生林，野生动

---

①　互助县民族宗教局：《互助县少数民族基本情况调查》，2010 年 12 月。

物 400 余种，其中国家一、二类保护动物有 20 种，占本县的 83% 以上。其森林覆盖率达 80%，在涵养水源、保持水土，维持生物圈稳定、改善生态环境等方面具有重要作用。

高寒灌丛草甸生态系统主要分布于境内达坂山、龙王山山麓坡地、台地和局部地区的滩地，属于高寒森林生态系统与高山草甸生态系统之间的过渡类型，海拔 3200—3800 米，物种群落以毛柳、杜鹃属灌木以及披碱草、野葱、芒草、苔草、蒿草、羊茅、早熟禾、珍芽蓼等草本植物为主，覆盖率 70%—90%。

高山草甸生态系统基本分布于脑山地区，海拔 3800—4200 米，以落草科和禾本科草类为主，覆盖率为 60%—70%。

高寒草原生态系统可分为荒漠草原生态系统与干旱草原生态系统两种类型。荒漠草原生态系统多分布于脑山地区，海拔 4200 米左右，植被稀疏，物种多样性极为单调，主要为耐寒、耐旱的矮生草本植物，覆盖率为 20%，在自然生态系统中堪称群落结构最简单，生产力最低。

干旱草原生态系统则主要分布于浅山丘陵地区，海拔 2500 米以下，植被以适应干旱半干旱的垂穗披碱草、赖草、早熟禾、针茅、冰草、蒿草、芨芨草、白刺、黑刺、柠条、红柳为主，覆盖率为 20%—30%。总体而言，较之森林生态系统，草原生态系统的动植物种类明显减少，尤其是两栖类和水生动物罕见，群落结构也较为简单，物种多样性远逊于森林生态系统，加之降雨量因季节与年份而异，种群或群落结构往往随之变化。

水系统即河湖生态系统，境内主要河流为湟水河和大通河，其他河流虽然短而小，流量不大，但却是整个县域水系中不可或缺的亚系统，在营造小生态环境，维护生物多样性特别是水生动植物方面具有重要作用。

大气生态系统和土壤生态系统是县域各子系统中最为基础性的系统，从根本上决定着其他各个子系统的结构和功能，当然也包括城镇、村落、农田等人工生态系统。

总体而言，除森林生态系统以外，县域整个生态系统、包括各个子系统，均具有结构简单，生产力水平较低，稳定性差，修复能力弱，易受外界因子干扰等高寒生态系统的基本特点。自然，这也决定了高寒地区生态问题的特殊性。

第二节　生态危机与生态建设

一　生态危机

所谓生态危机是指人类赖以生存和发展的自然环境或生态系统的结构和功能由于人工干预以及不合理开发、利用而引起的生态环境退化、生态系统严重失衡的状态和趋势。由于互助县生态区位属青藏高原黄土丘陵沟壑区和江河两岸区，自然生态系统十分脆弱，局地环境堪称恶劣。境内海拔3900米以上高山地带，岩石裸露，气候寒冷，动植物难以生存，生产力低下。海拔2700—3000米的脑山地区，年均气温在零度以下，热量不足，只适宜种植青稞、油菜等耐寒作物。海拔2200—2700米的浅山地区，地形破碎，坡大沟深，丘陵起伏，干旱少雨，土质疏松，易受风、水等侵蚀。海拔2200—2400米的川水地区，虽然气候较为温暖，具有一定灌溉条件，但土地面积少，人口密集，人地矛盾十分突出。因此，境内的生态危机主要表现在以下几个方面。

（一）水土流失

由于境内水资源多受自然降水控制，季节性不平衡，加之植被覆盖率较低，土质疏松，每到夏秋季丰水期，洪水多发，水土流失严重。此外，风力侵蚀也是加剧水土流失的一个因素。据统计，20世纪90年代，全年水土流失量5000吨以上，水土流失面积2470平方千米，占总面积的73.3%[①]，包括湟水河谷川地轻度流失区、浅山丘陵区强度流失区、浅山半浅半脑中度流失区、脑山中度流失区、半浅半脑脑山轻度流失区、北山地区中轻度流失区等若干类型。自1949年到2000年，全县耕地面积减少11.29万亩[②]。水土流失破坏土壤生态系统的平衡，不仅导致表土大量流失，造成土壤贫瘠，肥力下降，影响植被群落发育，而且造成整个生态系统的恶性循环，诱发山体滑坡、泥石流等地质灾害，如加定镇浪士当村即因此经常发生山体滑坡等次生灾害。

---

① 互助土族自治县志编纂委员会编：《互助土族自治县志》，青海人民出版社1993年版，第73页。

② 互助县扶贫开发局：《青海省互助县贫困地区综合治理规划（2011—2015）》，2010年7月。

（二）草原退化

根据最近一次普查，全县约80%的草原存在不同程度的退化和沙化现象，其中高山草甸和灌丛草甸退化较为严重，54.2万亩灌丛草甸中退化草地约有20万亩，占36.9%，草地植被除零星分布的矮蒿草以外，主要是委陵菜、蒿属植物和菊科等杂类草植物，退化草地植被覆盖率为40%—60%。22.3万亩高山草甸中退化草地有17.8万亩，占80%，草地植被除了矮蒿草、少量苔草以外，主要有委陵菜、蒿属植物和菊科等杂类草植物，植被覆盖率约40%。其中超载过牧是造成草原退化、沙化的主要因素，全县各类草地超载率达50%。疏林草地和荒漠草地则均为退化草地，主要是头花蓼等杂类草植物群落[①]。草原退化的直接后果是杂草、毒草滋生，植被群落结构异化，鼠类动物种群繁衍过速，从而进一步恶化草原植被、土壤系统，使草原载畜量不断下降。同时，日趋退化、沙化的草原也是沙尘暴的源地。

（三）物种数量减少

尽管就目前而言，一些物种看似没有明显减少，但其种群数量却在不断下降，生物多样性受到威胁，特别是一些珍稀野生动物资源更是如此，而且其分布区域也在不断缩小，濒危或绝迹的动物名单在不断增加，像列入国家一、二级保护动物的雪豹、麝、马鹿、棕熊、金雕、狐、荒漠猫、猫头鹰、马鸡、雪鸡等，或绝迹或濒危。

（四）灾害频发，有害生物增多

长期以来，干旱、冰雹等气象灾害是境内最为主要的灾害形式，尤其是浅山地区的春旱极为严重。北部脑山和浅山地区，有三条主要雹线经过，属于雹灾区，冰雹日较多，最多年份达20多天，成灾面积少则万亩，多则10万亩以上。特别是近年来，洪水、山体滑坡等地质灾害有不断增多的趋势。

病虫害和鼠害则是境内最为主要的有害生物和生物灾害形式。虫害包括农田虫害和林区虫害，但大面积突发性虫害多发生于林区，主要害虫为云杉小蠹虫、高山毛顶蛾、杨树枝梢害虫、黄檗粉蝶、柠条豆象等十几种，每年发生林业有害面积达42万亩。由于天敌减少，生物链断裂，鼠

---

① 互助县畜牧局：《互助县草原管护责任制落实情况调查报告》，2008年7月2日。

害最近几年比较严重，境内 9 个乡镇深受其害，成灾或危害面积不断扩大，一度达 60 万亩，且遍及农牧区、林区和退耕还林区。根据鼠情检测，脑山、半浅半脑山地区以高原鼢鼠、高原鼠兔和灰仓鼠为主，浅山地区以达乌尔黄鼠、高原鼠兔为主，川水地区以及村庄周围以小家鼠、褐家鼠和灰仓鼠为主，其中尤以高原鼠兔危害最烈[1]。无疑，频繁的自然灾害和有害生物的增多，既是生态失衡的必然结果，又是其原因，恶性循环，从系统整体上恶化和破坏着自然生态环境，加剧着生态危机。

二 生态修复

所谓生态修复，是指对因受到人为干扰和破坏而失衡的自然生态系统进行恢复性重建和人工复原。因此生态修复既是生态建设的核心内容，也是生态实践的重要探索。根据县域生态危机的基本形势和特点，本县重点对几个关键领域实施了生态修复和防护工程。

（一）小流域综合治理

本县小流域综合治理起步于 1957 年，经过半个多世纪的不断实践和经验总结，逐步形成了一套行之有效的治理模式。特别是进入 21 世纪以来，面对水土流失日趋严峻的现实，创新思路，以山、水、林、田、路综合治理，生态、经济、社会多重效益并重为导向，进一步加大了以水土保持为重心的小流域综合治理的力度。概而言之，主要有三大举措：一是田间工程，即所谓水土保持耕作法，重点是培土埂、修建水簸箕、开挖水平沟、平改土地、修梯田或"坡改梯"等。二是生物工程，又称为林草措施，即水土保持造林种草措施，主要是乔灌草并重、植树种草、封山育林育草等。三是水利工程，工程措施包括修建涝池水窖、打土谷石方、插柳谷方、沟头防护、沟坡兼治、集中连片治理等。同时，针对浅脑山区强降雨较多，洪涝灾害集中爆发的特点，加强防洪堤坝、排洪渠、水库等防汛工程的修复加固和建设。三大工程相辅相成，由点及面，立体交叉，综合治理，系统改造，其成效已初步显现。数据显示，20 世纪 80 年代全县设有 37 个小流域治理点，其中 17 个列入省治理计划，流域面积 325.1 平方千米，至 1985 年，治理点共造林 37598 亩，封山育林 81080 亩，种草49900 亩，修梯田 7020 亩，治理水土流失面积 49.74 平方千米，占流域

---

[1] 互助县林业局：《2006 年至 2010 年林业有害生物年鉴》，2011 年。

面积的 15.3%①。1987 年，全县治理水土流失面积 330 平方千米，1987—2005 年，共治理水土流失面积 501.2 平方千米，平均每年治理 26.4 平方千米。同时加大执法力度，查禁河道沿岸乱挖私采沙石等违法行为，杜绝人为水土流失现象。2013 年，相继完成重点区域西山流域高效节水灌溉、东山中型灌区农业综合开发、湟水北干渠支渠等灌区配套和节水改造等项目，继续实施沙塘川河、安定河等河道治理和红崖子沟、哈拉直沟等流域水土治理工程，完成塘川河流域东西两山高标准造林和威北公路旅游沿线生态修复工程 4400 公顷②。应该说小流域治理在保持水土、恢复生态环境的同时，也为防洪减灾、改善灌溉等起到积极作用，成为推进生态文明先行区建设的一大亮点。而这一具有县域特色的治理模式，当地形象地称之为"山顶戴帽子、山腰围带子、沟底穿靴子"，其综合治理、立体布局的生态建设思路无疑是合理的。

（二）退耕还林还草

由于境内草原生态系统的特殊性以及草原退化的主要原因在于超载过牧、人畜矛盾，因此以草定畜、勘定草场分界、明确草场权属、加强草场建设和管护、控制鼠害等制度性措施就成为遏制草原退化、沙化，改善草原生态环境的可靠保障。而退耕还林还草则是基于生物工程即林草措施，通过生态修复和建设，实现人与自然的和谐，促进区域社会经济可持续发展的有效手段。即一方面在加定、巴扎、松多等牧业比重较大，但草地生产力低下，且不适合退牧还草或不必要退牧还草的乡镇，通过减畜等制度性措施以实现畜草平衡，缓解超载过牧对草原生态造成的压力和破坏。另一方面，在县域更大范围内特别是浅山水土流失区域，通过工程措施还林还草以及农田种草、良种牧草繁育基地建设，外延地扩大草地生产规模，提高生产力，并转移或分担县域部分牧区的超载压力，最终实现生态、经济与社会三重效益的有机统一。

具体而言，退耕还林还草工程作为试点开始于 2001 年，2002 年全面实施，特点是采用林草结合，宽林带与窄草带间作的方式，林种主要为沙棘、山杏、柠条、青杨、榆树、桦树、云杉等，草种主要为紫花苜蓿、良种燕麦、箭舌豌豆等牧草。据统计，到 2010 年底全县分阶段共完成退耕

---

① 互助土族自治县志编纂委员会编：《互助土族自治县志》，青海人民出版社 1993 年版，第 171 页。

② 互助县十六届人大四次会议文件：《政府工作报告》，第 15 页，2013 年 4 月 12 日。

还林还草工程 47 万亩，其中退耕地造林 15.5 万亩，荒山造林 27.5 万亩，封山育林 4 万亩，涉及 19 个乡镇，147 个行政村 493 个社（生产组）3.6 万户农户。2013 年巩固退耕还林还草成果沙棘基地建设 7000 亩，核桃生态经济林 397 亩①。根据规划，2011—2015 年退耕地造林为 30 万亩，荒山造林 70 万亩。从阶段性效果看，"退耕还林还草使境内坡度较大的坡耕地和植被稀少的荒山、荒坡得到了有效的治理，林草植被得到有效恢复，水土流失得到进一步控制。随着时间的推移和退耕面积的扩大，这种效果将愈加明显。森林资源储备增加，有林地面积 96.1 万亩，比 1999 年增加 8 万亩，森林覆盖率由 1999 年的 32.23% 增加到 2005 年的 34.2%，年均递进 0.378 个百分点。全县水土流失面积比 1999 年以前减少 31.2 平方千米，年均输入江河混沙量减少了 70 万吨。治理水土流失面积达 288.3 平方千米。呈现出山变绿，水不下山、泥不出沟、多年不见的野生动物开始出现，流入河流的泥沙减少，灾害气候年发生天数明显下降，农业牧业生产条件得到了改善"②。但存在的问题首先是苗木成活率和保存率低，究其原因，主要是退耕地鼠、兔危害严重，影响林木的正常生长。其次是季节性干旱，立地条件差，苗木假植时间过长，导致死亡率较高。

（三）营造林工程

林业是生态建设的主体，而营造林工程则是林业生态建设的重要内容。在互助县林业"十二五"规划中，林业生态建设的总任务为 167.5 万亩，其中人工造林 83.5 万亩，封山育林育草 23 万亩，幼林抚育 25 万亩，低效林改造 35 万亩，总投资 48634 万元③。力争在 2015 年森林面积增加到 183.91 万亩，森林覆盖率达到 35.8%，年递增 0.32% 个百分点，2015 年活立木蓄积量由 2010 年的 600.35 万立方米增加到 628.37 万立方米，年递增 5.6 万立方米，初步建立以水土保持林、水源涵养林为主体的森林生态体系④。

迄今，已完成 30.55 万亩，包括人工造林 15.75 万亩，封山育林 10.3 万亩，森林抚育 4.5 万亩。其中 2013 年实施重点营造林工程即天然林保

---

① 互助县林业局：《互助县林业局林业经济"十二五"规划中期完成情况》，2013 年 6 月。

② 互助县林业局：《巩固退耕还林成果 深化后续产业结构——互助县巩固退耕还林调研材料》，2007 年。

③ 互助县林业局：《林业"十二五"发展规划》，第 10 页。

④ 互助县林业局：《互助县林业局林业经济"十二五"规划中期完成情况》，2013 年 6 月。

护工程、三北防护林五期工程、国家重点公益林保护和管理三大工程，共人工造林6.64万亩、封山育林4.5万亩、森林抚育2万亩[1]。这样，通过对天然林资源的保护和人工造林、封山育林育草等对林草植被的恢复，植被、森林生态系统得以逐步恢复，同时也为生物多样性保护奠定了自然基础。

（四）鼠虫灾害的生物防控

利用生物措施修复断裂的食物链，控制有害生物的种群数量，最终实现原有的生态平衡，作为一种探索，虽然起步较晚，但却是今后值得努力的一个方向。目前尝试生物防治的项目多集中于林业领域，如"互助县柠条种植虫害综合治理项目"，总投资180万元，其中生物防治3万亩；"互助县沙棘虫害综合治理项目"，总投资210万元，其中生物防治3.5万亩。而"互助县林木害虫天敌——益鸟引进、繁殖、保护区及应用技术推广项目"，已建设繁育厂房3890平方米，总投资达2890万元，重点引进啄木鸟、灰喜鹊等益鸟，通过繁殖、保护和利用，对全县森林危害性大的害虫进行生物控制[2]。高原鼠兔、中华鼢鼠等鼠类的天敌主要是狼、狐狸、黄鼠狼和鹰等，但由于以往的过度猎杀以及长期使用农药的影响，鼠类的天敌种群或已消失或正濒危，虽然尝试过一些生物性防控手段，但并不成功。目前仍多采用化学防治与物理防治相结合的方式，虽说对症，然而治标不治本，因此其根本性解决之道，尚有待于县域生态系统的良性循环与生物多样性的基本恢复。

三 生态安全

顾名思义，生态安全是指生态系统的健康和完整状态，而生态安全问题则是指那些影响生态系统健康状况的显性或隐性因素。某种意义而言，较之生态危机，生态安全问题更多地表现为一种潜在的危机状态，两者有关联但又有区别。就本县而言，生态安全问题主要表现为农业生态系统的退化，其中最突出的则是农药、农膜问题。

（一）农药危害

农药和化肥作为主要的生产资料之一，在当地使用广泛。据调查，

---

[1] 互助县林业局：《林业局2013年上半年工作总结及下一步打算》，2013年6月。
[2] 互助县林业局：《林业"十二五"发展规划》，第8页。

目前小麦、油菜施肥，每亩尿素的使用量在 20 斤至 80 斤之间，碳酸钙磷肥 50 斤左右，用量总体不高，使用历史也不长，因此较之农药，化肥的危害性相对较小。而本县大范围使用农药的历史可以追溯到 20 世纪五六十年代，但普遍使用农药却是从 1978 年开始，药剂类型主要有敌百虫、辛硫磷、乐果、六六六粉、磷化锌、甘氟灭鼠等。最近几年，随着生态意识与环境保护观念的增强，一些低毒、无公害药剂的使用逐步得以推广，使用范围也在不断扩大。但与此同时，一些高效高毒药剂也在广泛使用，特别是在农业生产领域，如敌委丹用于防治小麦病害的试验推广、新型土壤处理杀虫剂特丁磷的推广、锐胜 7% 可散性粉剂的示范推广以及适乐时的推广等，其中敌委丹 2006 年推广应用 5 万亩，锐胜 2007 年推广应用 45 万亩，适乐时 2007 年推广应用 30 万亩①。加之其他一些高毒药剂如甲拌磷等的混合使用以及除草类药剂的长期大量使用等，农药对生态系统的影响逐渐显现。此外，一些禁限用、伪劣等农药的使用，也是屡禁不止，如在 2010 年的农业集中专项执法行动中，累计查获禁限用高毒农药 10168 瓶（袋），过期农药 20801 瓶（袋），伪劣农药 3361 瓶（袋）②。

　　目前就已知领域的危害而言，农药残留的危害主要在三个方面：一是对农副产品的危害，主要是农药残留量超标问题比较严重，且残留的时间过长，从而使残留农药可以通过食物链富集到农产品或畜产品中。即便是一些无公害类新型药剂，像不育剂等灭鼠药物，理论上不会产生公害，但由于其实际效果尚在观察中，且对生物链的影响也有很多不确定性，譬如鼠类的大敌——老鹰、狐狸、黄鼠狼等，一旦捕食了不育剂中毒的鼠兔、鼢鼠，会不会同样产生不育的药效？或者累积到何种程度才会产生药效等一系列问题尚未有明晰的界定和充分可靠的试验数据。二是对土壤环境的危害。喷施的农药除部分集中到目标对象上以外，大部分直接或间接落入农田土壤中，甚至有些药剂就是直接施于土壤中。土壤中农药残留过多，有可能对后茬作物产生药害，甚至对地下水、河流等水资源造成累积性污染。三是对鸟类等野生动物的直接危害。实践证明，大量使用农药，可以增强害虫的抗药性，虽然可以一时控制病虫害，但使用时间一长，灭虫效果会越来越差，但对鸟类等野生动物却有很强的杀伤力。据介绍，前几年

---

① 互助县农业局：《2006—2010 年农业年鉴》，第 7、12 页。
② 同上书，第 51 页。

由于使用甲拌磷等高毒农药，致使牛羊误食中毒事件不时发生，特别是麻雀、喜鹊等本土鸟类大量死亡，甚至一度不见了喜鹊的踪影。因此，农药引发的鸟类等野生动物死亡，不仅破坏了原有的生物种群平衡，而且有可能引发更加严重的生态灾难，鸟类死亡只不过是一种表征而已。因此，研发和推广可靠、安全的新型高效低毒或无毒农药、特别是生物农药既是今后的一个方向，更是当务之急。

（二）白色污染

全膜双垄栽培技术即全膜覆盖双垄集雨栽培技术，又称全膜或地膜覆盖技术，是最近几年当地大力推广的一项旱作节水农业新技术，所用材料地膜即石油化工产品中的聚乙烯，俗称塑料薄膜。据介绍，该技术有助于干旱山区土壤保水、保墒、保肥、抑制杂草，提高作物的出苗率和成活率，稳产、增产。当地媒体报道称，依托这一技术，从根本上解决了"小旱小灾，大旱大灾，年年抗灾"的难题，不仅使粮食产量大幅增长，而且打造了一个全新的产业模式，是一项成本低、见效快、投资少、收益大、前景看好的农业新技术。"一般而言，一亩地需要覆膜6千克左右，成本不足百元，如果全省400多万亩山旱地全部覆膜，投资不过4亿元，远低于其他方式的抗旱成本[①]。"

互助县作为青海省重要的农业生产基地，2009年开始在干旱浅山地区示范推广马铃薯全膜覆盖技术，采取集中连片与分散种植相结合的方式，2010年实施马铃薯全膜覆盖栽培5万亩，玉米1300亩。2012年加大试验示范力度，在东山、西山等13个浅山地区乡镇推广全膜覆盖技术16万亩，其中秋覆膜13万亩，春覆膜3万亩。同时在蔡家堡乡建立马铃薯全膜覆盖栽培技术万亩示范乡1个，东山、西山等乡镇建立千亩示范田7个，百亩示范田16个，对比试验田32个，塘川镇建立杂交油菜全膜覆盖试验示范基地1012亩，蔡家堡、西山乡建立全膜蚕豆示范基地500亩。2013年继续推广全膜覆盖技术，改变传统旱作农业模式，加大全膜蚕豆、油菜制种的试验示范和推广力度，努力使其规模达到26万亩，其中秋膜12万亩[②]。

---

① 苏昂欠、林玫均：《大旱之年的民和抗旱农业》，见《海东时报》2013年4月11日第2版。

② 互助县农业和科技局：《互助县农业和科技局2012年农业工作总结及2013年农业工作思路》，第7、26、27页。

不过，作为一项技术革新，虽然全膜覆盖双垄集雨栽培技术在节水抗旱、大面积提高农作物产量方面效果突出，但随着其应用规模、范围的不断扩大，白色垃圾——废弃田间的地膜越来越多，正成为一种新的农业污染源，对农业生产、土壤、生态环境构成潜在与现实的威胁。

据了解，残留地膜具有不易降解的特性，其自然分解至少需要上百年的时间。因此随着废弃地膜在土壤残留中的不断增加，久之则会形成累积性污染，直接后果是阻滞农田中水分与养分的运移，降低土壤肥力，恶化土壤结构，影响作物根系对水肥的吸收。此外，地膜通常与秸秆、牧草等混杂，一旦被牲畜误食，则会导致死亡现象。因此，做好地膜回收，杜绝地膜白色污染，切实保护农业生态环境就显得尤为重要。

据介绍，目前青海省地膜年使用量达 600 万千克，而残膜的处理，据调查主要有四：一是从地里拣出来丢弃；二是一些废旧品收购站低价回收；三是种植玉米的农田，其地膜一般可再利用一年；四是农民挑拣一些比较完整的留作他用。即便这样，被弃置农田的残膜仍有相当的数量，特别是那些直接翻入土壤的地膜，很难清理。更何况在回收实践中，由于回收成本高、难度大、价值低等原因，农民回收的积极性不高，而企业参与回收的意愿也很弱，省内从事残膜回收加工利用的企业只有一家，年回收加工能力仅为 4200 吨，因此地膜有效回收成为越来越突出的 一大难题。

为了解决这一问题，2012 年，青海省财政首次安排专项资金 630 万元，对每千克残膜给予 1.5 元补助，积极探索农田残膜回收机制，以减轻残膜对环境的污染。全年计划回收残膜 420 万千克，回收率达农膜总用量的 60%[①]。就本县而言，2013 年总投资 4870 万元用于全膜覆盖技术推广以及残膜回收项目，其中已完成投资 4800 万元[②]。同时将农膜回收率作为资源保护与利用的一项指标，纳入省级生态示范村申报与达标考核的范畴，如 2009 年加定镇浪士当村在省级生态示范村达标情况考核百分制自评表中，其中农膜回收率一项，大于或等于 70%，自评为满分[③]。说明

①　郜晋亮：《青海补助地膜回收》，见《农民日报》2013 年 4 月 20 日第 2 版。

②　互助县农业和科技局：《互助县农业基本情况及 2013 年重点农业工作完成情况汇报》，2013 年 6 月。

③　《关于互助县加定镇浪士当村申请省级生态示范村的请示》，《互助土族自治县城乡建设与环境保护局文件》，互城环［2009］188 号。

70%的回收率已是很高标准，而当时能够达到这一标准的恐怕少之又少，在此姑且不论这一高回收率是如何计算而来。

总之，从长远看，未来地膜的回收，从技术层面而言，在尽快研发高强度、耐老化、易回收农膜产品的同时，应加强低成本、生物降解地膜的研发。其次加快研制成熟、可靠、适用的残膜回收农机具及其相关技术。从政策层面而言，政府应加强宣传，增强群众的环保意识，深化对地膜污染及其危害的认识，采取多种措施鼓励农民积极回收，从源头上杜绝污染的产生。当然，对回收企业给予政策上的优惠及资金方面的扶持也是必要的[①]。

（三）路网效应

要想富，先修路。经济发展，交通先行。作为海东地区交通网络的一部分，互助县交通状况特别是公路交通发展迅速，初步形成连接全省、快速通达的进出通道和内延外联、纵横交错的路网系统。据统计，早在2000年即实现行政村村村通公路目标，截至2005年底，全县一级公路已达29.2千米，二级公路62.21千米，三级公路231千米，四级公路1435.9千米，等外公路2317.1千米。有各类桥梁385座、9480千米。初步形成以威远镇为中心，以宁互一级公路、平大公路、威北公路，10条通乡公路为主骨架向各乡村辐射的公路网络，其中全县19个乡（镇）开通油路，294个行政村开通公路，44个行政村道路实现硬化，铺筑砼路面301千米。"十二五"期间，仅2013年道路交通即投资1.3亿元，重点实施绿色产业园区和农业示范园区道路建设、宁互西路至西山铁家等6条通村水泥路项目、五峰七塔尔桥等40座农村公路配套桥梁工程、松多水库道路改线工程，以及15个行政村的村道硬化工程[②]。无疑，交通的发展，路网的延伸，为人们的生产、生活带来极大的方便，对于促进当地经济、社会的发展具有重要作用。但需要强调的是，道路建设在生态脆弱的青藏高原地区具有更加特别的意义，即从另种角度而言，路网建设不仅仅是一项民生工程，更是一种生态工程，在关注其技术层面的考虑和方便性原则的同时，也应高度重视其对生态环境影响的一面。其实不断延伸和拓展的路网系统对于大自然而言，无异于一条条的锁链和一道道的疤痕，它切割

---

① 《农田地膜 为何好用不好收》，见《青海科技报》2013年7月3日第3版。
② 互助县十六届人大四次会议文件：《互助县人民政府工作报告》，第15页，2014年4月12日。

了自然生态系统，阻断了山体、土壤的微循环和原本的空气、水分、湿度、热度的交换状态等。

　　具体而言，路网建设对生态环境的影响主要有以下几个方面：首先是施工期对山体、岩石、土壤、植被所造成的破坏作用。道路施工使区域内地表裸露增加，风力、水力作用的敏感性增强，特别是在青藏高原生态脆弱地区，更容易导致生态环境的恶化与生态系统的稳定性下降。其次，路基涵洞开挖、桥梁架设、开山采石采砂取土等，对沿线山体结构、生态系统也会产生不同程度的影响，这不仅改变地表形态，破坏地表植被和山体、土壤结构乃至地形地貌等自然景观，而且使表层土壤的抗蚀性能降低，加剧水土流失，甚至引发塌方、滑坡、泥石流等地质灾害。最近几年，频发的滑坡、泥石流等地质灾害即与此有关。此外，会局部改变沿线原有的水文网络，造成输入河流的泥沙量增大。再次是营运期对生态环境的不良影响，主要是公路对原有生态区域的分割阻断，特别是路网对山地、森林景观带的分割，对野生动物影响极大。一方面，越来越密集的路网不断压缩其活动范围，并阻断其规律性迁徙，从而加速其栖息地的碎片化。另一方面，一些珍稀动物的生存空间受到大幅挤压，对其种群数量的增加产生不利影响，生物多样性受到威胁。最后，路网沿线不断聚集的工业、农业、旅游等产业，正迅速使自然环境变为人工环境，并开始产生大量的污染物和垃圾[1]。目前，本县的路网建设正如火如荼，从城镇到乡村，由农区及牧区，自川水而山地，覆盖范围越来越广，道路里程不断增加，在给人们带来极大便利的同时，其生态影响或已显现或即将显现，或局部或全域，此可谓之为路网效应。

　　此外，由于路网延伸，随之而来的资源开发、采矿等对生态环境的影响也不容忽视。据了解，虽然境内矿产资源种类较多，但除个别矿种外，蕴藏量大多偏低。同时为了保护环境，最近几年，倾向于加大对具有地方特色的产业如玉石开采与加工的扶持力度，如从 2008 年开始，互助县就业局将哈拉直沟乡盐昌村的玉石开采与加工作为农民致富增收的支柱产业给予重点扶持，经过几年发展，如今已有 5 个公司实体和一个专业合作社，年经营收入达 500 万元，成为玉雕产业的一朵奇葩。当然从另一方面而言，像玉石开采之类的资源开发，对生态环境的影响是必然的。因此，

---

　　① 宋永英、潘建东：《公路及其路网对生态环境的影响与对策》，《中国城市林业》2007 年第 1 期。

如何处理好资源开发与生态环境之间的关系，严格控制资源开发的范围、规模和方式就具有特别重要的意义。

（四）外来生物入侵

据报道，迄今在我国34个省市均发现有外来侵入物种，几乎涉及所有的生态系统，物种类型包括脊椎动物和无脊椎动物，如麝鼠、非洲大牛蛙、食蚊鱼等，从高等植物到低等植物，如大米草、豚草、紫茎泽兰、空心莲子草、凤眼莲等，以及外来病害如口蹄疫、疯牛病、禽流感等。由于外来生物入侵在我国呈不断加剧态势，并对生态安全构成现实与潜在威胁，如破坏生物多样性，诱发生态灾害，甚至直接危害人体健康等。所以，青海省早在2006年即制定《青海省农业重大有害生物及外来生物入侵突发事件应急预案》，以后陆续下达各州县。互助县根据本县实际，制定旨在应对外来森林有害生物防控的应急预案，省地协同，力求防范并杜绝外来生物入侵的一切可能方式和渠道。

据当地媒体报道，2013年7月15日互助县一村民在南门峡游玩时，在水库岸边发现并捉到一只鳄龟，重约5千克。青海省渔政管理总站负责人分析判断，此鳄龟为人为放生水库中的外来物种，因为没有天敌，生长较快。同时由于鳄龟攻击性很强，且没有天敌，随意放生，很容易造成生态系统失衡，甚至生态灾难。特别是库区面积较大，生物多样性丰富，外来物种有不断增加增多的趋势。鳄龟事件虽属个例，但绝非偶然。因此加强监管，未雨绸缪，才可防患于未然，有助于前瞻性地保护好当地的生态环境。另据消息，2013年2月20日青海省检验检疫局在对来自德国17个装载多晶硅光伏电池组件生产设备的海运集装箱进行检疫时，发现了蝇类媒介生物及昆虫类动物检疫性有害生物，据称这是青海省在集装箱内截获的首例外来有害生物。虽然相对于其他地区而言，青海省外来生物入侵的威胁和压力较小，但面临的形势却很严峻，特别是针对外来森林有害生物的防控不容乐观。

第三节　环境治理与环境保护

一　环境治理

环境治理是环境保护的重要内容之一，而保护和改善环境就是保护和发展生产力，是人类自觉地保护与合理利用自然资源，"善用其效，尽享其能"，防止自然环境受到污染和破坏，并对受到污染和破坏的环境进行综合治理，协调人与自然关系，实现人与自然相和谐的行为举措。如果说生态建设倾向于自然生态系统的修复与重建的话，那么环境保护则更加强调人工生态系统如城镇、村落、农田等系统的治理与保护。

（一）大气污染治理

大气污染一直是县域环境污染的一大问题。据环保局领导介绍，目前大气污染的格局表现为城乡两元结构，涉及城镇和乡村两个层面。县城的污染源主要是季节性的空气污染特别是燃煤污染。根据气候特点，当地的采暖期为 10 月 15 日至来年 4 月 15 日，长达半年，而预定达标日为 265 天，所以实际上很难实现。主要是冬季采暖仍以传统的煤炭为能源，虽然准备采用天然气等清洁能源，制定规划也已 3 年，但由于资金缺口较大，需要政府投入，至今没能落实。再就是碳化硅、铁合金冶炼等企业的工业性污染，这可以说属于历史遗留问题。过去互助县招商引资，有一些企业进驻，但采用的设备大多为内地淘汰设备，污染严重，多为"三高"设备，虽然进行了技术改造升级，但限于目前的水平，仍难以达标。加之由于纳税大户、搬迁困难、企业主不愿搬迁等因素，关停不得，搬迁难行，只能是维持现状。而农村的情况，根据调查，迄今仍以传统的能源消费方式为主，沼气、太阳能等尚处于推广阶段，柴草如油菜秸秆等仍是绝大多数农户日常生活中最为主要的燃料来源，用于烧水做饭特别是冬天煨炕。蜂窝煤的使用也很普遍，一般是作为辅助性燃料用来烧水做饭或取暖。当然，烧柴燃煤，虽然会对空气质量产生一定的不良影响，但较之工业污染和城镇集中式燃煤供暖所产生的污染而言，其性质截然不同，影响的范围、程度也不可相提并论。不过最近几年，由于收割机械化的普及，除麦秆、油菜杆可以回收用于烧火煨炕以外，田间残存的大量麦茬多就地烧掉，不然来年没法翻耕下种。但这样一来，季节性的田间焚烧就成为一种新的公害，不仅污染空气，而且影响陆、空交通。

最近几年，作为县域发展战略，大力推进"生态美县""绿色产业强县""绿色、开放、和谐新互助"建设已成为既定目标，而欲达成这一目标，就必须破解县域发展中的大气污染问题，特别是工业污染的老大难问题。

　　针对工业污染，当地政府首先是从县域发展的总体布局和宏观层面上，逐步调整产业结构，转变经济发展模式，从目标上将长期以来所坚持的"农业立县、工业强县"，适时定位为"生态立县、绿色产业强县"。这一转变，旨在强调以低碳、循环、绿色、生态为发展方向，凸显发展低能耗、低消耗、高产出的绿色产业的重要性。其次，通过绿色产业园区的建设，探索新型工业集聚发展的新思路。据了解，坐落于县城附近的 20 平方千米的绿色产业园区内，以青稞酒产业为龙头，重点发展青稞酒加工、油菜枸杞深加工、中藏药加工、原料储备库等多个项目正在加紧建设中，最终将逐步建设成为集青稞酒生产、高原绿色食品加工、生物医药加工和互助土族民俗旅游工艺品生产于一体的高新科技产业园区，并以此实现园区内部的产业循环，延伸产业发展链条，做到废气、废渣、废水等再生利用，绿色环保。再次，通过工程减排、结构减排等措施，对工业污染综合治理，从源头上加以控制。从 20 世纪 90 年代以来，由于境内高耗能企业发展较快，至 2000 年高耗能产业已占全县工业总产值的 10%，2007 年则高达 50%，因此从 2007 年开始即对"两高"项目进行限制，不再新批。2010 年以来，以节能减排为中心，开始全面整治，陆续关停 12 家小企业，对全县 32 家重点排污企业配套污染防治设施，实施减排工程 26 项。特别是 2012 年和 2013 年，在进一步强化对总量减排、污染整治、专项检查等督查工作的同时，继续加大对重点行业领域如水泥、碳化硅、铁合金等生产企业污染治理的力度，或淘汰落后产能，或整合重组，升级改造，或依法取缔[①]。目前，沙塘川工业区 6 家碳化硅厂已关停 4 家，5 家铁合金厂整合重组，升级改造，环保达标方可运行。北山森林公园景区周边的金圆水泥厂，投资 5000 万元，对厂区内外环境进行综合整治，绿化亮化，并投资 1500 万元对环保设施更新升级，依法取缔高家寨 3 家塑料加工企业。这样，经过多项减排措施，2012 年全年完成化学需氧量、氨氮、二氧化硫和氮氧化物减排任务分别为 1466 吨、14.26 吨、71.6 吨和 294 吨，总量指标均控制在地区下达的指标之内。2013 年计划全年化学需氧量、氨氮、二氧化硫和氮氧化物减排任务为 92.1 吨、25.6 吨、79.75 吨和 549.5吨，经过半年来的工作，已完成减排量分别为 46.05 吨、12.8 吨、

---

① 互助县环境保护局：《环境保护局 2012 年工作总结及 2013 年工作目标》，2012 年 12 月。

39.875 吨和 24.752 吨①。总之，统计数字显示，成效显著。

　　燃煤采暖是造成季节性大气污染的主要因素，为改善县城空气质量，2010 年开始推广使用清洁能源，拟由点到面，逐步推开。据统计，截至当年 11 月底，全县共铺设天然气主管线 30 千米，支管线 50 千米，有 63 家行政事业单位，2 家企业，11 个住宅小区，26 家大型餐饮娱乐、超市以及县城主要街道 20% 的商铺完成"煤改气"任务，采暖期县城锅炉"冒黑烟"的现象一度扭转，空气质量发生质的变化，并分别实现二氧化硫、烟尘减排 121 吨和 165 吨，其中烟粉尘排放浓度较 2009 年同期下降 45%②。不过，后来由于资金缺口等原因，"煤改气"项目的进展举步维艰，虽然前景十分看好。因此，在现有基础和财政条件下，如何将规划变为现实，因地制宜，深度挖潜，循序渐进，逐步实现清洁能源的推广和利用就显得格外重要。

　　焚烧是目前处理农田秸秆留茬的主要方式，虽然每年在农作物收割期间，各级地方政府屡屡发文，强调秸秆焚烧的危害性，不断加强检查、监督、宣传力度，着力开展秸秆焚烧整治工作，但违规焚烧秸秆的现象时有发生，特别是在以宁互公路、曹家堡机场为主的川水地区尤为突出。究其原因，主要是随着农业机械化程度的提高，大多农作物成熟后采用机械收割的方式，而经机械收割的作物均留有几十厘米高的根茬，而二次手工收割费时费力，也不现实，同时为了抢农时，赶耕种，当地农民多采取就地焚烧后翻入地下的处理方式。其次，秸秆的综合利用技术难以推广，综合利用率低也是一个重要因素。目前，秸秆还田等综合开发利用成本过高，资金投入严重不足，效益不明显，很难在短期内迅速推广。因此除了焚烧，尚没有更好的处理办法。换言之，如果秸秆的综合利用工作跟不上，虽可一时控制焚烧现象，但却很容易出现反弹。不过，他山之石可以攻玉，内地·些农业大省的做法或许有可资借鉴之处，如在收割农作物的同时，配套一台专门的机具，用于粉碎或碾压秸秆留茬，然后用机耕具翻入地下。这样，既可做到秸秆还田、肥田，又避免了焚烧污染，一举两得，成本低，效果好。

---

　　① 互助县环境保护局：《2013 年环境保护局上半年工作总结和下半年工作重点》2013 年 6 月。

　　② 互助县环境保护局：《环境保护局 2010 年工作总结及 2011 年工作思路》2010 年 12 月。

（二）水环境整治

水环境是构成县域环境的基本要素，也是受干扰和破坏最为严重的领域之一。特别是湟水流域，由于工矿企业较多，人口密集，水环境问题最为突出，治污任务尤为艰巨。

为详细掌握水污染物排放情况，2010 年起对湟水流域干支流污水排污口进行清查，共清查排污口 89 个，即湟水主流 13 个、支流 76 个，其中工矿企业废水排污口 40 个，市政生活污水排污口 20 个，工业、生活污水混合排污口 16 个，雨水和生活污水混合排污口 1 个，农灌渠退水排污口 12 个。同时对污染物排放情况进行监测、分析和汇总，通过 GPS 定位等手段，绘制出排污口分布图，建立排污口档案，从而基本摸清沿湟排污口的污染底数，并为下一步的水环境整治工作提供科学依据①。

2011 年，根据《湟水流域河道采洗砂整治方案》《涉湟主要支流流域水污染综合整治方案》《涉湟主要支流流域排污口整治方案》等计划安排，湟水流域水环境综合整治工作逐步推开。截至 2012 年底，2011 年 10 月开工、总投资 850 万元的排污口整治项目竣工验收，累计铺设管网 16.48 千米，完成截污纳管 17 个，规范整治 23 个，修建化粪池 9 座、污水检查井 280 个。同时争取项目资金 200 万元，先后完成县体育馆、威远生态旅游度假村、新宁苑小区等 7 个单位的排污口整治，共铺设水泥管网 2852 米，修建检查井 48 个②。至此，威远镇地区的污水收集和排污口规范整治实现"全监测、全收集、全处理"③。2013 年，总投资 1014.56 万元，其中国家专项资金 1000 万元的湟水流域排污管网项目正式开工，拟建设污水收集管网 9.855 千米，检查井 298 座和 100/d 无动力污水处理站 1 座④，以便进一步加大污水管网的覆盖面与县域污水的处理能力。

针对非法乱采乱挖、乱占乱建河道等现象，一方面强化对河道采砂业的规范管理，停产整治塘川流域采洗砂厂 21 家，限期整改排污企业 2 家。另一方面加强河道巡查，严厉查处倾倒垃圾行为，及时清运河道垃圾，并强令关停高家寨和威远镇共 8 家砂石场，河道秩序明显好转。

① 互助县环境保护局：《环境保护局 2010 年工作总结及 2011 年工作思路》，2010 年 12 月。
② 互助县环境保护局：《互助县湟水流域水污染综合治理工作总结》，2012 年 12 月。
③ 互助县环境保护局：《环境保护局 2012 年工作总结及 2013 年工作目标》，2012 年 12 月。
④ 互助县环境保护局：《2013 年环境保护局上半年工作总结和下半年工作重点》，2012 年 6 月。

互助县污水处理厂总投资 3580.38 万元，2009 年 7 月开工建设，2010 年 10 月完工并投入试运行，日处理污水 0.5 万吨，是县域污水处理大户，其排放的水质直接影响到塘川河水质和全县主要污染物的减排成效。为了保证污水处理设施的正常运转，一方面开征污水处理费，强化对排污单位的规范化管理，同时完善日常监管工作，如污水处理厂进、出水水质的监督性检测、污水处理厂的污泥处置、污水进出口在线监测装置的安装等。目前，污水处理厂各工段生产设备的完好率达 97% 以上，污水收集率85%，污水处理率 87%，达标率为 95%，全年处理污水 183.15 吨，产生并处置污泥 781 吨，实现 COD 减排 524 吨，氨氮减排 11.2 吨，取得明显治污减排效果，基本实现工业企业污水达标排放，湟水塘川河互助段三其桥断面水质达标率达到 91%[1]。目前存在的主要问题是污水处理成本相对较高，虽然依靠加征污水处理费可缓解一时之急，但毕竟不是长久之策，更何况企业追求的是利益最大化，排污付出的经济代价不可能不通过其他方式来弥补，最终将会直接影响到减排的实际效果。因此如何协调好政府和企业的关系，积极引导企业由被动减排而主动减排，统一目标，相向而行，就成为政府部门在出台相关政策时，既要注重效果，更要切合当地的实际。

（三）农业污染防治

农业污染是农村面源污染的主要因素之一，随着农业结构的调整和转型，特色养殖、规模化养殖等发展迅速，但同时也造成新的环境污染，成为县域农业污染防治的重点领域。

近年来，通过项目扶持、贴息贷款等方式，不断加大对养殖业的投入，鼓励和引导养殖户发展规模养殖，推进养殖业由散养向规模化养殖转变。据统计，截至 2012 年底，全县共成立养殖专业合作社 149 家，建成规模养殖场（小区）196 个，其中万头猪场 7 个、千头猪场 24 个、百头猪场 127 个，肉奶牛养殖场（小区）8 个，千只以上肉羊养殖场 18 个，万只以上獭兔场 5 个，养鸡场 7 个，带动全县规模养殖户达 2.31 万户，规模养殖场（户）畜禽存栏达 60 万头（只），占畜禽总存栏量的 46%。力争在"十二五"末，建成各类养殖基地村 94 个，养殖场（小区）250 个，包括"八眉猪"养殖基地村 80 个，新增万头猪场 16 个、千头猪场

---

[1]　互助县环境保护局：《环境保护局 2012 年工作总结及 2013 年工作目标》，2013 年 12 月。

40 个、500 头以上猪场 80 个。标准化肉羊养殖场 20 个、肉牛养殖场 10 个。獭兔养殖基地村 10 个，示范户 1000 户。"葱花土鸡"养殖基地村 4 个，5000 只以上规模养殖场 24 个。无疑，规模化养殖在带来庞大经济效益的同时，必然带来规模化的污染。因此，加强行业监管，实现粪污处理的无害化与资源有效利用化就成为一种方向性选择。目前，主要措施是通过行政手段要求养殖场按环境影响评价配套污染治理设施，改进养殖方式，采取干湿分离、雨污分离、三级池沉淀等措施，逐步实现畜禽养殖污染物、废弃物的无害化处理和综合利用。针对重点养殖企业，如被评为海东地区农业产业化重点龙头企业、青海省产业化扶贫龙头企业暨青海省首家国家级规模养殖示范场的青海杨光良种猪养殖有限公司，从 2012 年起被列入农业源减排项目，计划削减 COD 43 吨，NH-N 10.8 吨。2013 年农业源减排项目增加到两个，互助"八眉猪"原种育繁场纳入治理范围。今后会继续根据农业污染物的新增量，适时制订减排计划，逐步加大监管范围，力争达到"六化"（畜禽良种化、养殖设施化、生产规范化、防疫制度化、粪污处理无害化和监管常态化）目标要求[1]。

（四）放射源管控

随着放射源的广泛应用，放射性污染的潜在危险越来越大，为确保放射源使用的安全，避免造成环境危害，最近几年，相关部门不断加大对辖区内重点涉源企事业单位的管控，对放射源和放射装置定期检查，排除安全隐患。其中 2011 年重点排查 3 家放射源企业共 29 枚放射源，确保全部安全使用及持证使用。同时检查 7 家放射线装置使用单位，摸清其底数，并建立数据库。2013 年，通过开展放射源使用管理专项检查，对全县 14 个乡镇卫生院拥有并使用的放射装置逐一登记备案，建立辐射利用管理台账，包括其数量、分布、用途等，从而为今后的监管奠定了基础[2]。

（五）垃圾处理

垃圾处理包括收运与填埋两大步骤。就县域垃圾处理的片源而言，可以划分为县城、村落和旅游景点三个工作片区，主要涉及生活垃圾、建筑垃圾和医疗废物垃圾三大类。

---

① 互助县畜牧局：《关于加快发展现代畜牧业的意见（草案）》，2013 年。
② 互助县环境保护局：《2013 年环境保护局上半年工作总结和下半年工作重点》，2013 年 6 月。

　　从职责上而言，垃圾处理的归口管理单位为城管局，该局是2006年从城建局拆分出的新单位，但在业务上目前仍接受城建局的指导，与城建局分别负责垃圾和污水的处理。

　　据介绍，目前垃圾处理实际上仅限于互助县城即威远镇以及周边8个城中村的范围。生活垃圾过去是分散式填埋处理，2006年起实行集中式填埋，填埋场2005年竣工，占地94.84亩，位于东沟乡姚马村地界的山间谷地，属于山谷型填埋场，距威远镇5.4千米，设计总库容90万立方米，使用年限17年，但现在看来恐怕只能用十三四年甚至更短。主要原因在于城镇化的快速推进，造成大量的建筑垃圾。本来按规定，建筑垃圾由开发商就地处理，但大多不守规矩，或将大量建筑垃圾运往填埋场，造成填埋场容量紧张，或与某些村落私下达成默契，给予一定费用将建筑垃圾填埋于河流沿岸取沙坑或坑洼地带，也有极个别的为图省事，就近见坑即埋。其中2011年，处理城镇生活垃圾17960余吨，而建筑垃圾已达3100余吨。将来填埋场到期后，则一般用厚土覆盖压实，再在上面种植林木或庄稼作为耕地使用，不会造成二次污染。虽然新的填埋场的选址工作也一直在进行，并且已被列入规划中，但由于当地村民反对，至今难以落实。今后在相当长的时期内，城镇垃圾仍将继续采用填埋方式处理，但随着垃圾量的不断增加，垃圾处理的能力和压力也会越来越大。至于医疗垃圾、建筑垃圾按规定均是自行处理，如医疗废物垃圾由医院自设的焚烧设施处理等，但将来会合并处理。

　　城镇生活垃圾的收运，按城中村和城区的不同，采用两种基本方式：一是在城中村采取所谓"户收集、村集中、县清运"的收储新模式，以解决城中村生活垃圾随意堆放，存量过多的问题。二是在城区，居民小区的垃圾由各户装袋，集中投放于社区内设的公共垃圾容器。公共场所、街道垃圾用保洁车、果壳箱和垃圾桶收集，沿街单位、店铺和住户的生活垃圾则是袋装集中到指定地点，定时收集。同时将县城内各类餐饮企业和小饭馆产生的所有餐厨垃圾纳入统一收集的范围，从而形成一个由县城管理部门主导、覆盖面较广的生活垃圾收运体系。诚然，垃圾的无害化处理，资源化利用是大势所趋。但据反映，目前最突出的是体制问题，立项困难，其次为垃圾分类流于形式，不切实际，也缺乏必要的引导、宣传和相应的服务措施。应该说从源头做好垃圾分类，分类投放，分类运输，分类处理并不难，更不存在技术障碍，而是管理和观念问题。总之，应首先从城镇做起，完善垃圾分类，建立奖惩机制，避免前分后混，分也白分的现状是首要任务。时下，"分类产生价值，垃圾变成资源"已广而告之，但要真正成为人们自觉遵守的一种行为规范，却是任重而道远。

农村垃圾的处理是农村环境连片综合整治项目的内容之一，目的在于逐步建立一种可覆盖每个村落的生活垃圾收集转运系统，实现村容村貌的根本好转。据统计，在 2010 年实施威远镇班家湾、小庄等 4 个村环境综合整治项目的基础上，截至 2013 年上半年，如期完成 2011 年总投资 1451.02 万元、涉及 5 个乡镇 16 个村的环境整治项目收尾及验收工作，顺利实施 2012 年总投资 919.02 万元、涉及 5 个乡镇 19 个村的农村环境连片整治项目，配备户内垃圾桶 13793 个、户外垃圾箱 759 个、密闭式铁制垃圾斗 140 个、摆臂车 8 辆、自卸车 2 辆、三轮车 35 辆、修建公厕 6 座、垃圾中转站 15 个、800 平方米畜禽养殖污染初级处理系统 1 套、电动垃圾清运车 9 辆、脚踏三轮车 6 辆，生活垃圾收集转运系统得以不断完善，所配套各种环保设施按照"户分类、村收集、乡转运、县处理"的模式运转良好，并取得良好的环境效益和社会效益①。不过，如何保证各种环保设施的高效使用和常态化、细化管护仍是今后一个长期性的工作。

调查中据东沟乡大庄村四组村民反映：可燃性垃圾在乡下大多是烧掉煨炕，玻璃瓶之类非可燃性垃圾，收废品的一般不要，通常是打碎后随便找个坑洼埋掉。人牲粪便作为农家肥，秋后拉到地里肥田。垃圾箱是环境连片整治项目分发的。先由乡上发到大队，最后分发到农户，每家一个，垃圾斗是每一个队一个。垃圾不定期由垃圾转运车拉走，一般是 1—2 个月拉一次，运到姚马庄的一处山沟垃圾填埋场。现在的问题是虽然家家都配发了垃圾箱，但由于住户分散，垃圾斗只有不多的几个，而且设置地点也不尽合理，常常要走很远才能把垃圾箱拖到垃圾斗的位置，加上垃圾箱底部没有转轮，拉进拉出很不方便，所以很多住户为图省事，干脆就把垃圾就近随便倒掉。目前还没有自来水，饮用水是附近山坡上的泉水，这里的泉水四季长流，冬季不冻，水流成溪，俗称黑泉河。挑水不到 1 里地，但现在黑泉河的水质不比以前，有些脏。垃圾箱是上一年开始设的，之前很多垃圾都是随意倾倒在河滩岸边，遇到下雨水涨，就会污染水流。自从设立垃圾箱以后情况有所改观，但以前倾倒的垃圾还没有清除，所以现在

---

① 互助县环境保护局：《环境保护局 2012 年工作总结及 2013 年工作目标》，2012 年 12 月。

几乎家家都在院外自己打井作为饮用水水源，井深一般在6米左右，用电泵抽水，接上管子引进院内水缸储水。井水比河水清澈，但水垢多。现在村委所在的二队以及五队拉上了自来水，但四队还没有。可见，农村环境的综合整治工作由于基础落后，点多面广，死角多，难度大，所以更需做细、做实，循序渐进，因地制宜。

"旅游强县"是最近几年提出的新口号。随着县域旅游业的发展，景区的不断开发和客流的逐年增加（2013年共接待游客230万人次），景区的垃圾问题越来越突出。为解决景区产生的大量垃圾，2010年建设完成北山森林公园垃圾填埋场，重点处理季节性旅游产生的垃圾以及景区内的林场、村落生活垃圾。不过从目前的情况来看，北山景区存在的主要问题恐怕还在于管理，一是景区涉及林场、公园管理委员会等几个单位，多头管理，责任不明，导致管理不能到位。二是垃圾箱等卫生设施缺乏，安放点少且不合理，垃圾转运也不够及时。三是对景区内河流的管护不够，如生活垃圾近岸乱堆，厕所靠河而建，直接排放，河中漂浮物杂多，特别是景区内一些度假村、饭馆产生的酒瓶、玻璃以及塑料袋等废弃物，难以回收再利用，或打碎直接抛弃河道，或乱堆乱放任由牛羊等牲畜拱食，以至于因误食塑料袋而致牲畜死亡事件时有发生。其他如五峰山、南门峡等景区也存在类似问题，不仅大煞风景，而且对环境造成污染和破坏。因此，加强景区特别是一些重点景区的垃圾规范处理和综合整治已刻不容缓。

二 环境保护

环境保护是一项极其复杂的系统工程，结构上而言，可以分为工程性保护、产业性保护和文化性保护三大类，三者相对独立但却密切关联，从而构成统一过程的不同层面。

（一）工程性保护

主要涉及造林绿化和水源地保护两项措施，其中造林绿化涵盖城镇和农村两大板块，即城镇绿化是重点，农村绿化为主体。

1. 城镇绿化。城镇绿化的目的在于配合城镇化的推进，通过转变传统的绿化模式，以所谓"拓城、通路、增绿、添景"为重点，以城区为核心，延伸及内涵地扩大绿化面积，提高城镇的绿化覆盖率，打造一总量适宜、布局合理、植物多样、环境优美、"点、线、面、环、块"有机结合的城镇绿化体系，形成园林绿化、道路绿化和绿地相结合的多元绿化格局，从而全面推进生态园林城市的建设。具体而言，城镇绿化包括"三山绿化"、县城园林绿化和道路通道绿化三大单元。

"三山绿化"是威远镇总体绿化工程的重要组成部分。根据"十二五"规划，威远镇三山绿化造林面积为2.5万亩，城镇绿化15750亩，投资5500万元。自2011年以来，由林业局牵头，县直属有关单位承包实施的威远镇周边小庄山、小寺山、安定山三山绿化以及塘川镇老爷山高标准造林工程，迄今已累计完成高标准造林5045亩，补植补栽1500亩，幼林抚育1.65万亩，建立永久性标示牌13个，并陆续完成威远镇周边小寺山、班家湾、红崖、古城山绿化工程电力设施建设，从而为打造西宁—威远镇—北山林区绿色景观长廊奠定了基础。

园林绿化是县城绿化的基本内容，要求结合本县实际和特色，引进适合高原城市的树种，突出地方特色，将县城绿化同生态旅游、民俗文化相结合。目前已完成县城绿化面积250.95万平方米，城区绿化率达33.02%，园林绿化投资2162.3万元。其中2013年，园林绿化的主要地带为县城安定西路、东新街、南大街和毛斯路及毛斯河，绿化总面积4.99万平方米，计划投资502.68万元，其中南大街投资200万元，安定西路、东新街绿化资金根据县政府印发《互助县2013年县城道路义务植树绿化工作实施方案的通知》要求，由县直各单位筹集302.68万元以义务植树形式进行绿化。目前，绿化任务已全部完成，涉及一街二路一区，即安定西路绿化，共完成绿化面积8960平方米，栽植青杆637株，榆叶梅2240平方米，丁香2240平方米，金叶莸2240平方米，红叶小檗2240平方米。东新街绿化，完成绿化面积2400平方米，栽植暴马丁香155株，花灌木全部完工，栽植丁香1200平方米，栽植榆叶梅1200平方米。毛斯路绿化，完成绿化面积31748平方米，栽植青杆183株、暴马丁香168株、李子树28株、圆柏699株、云杉53株；大墩榆叶梅32墩、大墩丁香256墩、青冈木950株、甘青瑞香800株、连翘2100株、剪型丁香568.5平方米、剪型榆叶梅601平方米，金叶莸297.4平方米，红叶小檗204.5平方米；种植草坪5000平方米，苜蓿12500平方米，草花12500平方米，同时完成彩虹大道等景观节点绿化工作。示范园区绿化，共栽植暴马丁香141株，丁香353墩，榆叶梅62墩，剪型榆叶梅49平方米，金叶莸5平方米，苜蓿11220平方米。

西宁曹家堡机场周边造林绿化，是"十二五"规划中绿色通道建设工程的主要内容。所谓绿色通道工程，即以高速公路、西互一级路和通乡公路网络为主体，结合造林绿化工程，构筑沿路绿色森林网络。在不断完善高速路、一级路绿化的同时，进一步加强对县乡公路的绿化，从而提高道路的整体绿化水平，逐步建成以乔、灌为主体，花、草相结合，防护功能明显，景观优美的绿色生态通道。目前，曹家堡机场北坡的造林绿化工作，总投资为527.7万元的机场北坡造林绿化工作已全部竣工，共完成造林绿化面积544亩，栽植各类苗木161050株，其中青海云杉2919株、祁连圆柏14832株，油松1069株，山杏10000株，榆树12230株，珍珠梅10000株，紫丁香10000株，柽柳插穗100000株。同时，首次实施了滴灌技术，总投资800万元，现已完成设施配套建设。计划到2015年，县域的高速路、一级路将全部实现绿化，县乡公路绿化率达80%以上，规划公路绿化造林总面积0.23万亩，总投资759万元①。

目前，互助县建制镇7个，全县城镇人口达10.85万人，其中县城建成区达7.6平方千米，城市化水平达28.04%，县城绿化覆盖率已达30.4%。根据"十二五"规划，到2015年，县城规划控制区面积将达到147.5平方千米，建成区面积达到15平方千米，人口增加到10万人，城镇化水平达到40%，绿化覆盖率达到30%以上，污水处理率达到70%，垃圾无害化处理率达到75%，并将全面完成威远镇地区"三山"、"三水"绿化工程。总之，就是以建设"旅游休闲型、山水园林型、生态宜居型"城市为目标，以增加绿地为重点，以"山水治理"为载体，规划和建设好沿沙塘川河、毛斯河、安定河绿化景观带，恢复沿河湿地，加强小庄后山、安定山、小寺山绿化和县城公园、中心区绿地、住宅小区绿地建设，着力提高绿化品位，提高城市人均公共绿地和绿化率指标，加快城镇周边生态环境的综合治理，着力打造"高原绿河谷"绿色生态走廊，构建绿色生态屏障，建设高原绿色名城，并进一步促进县域经济和社会的可持续发展②。

2. 农村绿化。农村绿化是新农村建设和农村环境连片综合整治等项目的规定内容之一，也是全面推进县域生态环境保护工作的一部分。目的就是通过农村绿化，包括村庄绿化、农户庭院种植、农田林网建设、水源

---

① 互助县林业局：《互助县林业局林业经济"十二五"规划中期完成情况》，2013年6月；《林业局2013年上半年工作总结及下一步打算》，2013年6月。

② 互助县住建局：《互助县城镇发展"十二五"规划》，2009年12月。

地保护和周边育苗工作，形成带、片、网三结合，覆盖广大农村的绿化体系。根据"十二五"规划，至2015年，将投资7275万元，完成291个村庄的绿化建设，其中道路绿化率达到100%。同时完成农田林网更新改造，总规模为1万亩，其中采伐更新0.7万亩、断带补植0.2万亩、新建防护林0.1万亩，项目总投资3300万元[①]。

据统计，迄今已完成塘川镇、威远镇、东和乡、丹麻镇、五十镇等58个村的道路、广场和庭院绿化工作，同时完成通道绿化80余千米、农田林网4万余株、四旁植树11万株，全县累计完成义务植树180万株，大田育苗累计完成4560亩。其中2012年，互助县将西宁至互助北山旅游沿线塘川镇高羌村、威远镇红嘴尔村、东和乡魏家滩村、巴扎乡峡塘村等4个乡镇的19个村确定为"党政军企共建示范村"，由省司法厅等21家省级单位帮扶共建，19个村完成投资4.33亿元，6326户2.4万人直接受益，建成了一批见新房、见新村、见新貌的美丽村庄。2013年，青海省财政投资420万元，全面完成14个乡镇21个村的新农村村庄绿化工作[②]，为实现"村有生态林、社有林荫道、广场有绿荫草坪"的绿色目标创造了条件。以下是互助县新农村办公室提供的目前省、县两级共20个示范村绿化情况统计表，从中可了解县域绿化工作的基本情况。

表4-1　　　　　　　　　省级示范村绿化情况统计表

村名	村道（米）	绿化数量（株）	公共面积（亩）	绿化数量（株）
红崖子沟乡老幼村	2210	736	5.3	19286
五十镇北庄村	2000	267	3.2	692
五十镇巴洪村	800	106	2.9	485
五十镇卓科村	13700	4466	2.9	19968
丹麻镇松德村	13800	4600	3.5	20996
丹麻镇东家村	9200	3067	4.2	19049
哈拉直沟乡盐昌村	2500	833	7.9	17190
东沟乡姚马村	12000	4000	23.7	31080
五峰镇下马一村	5920	1973	3.9	14699
五峰镇陈家台村	7030	2343	5.3	14615

① 互助县林业局：《互助县林业经济发展"十二五"规划》，2009年12月。
② 《林业局2013年上半年工作总结及下一步打算》，2013年6月。

续表

村名	村道（米）	绿化数量（株）	公共面积（亩）	绿化数量（株）
威远镇纳家村	20454	6818	4.9	18642
塘川镇下山城村	1600	533	3.7	12591
12村合计	91214	29742	71.4	189293

数据来源：互助县新农村办公室2012年7月提供资料。

表4-2　　　　　　　　　县级示范村绿化情况统计表

村名	村道（米）	绿化数量（株）	公共面积（亩）	绿化数量（株）
巴扎乡甘冲口村	11700	3900	1.8	10306
东和乡大桦树林村	17308	5769	3.8	6190
东沟乡大庄村	2000	667	3.5	585
东山乡下元保村	9300	3100	1.2	1108
西山乡王家庄村	13600	4533	2.1	7800
蔡家堡乡关家山村	8400	2800	2.6	8746
林川乡昝扎村	3200	1067	3.5	10186
7村合计	65508	21836	18.5	44982

数据来源：互助县新农村办公室2012年7月提供资料。

　　水源地保护关乎人畜饮水安全，也是维系当地小气候环境的要素之一。根据"十二五"规划，并结合农村环境连片综合整治工程，2011年开始即不断加大水源地保护的力度，包括建设饮用水源地网围栏，设置警示牌、界标，造林绿化等措施。迄今，乡、镇、村集中式饮用水水源保护区的划定工作进展顺利。按照《海东行署办公室关于印发海东地区乡（镇）村集中式饮用水水源地保护区划定和整治工作方案的通知》要求，为切实保障人民群众饮水安全，扎实推进水源地环境整治、恢复和规范化建设，坚持超前性原则、优先保护原则、确保水质达标原则和技术、经济承受原则，会同环保、水利等部门，在已完成22.67平方千米的县城集中式饮用水水源保护区，以及南门峡、丹麻镇、加定镇、塘川乡、五峰、五十镇6个建制镇、面积达103.7平方千米的集中式饮用水水源保护区划分工作的基础上，制定实施《互助县乡（镇）村集中式饮用水水源保护区划定和整治方案》，对水源地周边环境综合治理，清除各类环境安全隐患，修建界标18个、警示标12个、防护栏10千米，并完成对现有饮用水水源地的现状和背景资料的收集，以及基本情况和环境质量状况的调查工作，从而为下一阶段的顺利实施提供了科学依据①。

林木种苗资源是保证绿化工程顺利实施的物质前提。近年来，随着互助县林业"四大工程"、新农村建设村庄绿化和城市园林绿化工作的大力推进，全县林木种苗产业迅速发展壮大，苗木经营初步形成了以国有苗圃为龙头，个体育苗为主体，企业育苗为辅助，国有、公司（专业合作社）、个体育苗等多种所有制形式并存的育苗网络格局，使苗木产业逐步向基地化、规模化发展，为各项林业重点工程的实施提供了大量优质种苗，并成为互助县农民增收致富的一条新途径。据调查，截至目前全县育苗总面积达13748.73亩，其中国有苗圃7个，育苗面积为1848亩；育苗公司（基地）32家，育苗面积4142.7亩；苗木种植专业合作社71个，育苗面积为7293.03亩；个体苗圃17个，育苗面积465亩。截至2013年，全县总产苗量达10259.6万株，主要以青海云杉、祁连圆柏、油松、樟子松等针叶树，桦树、青杨、河北杨、新疆杨等阔叶树和丁香、榆叶梅、连翘等花灌木为主，苗木产值达6902.32万元。其中国有苗圃（林场）育苗基地的苗木全部用于全县林业重点工程造林，其他公司（专业合作社）育苗和个体育苗的苗木一部分用于全县林业重点工程造林，一部分则由苗木经营者调往外县或外省②。很大程度上而言，假若没有苗木经济作支撑，绿化工程就成为无源之水，无本之木，难有稳定而可靠的依托。

此外，公共墓地绿化日渐受到当地村镇的重视，如大庄村公墓，这是一个1958年始建于古村堡废墟遗址上的公墓，占地4亩余。最近几年，随着环保意识的增强和植树造林工作的不断深入，大庄村在不影响墓地功能的前提下，移风易俗，将公墓纳入生态公益林营造的范畴，积极绿化，植树种草，栽种了大片杨树、柏树等树种，从而使死寂的墓地焕发出绿色的生机，也成为一道独特的乡村风景。

（二）产业性保护

循环农业、生态经济是产业性保护的新探索，也是加快发展现代农业的重要途径，而沼气建设则是打造高原生态循环农业新模式的关键一环，即以沼气建设为纽带，连接养殖业与种植业，通过对人畜粪便的无害化处

---

① 互助县环境保护局：《2013年环境保护局上半年工作总结和下半年工作重点》，2013年6月。

② 互助县林业局：《互助县林业局林业经济"十二五"规划中期完成情况》，2013年6月。

理,资源化利用,最终实现农业系统内部的良性循环,减少对环境的不良影响。

据介绍,沼气作为互助县农村能源建设项目开始于 2001 年,主要是进行户用沼气池建设,经过十多年的建设,沼气建设和应用技术日趋完善,农村沼气建设的数量和质量不断提高,建设内容由单一建池发展到"一池三改"(改厕、改圈、改厨),应用范围由"省柴节煤、点灯烧饭"拓展到生产领域的"三沼"(沼气、沼液和沼渣)综合利用,建设内容也由户用沼气增加为太阳灶、生物质炉、大中型沼气等项目,使全县农村能源建设和新型能源利用得以快速发展。大致而言,沼气建设经过了两个主要阶段,即 2001—2010 年为发展期,2010—2013 年为深化利用期。

从 2001 年开始到 2010 年,特别是 2006—2010 年期间,农村沼气建设无论是数量建设还是服务领域的拓宽均都首创县域农村沼气建设历史的新高。截至 2010 年底,全县在 19 个乡镇 200 多个村共建成农村户用沼气池 25534 座,占适建农户数的 38%,其中 2006 年到 2010 年共新建沼气池 17994 座,建成旋流布料型沼气池 17994 座,"一池三改"14035 座,启动利用 13316 座,分别占完成数的 78% 和 74%。同时,推广太阳灶 2.2 万台,生物质炉 4050 台。大中型沼气则始建于 2009 年,至 2010 年底建成大中型沼气工程 1 处,养殖小区沼气工程 7 处,联户沼气工程 6 处。

随着农村沼气建设规模的不断扩大,建立健全沼气后续服务管理体系,强化已建沼气池的后续管理,提高综合利用水平,就成为这一时期的重要工作。为此,青海省农牧厅从 2008 年开始陆续批复乡村沼气服务网点项目。截至 2010 年底,共组建村级沼气服务网点 138 处,配发沼气服务专用车 138 辆,维修及检测设备 138 套,初步形成覆盖全县的农村沼气乡村服务网络体系。同时,为进一步探索适宜的沼气综合利用技术,自 2006 年开始先后在威远镇红嘴村、卓扎滩、台子乡塘巴等村开展沼渣、沼液对比试验,以此为沼渣、沼液在农业生产中的应用提供科学依据,推动绿色循环经济和农村经济的发展[①]。

根据"十二五"规划,从 2011 年开始,重点巩固和加大沼气的综合利用项目建设,探索和建立有机循环农业发展的新模式。其中 2012 年,在红崖子沟、东和、林川等乡镇建成沼气池 2000 座,完成投资 885.3 万

---

① 互助县农业局:《2006—2010 年农业年鉴》,第 44—46 页(内部印刷)。

元，发放沼气服务车 16 辆，完成投资 213 万元。截至 2013 年上半年，全县共建成"一池三改"农村户用沼气 2.75 万户、村级沼气服务网点 153 个，配备沼气服务车 153 台，推广生物炉 1.65 万台、太阳灶 3.5 万台。特别是作为有机循环农业试点项目，在台子乡下台一村建成温室 60 栋，50 立方米沼气池 2 座，畜用暖棚 2 座，开展"养殖—沼（渣）液—蔬菜"循环农业试点。在蔡家堡乡大庄一村、二村建立全膜蚕豆基地 1000 亩，养羊 860 只，养猪 210 头，开展"养殖—畜禽粪便—全膜优质蚕豆"循环农业试点。在东山乡吉家岭种植玉米 300 亩，养羊 570 只，开展"养殖—畜禽粪便—全膜玉米"循环农业试点①。不过据调查了解，除试点村庄以外，有些村庄的沼气项目示范户，由于沼气设施产气少、利用率较低、技术跟不上、维护成本较高等原因，现大多已弃置不用，或改作他用。因此，如何巩固既有成果，吸引更多农户参与沼气建设，充分发挥示范户的带头作用，使沼气项目真正成为省钱、方便、环保的民生工程而不是形象工程、政绩工程就成为目前亟待解决的一个问题。

（三）文化性保护

一定的环境造就一定的文化，文化性保护是民间传统生态环境保护知识及其体系在文化上的智慧体现，它渗透在人们日常生产生活的方方面面，自然而然，习以为常，或相沿为惯习，或升华为信仰，或表现为规约，内涵丰富，形式多样，无为而无不为。

宗教信仰是民间对环境保护重要性认识的集中体现。作为土族自治县，土族传统上信仰藏传佛教，并深受道教、民俗宗教等多元宗教文化的浸淫，佛教的慈悲为怀、戒杀重生，道教的效法自然、贵生贱死，民俗宗教的大自然崇拜等观念根深蒂固，潜移默化，直接影响到人们的行为习惯。土乡大地，大凡寺庙，不仅是宗教的圣地，更成为一种强烈的符号象征，警示、规范着人们的行为和活动，一草一木、飞禽走兽，成为环境的一部分而受到格外的保护，其中不乏风景名胜之地，如却藏寺，依山面湖，龙凤呈祥，中和气足，松柏成林；五峰寺气象万千，峰峦秀拔，出神入化，植被茂盛；馒头寺则依山而建，峡谷清幽，林涛阵阵。而当地村落比较多见的龙王庙也为林木保护的神域重地，如大庄村龙王庙，据调查该

---

① 互助县农业和科技局：《互助县农业基本情况及 2013 年重点农业工作完成情况汇报》2013 年 6 月。

庙重建于清同治年间，改革开放后得以陆续修缮，占地近两亩，庙内古木益然，松柏常青，周围则广种杨、榆、柳等乔木，远远望去，只见林木，不见庙宇。当地习俗，寺庙院落内外及其周边地带的树木绝对禁止砍伐和破坏，因为树木为神树，本身即属于寺庙整体的一部分，只能任其生长，加以保护。毫无疑问，这一信仰客观上对于生态环境的保护起到非常积极的作用。

保青苗转山，则是当地一年一度的民俗宗教活动，如 2013 年 6 月 1 日东沟乡的保青苗转山，是由大庄村的 8 个自然村进行，其中龙王是此次出游的最主要神祇，保佑当地风调雨顺、水旱不兴、冰雹遁形。是日严禁打架，更不许野外放火，以庄严环境，保护"青苗"，否则由广福寺庙官执法，罚款一千元甚至数千元不等，且从 6 月份直到 9 月份，这期间禁止砍伐一切林木，特别是视为神木的"崩康"附近的林木，不论何时，更是严禁砍伐，严加保护。这就是民俗的力量。

当然，民间对林木保护重要性的认识，不仅仅表现为一种宗教信仰，其背后还有更为现实的经济考量。当地谚语云："要想富，多栽树。栽树保树，越栽越富。发家致富，莫忘种树。""家有千棵柳，山上不要走。""家里富不富，先看栽的树。若要远年富，年年要栽树。现在人养林，日后林养人。栽树忙一天，得益一百年。享近福，攒粪土；享远福，要栽树。""柳树栽河畔，防洪保堤岸。山上没有树，庄稼保不住。山上毁林开荒，山下必定遭殃①。"可见，林木既是一种物质财富，更是一种环境资源，且有保持水土、防洪抗灾之功。形式上，民间谚语朴实直白，但却道理自在，寓意深刻，饱含经验与教化之功。的确，在调查中也切实能感受到民风和信仰在环境保护中不可替代的作用。

个案 1：

本村 80% 以上为土族，还有少数汉族和藏族。每年县里、乡里会通过宣传栏、开会、发材料等形式宣传绿化、生态保护的意义和重要性，落实到每家每户，使大家认识到绿化和保护环境的重要性，所以村头、沟渠、田间，无论是集体的还是个人种植的林木一般不再砍伐。田间栽树虽然会影响作物的生长，但成材后可以自用，其他地方

① 互助土族自治县志编纂委员会编：《互助土族自治县志》，青海人民出版社 1993 年版，第 545 页。

的树木为绿化林，不许砍伐。村里街道、公路两边种植的树木属于乡林业站管理，不能砍伐鄂博附近的树木，因为属于集体林，也是我们的神树。田间林木，即便是自种的也不许随意砍伐，特别是每年的6月至9月，不许砍伐任何林木，这是我们的宗教信仰。

水源地虽然号称有108个泉，其实没有那么多，但几十个是有的，在草滩上星罗棋布，有五六十亩地的范围，为了保护水源地，草滩上栽上了松树，七八年前种植的，现在长到了十几公分径粗。树苗是林业站提供，由大庄村村民栽种的，属于本村的集体林、公益林和生态林，距黑泉村有3里地，草滩背靠大山，山坡上种植油菜、小麦。草滩原来是生产队的牧场，改革开放后并没有承包到户，仍然属于集体用地，现在牲畜没有了，就栽上了树木，而且为了保护水源地和水源林，也不允许再放牧牲畜。①

个案2：

本村的村庙是龙王庙，有庙官1人，青苗头5人，庙官任期为3年、6年或9年，由龙王指定。青苗头则是一年一轮。公公曾当过一次苗头，习惯上是每家轮流出一个苗头。每年转山保青苗时，不能放牧牛羊上山，也不能打架斗殴，更不能砍伐林木，相沿已久，约定俗成。而且从阴历四月初八到九月初九，这期间由庙官负责处理邻里纠纷等事务。村规民约的制定也是根据庙里的戒规。

本村的集体林主要是河滩种植的公益林和生态林，不准砍伐，由县林业局统一管理。村民的承包林属于自有林，多分布在坡地，产权属个人，但不准砍伐，管理上归集体，每年按人口每人补偿10—20元，由县林业局统一直接划入村民的卡中，不经过村委。目前全县各村的林地管理模式都是统一的。

自家的院落、宅基地不到5分，过去我们土族的庄廓都是土木结构的平房，用土坯砌墙、木板隔断，现在新农村建设都改成了砖瓦房，出檐部分则加盖了铝合金结构、玻璃门窗的封闭阳光"过亭"。传统上土族比较重视院落美化，讲究整洁卫生，外墙喜欢以白土泥抹光，庭院中央设一个煨桑台，前面建一个圆形花坛，栽种牡丹、芍药、大丽花等花卉，或者杏树、苹果、梨树、旃檀树、樱桃等，院落

---

① 笔者访谈资料，访谈对象：黑泉村第四生产小组胡某，男，土族，69岁；访谈时间：2013年7月19日。

周边则种植榆树、杨树、柳树等。习惯上每年三月份大家会自觉地植树绿化。①

　　村规民约属乡土文化的范畴，是规范和约束人们日常行为的一种民间条文，当民间传统的环境保护思想以及卫生观念与现代环境保护的理念相契合并适应环境保护的时代要求和现实需要时，村规民约自然也便具有了传统性与时代性、民间性与政府性相统一的基本特点。下面撷取较有代表性的几例，以为个案：

　　　1. 村民的房前屋后及院内，要做到无垃圾、无污水、无污泥，坚持每天一小扫，每周一大扫；不准将杂草杂物等垃圾扔弃到村组道路和河渠中；垃圾应倒入固定垃圾池，任何人不准乱倒乱放，要自觉养成人人讲卫生，爱整洁的良好风气。②

　　　2. （1）自觉遵守《森林法》，严禁毁林，盗伐林木，破坏植被，违者移交林业部门处理；森林防火，人人有责，遇有火警，听从指挥，积极参加扑救，如知情不报，不积极扑救的罚款20元。（2）积极开展文明卫生村建设，搞好公共卫生，加强村容村貌整治，严禁随地乱倒乱堆垃圾、秽物，修建房屋余下的垃圾碎片及时清理，柴草、粪土应定点堆放，严禁在路面上碾压柴草，不听劝告者罚款50—100元。③

　　　3. 护林防火"十二不准"：一不准在林缘烧灰积肥，二不准毁林开垦，三不准在林内吸烟，四不准在林内烤火取暖，五不准在林内野炊，六不准在林内上坟烧纸，七不准在林内煨桑，八不准小孩在林内林缘玩火，九不准点燃树皮玩火，十不准煨火薰猎，十一不准盗猎任何野生动物，十二不准盗伐一切林木。④

　　　4. （1）加强野外用火管理，在上坟烧纸时做到人离火灭，防止山火发生。（2）积极开展文明的卫生村建设，搞好公共卫生，加强

---

①　笔者访谈资料，访谈对象：威远镇纳家村白某，女，土族，54岁；访谈时间：2013年7月21日。

②　2013年威远镇白崖村卫生公约，宣传栏形式。

③　2013年白崖村村规民约，宣传栏形式。

④　2012年互助县实验林场宣传办公室，宣传牌形式。

村容村貌整治，严禁随地乱堆垃圾、秽物，修改房屋余下的垃圾碎片应及时清理。①

5. 中华文明，举世传颂，爱我家园，从我做起，没有规矩，难成方圆，村民守则，人人遵守，爱国守法，明礼诚信，团结友善，勤俭自强，各项事业，党员带头，四培双带，互帮互学，古迹文庙，人人爱护，旅游兴村，惠及百姓，发展生产，调整结构，人人务工，户户经商，学习科学，适应市场，共同致富，生活富裕，尊老爱幼，教子有方，孝敬父母，厚养薄葬，家庭和睦，邻里相帮，村内纠纷，互谅互让，硬化道路，倍加爱护，不抛污水，不倒垃圾，不晒柴草。②

村规民约既是传统的延续，更是现时代的需求，不违民俗与因俗而治并举，是基层乡村自治的一种具体体现，也是政府意志的间接反映。实践证明，只有建立在切实尊重群众的重大关切和利益诉求基础上的制度规约才能赢得民心，行之有效。否则，再密集的宣传也是有雷无雨，再好的政策设计和制度安排也会形同虚设，最终只能是"写在墙上，挂在路边，写进报告"，流于形式而已。

此外，标语口号作为喜闻乐见的一种大众宣传方式，往往具有鲜明的时代性与浓郁的地方性特色，并由此形成一种标语文化。标语口号在形式上灵活、生动，在内容上主题鲜明、突出，在功能上具有针对性和时效性，对于宣传环保政策，营造良好的社会氛围功不可没。通过标语口号的观察，可以了解一个地方的政治文化特点以及近期的目标任务与长远的战略规划等方向性内容，以下关于生态环境保护方面的标语口号，主要见之于互助县城和主要交通干道以及周边村落，或设置于街头、路边，或出现在广场、景点，或悬挂，或张贴，虽然形式多样，视角不同，但主题突出，目标明确，如"环境优美、生活和美、大美青海"；"共创卫生县城，共建宜居土乡"；"清洁环境，美化土乡"，"保护生态环境就是保护自己"；"坚持人水和谐，建设生态文明"；"少一丝尘埃，多一片清洁，保护好环境，共享蓝天碧水"等，或言辞浅显，或立意高远，但一个共同点在于均将生态建设与环境保护、人与自然的和谐统一置于特别突出的地位。

---

① 2013年威远镇那家村党支部村委会，挂历形式。
② 2013年威远镇大寺路村民守则，宣传栏形式。

　　总之，民族、民间文化是一种宝贵的资源，善用这一资源就会转化为一种无形的助推力和正能量而服务于生态文明建设的大局目标，造福于我们的国家和社会，惠及众生，长宜子孙。

第五章

文化建设与文化保护

改革开放以后，尤其是进入新世纪以来，互助县的民族艺术在形式和内容上不断得到创新，不断超越，展现了新的时代风采。互助县的公共文化体系不断完善，公共文化产品日益丰富，各类文化惠民工程的实施，为提高全民文化素质和满足广大人民群众日益增长的精神文化需求起到了重要作用。民族文化遗产保护已成为全民的共识，得到了有效的保护。以非物质文化遗产项目的申报成功为契机，非物质文化遗产得到进一步保护和传承，非遗作为最重要的文化资源在文化产业中发挥了巨大作用。

第一节　民族艺术与创新

互助县土族民间艺术具有深厚人文内涵，彰显了土族的民族性格和审美情趣，是土族人民创造新的富有时代气息的当代艺术的文化之根。在全球化背景下所提供的种种新的机遇与可能面前，互助土族民族艺术与时俱进，不断创新，不断超越，在新的时代展示了新的风采。

一　民族歌舞与表演

互助土族艺术在改革开放以后的 30 多年中得到了长足的发展。民族艺术形式在传统艺术的基础上采取了多样化的艺术形式。

（一）民族舞蹈

在县文化馆推动下，舞蹈《轮子秋》多次参加全国民运会表演项目并连获金奖。2008 年代表青海省参加了北京奥运会开幕式的文艺表演，给土乡人民以极大鼓舞。2012 年，互助县选送《土族安召花棍舞》参加了央视"喜迎十八大"《中国歌舞乐盛典——黄河之水天上来》专场演出。2013 年，在第 10 届中国艺术节上，互助县二月二擂台庙会获项目类"群星奖"；土族女子群舞《彩虹舞》获表演类"群星奖"。互助县文化馆刘应军获"群文之星"荣誉称号①。

为了适应旅游开发的演出，文化馆创作了一批短小、喜庆的民族歌舞，并培训农家乐经营者学习表演，作为农家乐旅游的表演节目。如：《土族迎亲舞蹈》、《土族敬酒歌舞》、舞蹈《七彩袖》、《请到土族家乡来》、《轮子秋》等。

在民族歌舞创作中，运用非物质文化遗产资源进行创作获得了成功。如《丹麻土族花儿会》《拉仁布与吉门索》被创编成小型歌舞剧搬上舞台，宣传和扩大了非遗项目的影响力。2012 年，互助县政府与青海金昆仑影视文化有限责任公司完成了电影《拉仁布与吉门索》的筹拍工作。2013 年 5 月，互助县广播电视局在完成《拉仁布与吉门索》电视剧剧本的基础上，筹划通过市场运作，招商引资 1200 万元拍摄该电视剧。

民族艺术节也促进了民族艺术的传承与创新。2012 年，互助县松多乡举办了松多华锐文化艺术节，并制作了《华锐松多民间歌舞集》《华锐松多拉伊集》《华锐松多酒曲集》VCD、DVD 光盘等。丹麻镇拥有一支上千人的安召队，在节庆活动中往往以宏大的场面，艳丽的服饰，整齐的动作，优美的舞姿，欢快的旋律，让观众感受到土族文化独特的魅力。如今，"千人安召"已成为丹麻镇的文化品牌，在互助县许多大型活动中频频亮相。

（二）《彩虹部落》

随着当代审美意识和文化需求的提高，互助县尝试运用现代舞台艺术，大手笔、大制作，展示古老的民族历史文化。2008 年 11 月，互助文化馆投资 300 余万元，有 160 多位演职人员参加，创作演出的土族大型歌舞剧《彩虹部落》在青海剧场试演取得圆满成功。舞剧《彩虹部落》立足于源远流长的民族文化土壤，撷取历史沿革脉络中精彩、悲壮、辉煌和美的代表性故事，生动展现了土族悠远的历史变迁、厚重的民族文化和多彩的民俗风情，表达了土族人民自强不息、勇于开拓、眷恋故土、热爱家园的民族精神。剧目运用了现代舞美灯光、音响设计，汇集了土族服饰、歌舞、民俗、宗教等诸多文化艺术元素，气势宏大，美轮美奂。

———————

① 李欣：《我省喜获三项文华奖六项群星奖》，《青海日报》2013 年 10 月 29 日第 1 版。

《彩虹部落》的演出成功填补了省内旅游市场大型演艺的空白，被列入青海省重点剧目。互助县对新建的宣传文化中心进行了改扩建，投资658万元，建成了目前全省规模最大、设施最好的剧场——彩虹剧场，为《彩虹部落》转向商演，促进文化产业的发展创造了条件。

（三）民族歌曲

近年来，互助县在歌曲创作方面走在了全省的前列，创作了一批反映当代土族文化与风情的现代歌曲。

2000年，青海省举行"大美青海"全国歌曲征集活动。土族作曲家马占山作词作曲的《三杯青稞美酒》荣获优秀奖，张启元谱曲的《安召索啰啰》被评为入选奖。

2013年，由互助土族自治县县委、县政府和青海省音乐家协会共同主办了"土乡互助、神采飞扬"歌（舞）曲征集评选活动，催生出了一批具有互助本土元素的优秀作品。征集活动结束后将结集出版土乡互助神采飞扬DVD光盘，内容分三部分：歌（舞）曲征集、土族婚礼音乐创作、土族优秀创作歌曲选编。其中土族婚礼的再创作是其重点和亮点。

在土族歌曲的创作中，本民族的作曲家功不可没。土族作曲家马占山创作的《青稞美酒献神州》《美丽的土族阿姑》《清清亮亮的大通河》《三杯青稞美酒》等诸多歌曲被广为传唱，深受土乡人民喜爱。

马占山的音乐创作深深植根于土族民间音乐的沃土之中。他在民族调式基础上灵活运用了复调技巧的和声，创作了钢琴曲《土族民歌主题变奏》、电影歌曲《土族风采》、合唱歌曲《战地打夯歌》等。他为在土族大型歌剧《拉仁布与吉门索》剧"梦幻婚礼"一场的作曲中，以优美的旋律和浓郁的民族风格呈现了土族婚礼的优美与热烈。"葬礼"一场中的"哭灵"唱段的处理，运用了戏曲、说唱音乐中的板式变化手法，是少数民族音乐创作的一次大胆而成功的尝试。

二　工艺美术

（一）刺绣

土族刺绣常用的有盘绣、平绣、锁绣、切针绣等多种绣法。其中盘绣艺术为土族独有，已作为土族刺绣艺术的代表进入了非物质文化遗产名录。盘绣是丝线绣，选用上等丝线，颜色为红、黄、绿、蓝、桂红、紫、白等七色。色彩的搭配可根据所绣饰物而定，但一般来说七色俱全，配色谐调，鲜艳夺目。上针盘，下针缝，按图案线路，一针二线，使 2 毫米大小的圈圈，均匀排列在缝线上，如密实的串串葡萄，展现在布料上。

土族的刺绣具有粗犷豪放的艺术特点。在图案色彩处理上具有构图层次分明，大胆采用色彩的强烈对比，表现出一种无拘无束、开朗奔放的民族气质。土绣在设色上多用原色，很少用灰色，因而色相明快，色度纯厚，对比鲜明，色彩强烈，许多绣品在黑色上直接用大红大绿绣成，出现高反差、强对比的效果。土族刺绣的装饰图案有宗教图案、龙凤、汉字图案和动植物图案等，表达了土族人民对富裕、丰收、平安生活的美好向往，蕴含着强烈的民间精神信仰和生命意识。[1]

传统土族刺绣多运用于服饰。目前随着对传统文化的挖掘，对一度失传的土族古老服饰中的大包腰带、前搭、烟袋、云鞋、头饰纽带等进行新的整理、挖掘和传承。目前，创新设计的土族刺绣产品有 30 多种。盘绣、刺绣工艺被创新性地运用到礼品、装饰画、流行服饰、拎包等创意设计中。2008 年，土族盘绣在青海省第三届旅游商品展示会上获优秀旅游商品奖。在 2011 年第四届青海国际唐卡艺术与文化遗产展览会上，《土族盘绣——家居系列》获"源羚杯"一等奖。2012 年 7 月，青海海东首届旅游商品创意大赛在互助县举行，互助县土族刺绣套盒摘得创意设计作品银奖。

（二）绘画

绘画方面，互助县涌现了以《土乡早春》《午憩》等为代表的一批优秀美术作品。这些作品以当代各类绘画技法反映了土族浓厚的民俗民风。

互助土族青年画家麻仲宝创作的《转安召》《土乡早春》《喜丰收》《秋收》《土乡阿姑》《回娘家》《漫一首花儿》《暖风》等作品，将土族的风土人情和乡土气息表现得淋漓尽致。2001 年他创作的《婚礼》在北京举办的全国"迎 21 世纪民族情书画展"上荣获一等奖；2002 年《迎亲》入选全国中国画展，作品被中国美协收藏并结集出版。2012 年创作的《情声》在青海海东书画比赛中获一等奖。2007 年，由中国文联出版社出版了《麻仲宝书画作品集》。

麻仲宝始终怀着热爱家乡、热爱民族和热爱大自然的情怀。他创作的长卷画作《丹麻土族花儿会》，用 97 名身着土族服饰的人们的各种不同

---

[1]　甘泉：《土族刺绣艺术的文化特色》，《青海师范大学学报》2006 年第 4 期。

的动作、神态生动再现了丹麻土族花儿会的盛况。他还连续三年到丹麻乡、五十乡、红崖子沟等地参加乡亲们的婚礼,创作了《婚礼颂》,该作品入选了全国政协举办的庆祝中华人民共和国成立50周年书画展,并结集出版。

（三）烙画

近年来,由互助县残疾青年师延兴开发的烙画艺术,成为当地民族艺术的新形式。烙画,又名烫画,以钢为笔、火为色,用烙铁等特殊工具在木板等材料上作画。高温使木板等材料不同程度碳化,呈现出黑、焦、褐的色调,以此来表现传统中国水墨画的质感。近年来,师延兴在木板烙画的基础上又研发出了牛皮烙画唐卡等作品。2011年第四届青海国际唐卡艺术与文化遗产展览会上,他的烙画唐卡作品《药师佛》获"源羚杯"二等奖。

师延兴讲述了自己创作的经历。师延兴,现年33岁,14岁时因意外造成高位截瘫。几年后一次偶然机会,他从电视里看到有艺人烙画,受到启发。在不断学习摸索中,他改进了烙铁工具来调节作画的温度表现黑、白、红、灰等各种颜色层次。作画的载体也很丰富,可用木板、牛皮等作画。他给自己的烙,融入西洋画的表现方式,突破传统作画"烫"的局限,发挥"熏"、"烤"的作用,在画板上呈现起名为"乐天派"烙铁画。

2008年,他带着自己的作品《原野雄风》和《花鸟》参加上海世博会,作品被上海世博会生命阳光馆收藏。2009年,他的作品《白文殊菩萨》和《黄财神》被青海省博物馆收藏。2010年,他被评为青海省二级民间工艺师。此后,在县残联的帮助下,师延兴开办了烙画学习班,培训了30多名残疾人。如今他的烙画已经被互助县作为文化产业项目进行扶持和推广,他身残志坚的故事也感染激励着更多的人。2013年,在青海省文明委主办的"最美青海人"评选活动中,他获得"最美青海人"的殊荣。

（四）玉雕

互助县哈拉直沟乡以玉雕而闻名,目前拥有庞大的玉雕队伍,已形成一条相对完整的产业链。从20世纪60年代开始,哈拉直沟盐昌村、蔡家村、费家村集体组织开采石膏矿,至1980年前后在开采过程中发现了玉石,从此,盐昌村、费家村个别农户开始玉石加工雕刻,并带动了全乡的玉雕产业。

哈拉直沟农户开发的玉雕产品已成为当今互助工艺美术的新宠。玉雕产品系列有祥瑞动物摆件，如藏羚羊、野牦牛、狮子、马、龙、凤、龟、鹰、十二生肖等；也有人物挂件弥勒佛、观音等；还有大型玉雕作品：八骏马、三江源、九龙戏珠、龙凤盘等。

许多优秀的雕刻大师及作品多次参展和获奖。雕刻大师师存孝制作的大型雕刻作品《江河源》在庆祝澳门回归的展出中受到澳门当地政府及社会各界的好评。互助县河湟玉开发有限公司师延忠的作品也多次获奖，2007 年，他创作的《双龙盘》在青海民间工艺美术品展览中获"源羚杯"二等奖；2009 年作品《福寿熏炉》在第七届青海民族民间工艺美术品展中获"源羚杯"三等奖；2010 年作品《西王母出巡》在第八届青海民族民间工艺美术品展览中荣获"源羚杯"一等奖，并获"青海省二级民间工艺美术大师"荣誉称号。

互助土族地区的手工艺还有砖雕、擀毡织褐、木雕等，其作品的观赏性和实用性也较突出，在民间广为流传。但是，随着生活方式的改变，这些手工艺传承也面临失传或后继乏人的问题。现在建造房屋材料逐渐改用钢筋水泥了，随之木雕土屋的手工艺应用也逐渐减少；过去擀毡匠备受人们尊重。随着时代的变迁，很多人不再留恋土炕了，上千年的擀毡工艺也从人们的生活中逐渐退出，擀毡匠越来越少。

第二节　公共文化服务体系建设

公共文化服务是指以政府部门为主的公共部门提供的、以保障公民的基本文化生活权利为目的、向公民提供公共文化产品与服务的制度和系统的总称，包括公共文化服务设施、资源和服务内容，以及人才、资金、技术和政策保障机制等方面内容。近年来，互助县、乡镇人民政府及文化部门因地制宜，突出特色，加强乡镇文化阵地和基础设施建设，大力发展文化产业，努力打造文化品牌，积极开展文体活动，丰富农民群众精神文化生活，乡镇文化建设呈现出良好的发展势头。

一　构建公共文化服务体系

根据我国政府"十二五"规划精神，互助县确立了"十二五"期间的文化发展战略目标：不断健全覆盖城乡的公共文体服务体系和文体市场体系，不断满足广大群众日益增长的精神文化需求，不断提高文体产业对国民经济的贡献率，为全县经济社会全面发展提供有力的文化条件和经济支撑。到 2015 年，建立起"公共文体设施、公共文体服务、文化体育产业、文化遗产保护、文化市场管理"等五大体系，全县文化体育事业发展主要指标居于全省先进行列；全县文化产业增加值占 GDP 的比重达到 5% 以上；统一、开放、竞争、有序的文化市场体系基本形成。

互助县在加快发展公益性文化事业，不断完善公共文化服务体系的过程中，坚持了以政府为主导，以满足人民群众物质生活需要的同时，满足其精神文化需求为目标，充分发挥人民群众的积极性和民俗文化的丰富性，构建了切合当地实际的公共文化服务体系，营造了生动活泼的社会文化生活。

互助县公共文化服务机构主要有文化馆、图书馆、博物馆、安纳歌舞团、体校等 5 个事业单位。威远镇西街青稞酒文化广场，作为群众文化活动的主要区域，设有排练厅、展厅、培训室、剧场（多功能厅）、书画创作及培训室、文艺创作及培训室等。图书馆现有数字加工室（兼采编室）、资料室、电子阅览室、图书阅览室、书库等。有计算机 44 台，供读者使用的有 30 台。图书总藏量 8 万余册。博物馆与文物管理所合署办公，承担全县文物保护管理、收藏陈列、宣传教育等职能。馆内设展厅 5 个，展示民族服饰、生产生活用具等。馆藏文物 1401 件，民俗文物 602 件。其中，一级文物 1 件，二级文物 4 件，三级文物 3 件。互助县安纳歌舞团负责大型赛事的各类演出、政府接待演出、送戏下乡等文化宣传工作，参与创编声乐、舞蹈、器乐作品等。为了完善公共文化体系，互助县实施了一系列公共文化服务的惠民文化工程。

（一）文化基础设施建设

首先，加强文化场馆的基础设施建设。"十二五"期间，互助县改、扩建县图书馆，使馆舍面积达到 2000 平方米，藏书将达到 10 万册以上。还将新建较大规模的影剧院一座。将新建一座土族文化博物馆，目前已完成土族博物馆可行性论证申报工作。规划将威远镇正在建设的旅游景点"吐谷浑王宫"，建成展示吐谷浑王国辉煌历史、传奇历程和灿烂文化的土族历史文化博物馆。这里将是土族文化和非物质文化遗产项目展示、保护与传承中心，也将成为土族民族文化产业培训、研发、实训、推广基地。

近些年来，一些具有标志性的文化设施工程引人瞩目。互助县将文体活动基础设施建设与城市建设、新农村建设相结合。目前，全县建有标准体育场 1 处，精品休闲体育运动中心 1 处，高尔夫球场 1 个，乡级综合性文化体育广场 18 处，村级文化体育综合性健身广场 130 处，极大地改善了城乡文体活动条件，较好地满足了基层群众的文体活动和健身需求。互助县全民健身中心、各学校和乡（镇）村公共体育设施向公众开放，免费为群众提供健身运动场地，提高了使用效率，方便了广大群众就近参加文体健身活动。

（二）广播电视村村通

经过"十一五"和"十二五"发展，互助县政府不断加大投入力度，使全县的广播电视网络建设和项目建设得到大发展。截至 2013 年 6 月，互助县共建有县台中心机房 1 个、大栋岭中心发射台 1 个、西山转播台 1 个，"村村通"、"户户通"设备 69400 多套，有线电视用户 12000 多户。全县 19 个乡镇、294 个行政村、103180 户农牧民、38.27 万人口，调频广播覆盖率达到 90%，电视节目覆盖率中央 1 套达到 97.5%，青海 1 套达到 95%、互助台自办节目达到 75%。有效解决了群众听广播、看电视难的问题，为丰富农民群众精神文化生活、建设土乡新农村奠定了良好的基础。[①]

（三）农村电影放映"2131"工程

2000 年，根据国家计委、广播电影电视总局、文化部《关于进一步实施农村电影放映"2131"工程的通知》精神，进一步发展农村电影市场，建立农村电影公共服务体系，提高农村电影综合效益和服务能力。青海金桥院线 12 支互助农村放映队常年为农村文化服务，2012 年放映场次达 3000 多场，全县基本实现了 294 个行政村一月一场电影的目标。"2131"工程既是解决农民看电影难问题、促进农村电影事业发展的"德政工程"，又是传播科技致富知识、推进农村科教兴国战略、促进农村两个文明建设的"民心工程"，为宣传党的路线、方针、政策和丰富农民群众文化生活做出了重要贡献。

① 互助县广播电视局：《"十二五"规划项目完成情况报告》，2013 年 6 月。

（四）文化信息资源共享工程

互助县设有文化馆、图书馆、博物馆，三馆免费开放。图书馆藏书22万册，2012年借阅达到1.22万册。还建立电子移动图书馆，方便读者用手机阅读。

图书馆面向基层，组织形式多样的培训服务。2012年，图书馆举办了4期计算机培训班，参加人员40名，全部通过了考试。图书馆配合"九三学社"送科技下乡，对台子乡塘巴村农民进行温棚蔬菜种植培训；在威远镇白崖村举办"文化共享工程"农家院烹饪培训班，为打造"一桌民俗好餐"的农家乐项目提出倡议方案。

图书馆每年要组织送书下乡活动，为农家书屋配送图书和设施，对农家书屋图书管理员进行业务培训。图书馆在全县中学开展"我读书，我快乐"有奖征文活动。国庆节期间，组织学生观看爱国主义教育影片。2012年县图书馆电子阅览室被文化部评为"全国文化共享工程示范点"。

（五）农家书屋和乡村文化站兴起

互助县积极争取国家、省资金新建乡镇文化站，使文化站成为农村文化活动的重要阵地。全县现有乡镇文化站19处，农家书屋294家，标准体育场1处，剧场1座，乡镇文化综合广场17个，村级文化广场100余处。到目前为止，"农家书屋"覆盖率达100%；乡镇文化站修建覆盖率达100%，各站都配备了书柜、桌椅、报刊架等；村级文化综合广场覆盖率达37%；村级文化活动室覆盖率达100%。还要新建、改建一批村文化室，实现全县所有行政村都有一个综合文化活动室。社区文化建设以威远镇为重点，基本实现每个社区有一片活动场地、有一条活动路径、有一个综合文化活动室、有一支文艺宣传队。

互助县每年组织专业人员进村入户，辅导农民文化活动，丰富和提高了基层群众的文化生活。2012年，互助县启动了"农民读书月"活动，倡导"读一本好书，学习一门技术，寻找致富之路"，以科技带动农民实现致富奔小康的目标。那些与农民生产息息相关的书籍如病虫害防治、测土配方、沼气利用等尤其受到农民欢迎。

目前，文化体系建设仍处于初级阶段。乡镇文化基础建设配套设施简陋，大部分修建了文化活动广场的行政村缺乏健身器材、篮球架、桌椅等设施；"农家书屋"只有一间房，藏书量少，每个书屋配备约3000册图书，100张光碟。大部分乡村尚未开通互联网，村活动室基本没有电脑，农村群众精神文化生活还跟不上信息化的潮流。

（六）加强文化市场管理

1. 建立各类行业协会

为了更好地协调和带动行业的整体发展，加强行业的自律，在政府的支持下，逐步成立土族刺绣行业协会、河湟玉雕行业协会、土族民间文化艺术遗产研究会、土族民间文学研究会、互助县旅游行业协会等。各类协会在开展民族文化研究、促进文化精品生产、规范市场秩序方面发挥了积极作用。土族民间文化遗产研究会、土族民间文学研究会等文学艺术研究创作团体，广泛开展民族文化研究，着力打造文化精品，实施大型歌舞剧《彩虹部落》的商业化运作；在互助刺绣行业协会指导下，建立了土族刺绣基地，确定了刺绣经纪人，形成了"公司＋农户"的文化产业发展格局和"供产销一条龙"的经营模式。河湟玉雕生产协会则依托地域优势，组织玉雕工艺培训，统一市场、统一商标，使哈拉直沟乡玉雕产业在规范、有序的市场环境中稳步发展，为地方文化艺术产业的发展和农民致富做出了重要贡献。

2. 加大执法力度，依法管理市场

互助县政府不断创新管理办法，规范文化市场秩序。一是在重大节日期间，开展全县文化市场集中整治活动，保证了"两节""两会""五一""环湖赛"等重大节日和活动期间文化环境的祥和安定。二是加强文化市场服务。政府部门主动上门为文化经营场所提供办证、年审服务，提高办事效率。建立了全县文化娱乐场所的档案和数据库，实施实名上网制度和义务监督管理制度。三是成立了文化稽查执法大队，规范文化市场管理。组织开展"扫黄打非"等专项活动。对旅游景区及出版物市场进行了专项整治行动。查处了含有暴力内容的违法游戏产品，打击盗版图书，联合公安、工商等部门查缴了《故事和愚蠢的牛》等煽动性音像制品，努力营造和谐健康的文化环境。

二　提供公共文化产品

优质的公共文化产品是公共文化服务体系中的具体内容。互助县政府结合本地实际，因地制宜，培养扶持精英文化，传承创新民族传统文化。文化产品中既有传统的经典艺术，又有充满时代气息的新的文化形态，精英文化与大众文化相兼，尽可能满足不同人群、不同文化层次的需求。

（一）自办广播影视传媒

作为文化事业，广播电视传媒负有政府的宣传教育功能和为公众提供文化服务的社会功能。互助县广播电视自办节目有独立的传输频道，以无线和有线两种方式传输方式。广播电视形成了以新闻、社教、知识、娱乐、趣味、文艺为表现形式的节目体系。

广播节目有《互助新闻》《科技与生活》《赤列布广场》《彩虹艺苑》《赛纳星空》等9个固定栏目，全天播音9小时。2012年，采编播出广播《互助新闻》330期、广播新闻2000条以上，《科技与生活》《赤列布广场》《赛纳星空》《经典音乐》《土乡晨曲》全年编发140期；《彩虹艺苑》《广播剧》全年编发320期。

电视节目有《互助新闻》《彩虹艺苑》《科技苑》《乡村法制》《彩虹剧场》等14个固定栏目，全天播出11小时。另外购买和引进的社教类节目《非常档案》《凤凰大视野》《中华人民共和国图像日志》《心灵花园》《少儿节目》《中华玉文化》《中华姓氏文化大观》《中国生肖文化》等专栏在固定时间播出。

这些富有浓郁地方民族特色的栏目和作品获得了大众的喜爱。2011年，文艺节目《彩虹的故乡欢迎你！》荣获青海广播电视文艺奖一等奖；2012年，选送的广播新闻《"互助"牌青稞酒获"中华老字号"荣誉称号》、电视专题《叶胜春：27年的电影情缘》、短片《塘川河畔的乡土作家——武泰元》荣获青海广播电视新闻奖二等奖。

（二）培育演艺团体

互助县以有限财力，在体制上仍保留了安纳歌舞团的事业单位编制，使得这个从20世纪60年代才创的演出团体，继续承担着文艺创作和引领群众文化的带头羊。该团于2008年创编上演了当代大型歌舞剧《彩虹部落》，为互助县赢得了极大的文化影响力。青海省领导盛赞"彩虹部落"是互助县的文化名片。

互助县现有"纳顿庄园"、"西部文化村"、"彩虹部落"、"姚家大院"4个民族歌舞演艺团体，组建了民间歌舞队8支，社火队132支，秦腔业余剧团8个，曲艺队14支，花儿艺术团2个，广场业余舞蹈队4支，皮影戏演出队8支，电影放映队12支。平时，对乡镇文化站、村级文化活动、民俗文化传承人进行各类培训。培养了结构合理、规模宏大的具有较高素质的文化人才队伍。

（三）激发文化主体的创新热情

"青海省土族安召纳顿节"至2013年已经举办了12届。古老的庆丰收的纳顿节俨然已成为当今具有新时代气息的群众文化活动。冬日里，互助县举办彩虹冰雪文化欢乐节系列活动；夏日周末的"青稞酒文化广场"还有"消夏广场"文艺演出活动。由政府部门带头，各社区参加，演出形式多样。至2013年，互助县已经举办了4届少儿乐器大赛，培养了学生良好的艺术素质和参加艺术活动的热情。

农民既是农村文化建设的受益者，更是农村文化建设的生力军，是农村文化活动的主体。农民自办文化，开展自发的群众性文化活动，是农村经济发展到一定程度之后农民自发的精神文化追求。近些年，丹麻镇、松多乡年年举行具有民族特色的"丹麻花儿会"、"千人安召舞"、"跑马会"等；林川乡打造秦腔文化品牌，秦腔业余剧团在各乡镇物资交流大会、旅游景点和庙会进行演出；韭菜沟村举办全乡的"垂钓比赛"；五峰镇举办社火、五峰寺花儿会等文体活动；东沟乡在传承"梆梆会"、"纳顿会"的同时，举办"民族赛歌会"、"孝亲敬老会"、"好婆婆、好媳妇评选"等活动，基层群众文化活动不断创新。

（四）举办各项体育赛事

互助县积极承办每年一届的"青海湖环湖赛"互助赛段的国际赛事，环湖赛激发了民众的运动激情，自行车运动成为当地青年热衷的运动。互助县利用"环湖赛"商机，打造自行车运动品牌。在连续成功举办多届环湖赛开幕式的基础之上，继续延伸"环湖赛"品牌效能，充分利用地理优势和参办热情，吸引国内外运动队选择互助县作为山地自行车营和固定集训基地，把山地自行车运动打造成具有土族独特魅力的运动品牌。

互助县在乡村建立体育俱乐部等群众性体育组织，许多乡镇成立了民间体育运动队，坚持每年举办一届农民运动会，还组建了篮球协会、足球协会、乒乓球协会、武术协会，参加全国农民秧歌大赛和各类体育赛事活动。同时挖掘推广民族传统体育项目，如拔棍、拔腰、射箭、"牦牛赛"、"背媳妇赛"等民族民间体育活动，乡镇体育活动蓬勃发展。

三　存在问题及解决思路

（一）资金投入比例偏低

城乡一体化的实质是广大农村和农民也要和城市一样均等地享受到城

市化的发展成果，享受到现代化的便捷的生活方式。但现实是，广大的农村在人均基础设施的投入、教学、医疗等方面与城市相比都存在着全方位的差距，文化上的差距更是城乡差距中最大的一块短板。

随着互助县财政收入的增长，县委、县政府加大了对公共文化服务体系建设的投入，但财政预算的比例极低，近 20 年来拨付给博物馆的事业费仅 5000 元，2000 年以后几乎没有拨付；拨付给文化馆的事业费 1 万元；拨付给图书馆的事业费为 1 万元。大部分乡镇年初未将文化事业纳入整体规划，文化站无经费预算。由于经费投入不足，资金短缺，严重阻碍了各项文化事业的正常发展，尤其是土族民俗文化研究、文化遗产保护、艺术创作等工作受到严重制约。目前，县博物馆已经关闭装修，一些文物已经转移到旅游景点陈列，然而，旅游点是收费的经营场所，这就改变了博物馆为公众提供文化服务，免费开放的宗旨，其社会效益大打折扣。

（二）文化产品供给不足

一是表现在文化系统艺术表演团体深入农村演出数量不能常态化。"三下乡"活动在一定程度上满足了农民的一些需求，但多以娱乐型、节庆型应景，不能从根本上解决文化产品和服务贫乏的问题。县级剧团靠财政支持，没有市场压力和动力。由于没有外出演出的车辆，演出活动多在县城，无法保证面向广大农村的演出服务。电视仍是农村最基本的文化消费。二是图书数量少，县级图书馆现藏书 8 万余册，以全县 370540 人计，人均图书为 0.22 册。加上每个农家书屋平均 3000 册的图书，最多也只达到人均半本书。远远低于国际图联人均 1.5—2 册的标准。当前文化产品和服务远远不能适应人们从追求物质满足转向渴望文化满足，需求从单一、单调转向多样化、多层次，甚至主动要求和自发开展文化活动的新变化。

（三）文化网络体系没有全面形成

尽管互助县已建立了一批文化站及活动中心，但全县 294 个行政村，大部分还没有文化广场，文化活动设备和健身器材缺少，无法满足群众文化活动需求和健身需求。图书馆内图书藏有量不足，新书更替缓慢；电影院失去电影放映功能，只能成为文艺演出和会议场所。19 个乡镇文化站的办公、活动设施简陋。全县近一半的农家书屋因管理不善，农民满意度不高，缺乏参与的积极性。农村文化事业严重滞后于农村经济社会的发展，农民群众享受文化的权益难以保障。

（四）文化服务技术手段滞后

近年来涌现出来的送书下乡、流动科技服务咨询、科普知识展览等都是应用现代服务手段的新形式。但现代社会的发展越来越需要科技因素的支持，同时要注重运用现代服务理念，拓宽服务领域，延展服务范围。如互助县图书馆还不能有效运用网络技术服务手段服务全县。图书馆管理仍然是手工操作，不能通过网络进行图书预约、网上续借、馆藏书目查询等。县图书馆仅有的40多台电脑大多只为机关工作人员服务，难以满足公众文化需求。图书馆就设在政府办公楼内，一般群众将其视为政府职能部门，并不了解其公共服务的性质和功能，更不用说享用文化服务。

（五）专业人才缺乏

目前，互助县公共文化服务专业人才断层现象严重。由于缺乏舞蹈编导、作曲、专业舞美等人才，大量优秀的土族音乐、舞蹈素材开发利用率低，精品作品少。文化事业单位业务人才不足，博物馆专业对口的仅有1名；图书馆没有一名是专业对口的。全县19个乡镇仅有乡镇文化专职干部6名。非物质文化项目传承人趋于老龄化，且传承方式为口传身教，无文字记载，使得非遗传承人及文化艺术人才面临断层。

（六）解决的思路

1. 实现公共服务的标准化和均等化

随着经济的发展和国家公共服务支出的提高，政府要不断加大对公共服务投入的力度，尤其是加大对文化事业、公共服务设施的投入，主要包括学术研究、文学艺术创作、博物馆、图书馆、公益性群众体育和非营利性大众娱乐休闲文化等，让公共文化无障碍、零门槛向社会免费开放，让人民群众放心、舒心地享受公共文化服务。同时，要因地制宜，设立公共文化服务的基本标准，保障广大群众享有最基本的公共文化服务的权利。

2. 扩大公共文化服务的主体

公共服务市场化已经成为当今世界一股不可逆转的时代潮流。以市场竞争机制扩大公共文化服务的提供，可以减轻政府的财政压力。可以利用市场机制和市场力量改进公共文化服务，优化公共文化服务的质量。尽可能采用招标、委托等市场化竞争手段，把一部分公共事务，如后勤管理、基础设施建设、社区维护等边缘性服务领域通过签订行政合同，交给企业、非政府组织、公民等来经营。通过市场竞争，促进公共文化服务的承担主体，扩大服务产出，改善服务质量，降低服务成本。

3. 推进城乡文化设施的开放与共享

鼓励城乡联合开发，鼓励城市公共文化产业走向农村，增加设施，增加投入，免费或者优惠对农民群体开放，政府通过给予适当补贴或者减免税费等形式的支持，提高城市资源综合利用效率，引领农民提高文化素质，提高公共文化服务的效用，推进城乡一体化进程。尤其要重视发挥县域公共文化服务机构在农村公共文化服务中的引导作用。博物馆、图书馆、影院、剧场、体育场馆、信息化传输等投入较大的公共文化设施要充分实现城乡共享，扩大公益性文化设施向社会免费开放。

4. 加强基层文化站、农家书屋建设

文化站和农家书屋的建设要确立基本标准。一个文化站就是一座农民知识库。要继续推进文化站、农家书屋的建设和普及。根据每个村的不同特点，打造独具特色的乡村文化。将文化站、农家书屋打造成为知识传播的"大学校"、信息交流的"交换台"、技术推广的"农技校"、民情收集的"前哨所"、农民自娱自乐的"俱乐部"，实现文化服务全覆盖。

5. 加强人才培养和引进

人才培养是互助文化建设的核心环节。可以通过内部传承、外出培训以及智力引进等方式，培养起一批又一批文化人才，成为文化建设的中坚力量，提升人文互助的魅力。如通过与高校、大型文化企业联合培训急需的各类文化创意人才、管理人才和艺术人才；在中小学设立民族艺术、创新设计、计算机、动漫等教育培训基地；通过各类文化艺术活动和培养机制，调动群众自办文化的积极性，发现、培养、激励人才，让优秀人才和作品脱颖而出。

第三节　文化遗产的保护与利用

一　物质文化遗产的发掘与保护

互助县历史悠久，灿烂的古代文明在互助这块丰饶的土地上留下了雄浑神奇的历史足迹。境内有古文化遗址、古建筑等省级文物保护单位18处。2009年2—10月，在第三次全国文物普查中共调查登记文物保护点405处。其中复查215处，新发现190处，消失文物23处。普查的文物分类情况为：古建筑185处，古遗址175处，古墓葬27处，近现代重要史迹及代表性建筑1处，其他文物古迹17处。拍摄图片资料1600余张，绘制位置图、平面图900余幅。普查中还征集到可移动文物21件，其中瓷器6件，陶器8件，石器4件，其他文物3件。普查中新发现的文物数量较大，如以新元大庙、哈拉直沟孙家大庙、加定大浪湾遗址、东和山城遗址等为代表的一批珍贵文物，由此，互助县跻身为青海省的文物大县。

（一）墓葬

互助县有大量古代墓葬遗址。其中大量汉墓遗址尤其珍贵，提供了丰富的文化信息。

青海省文物考古队早在20世纪70年代末到80年代初，就在互助县沙塘川总寨发掘了一批墓葬，其中除21座墓葬属汉代外，其余为马厂、齐家、辛店文化墓葬。发掘研究报告认为总寨齐家文化墓葬对研究齐家文化的不同类型和分期，以及同卡约、辛店文化的关系，提供了一批新资料。

20世纪80年代末在互助县汪家庄发现了汉代洞室墓10座，此外还发现少量的木椁墓和砖室墓。墓葬中的葬具和人骨均保存完好，可以看出有夫妻合葬、众人合葬和二次葬等三种葬式。出土的随葬品有陶器、铜器、车马饰器和汉代五铢钱等，同时还发现玉环1件。

2013年11月，青海省文物考古研究所与互助土族自治县博物馆对互助县高寨镇东庄村东北的一处汉代古墓群进行了抢救性考古发掘，出土的随葬品有陶罐、陶井、陶仓、陶灶、陶碗、玛瑙珠、铜钱、漆器、金饰等10余种100余件，给研究汉代高寨地区的社会生活、丧葬习俗、社会经济、文化面貌等提供了丰富的实物资料，对研究汉代时期青海地区的建筑技术、墓葬形制等具有十分重要的意义。

（二）古城、古边墙

互助地区古城大多具有军事性质，如互助县威远镇城南的绥边寨古城，有研究者认为是宋代遗址。

明代为抵御西海蒙古的入侵，环西宁卫大修长城、边塞。历经几百年的风雨沧桑，由于自然和人为的原因，长城大多墙体坍塌、壕堑淤塞。明长城穿越互助县境内大致线路：由互助县松花顶向西北，大致依托娘娘山山险，经甘次口，雪石崖滩，康烈尖山，卡藏台，花石峡，小桦林，大桦林到柏木峡口。

从 2006 年开始，国家文物局启动了"长城保护工程"。在这一总体规划下，2011 年，国家文物局批准了互助县文物管理的修缮明长城的立项报告，通过招标，至 2013 年底完成了"青海省境内明长城互助段（一期）抢险加固工程项目"，对互助县水洞村段墙体和大通苑堡抢险加固。工程遵循"最小干预"和"不改变文物原状"等原则，保护了文物及其历史环境的真实性和完整性。目前互助县正在着手准备进入明长城二期保护工程的实施。

（三）远古生物化石遗址

2012 年，在青海省第三次文物普查中，班彦村下泉湾的古生物化石点被发现，班彦村的古生物化石，可以追溯到白垩纪。20 世纪 70 年代初，这里的古化石曾被当地村民发现，此后，一直被当地人当作"龙骨"药材挖掘转卖，成为班彦村人经济来源的一部分。如今，这里的古生物化石得到了文物等相关部门的保护，当地群众也认识到这一文物的真正价值，不再采挖，采取了积极的保护措施。

（四）古建筑

威远古镇中心有一鼓楼，始建于公元 1624 年（明天启四年），高 18.9 米，三层，木结构建筑，雕梁画栋、飞檐斗拱、雍容大方。威远镇鼓楼作为著名古建，经历过多次修缮。20 世纪 80 年代末，因油漆剥落、楼瓦损坏严重，国家文物管理局曾拨专款 134 万元维修。随着县城经济的发展，鼓楼四周的高楼多了起来，致使原先的鼓楼湮没于闹市中，已经体现不出鼓楼应有的雄伟气势，而且，楼体的部分构件也已变形腐朽。因此，互助县决定全面修缮威远堡鼓楼。2007—2008 年，县文物管理部门在社会各界征求维修意见，经过专家的充分论证，确定并实施了全落架维修方案，将一些已经腐朽的木制构件按照原来的样式、尺寸和颜色重新制作替换，同时将鼓楼的地基提高 2 米。重新修缮后的鼓楼重现了昔日风采，成为互助县的标志性建筑。

（五）宗教寺院

互助县群众大多信仰藏传佛教，宗教文化氛围浓厚。县内有藏传佛教寺院 16 座，其中最为著名的有却藏寺、佑宁寺、白马寺等。此外，还有

1座道教寺院五峰寺、1座天主教堂"大泉圣母堂"和4座伊斯兰教清真寺（本书"宗教信仰"一节对互助县主要教寺院有专门介绍，此处从略）。互助县政府十分重视这些历史文化遗产，将其作为重要的文化资源予以保护和开发利用。

（六）物质文化遗产保护的经验

1. 做好文化遗产的申报与管理

互助县政府在全国第三次文物普查基础上，积极申报地区文物保护单位，申报了新元大庙等20处文物点为县级文物保护单位。编印了《互助县405处文物保护单位档案》《互助县文物保护单位名录》。对全县的传统村落进行了普查登记，编印《互助县传统村落简介》等基础资料，为文物保护和研究做了大量基础性工作，并制定了各级文物保护单位的保护规划。平时，县文体局对保护不可移动文物加强管护，协助公安机关调查高寨汉墓群1号墓和7号墓盗墓事件，并及时回填，遏制了高寨汉墓盗墓现象；制止了宋家庄遗址、纳家（甲）遗址、尕山汉墓群等几处取土破坏行为；及时处理了塘川镇大通苑古城堡西城墙墙体整体倒塌事件，并做好抢救性维修；加强对县域18千米明长城的保护和维修，经国家文物局批准立项，第一期抢险加固工程项目（下水洞村段墙体和大通苑堡抢险加固工程）于2013年招标实施；已完成了国家级保护单位却藏寺、省级文物保护单位五峰寺和加定镇浪士当村堪多水磨坊油坊等处的维修工程。

2. 正确处理文物保护与城镇建设关系

一是在城镇建设中，县政府严格划定文物保护区范围和建设控制地带。2012年，县文体局调查核实和现场勘测了26处县级文物保护单位，划定了保护范围和建设控制地带。临空工业经济开发区建设，面临大规模搬迁，县政府联合省考古研究所划定了相关文物保护区，同时将因势利导，在临空经济区、县城新城区规划建设"高寨汉墓群遗址公园"、"尕山遗址公园"。

二是加强对文化遗产的研究，突出土族文化特色，重视历史文化景观的作用，发挥文化遗产的价值。2008年4月，互助县成功申报了将互助酒厂作坊旧址列入第八批省级文物保护单位名录，为互助县打造酒文化品牌，丰富酒文化内涵发挥了重要的作用。

3. 加强物质文化遗产知识和保护的宣传

互助县利用宣传栏、流动展板以及每年的"5·18国际博物馆日"活动，对公众进行保护文物、普及文物知识的宣传活动。2011 年，由青海电视台《大美青海》栏目组，对松多乡惠宁寺和五十镇北庄古城堡进行了专题报道；2013 年，《西海都市报》对五十镇班彦村下泉湾古生物化石点进行了纪实性报道，教育群众改变了以往挖掘买卖生物古化石的做法。

二　非物质文化遗产的保护与利用

（一）非物质文化遗产项目类型

互助土族非物质文化遗产内容丰富，它包括歌舞艺术、服饰艺术、民间文学艺术、宗教艺术、民间娱乐、生产生活等各种民俗事项，具有十分独特的艺术风格。互助县文化馆从 2007 年起开始申报国家级非物质文化遗产项目。如今，互助县国家级非遗项目 7 项，省级非遗项目 7 项，国家级传承人 4 人，省级传承人 23 人，项目之多列全省首位（见表 5 -1）。

表 5 -1　　　　　　　青海省互助县非物质文化遗产名录

级别：国家级（★），省级（●）

项目类别	项目编号		项目名称	项目级别	传承人级别及姓名（未标注的均为省级）
	国家级	省级			
民间文学	I -29	I -2	拉仁布吉门索	★	★何金梅，林菊花，索成龙
		I -2	祁家延西	●	李生龙，席恒雄
传统音乐	II -20	II -2	花儿（土族丹麻花儿会）	★	★马明山，昝明升，席淑花
		II -1	土族宴席曲	●	（无国家级、省级传承人）
传统美术	VII -24	VII -1	土族盘绣	★	★李发秀，李安言索，麻宝琴，马有莲，黄兰索
传统体育、游艺与杂技	VI -45	VI -1	土族轮子秋	★	（无国家级传承人）胡宗显，张守生
民俗	X -56	IX -3	土族婚礼	★	★董思明，李延海
	X -115	X -9	土族服饰	★	（无国家级传承人）席秀忠，张吉然
		X -3	土族民间法舞	●	李延德
		X -7	土族梆梆会	●	马安奎，李占森
		X -8	威远镇二月二擂台庙会	●	石怀军

续表

| 项目类别 | 项目编号 | | 项目名称 | 项目级别 | 传承人级别及姓名（未标注的均为省级） |
	国家级	省级			
传统舞蹈		Ⅲ-3	土族安召舞	★	（无国家级传承人）王统国，席玉秀
传统技艺		Ⅷ-10	土族酩馏酒	●	姚生德，董兴林
		Ⅷ-4	青海青稞酒传统酿造技艺	●	（无国家级、省级传承人）

资料来源：根据青海省民族文化网（http：//www.qhwh.gov.cn/fybh/xm/）公布内容整理。

按照联合国教科文组织在巴黎通过的《保护非物质文化遗产公约》对"非物质文化遗产"所作的界定，"非物质文化遗产"包括以下五个方面内容：（1）民间文学；（2）表演艺术；（3）民俗、传统节日与仪式活动；（4）有关自然界和宇宙的知识与实践；（5）传统的手工艺技艺。据此，互助土族非物质文化遗产可以划分为以下几种类型。

1. 民间文学

（1）《拉仁布与吉门索》

国家级非遗《拉仁布与吉门索》是土族流传最广、影响最大的优秀民间叙事诗，堪称土族的《梁山伯与祝英台》。这部叙事诗长达300多行，用土族口语创作并演唱，其调式为五声音节的羽调式古老旋律，以口耳相传的方式在群众中相沿传袭，至今仍为活态的口头文学形式。由于受土族语言演唱传承的局限，以及传统将之归为野曲，难以在大庭广众下传唱，现在40岁以下会唱的人很少了，年纪大的也很难唱全它。农妇何金梅作为这一国家级非遗项目的传承人，是从小听母亲唱习得，但并不能唱全此歌。现在，刚刚成立的丹麻镇民族文化传习所举办了学习班，由国家级非遗传承人何金梅等人教唱此歌。《拉仁布与吉门索》曾被改编为大型歌剧，搬上舞台，取得了良好的社会反响。由土族音乐家马占山创作的歌曲《拉仁布与吉门索》也灌制了唱片光盘，网上也有MP3流传，成为当代流行的民俗音乐。

（2）《祁家延西》

《祁家延西》，是土族民间叙事长诗的代表作，由土族民间艺人口头演绎创造出来的英雄史诗。《祁家延西》是依照"祁家元帅"（"延西"为元帅的变音）祁秉忠为维护国家统一、疆土完整，不顾年迈体衰，率领子弟抗击入侵之敌，英勇献身的历史故事演绎而成。整个叙事诗由许多内容上互相联系的章节构成，使用土语演唱，句式、节奏整齐，反复吟咏，一唱三叹。叙事诗有神话传说的传奇特征，带有明显的游牧和农耕文化的特征，对研究土族明末清初的社会状况和历史文化演变等都有一定的参考价值。李生龙、席恒雄为此项非遗的省级传承人。两位传承人本身就是县文化馆的公务员，亲自组织非遗保护和传承工作，也经常参加一些大型的演唱活动。

2. 表演艺术

表演艺术是指通过表演而完成的艺术形式。其特点是通过唱、说、肢体语言等形式来表现自己及作品的思想和审美观念。

（1）丹麻花儿会

互助县丹麻镇是土族花儿的故乡。"丹麻花儿会"起初是当地土族群众为祈求风调雨顺、期盼五谷丰登而举办的朝山、庙会性质的传统集会，一般在每年的农历六月十三举行，会期 5 天。2002 年丹麻镇被文化部命名为"中国民俗文化艺术之乡"。2006 年"丹麻花儿会"又被列为首批国家级非物质文化遗产。经过历史的演变，如今的丹麻花儿会已成为展示土族民俗风情的一个重要的文化场所，也往往和大型政府活动、民间公益活动相结合。比如笔者调查期间，恰逢"丹麻花儿会义诊义演"活动。

为了进一步保护利用好丹麻花儿会非物质文化遗产，着力打造丹麻土族花儿品牌，2008 年，在全镇范围内选拔具有文艺爱好的农民演员 30 名（其中土族 26 名，汉族 4 名）组建了丹麻土族花儿艺术团。2013 年，丹麻镇文化站又筹办了"土族花儿传习所"。传习所内设演唱平台、教学班、茶社等，是集教学、演唱、休闲为一体的花儿文化展示窗口。传习所由丹麻镇索卜沟优秀花儿歌手索得元负责，并由省级土族花儿传承人昝明生、席淑花、《拉仁布与吉门索》传承人索成龙、林菊花等亲自教授。

丹麻花儿有《尕联手令》《黄花姐令》《杨柳姐令》等调式曲目。目前已出版了 3 部花儿光盘《欢腾的丹麻》《国家级非遗——丹麻花儿会》《花儿故乡》。

（2）土族宴席曲

《土族宴席曲》是土族人民喜庆婚嫁时宴饮乡亲，把酒祝福的喜庆歌曲，具有较强的民族文化内涵和较高的审美价值。宴席曲以华丽的辞藻加以渲染夸大，内容包罗万象，曲调优美多变。宴席曲是土族生活中常见的一种艺术形式，无具体传承人。

（3）土族安召舞

安召舞，是土族人民的一种民间舞蹈形式，土族语称为"那腾锦莫热"，意为围着圆圈跳的舞蹈。其基本形式是众人围成圈，一人在前领舞领唱，众人紧随其后，伴歌伴舞。常常在婚庆年节时，在庭院或打麦场上举行。舞蹈与歌词追求天人合一的精神境界，是土族民族精神的象征，蕴含着丰富的民族历史与民俗文化，具有很高的民族文化价值。王统国、席玉秀为非遗的省级传承人。

县文化馆编排组织了千人安召舞，在一些大型活动中出演，场面宏大热烈。还编排了安召健身舞教给群众，成为群众健身的广场舞形式，非常普及。

（4）土族民间法舞——"冈日那顿"

"冈日那顿"是互助土族民间流传的藏传佛教祭神舞蹈。"冈日"藏语意为面具，"那顿"，土语意为舞或玩的意思。该祭神舞最初是在藏传佛教（格鲁派）寺院里由僧侣操演，后流传至民间。舞蹈时，村民头戴面具，身着法袍，手持金刚杵、神剑等法器，祈求风调雨顺，国泰民安。李延德为此项非遗的省级传承人。

（5）土族轮子秋

转轮子秋是土族民间娱乐活动，有安召舞的内容，又有体育活动的特点，是土族男女老少喜闻乐见的文体活动之一。每逢腊月，民间用农具拼凑成的轮子秋，将大板车车轴边铜辂辘竖起并固定，人在车轮上旋转嬉戏。青年男女围绕轮子秋跳安召舞。据说转了轮子秋，就会在新的一年里家庭兴旺、五谷丰登、吉祥如意。如今，轮子秋成为土族文化的象征物，在奥运会等大型活动中频频亮相，也在农家乐等旅游项目中广泛使用，增添了欢乐和喜庆的气氛。轮子秋非遗传承人为胡宗显和张守生（省级）。

3. 传统节日与仪式活动

少数民族非物质文化遗产中比较有影响的民族传统节日与仪式活动主要有年节、人生礼俗、丧葬礼仪、婚姻礼俗等。

（1）土族婚礼

土族婚礼程序复杂，主要有提亲、订婚、嫁女仪式、迎娶仪式和回门等，其中嫁女仪式和迎娶仪式是婚礼过程中最为热烈隆重的两部分，几乎都是在歌舞说唱中进行的。土族婚礼涵盖了土族人生活习俗、宗教信仰、审美艺术、伦理道德等多方面内容，是土族传统文化的综合体现。土族婚礼被列为第一批国家级非物质文化遗产名录。

董思明和李延海是这一非遗项目的国家级传承人。乡亲们有结婚喜事，他们有请必到，他们原本是土生土长的农民，现在也是"彩虹部落"土族文化传播有限公司聘请的土族婚俗的表演专家。

（2）梆梆会

"梆梆会"是互助县最为盛大的民间传统宗教节日之一。每年二月初二，当地群众要到广场上去祭龙王，祈求龙王保佑庄户平安、风调雨顺。梆梆会从明万历八年开始延续至今，已有400多年的历史了，因法师跳神时手持单面扇形羊皮鼓，边舞边用木棍敲击鼓面，其声"梆梆"作响而得名。梆梆会是典型的民间信仰和宗教祭祀活动庙会，具有鲜明的民族特色和地域特征，体现了民间组织的协作精神，表达了祈福禳灾、祈求平安吉祥的心愿。马安奎、李占森为非遗的省级传承人。

（3）威远镇二月二擂台庙会

互助县威远镇二月初二擂台庙会是以民间信仰为主要内容的民间群众性活动和民间文体活动，祈求国泰民安、五谷丰登。据史料记载，宋代以前，威远镇一带叫"诺术斗"（土语意为森林地区），宋时改称"牧马营"，为军事要地，是兵戎活动频繁之区。打擂台之俗约始于宋代，初为打擂比武活动，因而得名"擂台会"。威远镇"二月二"擂台庙会很好地保存了土族的民间艺术和传统体育竞技项目，承载了众多的民俗元素，对了解互助土族的风土人情、特产方物、生产生活方式、宗教信仰等具有十分重要的意义。石怀军为该项目的省级传承人。

4. 生产生活经验、技艺

传统手工艺技艺是指产生并且流传于民间、反映民间生活并体现民间审美习惯的工艺美术作品的制作技术，其所指的范围非常广泛。互助土族盘绣、土族服饰、土族酩馏酒、青稞酒传统酿造技艺等应属于这类传统工艺。

（1）土族盘绣

土族盘绣艺术主要流传在互助县东沟、东山、五十、松多、丹麻等乡镇。盘绣用料考究，配色协调，针法独特，上针盘，下针缝，一针二线，成品厚实华丽，经久耐用。盘绣的图案构思巧妙，具有浓郁的民族风格，包括法轮（土语称为"扩日洛"）、太极图、五瓣梅、神仙魁子、云纹、菱形、雀儿头、富贵不断头、人物、佛像等几十种样式。历史上盘绣以母女相传为主，亦在姊妹、妯娌、婆媳间传承。非遗传承人有李发秀、李安言索、麻宝琴、马有莲、黄兰索等。

近些年来，土族妇女的眼界开阔了，她们的刺绣不仅用于服饰，还扩大到佛像、壁挂、柱抱、被面、家用系列等，使土族的盘绣成为具有鲜明民族特色的旅游商品。目前，制作土族盘绣的土族妇女已达 2 万余人，仅互助县东沟乡就有 3000 余人，刺绣已经成为当地土族群众致富的主要产业。

（2）土族服饰

互助土族还按照区域将土族服饰细分为东部的"伏兰诺日"服饰、中部的"哈拉齐"服饰和山边一带的"特哇尔托洛盖"服饰。三种服饰的男装基本相同，主要区别在妇女的发式帽子、衣服的式样和花袖上。土族青年男子喜穿绣花小领，袖口镶有黑边的斜襟白汗褂，外套黑色或紫红色坎肩，小襟上部有四寸见方的绣花衣兜，腰系绣花长布带，右侧挂一绣花小褡裢，背面斜插绣花烟袋。多穿兰、黑二色裤子，系绣花头白色裤带，穿云纹花鞋或嵌鞋、白袜或黑袜，溜根绣花。头戴"扎拉玛勒嘎"，翻沿红顶子帽或翻沿白色毡帽。青年妇女头戴形式各异的"扭达尔"头饰和首饰，喜穿恰似彩虹的五彩花袖衫，长袍左右胯下开衩。男女都喜欢将做工精细的刺绣腰带垂挂腰下。席秀忠、张吉然为非遗土族服饰的省级传承人。

如今，土族服饰向着简便化、大众化、流行化发展。费工费时的传统服饰往往只作为礼服来穿戴，但仍然受到人们的喜爱。

（3）互助酩馏酒

早在明末清初，互助民间就有土法酿造酩馏酒的历史。酩馏酒酿造主要是用青稞发酵后，煮沸冷却而成。姚生德、董兴林为此项非遗的省级传承人。姚生德已年过花甲，现被互助"才伦多土族风情庄园"聘为酿酒师。70 多岁的董兴林在自家的作坊酿酒，一年能生产 6—7 吨，供不应求。董兴林带的 4 个徒弟，现在都已出师。

（4）青稞酒传统酿造技艺

青海青稞酒的酿造技艺流程源于土族先民土法酿造酩馏酒的传统工艺，并吸收中原的酿造技艺，形成了青稞酒的独特酿造技艺，酿造出清香甘美、醇厚爽净的"威远烧酒"，并形成了闻名遐迩的"天佑德"等八大酒坊，各地客商纷至沓来，沿途买酒者络绎不绝。当时流传着"开坛十里游人醉，驮酒千里一路香"的佳话。青稞酒传统酿造技艺具有重要的文化价值和产品价值，已被列为第三批省级非遗项目。

以"天佑德"为主体，合八大酒坊组建的青海省青稞酒厂是青海青稞酒业集团公司的核心企业。目前，互助青海青稞酒业集团是全国最大的青稞酒生产基地，主要产品为"互助"牌青稞白酒、青稞保健酒、青稞饮料酒三大系列 60 多个品种，年生产能力达 5 万吨。"互助"牌青稞酒被国家工商总局评定为中国驰名商标。注册商标"互助"被商务部评为"中华老字号"。青海青稞酒业集团有限责任公司成为青海省首家通过 ISO9001 国际质量体系认证企业，已成功上市，成为当地的支柱产业和创税大户。

（二）非物质文化遗产的保护

近年来，互助县高度重视非物质文化遗产保护工作，坚持物质文明与精神文明共建，非物质文化遗产发掘、保护与开发、利用并举，采取有效措施大力保护民间文化遗产。

1. 注重非遗调查和申报

从 2007 年申报第一批国家级非物质文化遗产项目起，县文化馆，先后积极申报了三批非遗项目 16 项，获准了 14 项。2012 年，根据省厅"寻根行动"非遗再调查指示精神，县文化馆成立了普查领导小组，制订普查计划，共分 5 组到基层搜集资料。搜集整理了 16 大类，117 项的第一手资料。在非遗档案存储中，按照县档案局的业务要求，对非遗档案进行规范的整理和管理，并设置展室进行实物展示。

2. 非遗项目的培训

互助县常年举办土族盘绣、土族花儿、土族安召、轮子秋等项目的培训班，扩大了这些项目的传承面。2012 年在五十镇举办了土族盘绣培训班一期，由文化馆业务干部及盘绣艺人授课，培训人数达 80 人；在白毡帽土族花儿演艺公司举办土族花儿培训班一期，培训人数达 58 人；同年，还举办了由非遗项目传承人及徒弟、民间艺人参加的"土族原生态歌会"、互助县花儿歌手大奖赛等。

3. 注重民俗文化研究

互助县专门成立了非遗项目专家评审组，现已完成互助县第一批县级非遗的评审及第一批县级非遗项目生产性保护基地的评审。为做好非遗宣传工作，印制了《互助县非遗项目简介》宣传页；在文化遗产日及法制宣传日，通过条幅、广场大屏宣传非遗法及非遗项目；为传承人编印了《互助县非遗传承人工作手册》《互助非遗丛书——土族盘绣》。

4. 加强交流，积极做好宣传工作

互助县积极参加各类博览会、艺术节宣传互助土族非遗项目。县文化馆组队参加了陕西非遗博览会、山东中国非遗博览会、黄山非遗展、青洽会、唐卡艺术节、深圳文博会等多次国家级省级展览，扩大了非遗的宣传面；组队参加了海东花儿歌手大赛，协助中央电视台及省电视台完成《乡土》《走遍中国》《民族故事》《土族记忆》等多个栏目组在互助县的拍摄任务，这些栏目对于互助县非遗项目都作了大篇幅的报道，对非遗宣传起到积极作用。

5. 生产性保护实践

互助县非遗生产性保护可分为以下几大模块：

第一，以"土族盘绣"为代表的非遗生产性保护。目前以土族盘绣为代表的刺绣产业已成为互助县文化产业的亮点，年产值达 320 万元。"盘绣"作为互助县特色的纯手工艺品，其发展潜力巨大，开发空间宽广，文化行政部门将整合互助县盘绣艺人的资源优势，在"供＋产＋销"这个基本模式的基础上，深挖产品的内涵，提高产品艺术水准，争取资金，大力扶持，打造青海省知名的"土族盘绣"文化产业示范基地。

第二，以威远"酩馏酒"为代表的生产性保护。互助县现有的大多数土族民俗旅游接待点都有"酩馏酒"酿造作坊。如纳顿庄园投资修建了互助县较大规模的酿酒坊，聘请互助县"酩馏酒"省级传承人董兴林为酿酒师。这些酿酒作坊不仅展示了土族的酒文化，而且取得了一定的经济效益。五十镇正在建立集参观、旅游、产销为一体的互助县"酩馏酒"酿造保护基地。

第三，以"土族婚礼"、"轮子秋"、"安召舞"等歌舞文化主打的民俗文化旅游。互助县确定了文化旅游的发展思路，依托县非遗项目优势，将文化旅游定位为互助县的特色产业，以文化旅游的影响面带动其他相关产业，已经取得初步成效。西部民俗文化村、纳顿庄园、小庄民俗文化旅游村、姚家大院等以凸显土族文化旅游的产业发展迅速，为当地创造了可观的财富。旅游市场的发展，逐步衍生出许多土族民俗演出力量，这些土族歌舞演出团体主要表演本县非遗项目"土族婚礼"、"轮子秋"、"安召舞"、"花儿"等，丰富了互助县土族民俗文化旅游。

（三）存在的问题

1. 对非遗项目的文化内涵缺乏深度挖掘

受大众文化和流行文化的影响，非遗保护项目往往呈现出大众文化的娱乐性特征。例如土族婚礼成为旅游点日复一日的游戏；"彩虹部落"景区中偌大一个旌旗招展、威风凛凛的土司府，上演的却是一个滑稽的土司判案闹剧，游客很难从中了解土族地区长期存在的土司政治文化。历史上，土族土司在守土安边、维护中央王朝统治等方面发挥了长期的积极作用，有许多珍贵的历史故事还没有被挖掘呈现。

2. 生产性开发利用有待提高

生产性保护基地现仅有土族盘绣、威远酩馏酒省级非遗生产保护基地各一个。土族盘绣的市场小，产品形式少，缺乏高级定制产品。大多产品为初级的绣片，装上简单的画框，作为礼品性商品，产品的附加值不高。酩馏酒的生产性传承仅限于个别作坊，产量低，传承人少。有的酩馏酒的传承人被有眼光的经营者看好，聘为私家酿酒师，传承活动受到一定局限。另外，保护不够全面。对于盘绣、服饰、轮子秋等项目保护力度大，而对民间文学等项目的保护力度不够，方法不多。《拉仁布与吉门索》《祁家延西》等没有像"花儿"传唱那样普及，相关的文化产品也不够丰富。

3. 商业化气息对非遗民俗文化的浸染

在文化消费背景下，非遗的生产性传承具有了文化消费的大众化和娱乐化特征，更加依附大众社会的文化消费秩序。在以小庄为中心的民俗文化旅游区，人们常常可以看到身着艳丽民族服饰的土族妇女站在村庄的牌楼前招徕顾客；有的带着孩子，缠着游客兜售。游客在纳顿庄园观看酿酒工艺的过程中，可以有偿品尝，一小盅酒2元，当即兑现。这里卖的酒，价格自定，不受监管。农家乐上演的"土族婚礼"节目"送入洞房"落幕时，阿姑们就围着游客要"喜糖钱"。土乡那种质朴内敛的民风在浓厚的商业气息的浸染中正在蜕变。

如何使各类非遗项目得到全面发展，让非遗的生产性传承带来更大的经济效益和社会效益，彰显其深厚的文化内涵，在商业文化的浸染中如何保持民风的淳厚，以及政企分开，保持政府的廉洁自律等，都是今后非遗工作中值得继续探讨和改进的问题。

第六章

文化产业与旅游业

在政府的积极推动下，近年来互助县文化产业依托丰富的民族文化资源获得了空前的发展，形成了以非物质文化遗产为主要内容的文化产业集群，并成为国民经济的支柱型产业。同时，近年来互助县利用得天独厚的的旅游资源优势，以创建国家级旅游度假区为目标，狠抓旅游资源开发和品牌建设，扎实推进旅游大县向旅游强县转变，带动了服务业的快速发展，加快了当地农民脱贫致富的步伐。互助县以"中国土族、彩虹故乡"的品牌形象和"旅游休闲型、山水园林型、生态宜居型"的旅游形象逐渐取得游客的认知。

第一节　文化产业发展

一　文化产业的兴起、产业集群及特点

（一）文化产业的兴起

互助县文化产业起步于20世纪90年代，主要以玉石和刺绣品加工为主，处于自发状态，大多数规模不大，水平不高，发展缓慢。起初，是由村里一些不甘守旧积极开拓市场的年轻人带动了第三产业。如互助县小村农民祁旦柱在20世纪90年代被选送到北京中华民族园参加演艺活动，开阔了眼界。回乡后带头收集民间刺绣产品到北京找市场，由此带动了乡村刺绣产业。挣到些钱后，他又带头搞起了文化旅游接待的农家乐，将土族文化演艺观赏和餐饮接待相结合，收到很好的社会反响和经济效益。他的成功对村里影响和带动极大。在县政府的积极支持下，小村轰轰烈烈地搞起了农家乐文化旅游产业。

21 世纪初，文化产业进入了快速发展的阶段。互助县政府确定了文化产业发展的总体思路，要充分开发和利用民族民间文化资源，凸显土族民俗文化特色，积极拓展文化产业发展模式，确立了主打土族歌舞演艺产业、旅游产业、刺绣产业的发展思路。2011 年，文化产业总产值达9856.3 万元，同比增长了 11.5%。2012 年，文化产业总产值达 11297.06万元，同比增长了 14.6%。①"十二五"期间，互助县第三产业服务业得到长足发展。在旅游大环境大趋势的积极影响和强力带动下，商贸流通、餐饮娱乐、交通运输、社区服务等传统服务业得到显著提升，信息、物流、中介、保险、房地产开发等现代服务业得到快速发展，使服务业在GDP 中的占比达到了 34%，② 文化产业成为国民经济的支柱型产业。

（二）文化产业集群的形成

目前，互助县形成了以非遗文化资源为核心内容的文化产业集群，奠定了文化产业发展的基础。

1. 盘绣工艺产业发展迅速

近年来，依托非物质文化遗产土族盘绣项目的挖掘、保护，互助县出现了许多相关的文化企业、作坊，成立了刺绣行业协会，指导、规范全县民间工艺品生产企业和经营行为。其中，互助县七彩情土族民俗文化产品开发公司是县里刺绣行业的龙头企业。

七彩情土族民俗文化产品开发公司自 2007 年 9 月成立以来，有从业人员 155 人，其中（农村劳动力 148 人，企业下岗职工 7 人），固定资产180 万元，厂房 450 平方米，绣坊 200 平方米，成为互助县土族刺绣行业协会的龙头企业。公司以刺绣行业协会为依托，以"协会 + 基地 + 农户"的经营模式，在各土族村庄设立土族刺绣基地 10 个，确定刺绣经纪人 10人，通过开办农民工"阳光工程"土族刺绣培训班，培养了一批优秀的土族刺绣艺人，在全县发展土族刺绣能手 300 多人。不仅增加了当地农村妇女的经济收入，也为保护非物质文化遗产做出了突出贡献。2010 年，互助县七彩情土族民俗文化产品开发公司被评为省级文化产业示范基地，2011 年又被评为国家级非物质文化生产性保护基地。在公司的带领下，五十镇、东沟乡、威远镇等地区相继办起了多家刺绣加工厂，以土族盘绣

① 互助县文体局：《2012 年工作总结和 2013 年工作思路》，2012 年 12 月。

② 互助发改委：《关于互助土族自治县 2012 年国民经济和社会发展计划执行情况与 2013年计划草案的报告》。

为代表的刺绣产业正在成为全县文化产业的支柱产业。

2. 民俗文化旅游势头旺

旅游业是目前互助县文化产业发展中最具发展潜力的产业之一。互助县的丰富文化资源具有发展旅游业的优势，因此县政府确定了文化旅游的发展思路，将文化旅游定位为本县的特色产业，以文化旅游带动其他相关产业，目前已经取得初步成效。据统计，互助县现有土族民俗旅游接待点 105 户，若干个大型文化旅游企业已逐步建成投入运营，这些民俗旅游接待点，不仅成为宣传土族文化的平台，也为当地创造了可观的财富。2012 年，互助县共接待游客 230 万人次，同比增长 27.8%；实现旅游总收入 4.5 亿元，同比增长 50%。[1] 当地具有代表性的旅游企业列举如下。

个案 1：互助纳顿文化旅游开发有限公司

互助土族纳顿文化旅游开发有限公司坐落于互助县威远镇小庄村，占地面积 2660 平方米，始建于 2005 年 5 月，公司总投资达 800 万元，现有固定职工 160 名加若干农户（刺绣生产为公司加农户形式），吸纳下岗职工 20 名，解决农村剩余劳动力 140 人。公司现已发展为集餐饮、旅游、民俗风情、旅游产品开发、土特产超市、青稞酩馏酒作坊展示为一体的综合性开发有限公司，公司下设 7 个子公司。公司与全省及周边省区 260 多家旅行社开展业务往来，企业效益连年翻番，每年接待游客达 10 万人次，成为互助县旅游业的龙头企业。

公司良好的经济效益来源于丰富的民俗文化资源。公司在成立之初，便以弘扬土族民俗文化为己任，打造了"纳顿庄园"民俗旅游点，将曾一度失传的以古老青稞酩馏酒、土族圈圈席为代表的饮食文化、青海花儿、土族婚礼等进行了抢救、整理、挖掘；将民间文化搬上了"纳顿庄园"的舞台，成为旅游文化的亮点，实现了经济效益和社会效益的双赢。

在发展乡村民俗旅游过程中，互助县坚持因地制宜、突出特色的原则，注重乡村旅游与民俗文化、宗教文化、农耕文化、自然生

---

[1] 互助县旅游局提供资料，2013 年 7 月。

态的结合，充分挖掘自然、历史、人文、宗教等旅游资源，在东沟、台子、南门峡、塘川、丹麻、五十、五峰、红崖子沟、加定、巴扎等10个乡镇发展了一定数量高标准、有特色的乡村民俗旅游接待点，加快以"农家乐"为代表的乡村旅游发展步伐，带动农民增收。

个案2：西部土族民俗文化村有限公司

青海西部民俗文化村有限公司建于2002年11月，位于青海省互助土族自治县小庄村，被评为国家级文化产业示范基地。文化村建筑主要由三大部分组成，由反映土族生活方式的土族故土园、一进三院的仿明代土司府邸和四季如春的彩虹宫。土族故土园异地重建了一批极具文物价值和观赏研究价值的土族古建筑，建筑中的木雕艺术是其亮点。

演艺和餐饮是文化村的主要旅游商品。文化村拥有自己的演艺团体，给游客表演土族舞蹈轮子秋、土族婚礼、安召、服饰及土族花儿。这里的餐饮接待推出了别有风味的土族民俗餐：三道茶、三道酒、锟锅馍、烤洋芋、"背口袋"、炒土鸡、"狗浇尿"油饼、手抓羊肉、尕面片、搅团、酿皮、甜醅等，令游人回味难忘。

园内设酩馏酒坊，将整个酩馏酒的土法酿造工艺展示给游客，同时也开辟了青稞酒的销售市场。

西部土族文化村每年接待游客约30万人次，年收入300万元，税收3万多元。也吸纳解决了城镇部分剩余劳动力的就业问题。国家各级领导人都很关心土乡文化和经济发展。西部土族民俗文化村建成后，多位党和国家领导人都曾亲临文化村视察工作。

个案3：加定镇民俗旅游

加定镇位于大通河畔、北山国家森林（地质）公园腹地，镇辖6个行政村40个生产社，1773户7404人，其中少数民族人口占总人口的57%。该镇的浪士当村、扎龙沟村位于森林（地质）公园两个中心景区内，镇辖区域内自然景点和人文景观较多，旅游资源丰富。截至目前，全镇已发展"农家乐"形式的旅游服务接待点达37家（其中浪士当10户，桥头18户，扎隆沟7户，扎龙口2户），宾馆、旅社11家，直接从事旅游服务的人数达452人。2010年以来，每年接待游客达近2万多人（次），从业农牧民人均增收4000多元，旅游业收入占人均收入的 11.5%①。加定镇立足乡情实际，按照"一村一特色"的发展要求，着重发展了"村户型"和"森林山庄型"两种类型的"农家乐"旅游。"村户型"就是发挥农村的农家乐情趣、乡土文化等资源特色，以一家一户的农户为"农家乐"发展主体，进行开发建设。"森林山庄型"就是依托农村田园风光、山水美景等资源，吸引个人投资开发，发展农家乐旅游，如国家森林公园内的帐房度假村。

3. 歌舞演艺助推旅游业

互助县拥有得天独厚的群众文艺基础，文化活动形式多样，内容丰富，各乡镇的文化活动接连不断。为推动群众文化事业的发展，形成富有活力的群众文化活动，县文化馆长年致力于群众文艺活动的组织和辅导，开展音乐、表演、舞蹈、美术等培训工作。互助县旅游市场的发展，逐步衍生出许多土族民俗演出力量，如西部民俗文化村、纳顿庄园、姚家大院、白毡帽花儿演艺等都有自己的演出团体，这些土族歌舞演艺成为各个接待点招揽游客的重要手段，不仅为宣传土族文化做出了贡献，也取得了一定的经济效益。

个案 1：姚家大院

"姚家大院"旅游接待点，位于青海省互助县东沟乡。姚家大院主打民俗文化旅游产品，是集土族建筑文化、服饰文化、餐饮文化、歌舞文化、民俗文化为一体的民族旅游文化景区，被青海省土族研究会认定为土族民俗展示点。姚家土族大院占地面积 3900 平方米，始建于 2003 年 7 月，现有游客接待服务房间 60 多间，总投资达 500 万元，年接待游客达 9 万人次，受到国内外游客的广泛赞誉和好评。姚家大院与全省及周边省区 100 多家旅行社开展业务往来，实现营业收入 400 万元，解决了 100 多人就业。

个案 2：白毡帽花儿演艺中心

白毡帽花儿演艺中心成立于 2007 年 6 月，位于互助县威远镇青稞酒文化广场，演艺大厅 400 多平方米，有固定职工 13 人，主要业

---

① 互助县加定镇政府提供资料，2013 年 7 月。

务为花儿演艺及花儿歌手培训，是互助县规模最大的以本土文化为载体的休闲娱乐场所。年收入达 10 多万元。这里是最接近平民的休闲场所，赋闲的、打工的、歇脚的都可在这一边听着花儿，一边嗑嗑瓜子，喝瓶啤酒。听到高兴处，起身给歌手献条锦绣被面，当地人叫"挂红"，或放上些钱表示赞赏，演员们会唱得更加起兴。中心自建成开业起，就注重本土文化的传承，一方面培训歌手，在中心受过培训的歌手已达到 100 多人，其中大多成为以花儿演艺为主的茶社或茶园的应邀歌手。另一方面，结合时代特点，将富有时代气息的歌词编到花儿唱词中。2009 年，青海省文化馆、青海省"花儿"研究协会、互助县文化馆给该演艺中心挂牌命名为"互助县花儿创研与歌手培训基地"；同时被《青海花儿》《河湟》杂志评定为土族花儿和民间曲艺文化的采编站。中心下设的"白毡帽"花儿艺术团经常参加公益性演出，在本县及周边县城频繁演出，活跃了当地的群众文化生活。

个案 3：互助县松多乡华热藏舞

互助县松多乡系藏族乡，历史上，这里的百姓自称"华热巴"，意为英雄部落，直译为祁连山人。这里的群众能歌善舞，相传其舞蹈源自古代民族英雄格萨尔之妻的传授。华热歌舞内容丰富，自然朴实，在不同的场合，他们唱着不同的歌。有颂歌、欢歌、悲歌、情歌。这里流传一句格言："不会唱歌的人犹如一头牦牛，不会跳舞的人好似一根木头。"基于这里丰富的文化资源，松多乡组织打造了松多华锐文化艺术节。在艺术节上，人们载歌载舞，赛马比赛。现已制作出版了《华锐松多民间歌舞集》《华锐松多拉伊集》《华锐松多酒曲集》《青海互助松多自然风光》VCD、DVD 光盘，打造了华热民族歌舞的文化品牌。

个案 4：农民转做玉雕师

互助县处在河湟谷地，有丰富的石膏矿和少量的玉石资源，所产的玉称为"河湟玉"，又称"冰糖玉"。该玉质地纯、色泽靓。这里的农户有长期经营玉石加工的基础。

随着社会经济的发展，给玉雕产业发展带来了前所未有的商机和发展空间。哈拉直沟乡及时调整发展思路，发挥地域资源优势，以盐仓村为核心，将发展壮大玉雕产业作为全乡特色产业，鼓励、扶持玉雕产业的发展。全乡成立了5个玉雕公司（河湟玉开发有限公司、磊鑫玉雕有限公司、金鑫玉雕公司、西海玉雕责任有限公司、河湟玉雕公司）和1个玉雕专业合作社（盐昌村玉雕专业合作社）。逐步实现了玉雕产业由家庭作坊分散、低水准生产向"公司＋农户"形式的转变。现已形成"玉料供应、产品设计、生产加工、质量检测、包装宣传、经营销售"为一体的产业链，2013年全乡玉雕产业产值约400万元。

如今，玉雕产品的生产与旅游推介结合起来。盐昌村规划投资300多万元，建设占地10亩的村级活动广场及玉雕文化休闲广场，设立玉雕展厅，开办玉雕培训学校，努力打造"青海玉雕第一乡"的文化品牌。

4. 广播电视传媒业改制

互助县广播电视局是互助县人民政府的职能部门，实行局台合一的管理模式。设办公室、采编部、制作播出部和广播电视管理站4个部室。目前全局有干部职工46人。广播电视业具有文化事业和文化产业的双重性质和功能。

广电局在改革中，将部分事业部门转为企业编制，赋予其产业化特征。将广电部门的技术部门分离出来，成立了广播电视数字技术维护公司，走市场化道路。公司负责建设和维护全县的广播电视系统。自2011年以来，该公司承担了全县的广播电视网络建设和项目建设。2011年至2012年，完成了全县11000套"村村通"直播卫星项目和57486套"户户通"项目。还在威远县城布点36处，恢复了县城公共无线调频广播网；完成了移动数字电视项目，填补了传统电视媒体"有缝"覆盖的缺陷。这些项目大多由国家投资，公司作为工程项目来承接完成，获得创收和利润。

此外，在互助县政府的帮扶下，2012年成立了塞纳文化发展有限公司和逸凡客动漫科技有限公司，成为互助县传媒业的新生儿。

5. 文化消费带动图书市场

随着互助县农牧民经济收入的提高，每年用于文化消费的支出也逐年增加。图书市场就像一个反映当地文化消费的晴雨表，呈现出递增的趋势。2010年，青海省新华发行集团有限公司互助分公司实现图书、文化用品、音像制品等商品销售收入601.2万元，利润6.3万元；2011年销售 620 万元，实现利润 13 万元；2012 年，完成 900 万元销售额，实现利润 54 万元。① 此外，还有众多的私营书店，图书市场较为活跃。

6. 民族体育产业

近些年来体育服务行业逐步兴起，相继建成高尔夫球场、网球场、室内体育综合馆，发展棋牌室 109 家，体育彩票销售点 8 家、体育用品单位 5 家。成功承办了 9 届自行车环青海湖赛赛段赛事活动、三届环湖赛开幕式。从 2012 年开始，与青海省登山运动协会共同筹办"穿越北山"徒步露营活动和"北京—互助"汽车自驾游活动。2013 年 8 月，互助县举办了"第一届汽车摩托车狂欢节"。通过不断打造体育活动品牌，发展壮大体育产业，与全县旅游业的发展形成合力。

（三）文化产业的特点

1. 非遗文化符号成为文化资本

"文化符号"是指一个国家、一个民族、一个地域、一个团体、一个阶层的富有文化内涵和象征意义的载体。文化符号虽然由个体化的事物或个别化的现象充当，但是，这些事物或现象凝结着所代表文化的核心观念和精华，具有普遍意义和象征意义。民族文化符号化代表着当代社会对民族文化的重要认知。在当今土乡，保护土族非遗文化已成为全社会的共识，土族服饰中的七彩袖、盘绣、轮子秋、青稞酒、花儿演唱等民俗事象为代表的非物质文化遗产都被作为土族文化的象征，逐步符号化，广泛应用于各个文化空间，甚至成为文化商品。

一进入互助县，就可望见巨幅的街边广告："醉美互助欢迎您！"传递着这里是生产美酒的地方的信息，县城威远镇最大的广场叫"青稞酒广场"，广场中央矗立着一个巨大的青铜器酒樽造型，每日晨晚，近千人在广场跳土族安召舞健身；主要街道的路灯都被装饰上七彩绚丽的彩灯（甚至灯杆也被涂抹上七彩色），熠熠闪闪，恰似土族姑娘的彩虹袖在挥舞，与古老的威远镇的标志性建筑——明代天启年间修建的鼓楼（非遗保护项目）交相呼应。平日里，悠闲的人们在"白毡帽花儿茶吧"、"七彩袖花儿茶吧"听着"花儿"，喝着啤酒打发时光；一年一度的"丹麻花儿演唱会"，成了歌手们一决胜负的赛歌台；"土族婚礼"成为旅游景点天天上演的喜剧；"轮子秋"伴着土族歌舞从北京奥运开幕式转到了农家

---

① 《青海省新华发行集团有限公司互助分公司工作总结》（2010—2012）。

乐的庄户，成为最受欢迎的旅游节目；在互助县小庄村，几乎家家搞农家乐旅游接待，门前摆放着方桌和酒具，用"上马三杯酒、下马三杯酒"接待来访的宾客。互助的文化空间随处彰显着非遗文化的影响。正如让·波德里亚在《消费社会》中谈到的：消费不单是生产的结果，也是生产的形式，消费不是生产的"镜像"，它以一种符号的秩序构成了文化生产的方式。

2. 政府的主导作用

政府依然是非遗保护与传承工作的主导者和推动者，政府利用多种活动形式，扩大非遗影响力。互助县以打造"中国土族·彩虹故乡"文化品牌为目标，着力发展文化产业。由政府举办各类非遗培训班，支持农民从事文化生产与服务，推动乡村文化产业。采取在县城集中培训骨干，在乡镇巡回培训文化能人的方式，举办土族花儿、土族婚礼、土族轮子秋、土族盘绣、安召舞等培训班，接受培训的文化艺人已成为文化产业，尤其是互助土族民俗文化旅游业中的技术骨干和中坚力量。

政府还利用多种活动形式，扩大非遗影响力。如将非遗项目土族服饰、土族婚礼、土族丹麻花儿会、民间叙事长诗《拉仁布与吉门索》等改编成歌舞、歌舞剧形式演出；春节期间，用人物花车造型展演国家级非遗项目；土族轮子秋参加了多次民运会及2008年奥运会开幕式，在土乡产生了轰动效应；2007年在丹麻镇举办土族"花儿"大奖赛和土族"花儿"传承人选拔、认定、命名活动，民间艺人脱颖而出；此外，创作、编排了"千人安召"舞并在第六届安召纳顿节上表演。各种形式多样、内容充实的非物质文化遗产展演活动丰富了广大群众的精神文化生活，也使保护和利用非物质文化遗产的意识更加深入人心。

3. 文化产业集群形成

互助县形成的文化产业形成了集群化特征。从内容上依托非遗文化资源，在运行中依托龙头企业和协会的组织和带动，既分散经营，又形成合力，如刺绣业、玉雕业和酿酒业，涌现出一批知名企业。如互助七彩情土族民俗文化产品开发公司、中国青稞酒集团有限公司、西部民俗文化村、纳顿庄园、小庄民俗文化旅游村、姚家大院、彩虹部落等。非遗的生产性传承与社会的经济结构转型以及农民创收密切结合。

二　文化产业面临的问题及对策

（一）文化产业面临的问题

1. 市场竞争机制尚未形成

由于互助县文化产业市场起步较晚，文化消费市场发育水平低，缺少规模型的文化产业集团，没有专门的文化产业发展研究机构，缺乏有效的文化产业协调组织，文体局、旅游局等部门都在介入文化产业领域，但条块分割，未能形成合力。

目前，互助县文化产业投资主体渠道单一，财政资金投入不足。文化产业的基础设施比较落后。文化产业数量少、项目不多、市场竞争力不强。文化产业经营规模小，集约化程度低，缺乏龙头企业。经营运行机制僵化，活力不足，目前还没有一家叫得响的文化企业和文化产业品牌。

2. 文化资源的研发与利用不足

对丰富的民族民间文化资源开发和利用还存在思路不广、力度不大、投入不足、效益不高等问题。目前，仅有土族盘绣、威远酩馏酒非遗生产保护基地各一个。土族盘绣的市场小，产品形式少，缺乏高级定制产品。大多产品为初级的绣片，装上简单的画框，作为礼品商品，产品的附加值不高。酩馏酒的生产性传承仅限于个别作坊，产量低，传承人少。有的酩馏酒的传承人被有眼光的经营者看好，聘为私家酿酒师，传承活动受到一定局限。

3. 民族文化资源保护亟待加强

土族在漫长的历史中形成了异彩纷呈的民俗文化，这些文化资源是县域文化中的宝贵资产。一些民间艺术濒临失传。究其原因：一是民间技艺的传承属于父子相传，师徒相授，艺人们没有普及技艺的愿望，许多技艺是代代单传，口传身授，无文字记录，传承面狭窄。如木雕、擀毡等手工艺传承困难；二是由于商业文化的冲击，年轻人认为民间技艺不赚钱，不愿学习。民间灯影传人李某，现受聘于县"彩虹部落"，表演民间灯影艺术，同时自己还经营着自己的旅游商品公司。他感到虽然很热爱灯影艺术，但很难兼顾传承活动和自己的营生。

4. 政企利益关系纽带紧密

非遗保护与传承很容易成为政府操作的一张王牌。政府官员是非遗项目的申报者，也是非遗传承人的指定者。有的工作人员或其家属就成为非遗项目的传承人。

政府与经济实体的关系尤为紧密。政府的办公楼进驻了经济实体——非遗生产性保护基地的车间和营销点。办公楼本是国有资产，却变成经济实体的固有资产，其收益流向必然与政府利益相关；从政府中分流出的人员成了公司的管理者，由他们寻找经纪人，给刺绣专业户派发产品式样和生产指标，非遗生产性保护基地的刺绣专业户，成了来料加工的个体户。回收来的产品经过简单加工包装，就推向了市场。政府与绣庄都成为产业利益的分享者。政府的管理职能与企业利益挂钩不符合当前政企分开的施政原则。

再以青稞酒业集团为例。互助县的青稞酒集团已经成功上市，成为互助县的创税大户。青稞酒业集团在互助县兴建了诸多的扩张性项目：酒厂的二期扩建工程、180 洞的标准高尔夫球场、占地规模颇大的民俗文化旅游景点"彩虹部落"等。酒业成为互助县的支柱经济，也在很大程度上支配着互助县的经济。酒业集团借助其强大的经济实力和政府支持，在这里扩张到房地产、旅游业、娱乐业等多种行业。征地搬迁，一切都为其开绿灯。政府应该引领这些企业对当地民生的改善，特别是对失地农民负有更多的社会责任。

5. 产业业态转型升级困难

目前互助县文化产业业态大多集中在传统旅游、手工艺等传统产业形态。缺乏以现代信息技术、文化创意为支撑的知识密集型产业。高新技术与文化产业的结合，不仅可以使文化产业获得科技的促动力，还可不断衍生出一些新的文化行业。作为文化经济的文化产业，是以知识为基础的现代服务经济，它体现为非物质化的文化消费新型业态及新技术与文化资源组合形成的新兴产业集群。如数字产业、环境产业、符号产业、艺术文化产业、保健业、会展业、教育培训、咨询等业态类型。

人才需求严重短缺成为互助县制约文化产业向现代产业业态转型的核心因素。主要表现为从业人员整体素质不高，高素质的管理人才、经营人才、创意人才等创造性、复合型人才尤为短缺。熟悉文化产业又熟悉市场经济的经营管理人才十分匮乏，还没有形成文化产业企业家队伍、经纪人队伍和人才群体。文化产业实业家或带头人凤毛麟角，还不能很好地引领文化产业的发展。

（二）文化产业发展对策思考

1. 发挥政府主导作用

要发挥服务型政府的功能，促进公益性文化事业与文化产业的协调发展。目前，文化旅游产业已成为互助县的主打产业和支柱产业，政府要以创建国家级高原旅游度假区和国家5A级旅游景区为契机，科学制定旅游规划，加大招商引资力度，完善景区基础设施，营造良好的市场环境，提升"中国土族·醉美互助"文化旅游知名度和影响力。同时，还要为文化产业的升级做准备，发现新的产业亮点，培育新产业，制定更合理的发展规划和相关政策、法规。

2. 保护民族文化遗产

土族民俗文化资源是土族先民在长期的历史发展中留下来的宝贵物质财富和精神财富，是无价之宝。在开发利用的过程中，首先应该做好民族民间文化遗产的保护工作，对包括土族民俗风情、民间文学、民族服饰、民间歌舞、民族建筑、民间工艺美术、民族语言等民间文化遗产进行进一步的调查、收集、整理，建立完善数据库。对濒临失传的民俗文化、民间技艺、民族歌舞等进行抢救性保护，对民间艺人和文化遗产传承人，通过举办文艺活动、作品展览、技艺展示、培训研讨等形式进行认定、建档和命名，并以文字记录、制作录音、设置录像、拍摄图片等方法对其技艺进行保护和传承。发挥民族文化优势，充实各类文化产业产品的文化内涵，促进民族文化与文化产业的深度融合。

3. 打造特色文化品牌

文化产业开发上要注重土族文化元素，挖掘土族民间民俗资源的内涵，展示独特而珍贵的土族民俗风情，打造土乡民俗文化品牌。一是以文化产业研发机构为牵引，广泛动员广大民间艺人，深入挖掘土族盘绣、酩馏酒、民族歌舞、民间文学、餐饮、婚俗等民俗文化产业的内涵，保持本源、多出精品，突出民俗产品的差异性和多样性。二是以农户家庭为旅游接待点或以原生态民俗风情园的形式集中向游客展示土族民俗风情。三是以土族民俗文化资源为依托，推进土族盘绣、唐卡、服饰、剪纸、烙花、玉雕、石雕、木雕、轮子秋模型、皮影工艺品、音像制品、酩馏酒等产品的研发与创作，努力推出一批具有较高开发价值和广阔市场前景的旅游产品，努力形成文化产业的产品优势，打造特色文化产业品牌。

4. 鼓励非公有资本进入

近年来，互助县民营文化企业逐渐成长起来，这些企业已成为文化产业发展的一支重要生力军。虽然规模不大，但是覆盖面广，所占比重较大。这些民营资本成为文化发展的重要资金来源。鼓励扶持这些民营企业对于文化产业发展尤为重要，它们对带动影响乡镇、村社产业实体也有着重要的示范和影响作用。

5. 加大人才培养力度

重视文化艺术和文化产业人才的培养和使用是文化资源商品化的必要条件。要把文化产业人才队伍做大做强，一是在文化体制改革中改革用人制度，建立人才竞争激励机制；二是加大政策倾斜力度，引进和配置一批优秀的文化产业人才；三是开展多渠道、多层次的人才培训。培育文化产业经纪人、文化产品设计师、演艺市场经纪人等专业人才，壮大文艺创作及文化产业队伍，为文化产业的可持续发展积蓄人才资本。

第二节　旅游业发展

近年来，互助县高度重视文化旅游产业发展，以打造"中国土族·彩虹故乡"文化品牌为目标，按照"传奇王国、乡村夏都、彩虹部落、浪漫酒城"的文化定位，突出民俗宗教旅游、自然生态旅游、青稞酒工业旅游、农业观光旅游四大特色，逐步把互助县建成集休闲度假、健身疗养、民俗体验、特色产业观光为一体的高原旅游名县。

一　旅游产业的发展与布局

（一）旅游产业的发展

互助县旅游业起步晚，1995 年以前处于粗放发展阶段。1996—2000 年为萌芽阶段。2000 年 11 月，互助土族故土园旅游景区被国家旅游局评定为4A 级景区，成为互助县旅游发展的契机。2001—2008 年为起步阶段，初步形成了以国家 4A 级土族故土园为代表的土族民俗文化旅游；以北山国家地质森林公园为代表的自然生态观光旅游；以佑宁寺和却藏寺为代表的宗教文化旅游。2008 年至今为发展阶段，以"中国土族·彩虹故乡"的品牌形象和"旅游休闲型、山水园林型、生态宜居型"的旅游形象逐渐获得游客的认可。游客人数和旅游收入呈逐年上升趋势（见图 6-1）。

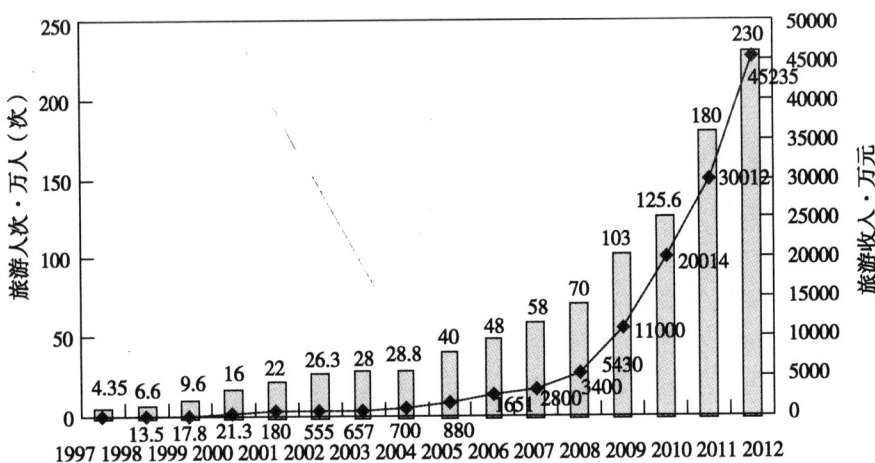

图 6-1　互助县历年旅游人次与旅游收入图

资料来源：根据互助县旅游局 2013 年提供数据整理

目前，全县有 2 个景区，较大规模的风情园 4 家，民俗旅游接待点 80 家，集餐饮、观赏、娱乐为一体的茶园和农家园 163 家，旅行社 6 家，星级酒店 1 家，旅游业直接从业人员达 2000 多人，间接从业人员 6000 多人。"十一五"期间全县共接待国内外游客 404 万人（次），比"十五"期间增长 177%，实现旅游总收入 3.2 亿元，比"十五"期间增长 627%。2012 年共接待游客 230 万人次，同比增长 27.8%；实现旅游总收入 4.5亿元，同比增长 50%。①

"十二五"期间，互助县确立的发展思路是：以创建国家级旅游度假区为目标，按照"双拳出击、重点突破"的原则，重点打造威远镇核心景区和北山自然生态景区。有序开发佑宁寺、南门峡和五峰寺景区，逐步壮大乡村旅游规模。着力建设集休闲度假、健身疗养、民俗体验、商务会展、特色产业观光（现代农业和青稞酒工业旅游）为一体的高原旅游目的地和游客集散地，力争建成国家级旅游度假区。到"十二五"末，实现年接待游客 350 万人（次），旅游综合收入达到 8 亿元，五年累计完成固定资产投资 30 亿元。②

---

① 互助县旅游局 2012 年统计资料。
② 《互助县旅游业"十二五"规划》，2010 年。

（二）旅游产业的结构布局

互助县围绕资源优势，着力打造以土族民俗、自然、运动、温泉度假、青稞酒城为核心的五大旅游板块，加快创建国家级高原旅游度假区和国家5A级旅游景区步伐。目前，"西宁—北山"、"西宁—南门峡"两条旅游线路规划已通过地区评审。旅游产品集中在高原观光、文化旅游、民俗体验、宗教旅游、度假旅游、体育旅游、健身疗养、自驾旅游、自主旅游等多个方面。

1. 以北山国家森林公园为代表的自然生态旅游

北山国家森林公园原称互助北山林场，于1959年建场，经过40余年的经营，天然林得到了有效的保护和恢复，植被完整，林相整齐。2000年被国家旅游局评定为4A级旅游风景区，2005年被国土资源部批准为北山国家地质公园。景区由浪士当、扎龙沟、元甫达坂、卡索峡、下河五大块组成，主要景点有达坂红叶、十二生肖弯、神龙潭瀑布、圣母天池、药水泉瀑布等40多处。这里流水潺潺、苍松翠柏、绿野如茵，同时土族风情浓郁，是不可多得的旅游胜地。

为了开发北山森林公园旅游，政府加大了基础设施建设。在北山景区修建了宾馆，铺设了道路。2009年，成立了景区管委会，辖区有14个行政村，1.4万人。2012年，景区共接待游客18万人次，门票收入300万元，景区旅游收入达6300万元。景区农牧民人均纯收入5764元。

高品位的民间旅游公司也已出现在景区。北山公园浪士当景区内的旅游休闲农庄"才伦多风情小镇"即是典范。老板范文斌先生是土生土长的互助人，他接受过高等艺术教育，并有多年设计工作的经历。2003年，他在家乡浪士当景区亲自设计盖起了这座才伦多庄园，经营旅游业。庄园共有大小建筑四五栋，20多间客房。建筑风格含有藏、汉、地中海、欧式等多种文化元素。客房暖气充足，宽大舒适，热水、卫生间一应俱全。老板范文斌有着独特的经营理念，他利用这里的山水优势，要把这座庄园打造成"静修谷"。他还搜集了不少土族刺绣精品、生产生活用具等，希望办起一座民间土族文化博物馆。这里已成为美术写生的基地。

2. 以佑宁寺、却藏寺、五峰寺为代表的宗教文化旅游

互助县充分利用挖掘宗教文化资源，形成了以佑宁寺、却藏寺等为代表的宗教文化旅游精品，打造宗教旅游与高原度假休闲旅游结合的旅游产品。把自然景观与佛教文化有机结合在一起，建设集养生度假、宗教朝

拜、休闲观光、体验僧侣生活为一体的宗教文化旅游景区。为此政府加大了对这些宗教场所的投入和开发。

2008 年，互助县政府与青海沃德旅游开发有限公司签订了佑宁寺景区整体开发协议，计划投资 7500 万元对佑宁寺宗教文化旅游进行保护开发。2009 年投资 21 万元，对佑宁寺大经堂门前广场实施硬化工程；2012 年，投资 300 万元修缮佑宁寺大度母佛。对于其他宗教旅游景点如却藏寺等也分别投入了相当的人力和物力。"十一五"期间，斥资近 500 万元，对却藏寺文物进行抢救性保护和修缮。

3. 以威远镇为核心的民俗文化旅游

威远镇是互助县政府所在地，人口密集，基础设施发达，交通便利，具有较好的区位优势。近年来，互助县投入近 3 亿元，重点实施了中华土族园、彩虹故乡农业生态园、精品度假区、青稞酒工业游等项目，积极打造以土族民俗文化为核心的威远镇景区。以温泉资源为依托，加快高原湿地温泉乐园、温泉养生度假酒店等项目建设，打造"温泉度假"旅游高尔夫球等高端旅游品牌。目前仍有一些大型项目在建，如梦幻谷国际游乐城、旅游商品购物中心、投资 8 亿元的互助海州国际时代广场等，争取把威远镇建成"夏都乡村"的游客集散地。

互助县通过招商引资，计划斥资 1.2 亿元（一期投入 5000 万元），在威远镇修建了泛博物馆"中国土族园"，将整个园区打造成集文化观光、民俗接待、旅游购物等为一体的综合性文化休闲旅游区。景区设有游客服务中心、大牌坊、土族非遗中心、土族祭坛、土族土司府、土族十八坊、纳顿庄园等，中心景区占地 2.8 平方千米。土族园的建设充分体现了土族人民独特的历史文化和人文风情。目前一期主体工程已经完工。

互助县威远古镇、古城村、白崖、台子、五十镇、小庄村等村寨旅游资源特色明显。古城村是互助县集农业观光、土族民俗、历史古迹为一体的旅游区。自 20 世纪 90 年代开始发展旅游业，现已建成土族民俗接待点 80 处，风情园 3 处。五十镇拥有著名藏传佛教寺院佑宁寺、明清时期的北庄土族古城堡。五十镇还是非遗项目土族盘绣艺术的传承基地。此外，民间说唱艺术、花儿会、"跑马会"、轮子秋表演等民间艺术活动，构成了五十镇特有的文化艺术底蕴和人文内涵。

4. 开发青稞酒生产工业观光游

互助县将开发青稞酒工业观光旅游与非遗保护传承相结合。一是在青稞酒业集团新建厂房之际，将互助青稞酒业集团厂内的古老的酒海申报为为县级文物保护单位，保护青稞酒品牌神话的物质载体。

二是加大青稞酒观光工业游的基础设施建设。2010 年，青稞酒工业游项目完成投资 3700 万元，现代化灌装车间已完工；在威远镇投资 200 万元，完成酒吧一条街基础工程建设；投资 400 万元，完成了天佑德大酒店内部装修和改建。

三是打造特色品牌，利用省内各大媒体，依托各类节庆文体活动，加大宣传推介力度。2013 年 7 月举行的大型活动"青海互助青稞酒安纳文化节"，借助民俗节日，表演传承土乡酒令、酒曲、酒德，展示土乡青稞酒文化，提升了"中国土族·醉美互助"文化旅游的知名度和影响力。

5. 开发系列旅游商品

互助县深度挖掘地方民族文化和特色产业资源，推出了以工艺品、民族服饰、民间刺绣、风味小吃及药材等为重点的旅游商品品牌。开发了土族盘绣、河湟玉雕、烙画、剪纸等旅游工艺品；开发小包装青稞酒、酩馏酒；精品装八眉猪、菜籽油、葱花鸡、马铃薯等特色旅游商品和土特产品。

通过以上旅游板块的打造，将互助县旅游资源优势转化为现实的经济优势，通过将旅游业培育成为县域经济新的增长点，把互助县建成集民俗宗教体验、自然生态观光、温泉养生度假、商务休闲拓展、旅游商品研发生产等为一体的高原旅游名城。

二　旅游业发展中存在的问题及对策

（一）旅游业发展中存在的主要问题

1. 旅游业发展同质化

近年来，互助县为加快互助旅游业发展，先后建成了彩虹部落土族园、高尔夫球场、网球馆、温泉宾馆等高端旅游项目，在建的梦幻谷国际游乐城项目，投资 16 亿元，占地 1933 亩。从目前已经建成的项目运营情况来看，项目都在亏损经营，甚至面临停业的尴尬状态。究其原因，这些项目超越了当前客源市场的消费能力。

据旅游局调查统计，目前来互助的旅游者大多为省内游客。出游目的最主要的是体验民族风情、观光游览和探亲访友，其次是疗养、宗教度假、避暑度假。这些旅游群体的消费能力有限，来互助旅游的游客在愿意花费的时间上，一般以半天到 2 天为主；游客的消费意愿一般以 300—500 元为多。

农家乐民俗旅游发展最早的小庄村，在同质化竞争中目前也处于劣势，眼睁睁地看着游客被大企业瓜分，客源明显减少。纳顿庄园每年只是有点盈利，目前正在扩大投资，准备应对更加激烈的市场竞争。从目前在建和准备建设的项目来看，不管是古城度假村、赤列古镇，还是梦幻谷国际游乐城，旅游产品的文化内涵挖掘不够，产品之间的差别不大。

2. 传统文化特色消失

随着全球化时代的到来，不同的民族及文化、思想、价值观和生活习俗的引入，以及外来游客的大量涌入，土族文化的原真性正在被现代文化肢解，土族风情逐步被冲淡、同化或消失。

以威远镇小庄村为例，近年来该村靠旅游富裕起来，但一些村民漠视传统文化。原本黄土夯起的庄廓和精雕细刻的土木平房已被砖混结构和钢筋水泥结构的房屋所代替；传统的民族服饰、民族图案和手工艺品被现代装饰品和日用品所取代；原有自然村落的独特性逐步消失，失去了土族乡村旅游景观的魅力。土族风情园演唱的多是流行歌曲，那些历史悠久、文化底蕴深厚的民歌少有传唱。有的民俗旅游项目有庸俗化、舞台化、媚俗的倾向，失去了原生态的质朴特色。

3. 旅游产品结构性失衡

互助县的旅游产品设计多是以度假和民俗体验为主，这与其旅游市场的特点不吻合。目前互助县的旅游者主要从西宁进入，少数游客从民和、甘肃永登直接进入北山国家森林地质公园。国内游客中青海省以及邻近的甘肃省较多，占全年旅游人次的 80%；其次为陕西、宁夏、四川等地游客，占全年旅游人次的 15%[①]。也就是说，互助县目前的旅游市场上95% 的客源来源于本省和临近省区。临近省区的游客更多看中的是观光产品和短期的度假产品。高端度假区的建设更多的是面向发达地区，而这部分游客比例过少。结构性的过剩造成互助县旅游业发展投入期过长、经营绩效不明显，进而挫伤投资者的热情和消费者的满意度，影响旅游业的健康持续发展。

4. 旅游开发急功近利

政府在旅游开发中的确起到了积极的引领作用。但也存在急功近利，

---

① 互助县旅游局：《2012 年规划统计工作总结》。

与民争利，或与地方沟通不够等问题，挫伤了一些个体经营者的积极性。

以北山国家森林公园为例，2005年至2011年，北山林场是个让游客流连忘返的地方，游客数量基本呈上升趋势，以年均增幅24.4%的速度增长（见表6-1）。2012年，政府在旅游决策中单纯地将旅游经济等同于门票经济，直接将门票价格上涨到一张92元（含门票62元，电瓶车30元），游客锐减。景区的门票管理制度，也使得在景区生活的农牧民和个体经营者甚感不便，他们与亲戚朋友的往来也受到影响。景区公园的经营带有一定的垄断性，有与民争利之嫌，景区村民，特别是景区个体旅游经营者与景区管理部门的矛盾日深，多次交涉提意见。

表6-1　　　　　北山森林国家公园旅游人次与门票收入统计表

年份（年）	2005	2006	2007	2008	2009	2010	2011	2012
游客人数（万人次）	1.2	3	6	5	12	15	32	18
门票收入（万元）	80.8	100	111.5	150	215	300	350	300

数据来源：互助北山景区管委会提供资料，2013年7月。

又如却藏寺的修缮工程，政府将维修专款通过招标承包给建筑商，对此却藏寺僧人有很多意见，认为没能充分重视寺院主体的意见，对许多维修方式和做法感到不满。再如政府在小庄推动铺设燃气管道工程，向每户摊派相当数量的建设款，遭到居民抵触。因此，在旅游开发过程中，政府既要积极承担责任，也要更好地与群众协商，让利于民。

（二）旅游业发展对策思考

1. 打造区域特色品牌

（1）形成区域整体品牌。改变目前互助县旅游业发展各自为政的局面，政府协调，促进企业间的互相合作，共同设计旅游产品，形成市场共享、产品互补的良性竞争局面。借助西宁市的"中国夏都"的品牌平台，开展系列旅游活动。开发集宗教文化、民俗文化、自然风光为一体的生态观光度假游。以清凉互助、健康互助、生态互助、人文互助的开发理念，打造"中国土族·醉美互助"的区域整体品牌。

（2）开发体育旅游品牌。互助县具备举办各类高原体育赛事的外在条件。青海天佑德国际高尔夫球场坐落于沙塘川河河畔，球场依山傍水、风景秀丽，具备了开展国际高尔夫运动的良好条件；互助县已连续承办了两届"环青海湖国际公路自行车赛"、8次承办"环湖赛"互助赛段赛事，自行车体育旅游有望形成新的旅游文化品牌；冬季冰雪节旅游节也具有巨大的市场潜力。这些条件表明互助县体育旅游产品将会成为未来旅游市场的新宠。

（3）突出旅游产品文化特色。互助县拥有众多级非物质文化遗产项目，这是互助县发展旅游业的可资利用的品牌。目前各旅游景区（点）的民俗演艺节目形式和曲目雷同现象严重，对游客的吸引力弱。因此，在今后发展旅游业过程中，要将互助县的优势资源予以充分的发挥，将旅游产业与民俗文化活动深度融合，形成富有地域特色的文化旅游产业和品牌。可以充分利用古楼、古城墙、古井、古城村、古长城、文物遗址等历史遗存，开发文化旅游景点。借助非物质文化遗产，赋予土族民俗文化新的内涵，满足游客求知求奇的需求。通过文化创意，将土族正在流失的擀毡、织褐、雕刻等传统手工艺开发出新的旅游产品。

2. 加强宏观调控

目前，通过招商引资，互助县进行了多个大型项目建设。如引进投资16亿元，规划建设占地1933亩的梦幻谷国际游乐城项目；投资1亿元的云龙自驾车营地项目；投资3亿元的佑宁寺旅游综合开发项目；投资3.5亿元的古城度假村项目。在旅游市场日益成熟，区域竞争日渐激烈的情况下，政府在宏观上要积极引导和协调旅游业的发展，让旅游企业在市场竞争中接地气，力争旅游企业市场主体不断发展成熟和赢利，让社区得到更好发展。在招商引资的同时也要更加重视客源市场的开发。

3. 尊重社区居民利益

国际研究经验表明，农民及其社区所处的被动地位，最终会导致相对强势的政府和企业一并陷入被动境地。[①] 互助县旅游业的发展，一方面，要加强社区居民本身的文化教育，建立约束机制和鼓励机制，引导当地居民和消费者对土族文化的认知和保护。另一方面，政府要努力承担责任，积极协调与旅游点社区居民的关系，合理采纳社区的建设性意见，让社区居民成为旅游业的开发者、建设者和受益者。

4. 加大人才培养力度

政府在举全力发展旅游争创5A景区的同时，要下功夫加大人才培养和引进力度，确保旅游发展过程中的智力资本的培育和发展，从多方面促

---

① 中国环境与发展国际合作委员会：《中国发展低碳经济的若干问题》，http：//www.cci-ced.net/zlk_ 1/yjbg。

进旅游业的全面发展。目前互助县由于缺乏本地的文化创意人才，大多上规模的旅游项目开发都是花大价钱聘请内地设计公司完成。如北山国家森林公园的景区游览系统、解说系统、景观系统都是外包北京一家公司设计，设计费昂贵。要逐步培育本土的文化创意人才、创意公司，以及市场营销和管理人才，使互助县旅游产业更加具有竞争优势，并产生更大的产业关联效应。

第七章

民族教育和民族语言文字

新中国成立以来，互助县教育得到了长足的发展，已在全国统一教育体系下建立了适合本地特色的教育系统。但随着本地区经济、社会、文化的不断发展，互助县教育出现了发展不均衡等一些亟待解决的问题。同时，作为西部地区欠发达的少数民族聚居地区，相较经济发达的内地，互助县的教育发展仍较为缓慢，需加大力度进一步完善和推进。民族语言文字是一个民族的重要符号，互助县现居住着近7万土族群众，土族语言是土族群众日常生活和生产中的主要交流工具。进入21世纪以来，在经济、政治、文化和社会变迁等各种因素的影响下，土族语言文字受到强势语言的渗透，语言活力下降，使用人口和使用范围日益萎缩，已出现濒临灭亡的趋势，亟待采取适当措施，进行有效保护。

第一节　民族教育

一　教育沿革与教育管理

（一）教育沿革

1930年起，互助地区开始建立比较有序的教育体系。1949年后全县划分为5个学区，1985年根据中央决定，全县各乡镇相继撤销校区组，建教育委员会。2002年，根据国务院《关于完善农村义务教育管理体制的通知》，农村义务教育实行"在国务院领导下，由地方政府负责，分级管理，以县为主"的体制，乡镇学校由县人民政府管理。2007年，实施农村义务教育管理体制改革，撤销了乡镇教育委员会，成立乡镇中心学校。①

---

① 李林财、解统恩：《互助土族自治县教育志》2011年10月。

互助县 1956 年成立视导组，着手对 11 所初小进行视察指导，效果显著。1975 年恢复视导组，1989 年成立互助县教育局督导室，股级事业单位，定员编制 25 人。1995 年起正式建立县、乡（镇）两级督导员网络。2002 年，互助县政府将教育局督导室更名为"互助土族自治县人民政府教育督导室"，由教育局局长兼任督导室主任，下属有专职督学人员和兼职人员。目前，教育督导室正式确定为科级事业单位，定编 15 人，主要负责督促、检查、评估和指导教育教学工作。1983 年起，互助县教育局组建教学研究室，负责深入基层调查教学综合质量，提出改进教学质量的建议，围绕教学中存在的普遍性问题和教材中的重、难点进行专题研究，组织观摩教学，提出改进意见等诸多工作。教育局教研室成立后，各教委也陆续建起了中心教研组、年级组和教研组等三级教研结构网络，进行语文、数学、思想品德等科的教学研究，专职教研员深入班级听课，提出改进意见，起到了改进课堂教学的积极作用。1999 年起，互助县教育局成立电教中心办公室，在各乡镇各级学校建立了信息技术教育领导小组，购买设备，建设多媒体教室，为学生开设微机课。

（二）教育管理机制

从 20 世纪 90 年代起，互助县教育局先后制定完善《互助县中小学管理办法》等多种管理方法或评估方案，教育管理体系自身建设得到不断加强，逐步建立了"以学校自评为基础，以综合督导为主导，以专项督导为辅助，以经常性检查为手段"的督导运行机制。近几年在加大"督学"力度的同时加强了"督政"工作，实行了村干部"包发动保入学率"，学校"包管理保巩固率"，教师"包教保合格率"的"三包三保"责任制和乡镇领导包片，乡干部包村，村干部包社，教师包教，集体包脱盲与巩固提高任务的"五包"责任制。并采取发放入学通知书，签订入学协议书和实行提前报到注册等措施，确保新生按时入学。通过签订在校生巩固工作责任书，改革教学模式，实施分流教育，资助帮扶贫困学生等方法控制学生流失，坚持学生巩固情况定期汇报制度和定期专项督查制度，准确掌握学生动态。

互助县教育局主要的教育管理机构有教育局办公室、基础教育管理办公室、教育督导室、教育研究室、招生办公室、电教中心等。互助县教育局一方面以"两基"巩固为目标，将"控流保学"（控制流失义务教育阶段的学生，保证适龄儿童百分之百入学）视为重中之重，严把"新生入学"和"在校生巩固"两大关，将"控流保学"纳入经常化、制度化、法制化的轨道。并狠抓教学质量，以学生成绩作为考核教师、学校、教委的主要参考指标。另一方面加大资金投入，改善学校基础建设，执行国家推行的各类教改计划。

根据《互助县义务教育阶段学生和高中择校学生收费问题的通知》，互助县教育局一方面明确规定义务教育阶段免收住宿费和借读费，除代收作业本费外，严禁向学生收取其他任何费用。另一方面要求各中学严格按学校类别规定的标准收取择校费，招收择校生分数均不低于各校当年高中招生录取线20分，人数控制在各校当年高一招生计划数的25%以内。凡招收择校生的学校严格按照"海东地区一类学校最高不超过2400元，二类学校最高不超过1500元、三类学校最高不超过1000元"的标准要求收取择校费。同时，严格按青海省文件精神规范教材和教辅资料的征订程序，加强中小学教辅材料的管理。明确规定了高中教辅资料征订范围、数量和价格，严格按《学生必要用书目录》的内容征订使用。义务教育阶段教科书严格按省下达指标和中小学免费教科书书目及出版社要求征订并发放。

互助县严格按照中央提高农村义务教育阶段中小学公用经费基本标准（小学每人每学期250元，初中每人每学期350元），下拨公用经费，分配下达寄宿生生活费补助，小学每人每学期500元，初中每人每学期625元。2012年，县人民政府发放"金秋助学金"100万元，社会救助52.2万元，为645名贫困大学生发放资助款152.2万元。同年，互助县学生资助中心还为4077名大学生发放生源地助学贷款，为他们上学提供了强有力的支持。

二　学校布局与教育资源

（一）学校布局

截至2013年6月，互助县共有各级各类学校314所，其中完全小学183所（寄宿制完全小学17所），初级中学14所，九年一贯制学校5所，完全中学6所（包括初中和高中，其中1所为民族中学），高级中学1所，职业技术学校1所，特殊学校1所，幼儿园32所（公办园5所），小学附属教学点71个。目前，全县在校中小学生共计50904名（其中小学生28634名，初中生13797名，高中生8473名），职校学生5262名，学前幼儿 8646 名（学前班学生 4157 名，幼儿园幼儿 4489 名）。[1]

（1）幼儿园：互助县县政府所在地威远镇有 5 所县办（公办）幼儿园，在各乡镇有 27 所民办幼儿园，基本形成了以公办幼儿园为示范，以小学附设学前班为主体，以 27 所民办幼儿园为辅助，71 个学前走教点为补充的学前幼儿教育体系。县教育局的统计显示，3—5 周岁幼儿入园入班（学前班）率分别达到 72.9% 和 99.2%。互助县教育局提出实现 15 年免费教育的愿景目标，即学前 3 年、义务教育阶段 9 年和高中 3 年，表明"小学附设学前班"是目前该县幼儿教育主体形式，也是将来一段时间内的主要模式。[2]

（2）教学点：教学点为开设在偏远乡村，便于偏远乡村适龄儿童就近接受小学初级教育的教学机构。互助县有 71 个教学点，分布在互助县 16 个乡镇里，共有 1624 名学生。教学点一般只有一名教师和几个到几十个学生，一名教师负责一年级和二年级全部课程的教学工作。绝大多数教学点设有一年级和二年级，个别教学点有三年级或三到五年级。教学点的学生升到三年级时到附近六年制小学上学。在这 71 个教学点里，除了威远镇寺墩子教学点和丹麻镇补家黄草沟教学点目前没有学生外，学生数量为 10 人以下的教学点有 28 个，占全部教学点的 39.4%，其他教学点的学生数量为 10 人以上。互助县境内以山区为主，农业人口占 80% 多，教学点在一定程度上满足了偏远山区农牧民子女就近上学的需求。

（3）小学：互助县共有 183 所完全小学、5 所九年一贯制学校。183 所完全小学归属各乡镇的中心学校管理。因村庄密集程度和人口规模不同，互助县各乡镇中心学校下属的小学数量不等。互助县 19 个乡镇各有 1 所中心学校，其中塘川镇中心学校下属完全小学最多，达 23 所，加定、松多、巴扎和蔡家堡等乡镇的中心学校下属完全小学只有二三所，其他乡镇的完全小学为 8—14 所。

（4）初级中学和高级中学：互助县共有 25 个初级中学和 7 个高级中学，19 个乡镇各有一所初级中学（包括完全中学和九年一贯制学校）外，互助县第一中学、第二中学、民族中学等教学质量相对好的完全中学集中在威远镇，其中互助县第一中学是青海省重点中学。

（5）职业技术学校和特殊教育学校：互助县职业技术学校和特殊教

---

① 互助县教育局提供：《互助县教育工作情况汇报材料》，2013 年 6 月。
② 互助县教育局提供：《互助县教育事业"十二五"规划中期评估报告》。

育学校在威远镇。职业技术学校目前有 800 多名全日制学生和 2000 多名非全日制学生，有 170 多名教职工。特殊教育学校有 31 名残障学生，9 名教职工。特殊教育学校在职业中学院内，其管理工作和后勤工作由职业技术学校相关部门负责执行。

（二）教育资源

1. 中小学软硬件建设

根据互助县教育局 2012 年的统计，该县小学校园占地面积达到 111 万平方米，其中绿化用地面积达 12 万平方米，运动场地面积达 24 万平方米。全县中学校园建设占地面积达 60.7 万平方米，绿化用地面积达 5 万平方米，运动场地面积达 14.7 万平方米。近几年，在国家政策大力支持下，互助县狠抓基层学校建设，扩大覆盖面，加大资金投入力度，大幅改善了中小学办学条件。仅 2013 年一年，已下达实施的标准化学校建设、"校安工程"、学前教育等重点项目共 68 个，总建筑面积达到 181370 平方米，其中新建（拆建）111938 平方米，维修改造 69432 平方米。

互助县加强基层中小学硬件建设的同时，重视中小学图书馆建设，提高了信息化教育质量。根据 2012 年的统计，全县小学藏书量达 48 万册，中学藏书量达 37.8 万册。全县小学共有 1223 台计算机，其中 763 台用于教学，11 个乡镇的中心学校建有多媒体教室。除了个别学校（如松多中心学校、蔡家堡中心学校）的计算机在 10 台以下外，其他学校都有 30 台以上的计算机。全县 25 所中学共有 2017 台计算机，第一中学、第二中学、民族中学、第四中学、城南学校等学校的计算机数量已超过 100 台，其他大部分学校也有 40 台以上计算机。除了个别学校还未建立多媒体教室外，大部分中学已建立多媒体教室。[①]

2012 年 4 月，互助县全面启动了农村义务教育学生营养改善计划，成立了领导小组，建立了校长责任制，并配备了专职或兼职的食品卫生管理人员。全县实施农村义务教育学生营养改善计划学校共 269 所，受益学生 38134 人。54 所农村中小学校 19402 名学生由学校按照统一标准，为全体学生提供营养午餐。为 215 所非寄宿制完全小学和教学点 18732 名学生统一配送营养食品。

---

① 互助县教育局审计办编：《2012—2013 学年度互助土族自治县教育局统计参考资料手册》（内部资料），2012 年 10 月。

2. 师资力量

全县现有 3814 名中小学教职工，其中小学 1791 名，初中 1246 名，高中 649 名，职校和特校 128 名。专任教师 3615 名，其中小学教师 1769 名，初中教师 1165 名，高中教师 578 名，职校和特校教师 103 名。在这些师资力量里，有高级职称的人为 687 名（占 17.6%），中级职称 2068 人（53%），初级职称 1077 人（27.6%），未评职称 30 人（0.77%）。在专任教师中，年龄在 35 岁及以下的占 34.2%，36—46 岁的占 39.3%，47—55 岁的占 21%，55 岁以上的占 2%。少数民族专任教师共 788 人（占 21.8%）。在上述 3814 名教师中，有 271 名志愿者教师（占 7% 左右）。①

3. 课程设计

互助县中小学课程分为主课、副课和第二课堂。小学阶段的主课为数学、语文和英语，副课有自然、社会、音乐、美术、体育、劳动等多种。初中阶段主课除了数学、语文、英语外，还有历史、地理、政治、化学和物理等，副课有音乐、美术、体育外还增加微机课程。高中阶段以高考科目为主课，如语文、数学、英语、政治、历史、物理、化学等。高中阶段副课少，课时短。第二课堂（或校本课程）的设计主要凸显了地方特色，如"花儿之乡"丹麻乡的丹麻中学第二课堂设有土族花儿和安召舞的教学；以少数民族学生为主体的民族中学开展每月主题讲座，内容包括爱国、环保、健康、民族团结等多个方面。

近几年频发的学校安全事故已开始得到高度重视。为了避免安全事故，互助县中小学，尤其是小学，格外注重安全教育和安全措施。不仅学校办公室墙上贴着安全教育相关规定、执行情况、考勤情况、成效等，很多学校还为学生开设了安全教育课程，如在食品安全、交通安全、遇到火险时如何自救、如何与陌生人打交道等方面为学生进行讲解和告诫，帮助学生从小培养安全意识和自救能力。微机课程是初中和高中课程设计中一项重要的第二课堂内容，得到了中学生的欢迎。

（三）教育成就

1. 义务教育巩固率

在村干部"包发动保入学率"，学校"包管理保巩固率"，教师"包

---

① 互助县教育局提供：《互助县教育工作情况汇报材料》，2013 年 6 月。

教保合格率"的"三包三保"责任制和乡镇领导包片，乡干部包村，村干部包社，教师包教，集体包脱盲与巩固的"五包"责任制下，互助县适龄儿童的入学率和小学升初中的升学率已大幅度提高。全县适龄儿童入学率和初中阶段入学率均达到100%，小学在校生年辍学率为0，初等教育完成率为100%，初级中等教育完成率达到99.9%。① 互助县"两基"工作已顺利通过国家检查验收，实现了基本普及九年义务教育的目标。2009年，互助县曾被国家教育部授予"全国推进义务教育均衡发展工作先进地区"光荣称号。2011年县政府、县教育局被省政府评为全省"两基"工作先进县，被青海省海东行署评为教育工作先进县。

2. 初升高和高考的升学率

2010年互助县初中毕业暨报考升学考试的总人数为3703人，最终普通高中正式录取人数为2394人，约64.7%。2011年全县初中毕业暨报考升学考试的总人数为4073人，最终普通高中录取人数为2123人，约52.1%。2012年全县初中毕业暨报考升学考试的总人数为4066人，最终普通高中录取人数为2036人，约50.1%。在此基础上，又补招部分学生外，职业中学也招收了部分初中毕业生。② 总之，最近三年互助县初中生升到高中的比例约为56%，其余44%左右的青少年走向了社会。

随着国家放宽高校招生政策，互助县高考上线率迅速提升。2010年到2012年间，互助县的高考上线率均在90%以上，录取率也在90%左右。在最近7年间，互助县高考重点线上线率在10%—20%，最近三年比往年有所提高，2010年的重点上线率提高最为显著，此后又出现了下降趋势。

3. 职业教育毕业与就业率

互助县职业技术学校成立于1985年。经过近三十年的发展，职业技术学校由最初的1个专业28名学生，现已发展到8个专业、47个教学班、在校生1532名，年度短期培训达1000人的规模。"近三年来，互助县职业教育一直走在全区和全省前列，2010年招收各类学生2507人，2011年招收各类学生2409人，2012年招收各类学生2406人。2010年安排顶岗实习和就业安置学生1008人，就业率达96%，2011年安置学生就业1013名，就业率达95%，2012年安置学生就业1000名，就业率达

---

① 互助县教育局提供：《互助县教育工作情况汇报材料》，2013年6月。

② 互助县教育局招生办提供：《2010—2012年互助县普通大中专学校招生考试工作总结》。

97%，就业质量逐年提升。"① 互助县职业技术学校为 3 年制学校，有全日制班和非全日制班，以上所述的"安置就业 1000 名，就业率达 97%"是指全日制学生的就业率。

4. 特殊教育学校技能培训

互助县特殊教育学校与职业技术学校合办，其管理和后勤工作由职业技术学校相关部门负责。互助县特殊教育学校有在校生 30 名，3 个教学班，9 名教师。其中，听力残疾儿童 18 名，智力残疾儿童 12 名。互助县特殊教育学校办学 20 年，共招收八届 216 名学生，采用国家义务教育阶段的普通学生课本和教学方法，完成小学六年制教育，毕业生达 198 名。其中考入青海省特殊教育学校美术专业中专班的学生 37 名，通过接受职业技能培训，就业的学生 141 名。

5. 民族教育

至 2012 年，全县中小学少数民族在校学生总数为 14316 名，占中小学在校生总数的 28.2%，比 2005 年的 25.6% 增长了 2.6 个百分点。其中，普通小学少数民族在校生 8294 名，占小学在校生总数的 28.6%；普通中学少数民族在校生 6008 名，占中学在校生总数的 27.6%，比 2005 年分别增长 2.0% 和 2.8%。在全县 3814 名教职工中有少数民族教职工 882 名，占 23.1%，初步建立了一支稳定的少数民族教师队伍。② 互助地区少数民族学生享有民族学生优惠政策，如高考加 20 分，每个月有一定额度的生活补助等。

三　存在问题与对策思考

（一）存在的问题

1. 教师编制紧缺

教师编制紧缺已经在互助县中小学教育中产生了不少问题。首先，因编制限制，教师评上了职称但无法受聘，以低级别岗位聘用高级职称教师的现象较为普遍，严重影响了教师的积极性。以中学中级和副高级为例，其工作量相差不大，但工资待遇却相差将近 2000 元。这种明显的差别给教师队伍带来了消极影响。此类问题在高中、初中和小学都普遍存在。

---

① 互助县教育局提供：《互助县职业教育发展情况汇报材料》，2013 年 6 月。

② 同上。

　　其次，因教师编制紧缺，教育局或教委聘用了志愿者教师和代课教师，出现同工不同酬现象，影响教师队伍的稳定性。根据互助县教育局提供的材料，2012 年度互助县教育局聘用了 296 名志愿者教师或代课教师（占全部教师的 7.6% 左右）。这些志愿者教师和代课教师大部分集中在初中和小学，尤其集中在偏远乡村学校，如蔡家堡、巴扎、松多、加定、小寺等中心学校的志愿者或代课教师数量已超出其教职工总数的 20%。志愿者教师以 2 年为期签订合同，已工作 6 年的志愿者教师月薪也只有 1300 多元，与正式编制教师工资（中级工资为 3000 多元）具有明显差距。

　　再次，因全县各级学校在岗教师满足不了教学工作需求，从小学或初中借调教师到初中或高中，或从农村学校借调教师到县城学校任教，因而对小学和初中，以及农村和偏远地区的学校师资力量造成更严重的影响。借调去向一般有两种，部分人从学校被借调到教育局、旅游局、政府部门等非教学岗位，但工资关系和编制仍然在原校。另一部分人从低一级学校或农村学校被借调到高一级学校或县城学校，其人事关系和编制同样留在原单位。例如，民族中学从各乡镇学校借调了 12 名教师，那些乡镇学校又从小学借调教师补充教学岗位。这种借调使一些中小学尤其是农村学校的师资力量薄弱问题更加突出，同时也影响到借调教师本人的晋级等方面。

　　教师编制紧缺是青海省全省范围内较为突出的问题，其原因很多，主要是因为人口增长，适龄儿童入学率高等导致中小学教职工编制定额不能满足目前的教育发展需求。新课程改革后，中小学增设课程较多，使缺编问题更加突出。同时，教师的流失和借调等问题也加剧了教师编制和教学岗位需求之间的矛盾。

　　2. 应试教育导致师生压力大

　　互助县中小学教师和学生负担重，尤其高中更为明显，素质教育的推广遇到了很多根本性的问题。

　　首先，工作负担加重在一定范围内引起了教师的不满。在小学，一般只有八九名或十几名教师，招收 6 个教学班，每个教师承担 1—2 个主课教学任务的同时还承担多门副课。小学教师每天的工作时间为"朝六晚六"的 12 个小时，期间除完成备课、讲课、批改作业、课外辅导等教学工作外，还承担值班、当班主任、管理学校、安全教育等其他工作。在初中，虽然每个教师只承担一门课程的教学任务，但大部分主课教师每周4—5天的工作时间为"朝六晚十"的16个小时。中学教师承担备课、讲课、批改作业、辅导学生等正常工作外也要承担早读和晚自习的辅导、班主任、生活老师等工作。因此，多数主课教师在周一到周五都住在学校，周末才回家。班主任老师承担正常教学任务外，也要负责班级管理和学生安全工作，扮演教师、医生、保安等多种角色。

其次，学生负担依然很重，尤其是高中生。高中生在周一到周五的上课阶段，除了7个小时的睡眠时间外，没有其他自由支配的时间，有时三餐时间也被占用来完成作业。因此高中生的压力感也很大，这种压力除了来自家庭外，更重要的是来自学习任务重，自由时间少，考试成绩排名次等校内因素。初中生的学习负担虽然没有高中生大，但同样除了8个小时睡眠时间外，可以自由支配的时间不超过1个小时。小学生虽然有着相对多的自由支配时间，没有早读和晚自习，下午4点半下课，但还是要完成一定量的家庭作业。

学生和教师的负担较重，主要与目前我国所推行的教育评价机制有关。互助地区的学校和教师成绩在全县范围内进行排名次，主要参考指标为学生考试成绩、升学考试成绩、督导室的督导评估、学校所承办的各种活动、教师的获奖情况等，其中学生考试成绩是最主要的参考指标。在这种评价机制下，学生负担很难减轻，素质教育更难推行。根据我们的调查，基层学校和教师对素质教育的认识不深刻，甚至有些人认为素质教育并不适合互助地区，基层学校学生的自学能力相对差，无法推行素质教育。因为素质教育和应试教育模式发生冲突，素质教育在互助地区的基础教育中所占比例非常小。

3. 缺少乡土文化和民族语言文化的教学内容

互助县是土族自治县，土族有悠久的历史和灿烂的文化，互助县70%以上的土族群众依然在使用自己的民族语言。20世纪80—90年代，在小学推广过基于新土文的土族语言教学工作，其中多士代小学是试点学校之一。目前，全县范围内的土文推广工作早已停止。以前，以土族语讲解课程内容的教学方式解决刚入学的土族儿童母语和汉语授课之间的衔接问题。现在，因为土族儿童从小通过大众媒体接触普通话等原因，土族儿童的汉语能力提高，绝大部分学校已取消用土族语讲解课程内容的教学方式。这些原因导致土族语言和文字完全退出学校教育，土族青少年在学校没有机会学习自己的语言文字。如果一个民族的语言退出学校教育，将促使该民族的青少年放弃母语，从而导致整个民族语言和文化的快速消亡。民族语言退出学校教育的现象是我国民族地区一个比较普遍的问题，应该引起相关方面的重视。

同时，互助县还未建立有系统的乡土教育体系，很多学校没有开设具有乡土特色的课程。虽然，青海省教育厅出版发行过针对全省中小学生的乡土文化教育书籍，但其内容广，简略，乡土特点不显著，不适合某个具体地区，很多学校只将其摆在图书馆书架上，没有纳入教学内容中。

4. 农村扫盲工作有待进一步加强

互助县"两基"工作已顺利通过国家检查验收，实现了基本普及九年义务教育和基本扫除青壮年文盲的目标。扫盲工作力度大，普及面广，办班次数多，已有多数人参加过扫盲班，接收了扫盲教育，但是复盲率也比较高。根据云南大学 2003 年在互助县东沟乡大庄村进行的调查，该村受教育"总体水平比较低，一是绝大多数村民是文盲或小学文化水平，占 6 岁以上人口的 71%，而高中文化水平者只有 1.7%；二是女性受教育程度低于男性，文盲比例更高。大庄村二社女性中有 56 个文盲，其中15—50 岁中青年女性文盲比例占全部女性文盲总数的 55%"①。不难看出，互助县某些村庄的文盲比例非常高，扫盲工作成果不佳，特别是女性和青壮年的高比例文盲现象让人担忧。我们在互助县大庄、络少、龙一、卡子沟等村庄所进行的调查也得出了类似结论。在 210 名受调查的农村居民中，没上过学的人有 37 名，其中 50 岁以下的 21 人；男性 24 人，女性 13 人。在母语文字和汉语书面语掌握程度的调查中也显示，几乎没有人会用母语文字，"不识汉字"或"只认得简单几个词"的人较多，44% 的农民表示不识字或只认识简单的汉字，其中虽然以 40 岁以上人口为多，但也有大量 40 岁以下人群。

5. 教学点和学前教育师资力量薄弱

互助县共有 71 个教学点，大部分教学点只有 1 名教师，设立 1 年级和 2 年级，学生为 10 个左右。虽然只有 10 个左右的学生，但要开设小学相应年级所开设的所有课程，一到两名教师显然满足不了这个教学需求。教学点在互助县偏远农村学校教育中起到了重要作用，但师资力量极其薄

① 李志农、丁柏峰主编：《土族：青海互助县大庄村调查》，云南大学出版社 2004 年版，第 366—367 页。

弱，建设落后。

近几年，得到国家政策的有力支持，互助县正在兴办乡村幼儿园。但是，师资力量依然是互助县幼儿教育中的难中之难，除了公办的5所幼儿园外，全县绝大多数民办幼儿园基本上没有专业幼师。

6. 职业中学招生困难

据调查，互助县职业中学2013年秋季招生数额明显少于往年。在校全日制学生人数也远少于前两年。我们在访谈职业中学教师和相关负责人的过程中也了解到，职业中学所面临的最大困难是招生问题。每年每位教师都有下乡宣传和招生的任务，但效果不理想。

职业中学招生难，发展进入瓶颈。这不是互助县的个案现象，是我国职业教育所普遍面临的难题。高考上线率提高，职业中学就业去向不理想等多个原因导致职业中学招生难的问题，已经明显影响了其自身发展。互助县职业中学输送到省外企业的多数学生，因生活不习惯等多种原因，放弃岗位，回乡成为待业青年的现象也加剧了互助县职业中学招生难的问题。

7. 特殊教育发展缓慢

互助县特殊教育学校建于20世纪90年代，已有二十多年的发展历史，已为互助地区200多名残障儿童提供了学习机会，为他们进入社会奠定了一定的基础。但是，目前也存在特殊教育发展缓慢，教学内容和方法单一，招生力量薄弱等问题。同时，因残障儿童家长对特殊教育重要性的认识不足等原因，还有部分智障儿童在普通小学跟班就读。根据我们调查，多士代、楼子滩等小学目前都有智障儿童在跟班就读。这种残障儿童在普通小学跟班就读的方式不但对残障儿童本身的成长和学习不利，也给教师带来一定的工作压力。

8. 乡村学校基础建设有待提高

国家和地方政府对学校硬件设施建设方面投入力度很大，资金逐年增多，但正如上文所述，仍然有很多乡村学校的硬件设施建设明显滞后，设施破损明显，尤其是村级小学，已经影响到了正常的教学和学生的日常安全，需要引起重视。

（二）对策思考

1. 采取适当措施解决教师编制紧缺问题

从国家和青海省角度加大力度，进行教育改革，以便解决因为教师编制限制而导致的各类问题。一是要严格按照国家有关规定按师生比例重新核定教师编制，从根本上解决中小学教师编制紧缺问题。二是招贤纳才，加大招聘力度，有效利用志愿者教师和代课教师。三是加大资金投入力度，提高志愿者教师和代课教师的待遇，逐步缩短志愿者教师和在编教师待遇差距，为教师队伍的稳定提供保障。四是要结合目前的实际情况，在本区域内对教师资源进行内部调剂，最大限度地发挥现有教师队伍的作用。通过采取切实可行的措施，尽快突破目前制约互助县教育发展的瓶颈，促进互助县教育发展。

2. 深化教改，减轻学生压力，保证教师队伍稳定性

结合十八届三中全会教育改革目标"减轻学生课业负担；推行初高中学业水平考试和综合素质评价；探索全国统考减少科目、不分文理科、外语等科目社会化考试一年多考"等，要全面贯彻党的教育方针，坚持立德树人，加强社会主义核心价值体系教育为目的，增强学生社会责任感、创新精神、实践能力；强化体育课和课外锻炼，促进青少年身心健康、体魄强健；改进美育教学，提高学生审美和人文素养。进一步改革以学生成绩作为衡量教师成绩和学校成绩主要指标的教学标准，从社会（家长）、学校、教育局三方改变认识，改变以高考为目的的单一教育思想，为国家和社会培养具有社会责任感和实际能力的新一代青少年。

为中小学生，尤其高中生，减轻学业压力的同时，采取具体措施适当减少中小学教师的工作任务，改善教学条件，使教师评估机制多样化，杜绝校园腐败现象和不公现象，创造公平、公正、公开的工作环境，为奋斗在教学第一线的广大教师创造愉快、轻松的工作氛围，以此促进教师爱岗敬业，保证教师队伍的稳定性。

3. 推广乡土教育

在民族语言退出学校教育的情况下，以乡土教育形式进行补救是目前比较可行的方法。乡土教育是为在校青少年讲解家乡的历史、文化、习俗、环境、变迁、各民族的习惯及语言等多个内容的辅助教育，是让青少年认识家乡的途径，是爱国教育的基础，也是通过学校教育保护和传承乡土文化的最有效手段。

青海省教育厅曾编写印发过针对全省中小学的乡土教材，但其内容广泛，概括性强，不适合当作具体某一个地区的中小学乡土教育教科书。在互助县，有些教师曾经提倡乡土教育，自行编写教材，利用课间操时间为

学生讲解，得到过学生的欢迎。但这一工作由于多种原因早已停止，而且乡土教材也没能进入出版环节。针对互助地区严重缺少乡土教育的实际情况，笔者建议组织人员编写一部适合互助地区的乡土教材，将其设为一门第二课堂，在中小学推广。

4. 进一步加强农村扫盲工作

互助县虽然从 20 世纪 80 年代开始重视农村扫盲工作，采取多种措施，前后举办多次扫盲班，为广大农村青壮年普及识字教育。但受到经济、社会、文化等多种因素的共同制约，扫盲工作成效低，复盲率高。针对这一现象，需要采取更为具体的措施，执行监督加鼓励的方法，有力扫除农村文盲，提高农村青壮年的受教育水平，为互助县经济和社会建设做出贡献。可以结合乡镇文化站建设，推行形式活跃、内容丰富、与农村生活紧密相连的扫盲教育措施。

5. 加强乡村教学机构建设

需要加大资金和人力投入，加强幼儿园、教学点、特殊教育学校以及乡村小学的软硬件建设。首先，需要招聘具有幼儿教育专业资格的幼师，扩建乡村幼儿园，增加公办幼儿园数目，为农村适龄儿童提供接收幼儿教育的条件，也为广大家长解决看护幼儿的问题。其次，改善教学点硬件和软件建设，保证其师资力量，为教学点 1600 多名小学一到二年级学生提供有质量的教学。再次，扩建特殊教育学校，招聘具有特殊教育专业资格的教师，采用适合于残障儿童的教学方式和教科材料，为互助县基层更多的残障儿童提供可信赖的教育。最后，部分小学校园建设落后，建筑物破损严重，亟待改善，应该投入资金，重新修建，为学校正常教学工作提供保障。

第二节　土族语言文字

一　土族语言文字概况

土族语是阿尔泰语系蒙古语族语言，没有声调，在语音、词汇和语法等方面与蒙古语比较接近。土族语言内部分为互助、民和与同仁三个方言。使用互助方言的有 11 万余人，使用民和方言的有 4 万余人，使用同仁方言的有近 1 万人。居住在大通县、西宁市区及散居的 7 万余土族人已转用汉语。居住在甘肃省卓尼县和其他藏区的近1万土族人已转用藏语。互助方言和民和方言是土族语主要的两大方言，差异较大，沟通有一定的困难。互助方言因受藏语和汉语的共同影响，在其宗教名词和部分古老名词术语中藏语借词较多，而在新名词术语中汉语借词占多数。

1957年，照那斯图、李克郁两位先生提出基于斯拉夫字母的土族文字方案，但是因"文化大革命"等缘故，未能具体制定。时隔20多年之后，1979年，在青海省民委副主任祁明荣同志的倡导和支持下，李克郁先生提出了基于拉丁字母的土族文字方案，即《土文方案（草案）》（下称《方案》）。该《方案》在汉语拼音方案的基础上，以拉丁字母为文字形式，以互助方言为基础方言而成。《方案》以互助土族自治县东沟乡语音作为标准音参考点。东沟话在互助方言中处在折中地位，以此为基础吸收各地的长处。土文主要用以扫盲、小学教育、民间创作、民间通信、广播宣传、记工记分、记录民间文艺，以及帮助土族人民学习汉语文。

1979年9月《土文方案》（草案）问世，10月成立"创制推行土族文字筹备小组"，并举办了第一期土文培训班。1980年3月成立"互助土族自治县土族文字试行推广领导小组"，下设县革委会直属机构"民族语文工作办公室"，作为职能部门负责土族文字试行和推广工作。1980年9月，中共青海省民族事务委员会党组向中共青海省委呈报《关于试验推行土族文字的报告》。1981年4月，青海省人民政府向国务院申请《土文方案》作为试验方案，先在互助土族自治县慎重推行。1986年7月，召开互助土族自治县第一次土族语文工作座谈会。1987年12月，青海省民委邀请傅懋勣、马学良、王均（当时的语委副主任）、清格尔泰、照那斯图、孙竹和李克郁等民族语言专家和领导在北京召开了土文研讨会。本次会议上，大家充分肯定了新土文在加快扫盲进程、传播科普知识、提高民族素质和学习汉语等方面所起到的积极作用。1989年1月，召开互助县第二次土族语文工作座谈会，批复"六条意见"，指出互助县的土族语文工作仍按1986年第一次土族语文工作座谈会产生的规划进行。1992年5月，互助县土文试行推广领导小组人员赴北京向国家民委少数民族语文办公室汇报土文试行工作，请示土文验收事项。1994年8月，召开互助县第三次土族语文工作座谈会，主要解决土文进学校以及县民宗局组织人员着手编译小学1—5年级《学校土文试教课本》等问题。1996年8月，由青海省民委牵头，组织省政府办公厅、省民委、省教育厅、青海民族学

院、互助县人民政府等有关部门的领导和专家组成验收组对土文试行工作
进行了省级验收。验收组认为：土文试行工作基本上达到了国家验收的 7
条标准，由省民委向国家民委提出申请，争取国家对土文的验收。2001
年 7 月，召开互助土族自治县土族语文暨土族古籍工作会议。会议传达了
青海省土族、撒拉族语言文字工作会议精神。会议决定土族文字试行工作
中重点做好土族口传古籍的抢救、整理和研究工作。[①]

土族文字以拉丁字母为基本字母形式，自左至右横写，有 26 个字母，
以单用或组合方式记录土族语 18 个元音和 26 个辅音，有大小写之分。土
文元音字母分为短元音、长元音和复合元音，短元音和长元音为各 5 个
（a，e，i，o，u，aa，ee，ii，oo，uu），复合元音为 8 个（ai，ia，au，
ua，iu，ui，iau，uai）。辅音字母分单辅音字母和复辅音字母，单辅音为
21 个（b，c，d，f，g，h，j，k，l，m，n，p，q，r，x，t，v，w，x，
y，z），复辅音为 5 个（zh，ch，sh，ng，gh）。这些辅音可以组合为 7 类
34 个复合辅音。土文的拼音由字母、开音节和闭音节组成，拼出的词直
接呼读。以下为翻译成土文的歌曲《东方红》：

Tingere fuleeja，nara gharina.	东方红 太阳升
Dunda lusdu MauZaidunge xjeeleja	中国出了个毛泽东
Kun turuudunu jargaldu ulijiiwa	他为人民谋幸福
Amun ntarlalghajin gigeen foodiwa	他是人民大救星

二 土族语言文字使用现状[②]

（一）口语使用情况

1. 个人语言掌握程度

在互助县土族聚集的乡村，大多数土族群众具有较好的土族语听说能

---

① 以上内容参考互助县土族语言文字办公室乔志良主任提供的资料。

② 此节主要数据来自笔者 2010 年的田野调查以及 2013 年的补充调查，受调查对象主要为
互助县大庄村、洛少村、卡子村、龙一村、龙二村、威远镇等地居住或工作的土族人，年龄在
11—72 岁，男性约占 60%，女性约占 40%，所从事的行业有务农、务工、个体经营、国家机关
工作人员以及学生。调查中共发放 250 份问卷，收回有效问卷 230 份，并做了十多份访谈，访谈
对象为县级语言文字管理部门领导和工作人员、乡村干部、《赤列布》杂志编委、部分老人、老
师以及学生。

力，受调查者中 87% 的人表示"完全听得懂"土族语，82% 的人表示"能说很好的土族语"。其余 13% 和 18% 的土族群众基本都生活在土汉混居的村庄，母语听说能力稍差或较差。互助县土族群众汉语（青海方言）能力也相对高，多数人已成为熟练掌握土汉两种口语的双语人。互助县土族群众母语和汉语能力相差小，但母语能力依然好于汉语，土族语是他们日常生产和生活中的主要用语。

2. 家庭交际用语

在土族家庭，与父母交流时或夫妻间以及兄弟姐妹之间交流时所用的母语比例显著高于和儿女交流时所用的母语。与之相反，与父母交流时和兄弟姐妹之间所用的汉语比例也显著低于其他两类。表明土族语使用和传承上的代际差异。问及"会不会说土族话"或者"平时用什么语言交流"时，年轻人对自己母语能力很有信心，且有意识地回答说"平时使用母语"。但在日常观察中发现，在无意识状态下，年轻人在族群内部也经常使用汉语交流。调查中发现，20% 左右的人表示在家庭内部并用汉语和土族语，实际上汉语和土族语并用的情况远多于 20% 的家庭。

3. 社会交际用语

（1）土族邻居或亲戚朋友之间，多数人使用土族语，部分人并用汉语和土族语，只有少数人使用汉语。土族群众在市场上交易时，多数情况下使用汉语或并用汉语和土族语。土族人定居较早，主要生产方式为农耕，也有一部分人从事商业，在市场交易中土族语有一定的使用机会。遇到陌生人时很少使用土族语，大多数人使用汉语，少数人并用汉语和土族语。

（2）在课堂上，87% 的学生表示教师从来不用土族语讲解，89% 的学生表示课堂上提问或回答问题时从来不用土族语。在课间，土族学生与老师和其他民族的同学之间交流时基本用汉语，而本民族同学之间并用土族语和汉语。相比之下，小学生使用土族语的比例相对高。买东西时，78% 的学生主要用汉语，其他学生并用汉语和土族语。土族大部分儿童在社会、媒体和家人的影响下，从小开始掌握了汉语，成为双语人。但仍然有部分单语种的土族儿童，集中在偏远山区，在学前教育阶段和小学初级阶段需要用土族语授课。

（3）95% 的行政事业单位职员表示，会议用语和个人汇报工作用语均为汉语，只有少数人（民语办工作人员）表示并用汉语和土族语。在单位，与本民族同事交流时，62%的人主要使用土族语，14%的人主要使用汉语，与其他民族同事交际用语均为汉语。政府下达的各类文件也只用汉文，不用土文。

（4）58%的个体经营者表示与土族顾客交谈时主要用土族语，27%的人表示汉语和土族语并用，只有15%的人表示主要用汉语。

（5）在村级会议上，村领导主要使用汉语或土族语和汉语并用，很少有领导主要用土族语。土族村民发表意见或讲话时也主要用汉语，用土族语的人相对少。相比之下，村里各种集体活动上，如宗教活动、婚葬嫁娶、各种聚会等，土族群众使用母语的比例较高。藏语也是在互助县土族聚集区宗教活动中常用的语言。土族婚丧嫁娶的成套习俗均以土族语为载体进行，有些内容难以翻译，难以汉化。所以，在这些活动中土族语言的使用情况较为普遍，保留程度高。

4. 不同年龄段土族群众使用土族语的情况

（1）个人语言能力：40岁以上年龄段的人听懂母语的比例最高，高中生（16—19岁）听懂比例最低，而20—40岁的人和小学生听懂比例居中。与母语听力和表达能力相反，在汉语听力和表达能力方面，高中生最强，小学生最弱，成人居中。

调查问卷中还包括受调查人的父母辈、儿女辈及兄弟姐妹的语言能力方面的问题。在40岁以上人群中，34%的人表示其父母只听得懂土族语，37%的人表示父母只会说土族语。20—40岁的人群和学生中的大多数人表示，父母是土族语和汉语双语种人，非常少的人表示其父母是土族语单语种人。受调查者儿女的语言能力也显示出了明显的年龄特点，40岁以上人群的儿女母语能力明显强于年轻一代人的儿女母语能力。

（2）家庭交际用语：40岁以上的人和小学生与家庭成员之间使用母语的比例最高，高中生与家庭成员之间使用母语的比例最低，20—40岁的人与家庭成员之间使用母语的比例居中。往上（和父母）使用母语的比例高，使用汉语的比例低；往下（和儿女）使用母语的比例低，使用汉语的比例高；同辈人之间使用母语的比例和使用汉语的比例居中。

（3）社会交际用语：40岁以上的人群在社交场合使用母语的比例均高于40岁以下的人群。比起年龄上的差别，不同场合之间的差异更明显。

5. 不同行业土族群众使用土族语的情况

（1）个人语言能力

农村居民母语能力最强，其次是个体经营者，第三是行政事业单位职员，在校学生的母语最差。95%的农村居民、88%的个体经营者、84%的行政事业单位职员和67%的学生表示听得懂全部的土族话。在表达方面，88%的农村居民和个体经营者、69%的行政事业单位职员以及51%的学生表示"土族话说得很好"。学生里，"听不懂"母语和"不会说"母语的人的比例都高于其他三类。

除了不同行业受调查人的语言能力具有比较明显的差异之外，他们父母的语言能力及儿女的语言能力也不同。农村居民里父母为土族语单语种的人最多（35%只听懂土族语，37%只会说土族语）；个体经营者中也有一定比例的人表示其父母是土族语单语种人（23%—27%）；在校学生里，父母只掌握土族语的人最少，而有一定比例的汉语单语种人（16%—18%）；行政事业机构职员的父母里双语人最多（85%左右）。

农村居民儿女的母语听力最好，87%的人表示他们的儿女听得懂全部的土族话。行政事业单位职员的儿女母语听力最低，只有44%的人表示他们的儿女听得懂全部的土族话。个体经营者居中，73%的人表示他们的儿女听得懂全部的土族语。儿女的母语表达能力也具有相同特点，农村居民的儿女母语表达能力最好（82%表示说得很好，6%表示不会说）；行政事业单位职员儿女的母语表达能力最低（33%表示说得很好，20%表示不会说）；个体经营者儿女的母语表达能力居中（59%表示说得很好，18%表示不会说）。

（2）家庭内部交流用语

农村居民中大部分夫妻使用土族语交流（77%），用汉语的比例较低（11%）；行政事业单位职员中夫妻之间使用汉语的比例相对高（46%），使用土族语的比例低（46%）；个体经营者居中，63%的人主要使用土族语，21%的人主要使用汉语。受调查与其父母之间的交际用语上也表现出相同特点，农村居民和个体经营者更多地使用土族语（各为70%和81%），而行政事业单位的居民使用母语的比例依然较低（56%），学生与其父母之间使用母语的比例最低（41%）。农村居民与其儿女之间使用母语的比例最高（59%），而使用汉语的比例最低（13%）。行政事业单位的居民与其儿女之间使用母语的比例最低（24%），而使用汉语的比最高（42%）。受调查人与其兄弟姐妹之间使用母语或汉语的比例与其他三类类似，农村居民使用母语最多，个体经营者为第二，行政事业单位职员为第三，在校学生最少。

（3）社会交际用语

不管是哪一个行业，与本民族邻里或亲戚朋友之间使用土族语的比例较高，其中个体经营者和农村居民使用母语的比例相对高，而行政事业单位居民使用母语的比例相对低。与其他民族邻居或亲戚朋友之间也有部分人使用土族语，但多数人还是使用汉语。在市场上，农村居民使用母语的比例较高（44%），行政事业单位职员使用母语的比例很低（4%），而使用汉语的比例最高。和陌生人之间，行政事业单位职员没有人使用土族语，而农村居民和个体经营者中有一部分人使用土族语。

6. 不同场合使用土族语的情况

（1）家庭内部用语

互助县土族家庭内部主要交际语言是土族语。互助县70%左右的土族家庭内部主要使用土族语交流，主要使用汉语交流的家庭不到20%，其他土族家庭是土族语和汉语并用。除此之外，农村和城镇居民家庭内部使用土族语的程度也不同，农村使用得较多，而城镇较少。个体经营者、农村居民和村级小学学生家庭内部使用土族语的比例（70%左右）远高于使用汉语的比例（20%）。相比之下，行政事业单位职员和高中生家庭内部用语里汉语占的比例相对高（30%—50%）。

家庭内部使用土族语的情况因交际对象的不同而不同，受调查人夫妻之间、和父母之间以及和兄弟姐妹之间使用土族语的比例高于受调查人和儿女之间的使用比例。与之相反，受调查人和儿女之间使用汉语的比例高于其他几类。受调查人夫妻之间、与父母之间以及和兄弟姐妹之间的土族语使用比例没有明显的差异，总体上，受调查人和父母之间使用土族语的比例最高。

（2）个人社会交际用语

土族群众在日常交际、工作、学习以及市场交易等社交场合，族群内部在一定程度上使用土族语。使用率最高的是土族群众与本民族邻里之间交流，其次是小学生和本民族同学之间课间交流，行政事业单位土族职员和本民族同事之间日常交流中的土族语使用率居第三，其后是村级娱乐活动上土族群众之间的交流中的使用，高中生和本民族同学之间课间交流较少使用母语，在其他社交场合基本不使用土族语言。

（3）媒体和娱乐用语

互助县曾设有土族语广播站，有一名播音员，后因其退休，土族语广播随之停播。20世纪八九十年代，创制土文后翻译过部分影视作品，但影视译制工作早已停止。目前，互助县没有土族语广播，也没有土族语电视节目。除了一些土族歌舞节目或访谈节目中使用少量土族语外，土族群众在大众媒体上看（听）不到土族语的节目。

虽然多数人（56%或68%）经常阅读报纸或图书，但他们阅读的书报均为汉语书报。一方面，能够提供群众阅读的土族语书籍非常少见。另一方面，土文普及范围小，力度弱，多数群众没有具备土文阅读能力。

（4）公共场合使用土族语的情况

除了互助县民族语言文字办公室使用土族语和土族文字工作外，没有任何机构用土族语言或文字当作工作语言。互助县城威远镇各类机关牌匾上也没有土族文字。到目前为止，除了土文刊物《赤列布》外，没有其他公开发行的土文读物。除了青海省人代会有土族语翻译外，乡镇或县级以上会议上一律不使用土族语，只有在土族群众集中的乡村村级会议上使用一定的土族语。政府下达的各类文件均用汉语。

7. 土族群众对母语的态度

（1）土文学习态度

虽然土文推广工作已经停止，但土族群众对自己民族文字的热情很高。

从不同年龄层面来看，年龄大的人对学习土文的热情程度稍低，多数人表示因年龄原因不想学习土文。土族高中生的母语能力最差，使用率最低，但是他们学习土文的热情最高，83%的人表示要学习土文。小学生和20—40岁的年轻人当中各有50%多的人表示要学习土文。平均各年龄段人的土文学习态度，可以得出61%的人有学习愿望，18%的人表示不学习，而还有21%的人没有明确表态。不同行业之间也有所不同，学生的土文学习热情最高，农村居民对土文有较高的学习愿望，60%的农村居民表态要学习；个体经营者的土文学习热情最低，42%的人表示学习，38%的人表示不学习；行政事业单位的职员当中45%的人表示学习，34%的人没有表态。

（2）对母语使用率的观察

多数人认为现在说土族话的人正在减少。在农村居民中，一半土族居民（52%）认为说土族话的人没有减少，其中40岁以上的人占多数（62%）。与之相反，行政事业单位的土族职员（90%）认为土族语使用者正在明显减少。与年纪大的人相比，20—40岁的人中有更多的人（75%）认为说土族话的人正在减少。

（3）青少年学习母语方面的问题

多数土族群众认为土族青少年"应该学习土族语"。最显著的是行政事业单位土族职员，100%的人认为"土族青少年应该学习土族话"。大部分农村居民（88%）和一部分个体经营者（65%）也有相同的认识。而认为"不用学"和"学不学无所谓"的人里个体经营者占多数。

在校学生中没有人表示不喜欢土族语或者汉语，不管是哪一个语言，他们都喜欢使用。其中高中生对母语和汉语都表现出高度热情，相比之下对汉语表示"非常喜欢"的人相对多一些。与之相反，小学生中对母语的热情高于汉语，对母语表示"非常喜欢"的人有43%，而对汉语表示"非常喜欢"的人只有19%。

（二）文字使用情况

在县民族语言文字工作办公室的不懈努力和坚持下，土文工作艰难前行，为土族群众传播外界文明，为保护土族语言文化做出了重要贡献。从创制到现在，围绕土族新文字开展的工作主要有：土文培训班、土文师资力量培训、农村扫盲、广播、影视译制、编印书籍、开办杂志、学校教育、口传文学记录、翻译、新词术语审定等。2000年后，上述大部分工作进入停滞状态，目前只有土文杂志和用土文记录口传文学方面的工作还在继续。

1. 土文培训班

自1979年底第一期土文培训班到1995年止，共举办土文师资培训班12期，522名学员参加了培训（为甘肃省代培土文教师3名），从中选拔118名优秀学员举办了4期土文师资提高班，为土文试行工作培养了骨干，奠定了基础。从1983年起，在互助县土族聚居的村社先后开设土文扫盲点82个，扫除文盲3805人。

2. 土文广播和影视译制

从1980年4月开始，试办了土族语广播节目（每周2次，每次15分钟），1984年开始改为正式节目（每周6次，每次15分钟）。播放的主要内容有国家方针政策、本县新闻、土族民间音乐和歌曲等。从1981年开始，互助县民语办与电影公司合作陆续译制影片，包括《雪山泪》《闪闪的红星》《今夜星光灿烂》《山寨火种》《喜盈门》《生财有道》等25部影视作品，在群众中播放，满足了土族群众文化生活需求，得到群众高度赞扬。1985年，土语译制片《生财有道》荣获文化部民族语译制片优秀奖。

3. 土文书籍

从1980年开始至今，县民族语文工作办公室编印了《土文师资培训教材》、《土文读本》（1—3册）、《土文学校试教课本》（1—10册）、《土文扫盲算术》等15种教材和《土汉对照词汇》、《土文正字法》、《土语语法》、《汉土词典》、《土语简易语法》和《土语语音》等工具书，用土文整理、翻译了《土族民歌》第一集、《民族民间故事》、《土族民间故事》、《知识性故事》、《阿格登巴的故事》、《动物故事》、《谚语五百首》、《土族民俗》（接待部分）等8种通俗读物。总计编译图书29种。1988年10月，李克郁编著的第一部土族语的词典《土汉词典》出版。该词典用新创制的土文和汉文对照的方法，收录了互助方言的14000多词条。按着2001年在青海省召开的"土语、撒拉语语言文字工作座谈会"上所作出的决定，互助县民语办把土族语言文字工作的重点转移到了口传文学的收集整理和翻译编印上。

4. 土文杂志

自1983年开始，互助县民语办创办《赤列布》杂志以来，到2008年为止，该杂志坚持每年油印4期（4期共120页左右）。从2009年开始，改电子版，压缩出版次数（每年出2期，总页数不变）和册数，至今已刊行103期，每期印刷200份，发行量20000余份。发送单位有：国家民委、中国社会科学院民族研究所、北京民族文化宫、青海省民委、内蒙古大学蒙古语文研究所、青海民族学院民族研究所、青海省土族研究会、青海省社会科学院、青海省文联、县档案馆、县图书馆、县博物馆、民和县的图书馆和乡镇文化中心等。除此之外，还发送给县级或乡镇级土族领导、土文通讯员等个人，共发送118本。其余部分赠送给参加过早期土文扫盲班的部分学员。早期《赤列布》，刊登土文翻译的国家方针政策、法律法规等内容外，还要刊登土文民间故事或民谣等民间文学。改版的《赤列布》杂志，主要刊载土族民间文学、民俗介绍和翻译的文艺作品等内容。另外，后附2篇汉文文章，内容也是土族民俗或民间故事。该杂志目前有 8 名通讯员，负责撰写稿件。他们来自土族聚集的 8 个乡（每乡 1 人），均为早期土文扫盲班的学员。互助县民语办支付着该杂志的出版经费（每年 5000 元左右）。因经费原因，互助县人民政府曾建议停办该杂志（1998 年或 1999 年）。但是在民语办工作人员的不懈努力之下，一直坚持到现在。

5. 口传古籍整理

2002 年 6 月，互助县民族语文工作办公室承担了《中国少数民族古籍总目提要·土族卷》的编撰任务，于 2006 年 12 月完成定稿，2008 年由商务印书馆出版。该卷收入土族书籍类、碑铭类、文书类和讲唱类词条 1213 条，反映了土族口碑古籍的全貌。根据《中国少数民族古籍总目提要·土族卷》的词条目录，互助县民族语文工作办公室的土文工作者在进行了大量翻译、整理、补充的基础上，在 2006 年至 2009 年期间用土汉文对照形式编译出版了土族民间文学系列丛书《土族婚丧习俗》、《土族赞歌》（第一集）、《土族情歌》（第一集）、《土族谚语谜语集》、《土族民间故事》（第一、二集）、《土族民歌》（第一集）和《土族民间叙事长诗》等 8 本土族民间文学丛书，为保存、传承和发扬土族优秀民间文学做出了贡献。这些丛书收集了"拉仁布与吉门索"、"祁家延西"、"土族垦荒歌"、"霍尼之歌"、"太平歌"、"布柔之歌"和"登登玛秀"等 7 篇叙事长诗和 70 多个短篇叙事故事、近 100 篇民歌和情歌、150 多条谚语和 198 条谜语。全书采用小 32 开本，共 1247 页。

6. 土文翻译

土文翻译包括省、县人代会翻译、土族民间文学的汉文翻译、兄弟民族优秀文学的土文翻译、土文学校试教课本的土文翻译、土语电影译制、互助县人民广播电台新闻稿件的土文翻译以及其他零星的翻译等内容。从 1980 年开始至今，互助县民族语文工作办公室承担了 30 次青海省人民代表大会、1 次青海省党代会和 1 次互助县人民代表大会的土语翻译任务。运用新创制的土族文字进行人代会的土语翻译不仅是互助县民语办的一项政治任务，也是提高土文工作者业务能力的好平台。翻译为巩固土文地位提供了重要保障的同时，为土文工作者创造机会，解决了很多新名词术语问题，丰富了土族语言。

7. 土文完善

随着土文试行工作的深入，逐渐显现出词汇匮乏的难题，严重影响了土族语言文字的发展，解决土文新词术语已成为民语办日常工作之一。为此，土文工作者采取挖、创、借的方法，对新概念进行意译、音译或音译加注，解决了新名词术语问题。"挖"是充分挖掘本民族固有词汇，对其赋予新的延伸含义，表达新的概念。"创"是利用土语的构词法和合成法创造新词。充分利用土族语丰富的附加成分进行构词，或用词汇合成的方法创造新词，是解决土文新词术语最主要且最有效的手段。"借"是借用外来词。在借词时，首先借用本语族语言词汇，因为本语族词汇在发音上最接近土语，也易于被土族人接受和使用。同时也借用其他民族的词汇。对于大部分适合土族语言习惯的名词用意译的方法加以解决，对于人名、地名和专有名词等词汇，对于实在难以用本民族语言表达的词汇就用音译加注的方法解决。到目前为止，已创造涉及政治、经济、文化、科技等领域的土文新词术语1458个，于2009年经"土文新词术语审定小组"审定通过并公布使用。

8. 土文教育

1989年，土文工作迈出了进入小学课堂的关键一步。在互助县民宗局和教育局的共同指导下把土文教学纳入正式教学活动，开办土文师资培训班，在台子乡多士代小学和东沟乡大庄小学开办试点教学。教材采用《土文读本》（试用本），课程开设在二年级，学期为1个教学年。之后，在互助县东沟乡、五十乡和东山乡的10所小学试开土族语课程。教师和土文办工作人员根据实际教学经验，进一步改进教材，继续编写了高年级的教学课本。1995年土文课程第二次进入小学课堂，至2000年，使用新编1—5年级土文教材，在互助县大庄村小学选择一个班级，实验性地开设土文教学，课程设置从1年级覆盖到5年级。

土文进学校是土文试行工作的一项重要内容，需要解决师资、课本、课程设置等一系列问题。1994年由省民委少语办牵头，组织青海民院、省教育厅等单位的专家、学者研究制定了土文课本的编写原则并成立了"土文教材编写小组"。土文课本的编写原则是以土族聚居地区的学生为教学对象，根据现行汉语文教学大纲的要求，参照"九年义务教育五年制小学教科书"，以选译汉语文课本为主，适当加进具有本民族特色的内容和简单土语语法，提高学生的读写能力，促进学习汉语文。根据编写原则，翻译成为编写人员的一项重要任务。经过5年的努力，完成了小学1至5年级10册语文课本的编译任务。

创制之初，土文进小学是推广的实质性部署，但是由于适用教材不足，2000 年后停止试教。目前，除一些偏僻地区的小学学前班为了照顾听不懂汉语的土族学生，特意安排土族教师，用土族语言讲解课程内容外，其他学校均没有土语教学。

自 2000 年开始，刚刚升温的土文工作"热"逐渐冷却。土文退出小学教育，土文培训班停办，1992 年之后电影公司倒闭，译制和配音工作也全部停止。到 2005 年，因播音员去世，土文广播也随之停播。根据我们这次调查，虽然县领导对土族语言文字工作持有积极态度，但都没有采取具体措施，因资金短缺、人员不足等问题无法将土族文字进一步推广。目前的土文工作重点已转移到口传文学搜集整理方面。

（三）语言活力分析

1. 土族语使用总体状况

（1）土族群众语言能力

大部分土族群众是双语人，掌握着土族语和汉语。他们掌握土族语和汉语的程度因年龄、地区、从事的行业以及生活环境等差异而有所不同。从地区角度来看：土族人口较为密集的乡村土族语保留较好，而土汉混居村庄的多数土族群众已转用汉语。从年龄角度来看，成人当中，年纪越大母语能力越好，而汉语能力越低；中小学生当中，还未离开家乡的小学生母语能力较好而汉语能力较差，而高中生母语能力较差。从行业角度来看：农村居民母语能力最好；行政事业单位职员和学生的母语能力相对低。受调查人家庭成员的语言能力也呈现出相同的规律，40 岁以上人群的家庭成员母语能力明显好于 40 岁以下人群的家庭成员；农村土族家庭成员的母语明显好于城镇土族家庭成员。

（2）土族语口语使用场合和使用程度

土族语主要使用在土族家庭内部和族群内部。总体上，60% 左右的家庭主要使用土族语交流。在家庭内部，因交际对象不同而土族语使用程度也不同，与父母之间的交际当中土族语使用率最高，与同辈人（夫妻、兄弟姐妹）之间的交际当中土族语使用率稍低，与儿女之间的交际当中土族语使用率明显低于其他两类，更多地使用汉语。40 岁以上人群和小学生在家庭内部使用土族语的比例最高，高中生最低。成人当中，40 岁以上人群的土族语使用率明显高于 40 岁以下的人群。从城乡角度来看，土族语是只有 45% 左右的县城家庭的主要交际用语；而农村却有 71% 的家庭使用土族语。

除了家庭内部使用土族语之外，以下几种社交场合使用土族语，与本民族邻里、亲戚和朋友之间，占73%左右；小学土族学生和本民族同学之间课间交流，占71%；行政事业单位土族职员和本民族同事之间日常交流，占62%；在村级民间活动上的交流，占50%，包括宗教活动、婚丧嫁娶、聚会等；还有一些语言类的土族文化表演项目当中，如婚礼节目等。

（3）土族文字使用情况

土族文字在创制当初得到了一定的重视，在广播、影视译制、编印书籍、扫盲、小学教育、会议翻译、出版刊物等多个领域得到了推广和应用，但始终没有能够建立起群众基础，没能进一步发展和完善。土族群众不用土族文字，目前土族文字只用在编辑《赤列布》杂志和记录口传文学等工作中。

2. 土族语的语言活力评估

2003年3月，联合国教科文组织濒危语言问题特别专家组在巴黎举行的"联合国教科文组织保护濒危语言规划项目国际专家会议"上提出了评估濒危语言的6项指标，分别是：代际语言传承、语言使用者的绝对人数、语言使用人口占总人口的比例、现存语言使用域的走向、语言对新语域和媒体的反应、语言教育材料与读写材料。每项指标内部又分0—5的6级评判标准，我们依据该指标对土族语目前使用情况作了一次简单的评估。

（1）代际语言传承：只有部分儿童在有限场合使用土族语，为"4-"等级，即"不安全"。（2）语言使用者的绝对人数：根据2010年的人口普查数据，全国土族人口有近29万人。（3）语言使用人口占总人口的比例：在全国近30万土族人口中，只有1/3左右的人在使用土族语，因此土族语属于2级，即"少数人说该语言，很危险"。（4）现存语言使用域的走向：土族语使用在收缩的语域里，使用域非常有限，功能也很有限，属于2级，即"有限或正式语域"。（5）语言对新语域和媒体的反应：教育、媒体、公务、网络及个人工作等场合均不使用土族语，土族语是一种"仅用于少数新语域"或"不用"的语言，"1-"等级，即"活力严重不足"。（6）语言教育材料与读写材料：土族语有文字，但是文字系统还未完善，还没有建立群众基础，使用范围非常有限，"2-"或"1+"

级，即"有可行的拼写符号为族群成员所了解，有部分书面材料，一些材料仍在编写之中"。

从以上 6 项指标来看，土族语是"很危险"的语言，大量人口已转用汉语，在聚集区也有部分儿童和青少年放弃该语言，该语言的使用域只在家庭内部和族群内部的部分场合，在大部分新语域都不使用，该语言的文字不完善，严重缺少书面材料。

三　土族语言濒危原因及对策建议

（一）土族语濒危的原因

土族语趋于濒危的最根本原因是强势语言的渗透。汉语借助国家唯一通用语言和使用人口多的绝对优势，在土族地区已成为强势语言，使得土族语成为弱势语言，影响土族语言的使用域，使其退出很多社交场合，进入濒危状态。除此之外，也不可忽略法律法规不健全、政策导向不明确、土族和汉族混居率和土汉通婚率增高等其他原因。

1. 土族语使用域严重受限

其一，土族语不是政务用语，即在各级政府会议、党政工作精神传达、各类机关日常工作当中均不使用土族语。其二，土族语不是媒体语言，没有土族语的电视、广播、报纸、网络、出版物等大众媒体，土族语杂志《赤列布》发行量少，不在群众当中发行。其三，土族语退出学校教育，没有土文教科书和教学内容，土族青少年在学校无法学习母语。其四，虽然已创制土族文字，但其推广和应用效果不佳，没能创建群众基础，应用范围非常有限，无能力应对社会新语域和土族群众的书面语需求。文字的薄弱是保护和发展土族语的一大障碍，也是土族语在媒体、教育、公务及社会服务等重要领域里无法立足的原因之一，导致土族语失去大量使用者。没有文字，没有书面语的语言会落后于社会，必定受到濒危和灭亡的威胁。

在上述这些领域，土族语几乎失去将近全部的使用者。这种长期有限使用导致土族语在家庭内部或族群内部的使用率下降，范围萎缩，使得土族青少年和城镇土族居民出现转用汉语的趋势。随着上学和年龄的增长，土族儿童和青少年离家越来越远，时间越来越长，与母语环境的接触机会日益减少，因此青少年的母语能力不断退化。

2. 法律法规和政策不健全

（1）土族语言文字保护和发展方面的法律法规不健全。《互助土族自治县自治条例》中有关土族语言文字应用方面的规定有两处："审理案件时，保障各民族公民都享有使用本民族语言文字进行诉讼的权利"和有关民族语文工作机构工作范围的规定。《条例》中明确规定"自治县的自治机关在执行职务时使用汉语文"。对比 1988 年版和 2005 年修订版的《互助土族自治县自治条例》，对民族语文工作办公室工作重点的要求从土文推行转移到语言研究和古籍收集整理上，1988 年版《自治条例》中的"积极慎重地进行推广"土族文字的规定在 2008 年修订的《自治条例》中已被删除。2005 年的修订版中增加了"学校教育中加强汉语和外国语教育的规定"和"积极推广普通话和规范汉字"的内容，但是没有增加土族语言文字教育方面的任何规定。对于新创制的土族文字，官方的态度已经从"积极慎重地推广"变成"有限使用"。

（2）对于土族语言文字保护和发展方面的政策导向是让其"顺其自然"地发展。2005 年修订版的《自治条例》已经表露出从 1988 年到 2005 年的 17 年间政策导向变化情况。另外，我们在采访互助县有关领导时得知青海省以及下级各有关部门对土族语言文字发展方向的政策是让其"顺其自然"地发展。这表明官方没有明确态度，也没有具体政策手段用来保护和发展土族语言文字。总之，官方对民族语言在民族文化保护发展和群众生活当中的地位及作用认识不足。

（3）为土族语言文字工作投入的财力和人力不够。财力和人力的投入规模在很大程度上表明官方对某一个特定语言文字及其群体的重视程度。从 1979 年成立互助县民族语言文字工作办公室到现在，民族语言文字工作办公室每年的业务经费是 3 万元，没有增加过。1979 年时，3 万元能保证民族语言文字工作顺利进行。时过 30 多年，此时非彼时，现在的3 万元远远不能满足语言文字工作经费需求。

3. 城镇土汉混居和通婚率增高

随着社会的发展，在互助县出现大范围土汉混居现象，随之，土汉通婚率也在逐年增高，尤其在城镇地区通婚率更高。在土族人口比例较高的大庄、卡子、洛少等村庄，95%以上人口均为土族，只有 6% 左右的土族家庭有通婚现象。但在县城威远镇，26% 左右的土族家庭有通婚现象。另外，城镇家庭的母语使用率和传承程度远低于农村家庭。在农村地区，人口聚集和家庭成分纯正是土族语使用率高的主要原因，也是土族语代际传承的保障，是保护土族语的最有利条件。但是，随着城镇化进程的加快，大量土族青少年进城就业，离开母语环境，土族与其他民族的通婚率上升，这为土族语的代际传承带来明显的威胁。

（二）对策建议

1. 提高认识，认清保护民族语言文字的重要性

民族地区党政领导、相关部门工作人员、政策制定者、本民族干部和知识分子等各界人士应该提高对民族语言文字重要性的认识，深度分析语言文字的濒危可能会导致的社会问题，正确把握政策导向。语言是人类最主要的交际工具和文化载体，也是社会凝聚力中不可忽视的一股力量，承担着本民族人民精神寄托的重任，保护和发展其语言文字能够满足少数民族群众精神生活需求，为社会稳定和经济、文化发展带来良性效果。语言是文化宝库，世界上每一种语言承载着其使用者的文化信息和集体记忆。每一种少数民族语言文字的濒危和灭亡都会降低我国文化软实力，影响社会安定，造成不稳定因素，破坏人类文化多样性。保护和发展少数民族语言文字是我国的基本国策，也是保证社会稳定和文化软实力发展壮大不可缺少的基础工作。目前，地方多数党政领导和相关部门工作人员对少数民族语言文字保护工作的重要性没有引起足够的重视，以"让其顺其自然地发展"的态度对待少数民族语言文字。这种认识和态度亟待改进。

2. 制定和完善相关法律法规

需要完善土族语言文字保护和发展方面的法律法规，制定有利于保护和发展土族语言文字的具体政策，是解决其他问题的必要前提条件。我国少数民族语言文字的保护和发展离不开政策导向，正确的政策导向是民族语言文字保护和发展的基本保障。

首先，从根本问题抓起，各级相关部门和工作人员认清语言在文化事业和群众生活中的重要性。其次，明确提出土族语言文字在土族群众工作和生活当中的重要作用，确定其地位，制定具体的保护和发展方法，采取实际行动，加大资金和人力投入。大力宣传土族语言文字丰富多彩的文化内涵，鼓励土族群众使用自己的语言文字。抓好农村良好的语言环境，在这肥沃土壤中种植土族语言文字保护发展的新苗，鼓励正在转用汉语的土族群众（特别是青少年）学习自己的语言文字。同时，在自治县自治条例中明确提出土族语言文字保护和发展的重要性以及具体的保护和发展

措施。

3. 创立和发展土族语媒体

创立土族语媒体是土族语使用域进一步扩展和保护目前的使用范围的有效措施。一方面，媒体的创立使得土族语更容易迎接新语域的挑战，使其在新语域建立自己的地位，在新语域中土族语也能得到进一步的发展。另一方面，土族语媒体的创立也能满足土族群众精神生活的需求，对土族文化的保护和发展起到关键作用。再者，媒体的创立为青少年提供学习和传承自己母语的良好条件。

4. 使土族语言文字进入学校

语言代际传承是决定一个语言能否长期蓬勃发展的主要因素。在中小学阶段，有没有条件学习母语是年轻一代人能否传承自己语言文字的关键所在。目前，土族语言文字已经完全退出校园，土族青少年在学校没有学习自己语言文字的条件，大量青少年正在逐渐忘记或放弃母语。因此，为互助县中小学各年级土族学生创造学习和应用自己母语的环境是非常重要的工作，也是土族语言文字保护和发展的关键环节之一。考虑到中小学学生课程任务重，学习压力大等事实，土族语课程可以结合乡土教育，在为青少年讲解乡土历史、文化、习俗、人文的过程中讲授民族语言，使青少年有效学习自己的母语。

5. 完善和推广土族文字

文字是一个语言应对现今社会挑战的有力武器，无文字语言更容易被周围的强势语言替代。目前，土族文字虽然不成熟，但有一定的应用基础，也有专设机构（互助县民族语言文字办公室）正在完善和使用。土族文字有条件进一步推广，扩大使用范围。土族语媒体的创立和学校教育可以紧紧结合土族文字推广，齐心协力，共同前进。增加土文工作资金和人力投入，编写各类教材，出版书籍，抓好《赤列布》杂志编辑工作，继续挖掘民间文学，加大力度收集和整理土族语言。只有这样，土族文字才能进一步完善和推广。

6. 开发和发扬土族语言的文化价值

语言是文化的最主要载体，土族语言在土族文化项目开发中起着至关重要的作用。进一步开发利用语言类文化项目，使其成为互助县旅游经济重要的一部分，发挥其应有的社会效应，也是保护和发展民族语言的有效途径之一。在民俗表演和艺术展示中，最不可缺少的是土族语言，尤其在婚俗表演、歌舞表演等语言类项目中土族语言是不可替代的重要内容。运用土族语，为婚俗节目增添神秘色彩，保证婚俗节目的纯正性和原生态性，吸引更多的游客。丰富的土族口传古籍是土族文化的重要组成部分，是土族人宝贵的精神财富，也是土族人长期的生产、生活当中所积累的经验和记忆。由于没有本民族传统文字，土族古籍的绝大部分以口耳相传的方式在民间流传。保护和发展土族口传古籍，鼓励年轻人传承这些宝贵的非物质文化财产是保护土族语言的有效手段之一。

7. 进一步调查和研究土族语言

土族语已成为趋于濒危的弱势语言，土族语的调查、收集和研究工作与保护和发展同样重要，是土族语保护的基础之一，也是土族文化保护和抢救工作中不可缺少的重要组成部分。对土族语的调查、收集和研究是我们广大语言学工作者义不容辞的任务。在这方面互助县民语办开创了先河，他们的民间文学收集整理工作是一项具有深远意义的工程。但受到资金、专业知识、设备等的限制，目前只停留在使用土文记录和汉文翻译的阶段。土族语亟待具有语言文学专业知识的人使用先进的仪器设备收集和保存。

第八章

医疗卫生事业的发展

进入 21 世纪以来，随着医疗人才培养步伐的加快，医疗技术水平的不断提高，我国医疗卫生事业有了巨大发展，并形成了比较健全的城乡医疗服务网络，城乡居民有了较好的医疗保健服务。在"十一五"规划期间，国家出台了《关于深化医药卫生体制改革的意见》，明确提出"实现人人享有基本医疗卫生服务"的改革目标和改革方向，随之，城乡居民基本医疗保险制度不断完善，基本药物制度逐步建立。但随着人民对健康认知水平的提高，医患矛盾仍然突出。就从少数民族地区县域角度看医疗事业发展的现状，除看病难、看病贵等问题外，少数民族偏远地区与城、乡之间的卫生资源配置差距大，涉及医疗卫生服务的公平性等问题，成了我国医改实现全民健康目标的巨大阻力。因此，关注和创建人民满意的医疗卫生事业，是改善国计民生的重要内容之一。

第一节　医疗卫生

医疗卫生服务保障体系的建设直接关系到人民群众的身体健康、生命安全和社会稳定，直接关系到社会经济及各项事业的全面、协调、可持续发展。近几年来，互助县始终坚持以人为本，夯实基础，加强医疗机构管理改革，创新运行机制，强化能力建设，全县公共卫生体系建设和农村医疗服务体系建设整体水平大有提高。

一　医疗卫生服务状况

（一）医疗服务

新中国成立以来，政府对医疗卫生事业的投入不断加大，影响广泛。

1950 年以前，互助县没有专门的医疗卫生机构。1950 年 5 月成立县人民卫生院，1956 年改称县人民医院，职工 42 人，其中西医 11 人，中医 3 人，中西药剂师 5 人，护士、助产士 12 人，护理员 4 人，总务勤杂 7 人，设有内科、外科、妇产科、中医科、化验室和住院部，共有床位 31 张。1958 年在县人民政府设立文教卫生局，统一管理全县的医疗卫生工作。至 1985 年，全县共有医疗卫生机构 34 个，床位 365 个，各类专业技术人员 376 名，其中医师 77 名、医士 60 名。[①] 进入 21 世纪以后，互助县的医疗卫生事业进入快速发展时期。截至 2010 年"十一五"规划结束，全县共有各类医疗卫生机构 431 所，其中县级包含县人民医院、中医院、疾病预防控制中心、妇幼保健院、卫生监督所、新型农村合作医疗办公室、卫生项目办公室等 10 个机构，乡镇卫生院 21 所（5 所中心卫生院，16 所一般卫生院），村卫生室 294 所，个体诊所 104 所，民办公助的中藏医院 2 所。[②] 据 2012 年最新统计数据，全县共有病床 751 张，每万人床位 19.41 张，现有卫技人员 793 名，取得专业技术职称 589 名，每万人占有 14.99 名。[③] 从事乡村医疗保健 621 人，其中乡村医生 327 名，保健员 294 名，具有中专以上学历者 141 名。全县已建立了以县级为中心，乡级为枢纽，村级为基础的县、乡、村三级医疗预防保健网。

（二）公共卫生服务

到 2010 年为止，互助县以县、乡为单位的计划免疫接种率达到了98% 以上，县、乡医疗机构全面实现传染病网络直报，严重危害人民群众身体健康的病毒性肝炎、结核病、手足口、流行性腮腺炎等传染病和地方病得到了有效控制。在政府和卫生部门的支持和协调下，互助县还实施了多个重大公共卫生项目，如实施增补叶酸预防神经管缺陷项目，为 3372 人次，免费服用叶酸 18854 瓶；实施百万白内障患者复明工程项目和疝气患儿减免手术费项目，免费筛查、治疗白内障患者 500 多名，为 330 名疝气患儿实施修复术；实施农牧区饮水安全集中供水工程水质卫生监测项目，确保农村饮水安全；实施农村妇女乳腺癌和宫颈癌检查项目，筛查妇女 5500 人次；为 300 多名唇腭裂儿童实施修补术等。2010 年，全县传染

① 郝时远、任一飞主编：《中国少数民族现状与发展调查研究丛书·互助县土族卷》，民族出版社 2006 年版，第 128 页。

② 互助县卫生局：《互助县"十一五"卫生事业发展总结》，2010 年。

③ 互助县统计局：《2012 互助统计摘要》，2013 年，第 86 页。

病发病率下降为 352.16/10 万，妇女和儿童保健水平进一步提升，孕产妇住院分娩率提高到了 99% 以上，高危孕产妇住院分娩率达 100%，孕产妇死亡率、5 岁以下儿童死亡率、婴儿死亡率下降到 46.22/10 万、24.73‰ 和 22.42‰。农村卫生环境得到较大改善，农民饮用清洁水人口比例达到 98.18%，清洁厕所普及率达到 97.67%，[①] 与此同时，相关部门积极推进"亿万农民健康促进行动"，普及疾病预防和卫生保健知识，倡导科学、文明、健康的生活方式，使城镇居民和农民健康知识知晓率进一步提高。

二　医药卫生体制改革

2009 年 3 月，卫生部门公布了《关于深化医药卫生体制改革的意见》，全面启动新一轮医改。改革的基本理念，是把基本医疗卫生制度作为公共产品向全民提供，实现人人享有基本医疗卫生服务，从制度上保证每个居民不分地域、民族、年龄、性别、职业、收入水平，都能公平获得基本医疗卫生服务。

为了全面推行新的医改政策，互助县成立了深化医药卫生体制改革领导小组办公室，围绕"加快建立基本医疗保障制度、建立基本用药制度、健全基层医疗卫生服务体系、促进公共卫生服务均等化、推进公立医院改革试点"五项重点，制定下发了《中共互助县委、互助县人民政府关于进一步深化医药卫生体制改革实施意见》、《互助县深化医药卫生体制改革近期重点工作方案（2010—2012）》、《互助县乡镇卫生院绩效考核实施方案》、《互助县乡镇卫生院院长聘用实施方案》、《2011 年互助县基本公共卫生服务项目逐步均等化实施方案》和《互助县乡村两级基本药物零差率销售实施方案》等配套方案，为进一步深化全县医改工作夯实了基础。互助县卫生和食品药品监督管理局还进一步完善了新农合制度，强化了卫生基础设施建设，并制定出台了《互助县乡村医生管理办法》，提高乡村医生的补助等。

（一）基本医疗保险制度覆盖城乡居民与基本药物制度的建立

互助县 2012 年医保最新实施方案，将该县城镇居民医保、新农合人均筹资标准由 300 元提高到了 400 元，职工医保、城镇居民医保和新农合政策范围内统筹基金最高支付限额分别达 25 万元、10 万元和 10 万元。

---

① 互助县卫生局：《互助县"十一五"卫生事业发展总结》，2010 年。

新农合筹资 1.35 亿元，为 32877 名住院患者报销医药费用 7600 万元，城镇职工医保应参保 17926 人，参保率达 100%，城镇居民参保 12250 人，完成目标任务的 100%，新农合应参合 337733 人，实际参合 337675 人，①参合率从 2003 年的 84.86% 提升到 99.9%。自 2012 年 9 月 1 日起，全县所有公立医疗机构全部推行"先住院后结算"的服务模式，截至当年 12 月底，住院病人 12415 人次，享受新模式达 9789 人次，享受金额 1463 万元，在调查中，此模式受到了当地居民的广泛好评。

新型农村合作医疗实行大病补偿政策，患有先天性心脏病、乳腺癌、宫颈癌、儿童白血病等疾病的患者在进行手术、放疗、化疗、器官移植、透析等治疗时，能够享受到重大疾病二次补偿。2012 年，肺癌、食道癌、胃癌等 12 种大病也被纳入农村重大疾病保障试点范围。同时，实施城乡居民大病保险，从城镇居民医保基金中划出大病保险资金，采取向商业保险机构购买大病保险的方式，以力争避免城乡居民发生家庭灾难性医疗支出为目标，实施大病保险补偿政策，对基本医疗保险补偿后需个人负担的合规医疗费用给予保障。互助县于 2012 年 3 月被省政府确定为商保机构经办城乡居民医疗保险服务试点，通过公开招标确定中国人寿保险公司互助分公司为承办机构，协议年服务费用 52.6 万元、服务期限为三年。

依据《互助县实施国家基本药物制度方案》，自 2010 年 3 月开始全县各级医疗机构全部实行基本药物制度，实现了药品"三统一"管理，自 2010 年 10 月起，全县乡镇卫生院和政府办社区卫生服务站全部实行了基本药物"零差率"。2012 年财政拨付基本药物零差率销售补助资金 300 万元，拨付村卫生室药品周转金 89 万元，并自当年起，县、乡、村医疗卫生机构基本药物全部实行网上集中采购，县、乡、村三级医疗机构基本药物配备率达 100%。截至 2012 年底，县、乡、村三级医疗卫生机构网络采购药品 2371 万元，配送金额 1839 万元，配送率达 77.6%，药款集中支付率达 79.6%，基本药物零差率补助的实施使乡、村两级医疗卫生机构药价降幅分别达 16% 和 25%。②针对乡、村两级医疗机构存在"大处方、开贵药、滥用抗生素"等不规范医疗行为，实行以"处方集"为主的门诊前 20 种农村常见病合理用药综合干预试点工作，进一步规范了用

---

① 互助县卫生局：《互助县卫生和食品药品监督管理局 2012 年卫生工作总结暨 2013 年工作思路》，2012 年。

② 同上。

药行为。

（二）基层医疗卫生服务体系的健全与公立医院改革

1. 培养乡村医生。发挥乡村医生的基础性作用，争取"小病不出村"。互助县卫生局按照深化医药卫生体制改革的总体要求，深入推进乡村卫生服务一体化管理，建立了以服务数量、质量、效果和居民满意度为核心的绩效考核和分配制度。同时还注重对乡村医生进行培养和再深造，仅2012年一年，共完成了1076人次的卫生专业技术人员培训、进修工作，组织368名乡村医生进行了两次集中式培训。通过签合同、定目标、定任务等措施，互助县人民医院、县中医院每月抽调一些专业技术骨干到卫生院进行坐诊、查房、会诊等医疗技术指导和医护质量考核，开展新业务、新技术、新方法，使乡卫生院诊疗水平和服务能力有了较大的提高。同时，提高乡村医生补助标准，县政府在每人每年补助8000元的基础上又给予每位乡村医生补助200元的养老保险金，这些措施一定程度上提高了乡村医生的生活及养老水平。

2. 基础设施建设。2009年至2011年，互助县财政投资近3700万元，建成了东沟、加定、五峰、南门峡、五十、东和卫生院业务用房，总建筑面积达7716平方米，于2010年为乡镇卫生院配备卫生服务车17辆，同时提供了183套公租房用于缓解乡镇卫生院生活用房紧张的现状，有效改善了乡镇卫生院的基础设施建设，提高了服务能力。同时依托县级医院对口帮扶项目，通过签合同、定目标、定任务等措施，加大妇产儿科、医技科室的设备和技术力量的帮扶、指导工作。目前，乡镇卫生院均能开展临床检验、放射、B超、心电图等诊疗技术。村级医疗卫生机构全部达到标准化建设，21所乡镇卫生院、258所村卫生室全部达到甲级卫生院和甲级村卫生室标准，另设有36所乙级村卫生室，不仅全面提升了管理能力和水平，还切实保障了广大人民群众健康水平。结合"卫十一"项目要求，为50所村卫生室安装小型锅炉，配备档案柜、体重秤、诊断床等基本设备。

3. 公立医院改革。完善医疗服务体系，优化资源配置，加强薄弱区域和薄弱领域能力建设，是公立医院改革的重点。互助县公立医院改革在医院管理体制、转变运行机制方面进行了积极探索，从大力推行院务公开、无节假日门诊、病人选择医生、取药划价叫号、增设费用触摸查询、收费药价电子屏公示、医院服务承诺等方面落实"十项便民措施"，方便了患者看病，体现惠民利民的医改政策。按照青海省公立医院综合改革会议精神，将全员聘用、岗位管理和绩效考核为主的人事分配制度改革作为重点；通过建立和完善医院法人治理机构，优化运行管理，提高运行效率；加强以重点学科和特色科室建设，提升综合服务能力，发挥县级医院在县域医疗卫生服务网络中的"龙头"作用；进一步完善监管机制，促进医院加强管理，改进服务，提升水平；并大力推行优质护理服务、预约诊疗、便民门诊等措施。

新一轮医疗改革给互助县城乡居民带来了实惠。基本公共卫生服务的公平性显著提高，城乡和地区间卫生发展差距逐步缩小，农村和偏远地区医疗服务设施落后、服务能力薄弱的状况也在逐步改善，"看病难"、"看病贵"、"因病致贫"的现象均得到一定程度的化解。

三 疾病防治与卫生应急

（一）传染病与慢病防治

据互助县防疫免疫规划科统计，该县发病居前五位的传染病依次为乙型肝炎、其他感染性腹泻、肺结核、手足口病、梅毒。我国政府自新中国成立以来，一直坚持"预防为主，防治结合"的方针，互助县卫生防疫部门也不断加大传染病防治力度，通过开展预防接种乙肝疫苗和爱国卫生运动等防控措施，降低传染病发病率，加强对发热、不明原因肺炎病例的监测工作，做好炭疽、细菌性痢疾、流感、人感染高致病性禽流感、手足口病监测和防控工作，提高传染性疾病监测质量。近五年全县无甲类、非典和高致病性人禽流感等病例报告，乙、丙类传染病发病率也呈下降趋势。为了进一步做好传染病风险隐患排查，该县对传染病易发单位进行了宣传、重点监控、查验预防接种证等相关工作。

自2010年来，互助县结核病的宣传和治疗工作有了极大成果。2010年该县被定为"中国—盖茨结核病项目"试点地区，该项目是为了达到预防结核病的大规模传染、提高患者治疗依从性、降低结核病的耐药发生率、减少药物滥用等目的，对活动性肺结核病人实行免费检查、免费抗结核药物治疗和管理；在试点地区开展耐多药结核病筛查和免费治疗管理。这一项目一方面有效地控制了当地肺结核病的传染，另一方面减轻了病人求医问药的经济和心理负担。在艾滋病防控方面，互助县契合青海省全球基金艾滋病项目，成立了互助县全球基金艾滋病项目领导小组和互助县全球基金艾滋病项目管理小组，设互助县人民医院、妇幼保健中心和疾控中心为艾滋病自愿咨询检测点，在中小学及人口流动性大的地区进行艾滋病预防宣传工作。

互助县于2011年3月建立了"慢性病综合防控示范区"，为确保示范区工作顺利开展，县政府制定下发了《互助县2010年慢性非传染性疾病综合防控示范区项目实施方案》，成立了慢性病防控示范区工作项目领导小组，统一负责全县慢性病预防控制的各项领导、管理工作，还建立了县疾控中心和县级医疗机构为龙头、乡镇卫生院为支撑点、村卫生室为基点的防控网络，逐步建立、健全了防控人员队伍。经过近年来的调查与病理整理发现，危害互助县居民的主要慢性病有高血压、心脑血管疾病、糖尿病、肿瘤、呼吸系统疾病。全县高血压患病率为12.5%，糖尿病患病率为1.46%。近几年来，据慢性病死亡率变化趋势影响，互助县居民死亡的主要慢性病中，恶性肿瘤、心脏病和脑血管疾病呈持续上升趋势，而致病原因主要是：过量饮酒、吸烟、不合理饮食、缺少体育锻炼、超重等。为了使慢性病得到有效的预防和控制，卫生部门一方面采用医疗手段进行监控和治疗，如建立了35岁以上人群首诊测血压制度，对全县20831名65岁及以上人群开展健康体检活动，并通过医疗机构为部分慢性病患者定期发放免费药品等；另一方面，从日常生活入手，推广全民健康生活方式，组织健身俱乐部、体育比赛，提倡合理膳食结构等，更有效地控制慢性病的发生。

由于特殊的地理环境和饮食结构，互助县最严重的地方病是甲状腺病和氟中毒。1973年在全县范围内大力推进食用加碘盐以防治甲状腺疾病，经过近四十年的防治，碘盐覆盖率为97.33%，合格率为96.91%，食用率为94.33%，因此，近几年由于缺碘造成的甲状腺地方病发病率极低。地方性氟中毒的普查工作开始于1982年，当时，患病情况十分严重，经过三十年的积极防治和水利部门的改水、引水工程开展，现在氟中毒基本消除。虽然近几年来互助县传统地方病发病率极低，但为了进一步提高公众健康意识和自我保护能力，依旧要加强对防治地方病的宣传，例如，开展以"防控鼠疫，人人有责"、"坚持食用碘盐，享受健康生活"等为主要内容的科普活动。

（二）卫生应急

2006—2011年互助县共报告突发公共卫生事件31起，报告发病530

例，死亡 3 例。按事件级别分，均为一般突发公共卫生事件，无较大、重大和特别重大事件报告。按事件类型分，30 起为传染病事件，1 起为其他中毒事件。

为了完善卫生应急运行机制，互助县卫生部门制定印发了《互助县突发公共卫生事件应急预案》，并下发到各乡镇卫生院和医疗卫生单位。为了结合实际，制定并下发了在本县内较常见的重点传染病、食物中毒、职业中毒及地质灾害等一系列专项应急预案，以及突发事件等级划分、应急反应原则、应急反应措施、信息报送制度等。成立了 4 支卫生应急队伍，充实了各类应急物资，并通过完善各类应急预案，建立健全突发事件预警机制和处置细则，整合应急队伍人员配置，保证了突发公共卫生事件的处理常备不懈、反应及时、措施果断、处置合理。2012 年，为了创建"突发公共卫生应急示范县"，互助县应急中心坚持 24 小时疫情值班制度，做好鼠疫、手足口病、甲型 H1N1 流感及其他重大传染病、突发公共卫生事件的应急值班工作。为提高疾控中心业务人员应对突发公共卫生事件能力，应急中心定期组织各科室人员在单位内部进行突发公共卫生事件模拟演练活动。

四　妇幼保健

我国妇幼卫生体系以妇幼保健专业机构为核心，以城乡基层医疗卫生机构为基础，以大中型综合医疗机构和相关科研教学机构为技术支持，为妇女儿童提供全方位的医疗保健服务。互助县妇幼保健站成立于 1952 年，开展新型接生、接种牛痘等工作。1982 年，县妇幼保健站单独建制，隶属于县卫生局。人员编制从最初的两人，到 1982 年的 8 人，到 2013 年的 95 人，全院建筑总面积达到了 2081 平方米，是一所集预防、保健、医疗、培训为一体的医院，承担着全县妇女保健、儿童保健、生殖保健工作重任，是全县妇幼保健工作的龙头单位，1998 年被国家卫生部评为"爱婴医院"。

（一）妇女保健

互助县积极开展妇女生殖保健服务，推广婚前和孕前保健，普及优生优育、生殖健康科学知识，深入开展孕产期保健，形成包括产前检查、产前筛查与诊断、高危孕产妇筛查与管理、住院分娩和产后访视在内的一整套孕产期保健服务。2012 年全县住院分娩 4947 人次，住院分娩率达

99.62%，高危孕产妇住院分娩 693 人次，分娩率达 100%，孕产妇系统管理率达 94.28%，孕产妇、5 岁以下儿童和婴儿死亡率下降到 20.26/10万、20.42‰和 17.59‰。[①]

从 2009 年开始，根据《青海省农村妇女"两癌"检查项目管理实施方案》，互助县同步开展妇女保健重大公共卫生服务项目，以妇幼保健院作为核心主导部门在全县各乡镇依次开展"两癌"检查工作，并将参加项目筛查妇女的信息资料分类整理归档，形成信息资料库，从而掌握全县妇女健康状况。对疑难患者妇女，进行跟踪随访，提供帮助。农村妇女"两癌"共筛查宫颈癌妇女 22418 例，乳腺癌 8500 例，并确保其快速有效治疗，使妇女的健康得到有效保障。另一个大型公共卫生服务项目是，互助县卫生部—联合国儿童基金会《母子系统保健》项目，该项目的实施提高了互助县妇幼卫生服务，完善县、乡、村三级妇幼卫生保健网，进一步提高了妇产科、儿科医生的业务能力和技术水平，使母子系统服务更加规范化，为母亲和儿童提供了连续、系统的保健服务。

（二）儿童保健

互助县儿童规划疫苗工作以提高儿童实际接种率，降低儿童发病水平为目的，通过单月免疫方式为儿童提供了最大程度的免疫机会，通过双月"以会代训"的方式，提升了乡、村两级计免人员的水平和能力，同时针对腮腺炎、风疹等传染病流行的特点，为适龄儿童进行了麻风腮疫苗的强化免疫。2012 年儿童规划免疫，互助县"11 苗"接种率达 97.93%，并完成了近 2.07 万名适龄儿童的麻疹疫苗强化免疫和 1315 名儿童脊髓灰质炎疫苗查漏补种工作。

为了促进儿童生长发育水平的不断提高，儿童营养不良状况的改善，互助县于 2012 年启动了"婴幼儿营养"项目，该项目主要是对全县 6—24 个月大的儿童发放添加了蛋白质、钙、铁、锌、维生素 A、维生素 D、维生素 B_1、B_2、B_{12}、叶酸等物质的营养包，坚持食用，可以改善婴幼儿的营养状况、促进体格和智力的发育，预防婴幼儿贫血等。2012 年底，各乡卫生院向 294 个行政村的 4877 名儿童发放营养包 29262 包，并为家长讲解营养包的服用流程和对儿童成长的有益影响，督促家长在喂养的同

---

① 互助县卫生局：《互助县卫生和食品药品监督管理局 2012 年卫生工作总结暨 2013 年工作思路》，2012 年。

时做好喂养记录。

五　中医药发展

中医药在中国有着悠久的历史，是中华民族在生产生活实践以及治疗疾病过程中形成和发展的医学科学，互助县形成了由县级中医医院、乡镇卫生院中医药科和村卫生室为主的农村中医药服务网络。互助县有中医院一所，其针灸科被列为省级"名科"行列。县中医院现有中药饮片417种，中成药176种，中药颗粒制剂421种。基本药物配备率为82.2%，基本药物百张处方使用率为72.8%，基本药物百张处方金额使用率为44.5%。[①] 县人民医院、中医院及妇幼保健院中医临床科室标准化建设率达100%。全县21所乡镇卫生院都有中医人员和中药房设置，部分中心卫生院已设有专门的中医门诊，全县共有326名乡村医生，其中，采用纯中医疗法的医生106名，采用中、西医结合疗法的医生174名，采用纯藏医疗法的医生4名，中、藏医生比例占乡村医生总人数的87.12%。

根据《中医药事业发展"十一五"规划》的要求，自2009年以来，中医院成立了中医药适宜技术推广培训领导小组，建立了培训基地，培训内容主要以中医特色诊疗技术为重点，积极开展针刺、灸法、火罐、推拿、贴敷、熏蒸、刮痧等中医服务技术。在中医药传承方面，十分注重名医师承工作，中医院选拔2名主治中医师向医院名医副主任医师学习中医药知识，构筑人才梯队。

在治疗方法上，除了有效开展中药熏洗法、中药保留灌肠等中医护理服务，还充分发挥中医药简、便、验、廉的优势大力发挥非药物治疗作用，近年来，针灸科运用针灸、三伏贴、拔罐等中医诊疗设备有针对性地开展了面瘫、中风、颈椎病、腰椎损伤等中医非药物治疗。极大地方便了当地群众就医，治疗手法越来越为当地群众所认可，在此基础上，中医院还设有"非药物治疗中心"。

在开展中医药健康知识宣教方面，不仅在病区开设中医保健知识宣教栏，免费发放中医药保健知识宣传单和健康指导处方，还组织有经验、德高望重的医生进社区、下乡会诊，以更有利于推进中医药事业的发展。

---

① 互助县中医院：《互助县中医院2012年工作总结及2013年工作思路》，2012年。

六 存在的问题与对策思考

第一，城乡卫生工作发展不平衡。现阶段，我国城乡经济发展呈现二元结构，随之，医疗卫生事业也凸显出城乡二元性。首先，城乡医疗卫生资源配置存在极大差异。自新中国成立以来，我国农村医疗卫生事业就呈现基础薄弱的态势，医疗机构少、服务水平低、设备简陋，在实施医改以后，国家把提高农村医疗服务水平作为重点，下拨大量资金改善农民就医条件。但是，就互助县的现实情况看，城乡医疗卫生资源配置仍然存在很大的差距，大型医疗设备和诊疗技术汇集在县城几家大医院，乡镇医院现代化医疗设备拥有量远远低于县级医院；且互助县农村人口数量大，现有的乡村医疗条件很难满足人口众多的农民医疗服务需求，供需矛盾仍很突出。其次，医疗卫生人员服务能力弱。乡村医务工作者较城镇比起来，学历较低，业务水平差，虽然卫生部门每年都对村医进行培训，但是村医将大病看小、小病看大，最后导致患者耽搁治疗的事情时有发生，致使村医与当地村民关系紧张，不受信任，从而造成一系列连锁反应。

当然，城乡卫生工作发展不平衡从根本上说是城乡结构的诟病，但是，卫生部门也应积极解决和应对问题，而不是以借口来躲避责任。首先，互助县政府及卫生部门要增加对乡、村级卫生中心和卫生室的资金投入，改善就医条件和医生待遇；其次，进一步加强对乡村卫生人员的培训，提高其医疗水平的同时更要注重对特殊疾病及传染性疾病的宣传和预防。

第二，卫生人才紧缺。由于各医院老医生的退休以及编制问题得不到解决，互助全县一、二、三级医院的人才短缺问题越来越突出。首先，新型农村合作医疗制度的实施和"先住院，后结算"服务模式的启动，患者在县乡级医院的住院量大大增加，医务人员工作负荷大，虽然有一批志愿者服务于医院，但是由于待遇、编制等问题，志愿者流失量大，从而造成卫生人才的紧缺和引进尖端技术人才的困难。同样，由于政府财政困难，对村医补偿机制不到位，乡村医生没有编制和收入保障，影响基层医疗卫生人员的积极性，且作为农村健康守门人的乡村医生，他们不仅要肩负起农村医疗服务工作的重任，而且还要负责农村预防保健、健康教育、计划生育等重要任务，这样就极大地影响了医疗卫生事业在村一级的工作。

卫生人才的紧缺是互助县卫生工作面临的最大难题之一。首先,医疗卫生是关系民众健康的大事,政府部门应该就当前所面临的编制问题作出一些政策性的调整,多给县、乡医院下放一些编制名额,这样才能留住更多掌握新技术的人才;其次,当地政府可以采取帮助优秀且贫困的医学院毕业生偿还贷款、增加补助等措施,吸引更多有才能的年轻血液进入互助县医疗系统;再次,要制定更多关爱村医的政策,如定期举行给村医送温暖活动,物质帮助是一方面,另一方面让他们感觉到精神上的鼓励。

第三,住院难问题突出。由于城乡居民住院费用报销比例的提高,实施基本药物制度后药品的零差率销售,"先住院、后结算"服务模式等惠民政策的推行,减轻了患者的就医负担,人民群众的就医需求观念也随之发生了转变,又凸显了新一轮"住院难"问题,甚至出现了预约住院和"一床难求"的现象,使得一部分重病患者无法及时入院治疗而耽搁了病情。预约住院也可能使一些关系户受到特殊照顾而"晚来先住",使得医疗卫生服务的公平性遭到破坏。

解决这一问题,最为紧要的是要增加住院床位和加强住院基础设施的建设,但是就互助县实际情况来看,面临着资金不足、建设周期长等众多现实困难。所以,在尽量解决困难的前提下,不仅医生在主观上要积极调动医疗资源,更要制定出合理、完善的住院预约及重大紧急性疾病等的住院制度。

第四,卫生信息化建设滞后。自2009年起,互助县开始实施基本公共卫生服务均等化项目,为广大群众建立了健康档案,全县各级医疗卫生机构虽然配备了电脑等设备,但在全省未实现信息互通、信息共享的前提下,居民电子健康档案无法发挥应有的效能。

解决这一问题的关键是要加快村一级医疗室的信息化建设,完成与县乡的对接,办法是增强村医对信息化建设的重视,且加大对他们电脑知识的普及,年纪大的医生可以考虑配一个助手。

第五,学校公共卫生工作有待加强。学校、幼儿园是公共卫生事件多发地,互助县每年的突发公共卫生事件多数发生在学校,但该县学校多数卫生室设备简陋,医务人员水平低,对传染性疾病的监控能力差,教师和学生的卫生意识也较为薄弱。关注儿童健康,减少学校公共卫生事件的发生是做好卫生应急工作的前提。

卫生部门应当加大对校卫生室的投入和关注,校医除了要处理一些基础的病症，还要担当起卫生宣传指导员的工作，教导孩子改变日常生活中一些不良的卫生习惯，降低其自身疾病或传染病的发病率。

第二节　新型农村合作医疗

一　新型农村合作医疗实施状况

在国家实施新型农村合作医疗制度以前，由于长期以来缺少医疗保障，农民看病缺乏社会和国家资助，基本上都是依靠自己，且由于互助县经济发展较为滞后，农民用于看病的经费低下，导致很多农民平时很少看病，但一旦看病，往往就成了大病。当然，与城市居民相比，除了经济原因制约着农民的就医行为，医疗资源匮乏，对健康和疾病的认识也导致了"大病拖"、"小病扛"的状况非常普遍。

为了解决广大农民看病难、看病贵问题，2003 年在《国务院办公厅转发卫生部等部门关于建立新型农村合作医疗制度意见的通知》中，转发了《关于建立新型农村合作医疗制度的意见》，意见指出，"新型农村合作医疗制度是由政府组织、引导、支持，农民自愿参加，个人、集体和政府多方筹资，以大病统筹为主的农民医疗互助共济制度"。互助县于2003 年被选为"新型农村合作医疗试点县"，试点工作于 9 月启动，筹资标准是农民以家庭为单位自愿参加新型农村合作医疗，人均年缴纳 10 元，地方财政每年对参加新型农村合作医疗的农民资助 10 元，中央财政每年通过专项转移支付对互助县参加新型农村合作医疗的农民按人均 10 元给予补助，这就是最初试点时的"10 + 10 + 10"模式。

新型农村合作医疗制度自 2003 年在互助县试点以来，发展迅速，农民得到了真真切切的实惠并表现出了极大的参合热情。2004 年，全县共参合29.3 万人，参合率为84.46%，每人每年缴纳的新农合基金10 元中，7.50 元划入统筹基金，2.50 元记入个人账户。到 2012 年，新农合参合人数达到337675 人，参合率达到了 99.9%。新农合人均筹资标准由最初的30 元增长到 300 元再到 2012 年的 400 元，其中农民个人缴费金额提升为40 元，中央财政每年每人补助 156 元，地方财政补助每年每人 204 元，且将个人缴费的全部金额纳入家庭账户中。2012 年，互助县新型农村合作医疗收缴基金13507 万元，收缴率100%，筹资 1.35 亿元，为 32877 名住院患者报销医药费用 7600 万元①，参保人员住院费用补偿按照医疗机构的级别，实行分级按比例补偿，医保在三、二、一级定点医疗机构政策范围内住院费用支付比例由 2010 年的 45%、65%、75% 分别提高为70%、80%、90%，新农合范围内统筹基金最高支付金额达到了 10 万元。

互助县实行新农合基金分配按照青海省统一标准，将基金按保障功能和用途，分为门诊基金、住院统筹基金、重特大疾病医疗保障基金和风险基金四部分，分项列账，按照各自比例和用途使用。门诊基金：人均 65元，其中家庭账户人均 40 元，用于门诊医药费用报销，也可用于健康检查费用或支付住院医药费用个人自付部分；门诊统筹基金人均 25 元，用于 22 种特殊病、慢性病门诊医药费用报销。住院统筹基金：人均 300 元，用于住院医药费用报销。重特大疾病医疗保障基金：人均 30 元，用于 21类重特大疾病患者住院医药费用经首次常规报销后的二次补助，其他大病患者住院医药费用经首次常规报销后，个人自付费用仍在 3000 元以上的二次补助。风险基金：人均 5 元，用于弥补门诊统筹基金、住院统筹基金、重特大疾病医疗保障基金的透支，也可经过统筹地区按程序审批后，用于特定的大范围自然灾害导致的医药费用补偿。风险基金达到统筹地区当年 3 项统筹基金总额的 10% 后不再提取，人均 5 元的风险基金纳入住院统筹基金。以上所采用的基金分配模式，满足了农民各方面的需求，一方面保证了大病得到及时有效的治疗，另一方面也使慢病小病受到了应有的关照。

自新农合在互助县试点以来，当地农民就医行为得到了极大的改变。首先，从参合率上看，2012 年互助县新农合参合率达到了 99.9%，可见，农民对新农合制度的信任和对自身健康的重视。由于新农合农民个人缴费的 40 元全部纳入家庭账户中，一方面消除了农民自身"怕吃亏"的心理，另一方面，身体不舒服可以利用家庭账户中的资金去村卫生室或门诊部开药，使农民"小病扛"的状况有了很大改善，提高了农民生病的就诊率。其次，互助县按照青海省新农合报销补偿标准支付的住院费用，最高可支付比率达到 90%，同时还实施对白血病、肾病、部分癌症等 21 种重特大疾病进行补偿，使经济问题不再成为农民有病不敢医、因病致穷的重要因素，延长了农民的寿命，提高了生活质量。再次，新农合结合医

① 互助县社会保障局：《互助县社会保障局 2012 年工作总结》，2012 年。

改，为老年人、妇女等疾病多发人群提供全身或专项体检，这一方面影响了农民对疾病的认识和就医观念的改变，起到普及医疗知识的作用，同时也的确检查出了不少大病，这对改变农民的就医习惯和发现疾病、及早就医的意识产生了积极影响。

总之，新型农村合作医疗制度的实施，不论在农民的健康观念和疾病认识方面，还是在农民的疾病支付能力方面，都产生了非常有益的影响，从而改变了农民传统的就医行为，提高了农民生病的就诊率。

二　新型农村合作医疗工作实践与经验

互助县新型农村合作医疗从最初的试点到2010年的全面覆盖，直到今天的不断完善，经历了一个漫长且稳中求进的过程，无论是从前期的宣传缴费，再到后期的住院报销都取得了丰硕的实践经验与创新成果。

第一，筹资缴费方式改革。自2009年起，互助县开始探索推行新农合"委托收缴"筹资方式。农户与乡镇政府、农村信用联社三方签订为期5年的协议书，并在每年新农合筹资时由信用联社按协议从该户"惠农卡"中代缴参合金。一方面在一定程度上降低了筹资的劳力成本，另一方面避免了农户因外出而错过缴纳参合金的现象发生。2011年，进一步扩大对农户"惠农卡"的使用，要求新农合补偿费用必须通过转账至其家庭信用社账户，确保了省外住院患者的新农合补偿金的安全。

第二，新农合与农村医疗救助体系的衔接。2008年起，互助县新农合医疗费补偿与农村医疗救助工作实行无缝对接，建立新农合医疗费补偿与农村医疗救助统一服务平台，实行"一站式"服务。这一政策的实施进一步提高新农合和农村医疗救助服务水平，更好地体现大病医疗救助"便民、利民、应急"的原则，对符合救助条件的对象，即农村低保、五保、重点优抚对象，在得到新农合补偿的同时可获得医疗救助，真正地帮助解决特困家庭的大病问题。该县还实现新农合医疗费补偿和民政医疗救助一个窗口一次性到位，在形成救助合力的同时，也为困难群体提供方便、快捷、规范的补偿、救助服务。

第三，实行先住院后结算。新农合实行医疗机构报账垫付制，患病群众治疗出院后，先由定点医院垫付报销，再由新农合办公室与定点医院结算，简化了报销手续。自2012年9月1日起，互助县所有公立医疗机构全部推行"先住院后结算"的服务模式，参加新农合的患者住院期间，定点直报医疗机构住院费用先从社保基金预付、医院垫付，出院结算时患者只支付个人承担部分，截至 2012 年 11 月底，全县住院病人 7888 人次，享受新模式达 6056 人次，享受金额 906 万元，切实减轻了群众就医经济负担，方便了群众看病就医。根据现有的结算模式，该县相关部门还在总结经验、完善管理程序和制度的基础上，进一步扩大范围，逐步实现所有定点医疗机构进行先住院后结算机制。

第四，实行生育补助。产妇住院分娩费用由重大公共卫生服务专项资金补助 500 元。顺产住院分娩实行单病种限额付费，在乡级定点医疗机构住院分娩限额 500 元，全额由专项资金补助，产妇不承担任何费用；在县级定点医疗机构住院分娩限额 1000 元，首先由专项资金补助 500 元，剩余部分由产妇个人承担。超过县、乡限额标准的医药费用由相应医疗机构承担。高危孕产妇在具备条件的中心卫生院或县及县以上定点医疗机构住院分娩，首先由专项资金补助 500 元，剩余部分再按住院医药费用政策范围内报销比例常规报销。

第五，外地务工人员可回当地报销。参合农牧民在外地务工地住院的医药费用，回本地区后按照同级医疗机构的报销标准予以报销。出院后持出院证、费用清单和发票、身份证、合作医疗证等相关资料，到参合地的乡镇经办机构申请住院医药费用报销和救助。如果医药费用依法应当由第三人负担的，第三人不支付或者无法确定第三人的，由新农合基金先行支付。新农合基金支付后，有权向第三人追偿。

三　新型农村合作医疗实施中存在的问题

新型农村合作医疗制度从 2003 年在互助县开始试点，至今已经走过了十年的历程。新农合制度的实施，给互助县农民看病带来了巨大的便利和实惠，但是其中也存在一些问题，需要引起相关方面的重视，并及时出台更贴合民意的政策、措施，更好地为农民群众服务。

第一，违规发放药品。在调查中发现部分乡镇村医疗机构存在乱发药品，以发放药品的方式来支付家庭账户或个人账户基金，这种行为违背了新农合作为医疗保险的用途和精神。这需要相关部门继续规范账户基金的管理，做好药品发放登记工作，履行自身的监督职能。

第二，慢性病门诊统筹基金支付率低。截至 2011 年底，互助县确诊纳入慢性病管理的参合农民近 1.3 万人，而每年获得补偿的仅为其中很小一部分。在调查中了解到，很大一部分患有慢性疾病的老年人并不知道每年慢性病的医药费支出报销政策。这主要是各乡镇及县内医疗机构对门诊慢性病报销的宣传力度不够，一部分村医为了减少自身的麻烦，未对村民作出告知，患者无法了解慢性病报销的相关政策。这需要做好慢性病的宣传工作，加强村医对慢病门诊基金的重视，上级部门为了老百姓的切身利益，更要亲自入村调查情况，使慢病统筹基金得到更广泛的利用。

第三，门诊补偿限制。在门诊基金的 65 元中，40 元用于个人账户，25 元用于慢性病及特殊疾病的统筹资金。而就现在来看，大病与小病仅仅通过住院与门诊来界定，保大病基本就是保住院，而在现实情况中，往往由于住院床位紧张等其他原因，住院和门诊并不能把大病和小病真正地区分开来，而门诊治疗的就不一定是小病，所以门诊和住院应该得到同样的重视。在调查中发现，一部分重疾病患者由于无法住院治疗而只能在门诊部就医，但是又不符合报销标准，导致其治疗费用过高而承担着巨大的支付压力。所以，对于大病和小病的区分，不宜仅仅从住院治疗和门诊治疗的角度区分，而应该考虑治疗的费用和负担，应该以医疗费用发生的多少和病情为参考，在一定程度上灵活地处理门诊补偿问题。

第四，医疗服务的违规。随着新农合制度的建立、筹资及补助水平的提高，农民的就医需求在不断增长，一些定点医院单纯追求医疗业务的增长、忽略参合农民住院费用控制的问题逐渐凸显。甚至有些医院出现截留病人的情况，将不符合住院标准的病人收住院，一方面造成了住院床位的紧张，使一些真正需要住院的大病患者无法及时住院治疗，医务人员工作压力和强度也加大；另一方面，一些经济条件较差的患者，也因为住院费用的虚高与过快增长背负了极大的心理和经济负担。医院这样的行为客观上形成了医疗服务的提供方对参合农民利益和新农合资金的潜在侵蚀，影响了新农合医疗的规范与长效发展。这需要相关卫生社保部门加强对医院的监督，规范其服务行为，使有限的医疗资源和宝贵的资金得到高效利用。

第九章

宗教信仰与民俗文化

第一节　宗教信仰概况

互助土族自治县是一个多种宗教并存的地区，藏传佛教、汉传佛教、道教、伊斯兰教、天主教、萨满教、民间信仰多元共存。互助县信仰宗教的人口占全县总人口的 30% 左右，少数民族基本上是全民信教。2012 年，全县有佛教、道教、伊斯兰教和天主教等宗教活动场所 30 处，其中佛教寺院 14 座（藏传佛教寺院 13 座、汉传佛教寺院 1 座）、伊斯兰教清真寺 14 座（伊赫瓦尼派清真寺 11 座、格底目派清真寺 2 座、伊赫瓦尼派与格底目派团结开寺 1 座）、道教全真派宫观 1 座、天主教圣母堂 1 座。目前全县信教群众数量约 11.7 万人，其中佛教信众 10.8 万人左右，伊斯兰教信众约 7000 人、道教信众 1850 人左右、天主教信众 550 余人。

一　藏传佛教

（一）藏传佛教在互助地区的传播及变迁

早在东汉末年，青海东部湟水河谷地区已有僧人活动，并建有佛塔。唐代，随着文成公主、金城公主进藏和吐蕃势力东渐，佛教由内地和吐蕃两个渠道不断传入青海。公元 9 世纪中叶，达玛赞普在吐蕃本土禁佛，藏饶赛、玛尔释迦牟尼、约格迥"三贤哲"逃离西藏，进入青海东部地区活动。据说他们曾在今互助县的白马寺（通称玛藏岩洞）禅修过。据此推测，这一时期藏传佛教已在互助地区传播。

公元 11 世纪至 12 世纪，安多地区唃厮啰政权兴起，占据河湟地区，资助僧人"建佛祠"，当时青唐"城中之屋，佛舍居半"，"有大事必集僧决之"，一些僧人还成了部落首领和统兵打仗的军事领袖。这一时期，藏语系佛教各派相继形成，各派系的许多创始人及其传法弟子到处传法建寺，空前活跃，今互助县五十镇的一些岩石上留有当时留下的佛像、文字和高僧的手印、足印。元代，随着大元帝师八思巴的活动，萨迦派大量传入青海，互助地区一些苯教寺院改宗萨迦派，佑宁寺前身为萨迦派寺院。噶举派传入互助地区，始于元顺帝至正二十年（1360年），西藏噶玛噶举派第四世活佛若贝多杰去北京途中，在今五十镇佑宁寺、松多花园寺、北山天堂寺等地修行传法。至明朝，萨迦派寺院在互助地区渐趋衰落，代之以噶当派和格鲁派。互助地区一些部落首领和群众相继信仰格鲁派，史籍中记载："番人、土人有二子必命一子为僧，且有宁绝嗣而愿令出家者。"佑宁寺被誉为"湟北诸寺之母"，成为互助土族的藏传佛教信仰中心。此外还先后兴建了天门寺、却藏寺、白马寺、花园寺、甘禅寺、扎隆寺、松番寺、馒头寺、甘冲寺（系宁玛派寺院）等寺院。同时在互助藏族、土族的一些僧人中涌现出了一批如章嘉·阿旺洛桑曲丹、章嘉·若贝多杰、土观·洛桑却吉尼玛等宗教知识渊博、受人崇敬的高僧和著名活佛。

新中国成立前夕的1949年，互助县共有藏传佛教寺院15座，活佛18人，喇嘛665人。中华人民共和国成立后，在党的民族平等团结政策和宗教信仰自由政策的指引下，互助地区逐步废除了寺院的封建特权和剥削制度。全县仅保留佑宁寺一座寺院，其他寺院全部关闭，绝大部分喇嘛还俗回乡参加农业生产，正当的宗教活动受到了极大的限制或被勒令停止。"文化大革命"期间，互助县绝大多数藏传佛教寺院被改作他用或被毁，所有喇嘛被送回农村，爱国宗教人士亦遭批斗，正当的宗教活动被禁止。十一届三中全会以后，在党的拨乱反正方针指导下，县人民政府补偿了寺院的损失，支持重建了大部分寺院，平反了爱国宗教人士中的冤假错案，一批僧侣重返寺院，恢复了正当的宗教活动。1986年，全县恢复寺院8处，僧侣增加到315人，其中200人是新入寺僧侣。2004年，全县有僧侣319人，其中活佛10人。截至2011年，互助土族地区藏传佛教传播影响深远的五十镇有藏传佛教寺院2座，共有僧侣258人。其中，佑宁寺251人，天门寺7人；活佛8人、经师2人；经堂佛殿等宗教活动场所19处。

（二）主要藏传佛教寺院

1. 佑宁寺

佑宁寺，藏语全名"郭隆弥勒洲寺"，简称"郭隆寺"，清雍正帝赐名为"佑宁寺"，沿用至今。寺院位于互助县五十镇寺滩村，属藏传佛教格鲁派，是互助县最大的以土族为主要僧源的藏传佛寺。相传早年这里曾有过一座萨迦派小寺。万历十二年（1584），三世达赖传教到今佑宁寺所在地哲加，见山势峥嵘，景色秀丽，建议当地部落头人在此修建寺院。三世达赖去内蒙古圆寂后，格鲁派上层以俺答汗的曾孙为第四世达赖喇嘛。万历三十年（1602），四世达赖云丹嘉措赴西藏坐床，途经哲加。周围十三部落头人联名提出建寺的请求，要求西藏派高僧来主持修建事宜。翌年，四世班禅洛桑却吉坚赞和四世达赖决定派第七世嘉色活佛顿悦却吉嘉措来青海，在第一世松巴活佛丹曲嘉措等人的协助下，于万历三十二年（1604）建成佑宁寺。初建大经堂、嘉色寝宫等，并没有显宗学院。此后，受到入据青海的和硕特蒙古首领固始汗的支持，布施大批土地和百姓，并于清顺治四年（1647），与四世班禅、五世达赖联合发给寺产执照，从此该寺发展迅速。至清康熙年间，寺僧剧增到7000余人，大小院落2000多处，设有显宗、时轮、密宗、医明四大学院，成为青海湟水以北地区最大的寺院。雍正二年（1724），因罗卜藏丹津事件寺院被焚毁。雍正十年（1732），雍正帝敕令重建，赐额"佑宁寺"。同治年间，佑宁寺再次毁于兵火，后由六世土观奉命重建。佑宁寺虽经多次变故，规模依然很大，下辖有49座属寺，分布在今青海省的互助、大通、乐都、化隆等县和甘肃省的天祝、肃南、张掖等地，另在新疆、东北亦有其属寺。由于属寺众多，且不少寺院由该寺僧人主持修建，故称佑宁寺为"湟北诸寺之母"。寺内有大小活佛20多名，最出名的有章嘉、土观、松巴、却藏、王佛五大囊活佛和李家、杜固、色尔当、加定、五十（亦作松布）、霍尔郡、群察、林嘉、郭莽九小囊活佛。其中，章嘉、土观为驻京呼图克图，在甘肃、青海、内蒙古、北京、西藏地区影响颇大。①特别是章嘉系统，在历史上与达赖、班禅和外蒙古的哲布尊丹巴，并称为"黄教四圣"。

1958年宗教改革，废除佑宁寺寺院封建特权和剥削制度，同年11月佑宁寺被列为省级重点文物保护单位，留老僧和无家可归寺僧26人护寺，其余遣返原籍。"文化大革命"期间寺院关闭，寺院的经堂、佛堂和活佛府邸被拆除。1980年7月18日经地方政府批准重新开放，成立了由色尔

---

① 蒲文成：《河湟佛道文化》，青海人民出版社2010年版，第145—146页。

当活佛、林家佛、咎尖措等 7 人成立组成的寺管会。同年农历九月十四日十世班禅大师到佑宁寺指导寺院重建工作，并为正在维修中的"贤康"（弥勒佛殿）资助 1 万元。1982 年宗教人士中的冤假错案得到平反，一批僧人重返寺院，恢复宗教活动。政府拨款与信教群众布施资助，重建了大经堂、小经堂、弥勒佛殿和日月神殿、度母殿、噶当殿、护法神殿、空行神殿、嘉色寝宫、土观囊以及 480 余间僧舍。

目前，在佑宁寺经政府批准后转世的活佛有土观活佛、松布活佛、王佛、德格堪活佛、色尔当活佛、琼沙活佛、霍尔羌活佛、五十活佛等。现共有僧人 250 余人，99% 以上为土族。佑宁寺内的主要建筑物经院有小经堂、大经堂、弥勒殿、释迦殿、空行佛母、山神殿、章嘉寝宫、天门寺、阿底峡、嘉色殿、白度母殿、土观昂、章嘉昂、柳家昂、佛学院、护法殿、尊胜佛母塔、琼沙昂、松布昂、王昂、却藏昂、嘉色昂、露天绿度母等，其中释迦殿和露天绿度母像为近年增建。此外，还有普通僧舍 200 多间。[1] 大经堂为显宗学院，可以容纳 500 余人诵经，小经堂是密宗学院。弥勒殿位于大经堂后面，殿内供奉的弥勒佛像居正中，两侧有四大天王和护法神像。2004 年 5 月 10 日，佑宁寺被青海省政府认定为省级文物保护单位。2013 年，佑宁寺又被列为国家级文物保护单位，还被列为互助县民族团结示范点。

佑宁寺有很多传统的宗教节日，主要有正月祈愿大法会，六月观经法会，春夏秋冬四季法会。佑宁寺祈愿大法会从每年农历正月初二至正月十六，历时 15 天。此间，寺院全体喇嘛每天要在大经堂诵经 3 次。各重要佛殿、经堂都要陈列法器幢幡，敬献香灯、施食、净水、干花、粮食等供品。其中正月初八和十四日为观经日，届时举行"跳欠"[2] 等仪式，祈愿一年吉祥平安。正月十五日为晒佛节，在经堂前晾晒巨大的弥勒佛唐卡，场面隆重。农历六月初二至六月初九举行六月观经法会，历时 8 天，寺院布置、供养法事同正月观经会类似。四月初一至十五举行转经活动，分大小转经，大转经路程 3.8 千米。

---

① 个人访谈资料（访谈对象：佑宁寺寺管会成员许三木旦、罗藏三智、李进山；访谈时间：2014 年 1 月 15 日下午）。

② 藏传佛教寺院在举行"祈愿大法会"等的宗教仪式中跳"金刚驱魔神舞"，藏语称"羌姆"，青海各族民众俗称"跳欠"。表演时僧人头戴面具，身着色彩艳丽的服饰，用手势和动作表达各种佛教寓意，并由僧人用舞钺、唢呐等伴奏。

2. 却藏寺

却藏寺位于互助县南门峡所在的却藏滩，由出生于西藏堆龙地方的第一世却藏活佛南杰班觉（1578—1651）于清顺治六年（1649）所建。藏语称"嘎丹图丹拉杰岭"，意即"具喜佛教宏扬洲"。却藏寺作为清代古建筑，1998 年 12 月被青海省人民政府批准为省级文物保护单位，2006 年 5 月被国务院批准列入第六批全国重点文物保护单位名单。该寺以及六世、十一世却藏活佛曾受到清朝政府及乾隆、道光皇帝的关注与赐封；却藏寺与章嘉国师若必多吉有密切联系；却藏寺创建者南嘉华觉与夏琼寺的创建者曲结顿主仁钦属同一转世活佛系统。

却藏寺现占地 800 亩，为乡（镇）管寺院，有僧侣 18 人，其中活佛 2 人。其寺主为第十五世却藏呼图克图洛桑丹增彭措，于 2010 年 2 月赴甘肃拉卜楞寺，师从高僧嘉洋嘉措（系八世土观活佛、十一世班禅的老师）学法，完成全部学业一般需要 10 年左右。另一位活佛是三世洛桑丹贝尼玛，亦称嘉赛活佛（俗称嘉赛喇嘛，拉卜楞地方称其为"华日阿勒"）。嘉赛活佛于 2011 年农历九月二十六日在拉卜楞寺圆寂，享年 84 岁。[①]

却藏寺主要由释迦千佛殿（藏语称"觉康"）、却藏活佛府邸、章嘉·若必多吉活佛府邸等组成，共有房屋 270 多间。其中释迦千佛殿、却藏活佛府邸内的小经堂是群众朝拜和祈愿的主要场所。目前，却藏寺主要资产有松、柏树林二处，由寺院管护，有轿车 2 辆。2010 年春，寺院僧侣植树 40 多亩。2000 年 10 月，却藏寺院还被青海省人民政府授予全省宗教界先进集体，授予民族团结进步模范集体。

却藏寺全年的主要法事和学经活动有农历正月初四日至十七日举行的正月祈愿法会。其间，初八日、十四日有晒佛、"跳欠"活动，十五日展出酥油花。二月初十日至三月初十日为春季学经期，举行辩经活动。四月初一日至十四日为大威德金刚修供会，会上有开光、护摩活动。四月十五日至五月十五日为夏季学经期。五月十一日至二十五日为集密金刚修供会。六月初二日至初十日举行六月祈愿法会。六月十五日至七月三十日住夏学经。八月初一日至十四日为胜乐金刚修供会。九月初一日至三十日为秋季学经期。十月十五日至月底为五供节诵经会。十一月全月为冬季学经

---

① 聂玛才让：《青海却藏寺调查》，《青海师范大学学报》2013 年第 3 期。

期。正月十五日在千佛殿前展出酥油花。届时周围及湟源、湟中一带群众纷纷赶会拜佛，十分热闹。目前，这种群众性的宗教活动逐渐成为兼具民族贸易和文娱活动的庙会，其他佛事活动也有所简化。[①]

3. 白马寺

藏语称"玛藏岩寺"，位于互助县红崖子沟沟口的湟水北岸，隔河与平安县相望，西距西宁30千米。据藏文资料记载，9世纪中叶，吐蕃赞普达磨禁佛，在西藏曲卧日山修行的藏僧玛·释迦牟尼、藏·饶赛、肴·格迥等人携律藏经籍逃来青海，曾居住于此地。他们晚年招收的弟子贡巴饶赛（后来一般称为喇勤），继承三师遗愿，广招门徒，弘扬教法，其弟子鲁梅等10人回藏，复燃西藏佛教之火，使之再度复兴，称为西藏佛教"后弘期"。因此，玛藏岩也成了有名的佛教圣地。西藏佛教后弘以后，这里便形成了一座小寺，当地人以玛·释迦牟尼等人的姓氏命名为"玛藏岩寺"，这就是后来的白马寺。贡巴饶赛因复兴西藏佛教之功，故被尊称为"喇勤"，意为"大喇嘛"，晚年居白马寺，并在这里去世，传说其肉身存于该寺石窟中。[②]

该寺所在山崖下有一金刚佛雕像，背依险峰，目视前方，左手托钵，右手前伸，似推湟水，故该寺亦称"金刚崖寺"。清同治年间毁于兵燹，后又修复。1958年宗教改革前，有经堂、僧舍28间，寺僧2人，宗教改革后停止了宗教活动。1962年西北民族工作会议之后恢复开放。"文化大革命"中寺院被关闭，1980年8月17日正式批准重新开放，1984年被列为省级文物保护单位。现寺内有佛堂1座，内塑有喇勤·贡巴饶赛的泥像，另有僧舍数间，寺前平地重建梵塔，周围榆柳成荫，与石雕金刚相映成趣。该寺虽规模不大，但因其历史悠久，素享盛名，每年正月十五日或五月端午节，附近汉、藏、土族中的信教群众多到此朝拜。

二　天主教

万历二十九年（1601）利玛窦进驻北京，天主教开始在全国范围内传播，僻处西陲的青海地区也开始有了传教士的足迹。据记载，天主教传入互助地区是清光绪三十四年（1908）。当时荷兰籍传教士胡肯堂进入今互助县东山乡一带的汉族、土族村庄传教。民国二年（1913），比利时天

---

①　聂玛才让：《青海却藏寺调查》，《青海师范大学学报》2013年第3期。

②　蒲文成：《河湟佛道文化》，青海人民出版社2010年版，第147页。

主教传教士康国泰在互助地区传教，并在今互助县沙塘川甘雷堡修建天主堂、发展天主教徒。民国三年（1914），在东山的大泉村建立了 1 座圣母堂。之后，又在威远镇寺壕子修建了 1 座规模较大的天主教堂。当时天主教传入互助的教派主要有：圣言公、圣神会、圣母礼助会等。据有关资料统计，1949 年互助县共有天主教徒 709 人，其中神职人员 12 人，修士 1人，修女 2 人，教会长 19 人。信徒绝大多数为汉族，鲜有土族和藏族。天主教的传教方式，主要是利用开办医院、诊所，为人们看病，借机宣传宗教教义，吸收人们入教。如西宁南大街天主教堂在县门街（今西宁市人民街）开办了公教医院，占地约 20 亩，内设门诊部和住院部，分内科、外科、妇科，并设有育婴处。教会派来了 4 位德国籍修女作医师、护士。此外，在大通、乐都、互助、黑咀尔开办了医院和诊所。对就诊病人收取一些医药费，对支付不起的贫困者，酌情少收或免收，有的农民无钱看病，也可带些粮食、土豆来抵作医药费。当时在互助地区传教的比利时传教士康国泰等人，对互助土族历史、语言、宗教、史诗、婚俗等进行了深入的观察和研究，为后人研究土族历史、文化提供了宝贵的资料。

1958 年宗教制度改革后，互助县天主教的宗教活动被停止。十一届三中全会后，一些天主教信徒开始恢复正常的宗教活动。1983 年，一些天主教教徒在东山乡大泉村自行搭建简易活动点一间，并要求政府批准开放。1988 年 8 月，互助县人民批准开放大泉圣母堂，并成立了民主管理委员会。以后，青海省委统战部、省民宗委拨款进行重建，现在教堂面积105 平方米。目前天主教信教群众主要分布在东山乡大泉村、哈拉直沟乡白崖村、里外台村、沙塘川总寨村、东和乡大桦林村、林川乡韭菜沟等地。互助天主教徒一般过的宗教节日有圣诞节、复活节、圣神降临节、圣母升天节。目前，教徒共有 600 余人，均为汉族。平时到圣母堂做圣事活动的有 80 人左右，多数为妇女和小孩。

三　伊斯兰教

伊斯兰教从 7 世纪中叶开始，由丝绸之路和香料之道传入中国的同时也传入西北青海一带。清代随着回族大量迁入互助地区，伊斯兰教也在当地得到广泛传播。

新中国成立前，互助县境内有清真寺和活动点共 14 处，主要分布在回族聚居的高寨、双树、西山三个乡。新中国成立后，回族群众的信教活动得到保护。1958 年进行宗教制度改革后，互助县的所有清真寺和活动点全部被关闭，回族群众正常的宗教活动也被迫停止。1962 年，在落实党的宗教政策时，根据回族群众的要求，经过上级部门批准，先后开放了高寨中村、双树什字、西山山庄三个清真寺。党的十一届三中全会后，1980 年又相继开放了 3 个清真寺和 10 个活动点。随后，这些清真寺和活动点，分别建立了民主管理委员会或管理领导小组，回族群众的正当宗教活动得到保证。截至 2012 年，互助县境内伊斯兰教主要教派有伊赫瓦尼、格底目等，已开放的清真寺有 14 座。近年来互助县宗教部门开展了五好清真寺（民主管理好，学习宣传贯彻执行政策好，坚持团结开寺好，依法开展宗教活动好，促进精神文明建设好）、五好阿訇（爱国爱教好，遵纪守法好，宗教操守好，维护团结好，服务群众好）"双五好"评比活动。还充分利用"瓦尔滋"演讲比赛，《古兰经》朗诵比赛等有益的教务活动，让教职人员经常向群众讲政策、讲法规、讲团结、讲奉献，把与穆斯林群众日常生活息息相关的清真寺，建设成为宣传党和国家方针政策和宗教知识的讲坛。

四　道教

道教是中国土生土长的宗教，东汉末年，五斗米道和天平道的创立，标志着道教的产生。目前互助地区的大部分汉族及部分土族信仰道教。道教传入互助地区是在随着明代内地汉族移民的迁入而传播到互助。明崇祯十五年（1642），在互助县五峰山修建道观一座，即称为五峰寺。当时建有龙王宫、上清宫、玉皇殿、菩萨殿等。清乾隆年又筹款扩建了魁星楼、寒泉精舍等。1937 年开始，用 2 年多时间增修了香公楼、岷山亭、同乐亭等。1940 年互助县成立道教会。当时全县有全真道士 2 人，印符道士（即在家行道的老师傅）76 人。印符道士（又称正一派道士），当地民众俗称"老师傅"，其宣扬神鬼崇拜、画符念咒、驱鬼降妖、祈福禳灾。他们可以在家娶妻生子，当地部分汉族、土族群众不论是建新房、立新门，还是选坟地，都要请印符道士选吉日、看风水。全真道士蓄发挽髻，不娶妻，持戒尺，日常身穿大长道袍或短道袍，头戴混元巾、一字巾等。

1949 年，互助县全县有道徒 139 人，全真道士 2 人，印符道士 83 人。2013 年，互助县五峰镇为了以五峰寺为依托发展旅游业，出公函从四川成都青羊宫请来几位全真派道士，双方还签订了"五峰山入住建议条件书"。现五峰寺有出家道士5人，并成立了五峰寺管理委员会。

五　民间信仰

（一）民间信仰神祇

民间信仰是中国本土宗教生态系统的重要组成部分，也是地域民俗文化的活化样本。民间信仰神祇作为信仰体系的组成部分，底蕴丰厚，既具有民族性，也有地方性。互助土族除了普遍信仰藏传佛教外，民间信仰也非常丰富，如崇拜尼当桑、白哈尔桑、龙王、切什羌、勒木桑等。

1. 尼当桑

尼当桑也称尼达桑，"尼当"系藏语（nideg），意为"主人、土主"，其形象为白脸，披彩缎披风，戴铜色毡盔帽，为互助土族东沟乡、五十镇等地许多土族村民虔诚信仰。现供奉在互助县佑宁寺辖寺天门寺，距佑宁寺3千米。尼当桑只是对地方神的一种统称，有关它的来历有多种记载和传说：据《佑宁寺志》记载：昔日，准噶尔部一位叫格勒特的大臣率部来此留居。故今日霍尔大部分都为其后裔。格勒特因业力和愿心威猛，死后转生为厉鬼，隐身郭隆山岩。嘉色活佛降伏身着蒙服、前来现身的格勒特，封他为此地土地神，并赐雅号"奥丹嘉措"（意为具光大海）。又载："大地梵天江格尔汗的大臣格勒特率众来到此地，因前世因缘，格勒特死后投生为阿修罗多旦，身着蒙古服饰，向嘉色活佛示现自身，被嘉色收伏，委为地神，并赐名奥旦嘉措。"① 土族各村落供奉的尼当桑是通过当地活佛或高僧开过光的分身像，一般为唐卡或"神箭"。民间还认为如能使尼当桑喜悦，便能使去世的亲友灵魂直接投胎而不去阴间。

2. 白哈尔桑

白哈尔桑，许多互助土族村民认为他是祖先神之一。相传他就是霍尔白帐王，曾与格萨尔王有过激烈的征战，因此旧时许多土族村落里严禁演唱《格萨尔王传》，害怕引起白哈尔桑的恼怒而受到惩罚。一些学者对白哈尔桑形象有过详细的描述："白哈尔，护法神之王，一身白色，生有一面二手，呈庄严之相。白哈尔头戴垂缨圆竹帽，右手持金杖，左手持银制

---

① 王佛·阿旺钦饶嘉措：《王佛〈佑宁寺志〉》，蒲文成译注，《佑宁寺志》（三种），青海人民出版社1990年版，第140页。

卦瓶，穿朱砂色外衣，以众多珍珠装饰，骑白狮，他统领三界。"① 在互助土族地区其形象多以神箭代替，下神谕时，附于手握神箭的"什典增"（即土族村落神汉，后文中有专门介绍）身上，以神箭的颤摇来回答求卜者的问题。据一些学者调查：白哈尔王不仅在土族中被崇拜，而且在一些裕固族群众举行的祭祀活动中也将其作为原始神灵来祈祷。② 因白哈尔桑是被称作"五身"的一组神，所以在土族地区多以五位神的形象出现，如现供奉在佑宁寺口东北方向赞康（即护法神殿）内的白哈尔桑，分别被作为"黑格加吾"（老大）、"森格加吾"（老二）、"跳格加吾"（老三）、"云丹加吾"（老四）、"成列加吾"（老五）五位护法神而供奉，其中"成列加吾"供在佑宁寺护法神殿最中间。民间认为这五位是"霍尔国"的大将，或传说这五位代表着白哈尔兄弟五人。在土族民间故事中，白哈尔桑又成为一位与维吾尔族"阿凡提"类似、极富反抗精神的机智型人物，他常常捉弄喇嘛、财主、富豪等。③

3. 龙王

互助土族称龙王为"赤列桑"，许多村落村庙中都有所供奉。如东沟乡大庄村村庙广福寺内就供奉有三个龙王，分别为赤龙、白龙、黑龙，其中以赤龙为尊。龙王分别供在三顶神轿内，神轿内均装有五色粮食、香料、经文等装藏物，神轿皆由松木制作，长、宽为 1.2 米左右，高 1.6 米左右，轿杆长 4 米左右。村民尊称龙王为佛爷，村民遇到建房、务工、结婚等重大事宜时都要向龙王请示。三大龙王平时供奉在大庄村广福寺的木制神轿内，并被各种五彩绸布遮盖。禁止他人掀看龙王面目，只有在大年三十，庙管清扫龙王神轿时，才能一睹龙王的真面目。据传三个龙王面庞分别是黑脸、红脸、白脸，身穿明朝官服。互助土族地区历史上一些高僧大德专门还对龙王作了四部颂词：第一部是迦色·端约曲结坚措活佛撰文的《赤列格年端茶经》，第二部是三世土观罗藏却结尼玛撰文的《山神赤列端茶经》，第三部是却藏·阿旺图旦昂秀活佛撰文的《山神赤列的大桑

① ［奥地利］勒内·德·内贝斯基·沃杰科维茨：《西藏的神灵和鬼怪》，谢继胜译，西藏人民出版社 1993 年版，第 135 页。

② 王兴先：《华日地区一个藏族部落的民族学调查报告——山神和山神崇拜》，《西藏研究》1996 年第 1 期。

③ 《土族民间文学丛书·土族民间故事》，互助土族自治县民族宗教事务局 2007 年 8 月编印，第 67—81 页。

经》，第四部是加华奎智撰文的《山神赤列格年端茶经》。① 这四部经文的主要内容是请求龙王施舍神力保护地方百姓，使之风调雨顺，国泰民安。

4. 切什羌

切什羌即护法"神箭"，也是互助土族村落保护神。高四五尺、粗两三寸，棱形或圆形的铁矛，在其颈部浇铸有骷髅头或缠绑着神符及其他神物，上挂有许多哈达、绸布条、小铜铃、铜镜等，外套大红色绸缎布条；浇铸的骷髅头中还装有神的象征物"买郎"或经书。每日早晚，由侍神者向龙王、"切什羌"煨桑、点灯、跪拜。信教群众每有疾病灾祸，便带灯油、香表，前住寺庙里求神，专司神箭的"什典增"向护法神箭祈求治疗禳解之法，有时还需专门请护法神箭到家中施治。关于"神箭"崇拜有这样一则传说，古时，土族先民首领成格尔王与异族首领郎桑千打仗，得胜凯旋回到营帐时发现自己的矛头挂有一颗人头，便认为是神矛保佑自己获得胜利，于是供奉起来。其统治下的各个地方和部落也效仿起来，并以各部落首领的姓名为神名。

5. 勒木桑

勒木桑即骑骡天王，藏语称贝丹拉莫，在汉文佛经中译为吉祥天女。许多村落和家族将其作为家族神供在祖房的佛堂中。关于骡子天王信仰，据《佑宁寺志》载，四世达赖派迦色端约曲吉嘉措活佛修建佑宁寺之时，将骑骡天王莫哈色拉玛作为护法神，在佑宁寺中还供有一块在石头上自然形成的骡子天王神像。相传在佑宁寺初建时，有一个喇嘛在大经堂遗址听到骡子的叫声，闻声寻找发现此像，供奉至今。在每年春节前后，供有骑骡天王的家族都要从佑宁寺请喇嘛念端茶经，如果家中有难时，还要请喇嘛念《吉祥天女满愿经》，以祈求勒木桑的帮助。

（二）民间信仰中的神职人员

1. 什典增

"什典增"即神汉，被互助土族认为是人神之间的中介，俗称"耍佛爷的人"。"什典增"不脱离生产劳动，无直接传承机制。一个正式的"什典增"被认为实属神灵附体者时，要举行赞坛仪式，才予以承认。"什典增"发神时怀抱神箭，众人煨桑、祈祷、念经、磕头、请命人详告原由，询问吉凶，请神明谕。如神箭回答"是"，则神箭"琅

---

① 祁文汝：《文化名山龙王山》，《中国土族》2011 年第 3 期。

琅"作响；如答"否"，神箭将静止不动。据互助一些耄耋之年的老者介绍，1949 年以前，互助一些"什典增"为了显示神威和灵验，常以吞刀、剑刺自己或病人的胸口，有时也以下油锅、火烧铁链缠身等魔法惑人，驱鬼镇邪。

2. 宦爹

"宦爹"，这与安多藏语中称藏传佛教宁玛派教徒的名称一样。"宦爹"无专门寺院入住，平时务农，可以娶妻生子，以收徒的方式传承。

根据笔者对互助县东沟乡刁姓、东姓、董姓等几位"宦爹"的调查，1949 年以前互助土族地区"宦爹"的主要巫术活动有：一是预测、占卜。有的用彩色带子打结，从解结的顺利程度来判断凶吉；有的用掷铜钱的两面判断吉祥；有的以数念珠最后出现单双数判断凶吉。二是实施诅咒。咒术分口头咒术和施食咒术，口头咒术即反复念诵专门的咒语；施食咒语即用刀枪、铁器刺杀埋入地下的用面团捏成的敌人人形。三是驱鬼伏魔。设神坛、吹骨号、敲法鼓、摇法铃，"宦爹"拿刀刺杀用糌粑捏成的各种形状的鬼怪，最后丢入火中。四是治病招魂。"宦爹"们普遍认为人的病祸是有鬼作祟，必须念经禳解。点燃柏枝和果实，用烟作"桥梁"与神相通，念经、献祭后，将病魔驱走。现在土族村落的"宦爹"深受佑宁寺的影响，成为藏传佛教格鲁派俗家弟子。在平时和举行宗教活动时都身着俗装，与其他村民无异。其宗教活动主要是在每年举行的青苗会上念青苗经，祈求保佑青苗；在一些村民建房、安宅、结婚等重要事情上念经以求禳灾祈福。所使用的法器也比较简单，有镲、金刚杵、手鼓等，所念的经文为《本尊经》、《万神端茶经》等一般经文。

3. 法师

法师是集唱、舞、乐于一体的带有宗教色彩的民间艺人。无论年轻年老，表演时除脸部不化装外，穿着头饰须男扮女装，脚穿绣花鞋，身着绣花坎肩，腰系绣花裙，头束寸宽红布带，两鬓有时还要插花。民间认为法师与道士念的经一样，但法师与神佛打交道，道士阴阳与亡人打交道。在互助土族地区称法师为"完善"，同时也将庙会中领头的法师称为"完善"。

法师祖传世授或师徒传承，平时在家务农或出外打工，在举行"勃"仪式期间奔走在属于他们跳"勃"的每个村寨。法师跳"勃"时使用的工具是羊皮鼓，土族语译音"肯格嘎"。[①] 羊皮鼓由钢圈圈成直径约 35 厘米的单面鼓，鼓面用羊皮绷成，手柄由三环互套的九个小铁环组成，表示下有三皇，上有九天，又称"三皇鼓"。法师在各种神轿前跳"勃"时，或边敲羊皮鼓边讲故事，或敲鼓唱诵，旋转跳舞，并做鸭子舞、打车轮、倒立行走等，吸引群众争相观看。有时，还跳到桌子上表演简单的戏法和"扎口扦"，引起观众的惊叹和敬畏。许多法师不仅熟知设坛祈雨、挡冰雹、跳神舞等民间信仰活动，而且掌握一些易经八卦、风水占卜等知识，参与村民选宅基地、择吉日、除病驱邪、回土、压煞、安神、保平安等事务。少数法师还懂一些医术和秘方，如脱臼正骨、针灸推拿等。法师供奉的神像多数为"全神案子"，供"九天圣母"、"金山圣母"、"扬四参将"（即一羊头人身骑马执戟的武将）。法师有祖传的《神门法书》等书籍，法师一般家族内部传承。如互助姚马村的马法师家、桑士哥的贺法师家、杏园堡的郭法师家、丹麻石头山城的王法师家、岔儿沟的李法师家、东山大小羊圈的李法师家等。土族民间认为外姓人不能学习"勃"的经法，也不能跳"勃"，如果学会了"勃"的经，不但没有好处，反而还会伤到自己及家人。[②] 2000 年以前，互助土族地区举行"勃"仪式时以粮食作为法师的酬劳，2012 年法师酬劳为 140 元/天，2013 年法师酬劳提高到200 元/天。在一些土族村落举行"勃"仪式时，邀请的法师既有本村落的也有外地的，外地的多请西宁地区十里堡、乐家湾、马坊、曹家寨、二十里堡、索家寨，湟中田家寨、新垣、铁家寨，互助双树乡、唐川镇黄家湾村等村落的法师。如 2013 年正月十五大庄村龙王选定的郭生友、陶文成、郭禄元、陶文凯、喇成德五位法师是西宁市湟中县田家寨、甘家村等村落的汉族法师。

（三）参与民间信仰管理人员

1. 庙管

庙管是平时管理土族村落村庙的收入开支和安排村内的各种佛事活动的主事。庙管要从全村年龄较长、德高望重并熟悉各种宗教仪式的人中选出，一般每隔三年要进行重选，举行一定的仪式，由村落保护神直接选定，可以连任。选时，众人煨桑、点灯、磕头，符合条件的候选人并排跪

---

① 满当烈等：《互助土族萨满宗教乐舞调查》，《中国土族》2010 年第 1 期。

② 蔡秀清：《土族民间宗教"勃"及其民俗功能分析》，《西北民族大学学报》2007 年第 3 期。

在村落保护神轿前，神轿由四人抬起，神轿停在哪个人面前，这个人便为庙管。随着社会的发展，近几年的庙管多由村庙代表商议选出。

2. 老者

老者多由同一土族村落大家族中选出或由每个自然村选举产生，一般为德高望重、虔诚信佛、办事公平的老人。现在由于一些家族老者忙于生计，出现了本家族兄弟商量各轮流担任一年的现象。他们平时集体为村庙成员，负责庙内香火，钱物管理。举行各种宗教活动，并制定护青协议，对违反禁令的人处以罚款等。

3. 特肉其

"特肉其"即青苗头，多由办事干练的青壮年男子担任，在每年护青期间，由村民轮流担任。其职责是协助大庄村村庙中的庙管、老者组织召集村民商议村内宗教等重大事宜，协助老者执行众人议定事项和收取违反乡规民约而罚的钱粮；同时组织协调群众中一般性的纠纷等；对护青期间发现村民吵架，或在田埂、护坡上放牧，牲畜和孩童踩踏农田麦苗，在村内唱情歌等违反乡规民约者执行处罚。

4. 光涅

"光涅"系平时负责守护和村庙环境卫生，以及在村落保护神前点灯、煨桑、磕头及打扫卫生的侍神人员，一般为虔诚信佛的男性老者。但也有些村落的光涅会通过类似神佛选择庙管的方式来选定。

第二节　宗教事务管理

一　宗教事务管理的实践与经验

宗教在互助县各民族的生产、生活、思想意识、文学艺术和风俗等诸多方面，留下了深刻的烙印。近年来，在党和国家正确的宗教事务管理方针和政策引导下，通过各级党政组织的不懈努力，互助县民族宗教事务管理工作取得了良好的成效，有力地推动了当地经济社会发展和社会稳定。

（一）加大法制宣传力度，深入推进教育引导

组织各寺院采取召开大会、专题讲座、座谈交流、举办论坛、走寺访僧等形式，结合一系列主题宣传教育活动，加强政策、法规、国情的经常性宣传教育，并充分发挥简报、广播、电视、网络等媒体作用，运用通俗

易懂的语言文字和图片资料，优化宣传教育成效。组织民管会成员收看《"西藏百万农奴解放纪念日"庆祝大会》《第十世班禅》等专题教育片。拉萨"3·14"事件、乌鲁木齐"7·5"事件等一些突发性事件爆发后，互助县统战、民族宗教等部门及时组织广大教职人员收听收看主流媒体的真实报道，有效杜绝了谣言的流传与扩大。在常规的宣传教育活动中，将宣传教育与普法依法治理活动结合起来，与青海民族团结进步先进区等创建活动结合起来，与深入揭批国内外反动分裂势力本质结合起来，注重宣传教育的针对性和时效性，注重思想引导和教育感化，使广大教职人员的政策理论水平、遵纪守法意识、大局团结观念、维稳和乐理念都有了显著的提高和加强，为强化寺院管理夯实了思想基础。如2009年初，互助县在全县抽调熟悉宗教工作的优秀干部，成立了12个驻藏传佛教寺院工作组，进驻12座藏传佛教寺院开展工作，对全体宗教教职人员开展了法制宣传教育工作；成立14个驻清真寺工作组，进行清真寺法制宣传教育与社会管理工作。组织广大教职人员学习《宪法》《民族区域自治法》《宗教事务条例》《藏传佛教活佛转世管理办法》《维护社会稳定法律知识读本》《青海省宗教事务条例》《噪声污染防治法》《伊斯兰教教职人员资格认定办法》《清真寺民主管理办法》《青海省穆斯林朝觐管理办法》等民族宗教方面的法律法规，并进行了法律知识测评。

这些宣传活动的有效开展，使广大信众和教职人员法律知识和水平得到明显提高，祖国意识、政府意识、公民意识和法律意识得到明显增强，同时也让广大教职人员真切感受到党和国家对民族宗教界的关怀，从而激发了他们爱国爱教爱家乡的热情，在大是大非面前与党和政府保持了高度一致。

（二）坚持管理服务并重，将寺院纳入社会管理与服务体系

从2009年开始，互助县注重整合社会管理资源，探索创新寺院分级管理、寺院治安管理、寺院内部管理、寺院社会监督、寺院公共服务等十项工作机制，全面提升了寺院社会管理服务水平。2009年，互助县对全县30处宗教活动场所进行了划分，并将其全部纳入社会管理和服务范畴，确定1座大型寺院（佑宁寺）由县政府宏观指导，所在乡镇政府负责管理；15座中型寺院（却藏寺、花园寺、馒头寺、天门寺、扎隆寺、甘冲寺、甘禅寺、乱尔寺、华严寺、东山大泉圣母堂、塘川镇什字清真寺、西山乡山庄清真寺、高寨镇西村二社清真寺、高寨镇中村三社清真寺、高寨

镇东村三社清真寺）由所在乡镇政府直接管理；14 座小型寺院（松蕃寺、白马寺、财隆寺、嘎扎寺、塘川周家石板泉道观、西山乡邵代家阴山清真寺、邵代家阳山清真寺、高寨镇马营台清真寺、西村一社清真寺、西村三社清真寺、中村一社清真寺、中村二社清真寺、东村一社清真寺、东村五社清真寺）由所在乡镇政府委托所在村"两委"负责管理；进一步加强了对寺院僧众的管理，在对各寺院进行细致调查的基础上，根据实际确定了全县宗教教职人员定员。为保障少数未成年僧人接受义务教育的权利，提高寺院未成年僧人的文化素质，2009 年互助县宗教局与教育局还联合下发了《关于做好在寺未成年人接受义务教育工作的通知》，要求各有关乡镇中心学校制定出了详细的《在寺未成年人义务教育方案》、《年度教学计划》，并根据方案和计划抽调教师按时到寺院进行授课。讲授科目有语文、数学、地理、时事政治、法律法规、文明礼仪等课程。

2010 年以来，互助县统战、民宗等部门坚持管理服务并重，改善寺院和僧人基础设施、提高僧侣生活条件和寺院和谐发展成为宗教管理服务工作的重要内容之一。2010 年在全县 13 座藏传佛教寺院重新编挂了僧舍门牌。投资 76 万元进行了佑宁寺的电力低压整改和天门寺的用电问题，使两寺 261 名僧侣受益，结束了天门寺无电的历史。完成佑宁寺大经堂 600 余万元投资，并于 11 月份开光，在寺内主要道路上设置了路标，在该寺度母山上完成了度母菩萨佛像基础工程。为白马寺争取到网围栏 500 米，完成了白马寺全长 240 米、1.5 米宽的寺院步行道硬化工程，极大地改善了以往该寺院道路泥泞行路难的问题，方便了广大信众和游客。多方筹措资金 3 万元，埋设水管 1.2 千米，解决了馒头寺僧侣人饮及防火用水。为各寺院解决电视机 20 台，卫星接收设备 189 台，DVD 5 台。2012 年互助县统战、民宗等部门又通过财政拨款、社会集资等方式，筹措资金 3418 万元，实施了重点寺院的基础设施、办公场所等项目，其中安排 1526 万元实施佑宁寺僧舍改造粉饰，佛学院、释迦殿改造，卫生厕所及优化办公设施等项目；筹措资金 300 万元实施嘎扎寺经堂修缮项目；筹措资金 41 万元实施甘禅寺办公设施、学经院及寺院道路硬化 640 米等项目；筹措资金 1352 万元实施却藏寺章家囊国家级文物保护修缮工程、宗喀巴千佛殿油画和殿内外装潢及辅助用房、寺院山门、围墙、广场、走廊等项目；筹措资金 200 万元实施了天门寺经堂及基础设施整治等项目；筹措资金 40 万元实施了松蕃寺经堂、山门等建设项目，并协调林业部门在各寺院门前、公路旁、草坡等重点地段栽植松树苗木、花卉，美化寺院环境。

2012 年互助县全县 50 名贫困僧侣被纳入农村最低生活保障体系，所有僧侣都被纳入了新型农村合作医疗体系，363 名应参加社会保障的宗教界职人员中，已参加城镇职工医疗保险 2 人，参加新型农村合作医疗保险 358 名，占应保人数的 99%，参加城镇职工养老保险 2 人，参加农村养老保险 91 人，占应参保人数的 25.6%。60 岁、80 岁以上的僧人享受到了国家发放的养老金和高龄补贴。截至 2013 年初，互助县 30 处宗教活动场所（除大泉圣母堂、天门寺、嘎扎寺以外）的安全饮水、电力改造、道路硬化等多个基础设施得到全面改善，广大僧侣的生活条件得到进一步提高。

（三）传统僧团管理与现代寺院民主管理相结合，完善了民主管理机制

互助县为了更好地开展依法管理宗教事务，加强各活动场所民主管理组织建设，把传统僧团管理有机融入现代民主管理中，初步建立起了上下协调、权责清晰、层级分明、制度配套，监督有力、运转有效的民主管理机制，推动寺院内部管理实现了民主化、法治化、规范化，形成了与寺院社会管理互为支撑、相互促进、共同推动寺院长治久安的新格局。

一是充分发挥佛教协会指导和佛教代表人士的引领作用，推进佛协对寺院法律法规学习、严肃清规戒律、道风学风建设、宗教活动管理以及开展公益活动的督导作用。支持佛教代表人士对传统寺规戒律进行研究，认真吸取其中积极因素，作出符合时代要求的阐释，认真研究各寺院传统寺规戒律以及现行的规章制度，从中寻找"融合点"，修订、完善佛事活动、以寺养寺、僧侣学习、请销假、寺规僧约等内部管理制度。建立一套既体现法律法规，又符合藏传佛教寺院寺规戒律的寺院内部管理制度，把僧人的行为置于法律法规和寺规戒律的双重约束之中，保障各项民主管理机制的落实。如佑宁寺结合寺院的传统和实际，在做好活佛、僧众思想工作的基础上，民管会主任、副主任、委员分别兼任主要传统僧职，寺院僧职均由民管会统一任命、调配和管理，把僧团组织完全纳入民管会管理体系之中。民管会下设的教务处加强了对大经堂、小经堂僧职人员的管理，加强对寺内各活佛及活佛府经师、管家、工作人员的管理；总务处加强了对大、小经堂及各佛殿、僧舍的管理；治安小组加强对大、小经堂设立的民主管理小组的管理。将管理从大经堂延伸到各佛殿、未成年僧人文化学

习班，形成职能上下贯通、横向到边、职责到位的层级管理组织系统。大、小经堂设立的民主管理小组，由民管会成员兼任本经堂经师、僧官等相应僧职，加强对本经堂僧人的管理，就本经堂的教务、学僧、财务以及治安工作分别向民管会各小组负责。未成年僧人文化学习班设班主任1名，并推举班长，负责学员日常管理，负责教务、生活、请销假、安全等具体事宜。未成年僧人文化学习班班主任、班长要接受民管会相应下设小组及各经堂民主管理小组的管理和监督，并定期汇报工作。二是召开由宗教人员、信教群众代表参加的会议，听取和审议民管会工作报告、财务收支情况，从而使民管会的工作更加民主科学。三是认真落实民管会主任总负责、其他成员分工负责的民主管理机制，做到分工明确、民主集中，各寺院制定完善了《民管会工作制度》等各项工作制度，使民管会的工作规范有序。四是建立宗教活动场所财务管理制度。针对个别寺院存在的财务管理混乱的问题，按照《宗教活动场所财务监督管理办法（试行）》，帮助全县30处宗教活动场所初步建立了财务管理体制，完善了会计、预算、收支、资产管理等制度，初步形成合理合法、便于操作、切实有效的自律机制和政府牵头社会监督的长效机制，使宗教活动场所民主管理进程进一步推进。民管会组织僧众学习并落实《宗教活动场所财务监督管理办法（试行）》，定期以适当方式公布财务收支情况和接受、使用捐赠情况，接受政府宗教工作部门、佛教协会和僧俗群众的监督。寺院每年就民管会工作、活佛和僧侣持戒修行学经、举办宗教活动、排查化解寺内矛盾纠纷、财务收支等情况开展2次评议。互助县民族宗教部门依据中央办公厅、国务院办公厅关于印发《关于建立藏传佛教寺庙管理长效机制的意见》、省宗教局关于《完善和规范藏传佛教寺院民管会建设的指导意见》，对全县各宗教活动场所及宗教教职人员进行年度检查考核，并为调动民管会主要负责人的积极性，落实奖励性工资共计4万元。

（四）加大了对寺院民主管理组织建设的经费支持力度，初步探索寺院网格化管理机制

近年来互助县加大了对寺院民主管理组织建设的投入力度，2012年，互助县解决了全县30个寺院民管会办公经费（重点寺院5万元、乡管寺院每年1万元、村管寺院0.5万元）。根据互助县村级干部工资标准，适当提高了民管会成员奖励性工资标准，根据各寺院工作量，工资标准为0.2万至0.5万元。2012年开始逐步解决民管会办公室、文化室、医疗

室、治安室等 4 室建设，当年重点解决了佑宁寺、却藏寺、甘禅寺。通过上述工作，极大地改善了各寺院的基础设施及办公条件。2012 年，互助县还以佑宁寺为寺院网格化管理试点单位，开始探索分区到人、管理到户的寺院管理新模式。根据僧人居住情况，将全寺所有殿堂和僧舍划分为八个片区，并在每个片区设立了管理服务站，上接民管会下属工作机构，下联僧舍、殿堂及僧人，形成网格化的管属关系，进行规范化管理。同时，又按照属地管理为主，统战、宗教、司法、公安等职能部门管理为辅的原则，在各服务站充实了工作人员，协助网格负责人、网格信息员和信访代理员行使管理服务职能。从而形成了"一格多员、以网管人"，条块结合、以块为主、协调联动的寺院社会管理新体制。

（五）强化了清真食品生产经营规范，改善了朝觐服务管理工作

2009 年以来，互助县根据相关规定和要求，进一步加强了有序朝觐管理工作，加大了对朝觐政策的宣传教育，深入穆斯林聚居村社，宣传了《青海省朝觐工作管理办法》等政策和法规。严格按照《管理办法》的要求，认真落实报名排队及公示制，使朝觐排队者按章报名、放心排队、有序朝觐。2011 年加大对《青海省清真食品生产经营条例》执行情况的执法检查力度，发放清真食品标识 30 户，清真食品经营户挂牌率达 85%。确保了全县清真食品生产经营规范安全有序，穆斯林群众及散杂居少数民族的合法权益得到有效保障。

（六）发挥宗教团体桥梁纽带作用，培养宗教界代表人士

宗教团体具有桥梁纽带作用，互助县佛教、伊斯兰教两个协会成立后，在统战、民宗等部门的指导下，依法管理、培养爱国宗教人士、团结引导信众、排查宗教领域矛盾纠纷，始终坚持正确方向，有效维护信众正当利益，实现了宗教界自我管理、自我服务的目的。如互助佛协每年组织全县各寺院活佛召开一次形势通报会。互助县佛教协会、伊斯兰教协会每年择期举行相关理事会议。佛协积极修订完善寺院各项制度，装订成书后发放各个寺院贯彻落实。互助县伊斯兰教协会建立健全清真寺阿訇聘任制度，依法办理清真寺阿訇聘任手续。2011 年互助县统战、民族部门指导互助县佛教协会、伊斯兰教协会分别举办佛学论坛、组织"瓦尔兹"演讲比赛。佑宁寺、甘禅寺举办的佛学论坛上，十余名僧侣以藏传佛教与社会主义社会相适应等为题，进行了演讲，在此基础上，县佛协向上一级佛教协会论坛选送演讲稿 3 篇，选送一名僧人参加了海东地区佛学论坛。在

高寨镇中、东、西三村清真寺举办的以"弘扬伊斯兰教文化、构建和谐社会"为主题的互助县首届"瓦尔兹"演讲比赛当中，互助县4座清真寺的阿訇分别作了题为《伊斯兰教如何与社会主义社会相适应》《论"爱国爱教"是穆斯林最基本信仰原则》等演讲。他们结合教义教规、引经据典地围绕维护社会稳定、宗教和睦、民族团结等方面，宣讲了促进民族团结、创建和谐宗教和开展穆民素质提升工程的重大意义，得到了全县宗教界的好评。

互助县近年开展了对宗教界代表人士的培养教育工作。一是积极选送宗教界代表人士到省地社会主义教育学院参加培训学习。二是积极稳妥地开展活佛转世工作，并对未成年活佛的培养教育工作进行长期关注和关心。严格按照有关规定和宗教仪轨，进行资格审查和转世审报，进行严密的登记、初选和遴选，通过银盘旋丸等形式确定活佛转世灵童，得到了信众的肯定和好评。对松布、却藏、五十、琼沙等未成年活佛的培养教育工作进行长期关注和关心。如2011年，互助县统战、民族宗教部门为把却藏活佛培养成为爱国爱教、宗教造诣深、品德能服众的宗教人士，经过多方面联系将却藏活佛保送到甘肃省佛学院进行深造，为其提供了良好的学习环境。当年还前后三次赴拉卜楞寺看望慰问了却藏、五十、霍尔姜、琼沙等藏传佛教青年僧侣代表，及时了解掌握他们的学习生活情况，还发放培养教育经费8000元。三是积极创造条件，组织宗教界人士参观考察，开阔眼界。2011年召开了互助县统战民宗干部暨宗教界代表人士培训班，就民族宗教政策与法律法规进行了培训，在高寨镇、佑宁寺等地以会代训的形式，培训宗教界人士120余人。同年安排11名重点寺院民管会成员赴江、浙、沪等地参观考察。这些措施，极大地调动了宗教界代表人士为社会服务的热情，如在2010年"4·14"玉树抗震救灾中，互助县宗教界共捐助物资折合人民币近百万元。扎隆寺寺主嘉仪活佛个人出资6万元，资助互助县20位当年刚考上大学和研究生的贫困家庭学生，使他们顺利进入高校深造；嘎扎寺堪布旭日嘉措出资为松多、五十两地的贫困群众发放面粉40多吨，解决了3944户群众的实际困难。①

---

① 此节主要参考《互助县民族宗教事务局工作总结》（2008—2012年）撰写。

二　宗教及宗教事务管理中存在的问题及对策

（一）宗教及宗教事务管理中的问题

进入 21 世纪以来，互助县党委和政府认真贯彻落实中央和青海省有关宗教工作的方针政策，依法加强对宗教事务的管理，积极引导宗教与社会主义社会相适应，全面推进寺院管理科学化、社会化，初步建立了分级管理、社会监督评议、动态化备案等寺院管理和民主管理的新体制和新机制，为互助县经济社会平稳发展，宗教和谐提供了稳定的基础。但是，目前，互助县宗教及宗教事务管理中也存在一些值得重视的问题，这些问题主要有：

1. 部分寺院内部管理水平亟待提升

一是部分宗教教职人员整体素质较低，民主意识不强。由于自然和历史的原因，互助县经济社会相对欠发达，现代教育普及不够，人口文化素质较低。许多寺院僧尼未曾接受过现代教育，更不用说民主思想的教育。近几年，互助县一些寺院虽然在宗教管理部门的帮助下实行民主管理，但绝大多数僧尼民主意识不强、缺乏主人翁精神，参与寺院管理的积极性不高，对寺院事务采取一种不闻不问的态度。二是部分民管会管理能力弱，不能有效发挥领导核心作用。个别寺院民管会成员分工不明确，关系不协调，无法形成合力，不能树立起威信；极少数寺院民管会成员内部争权夺利，拉帮结派，钩心斗角；一些寺院现行的民主管理制度对教职人员规定的"不准"较多，但违反了"不准"没有具体的处理办法，也不能用传统的寺院规章制度来处理，民管会对违规僧尼处罚不力。少数寺院民主管理委员会仍然存在素质不高，缺乏管理经验和管理能力，对僧尼不会管、不敢管的问题，没有强有力的管理措施和解决问题的办法。三是少数民管会与活佛特别是寺主活佛的关系难以处理。在普通信教群众心目中，认为寺院就是活佛的，活佛就是寺院的主人。加之近几年一些寺院的维修多由寺主活佛主持，所以个别活佛常常利用传统的寺院管理体制独揽教务、财物大权，民管会发挥不了民主管理的作用。有些活佛身兼民管会主任和寺主活佛的双重身份，其他民管会成员就很难履行民主管理的职责。四是少数寺院仍存在财务管理不规范，账目不清等问题。个别寺院财务管理缺乏有效的监督机制，账目不清，透明度不高，僧众有意见，群众反映大，甚至闹矛盾，影响稳定。

五是个别寺院的管理制度流于形式。互助县大多数寺院经过开展爱国主义教育，依法加强管理的寺教工作和"平安寺院"建设等活动，寺院内部的各项规章制度得到建立和完善。但在调研中发现，有些寺院规章制度大多是该寺民主管理委员会为完成上级主管部门考核检查，在宗教管理等部门或寺院工作组的"帮助"下制定的，多为汉文，部分僧众并不了解其精神，认为许多制度是挂在墙上应付检查的，认为这些制度没有结合寺院的实际，空话套话多，操作性不强，无法贯彻落实，只能流于形式，寺院管理仍按传统规章和习俗来处理。个别地区短期性、临时性派驻的驻寺工作组和警务室对宗教事务管理存在着畏难情绪，工作中流于形式，疏于管理，缺乏对寺院内部的有效监管。

2. 藏传佛教青年僧侣思想教育工作亟待加强

一是少数青年僧侣现代公民意识不强，传统僧侣意识弱化。互助县少数青年僧侣对其身份、角色认定模糊，公民意识不强。对大多数青年僧侣而言，他们平时主要以诵经为主，对公民的概念、基本要求和内涵不了解。一些僧侣只有宗教概念和僧侣意识，缺乏国家和公民意识，一些青年僧侣甚至宗教认同强于国家认同，僧侣意识强于公民意识。极少数青年僧侣既缺乏国家和公民意识，也缺乏佛教传统中的僧侣意识。个别青年僧侣因自我意识增长而产生烦恼与不安、焦灼与困惑、叛逆等情绪。二是少数僧侣不刻苦学修，证悟佛理，而是贪念享乐、追逐利禄。由于社会流动机遇增多，个人经济利益实现途径的选择性不断增强，互助县大多数青年僧侣的感情投向已不再单纯地封闭在寺院内，深受外界社会风气和环境的影响。极少数青年僧侣受金钱至上、贪图享乐价值观和其他社会不良风气影响，时常离寺外出，涉足于世俗人的社会交往与活动当中，潜心学修佛法的心境与志趣受到干扰和影响。三是少数青年僧侣戒律松弛，引起部分信教群众担忧。僧侣的宗教感情是构成僧侣虔诚的宗教意识的一个不可缺少的重要因素。传统寺院环境所长期培植和熏陶出来的僧侣们的宗教感情，对寺院的巩固和发展有巨大的聚合力量作用。但是近些年来，土族地区经济社会全面发展，人们的物质生活水准进一步提升，精神文化生活更加丰富多彩，就业渠道或生存门路趋向多样化，这些对土族地区一些僧侣的传统宗教生活构成挑战。宗教信仰虔诚，且具有较强的求知欲和学习自觉性，佛学知识优异的青年僧侣已是凤毛麟角。少数僧侣戒律涣散，处于松散状态，传统寺院戒条受到挑战。面对各种诱惑，部分僧侣自身也觉得遵守宗教戒律越来越难。由于僧侣在土族社会具有特殊的社会地位，信仰群众对僧侣寄予很高的期望，而少数僧侣的佛学造诣和修养不高，引起部分信教群众忧虑。

3. 多数传统寺院教育方式滞后，部分宗教教职人员自我提升能力不强

一是传统的寺院教育不适应时代发展。各种宗教都有历史形成的独特的教育方式，曾经发挥过重要的作用。但当今传统的寺院教育和经堂教育已经与日益发展的社会不相适应。如一些藏传佛教寺院不考虑学僧的年龄和学历，基本上来者不拒，良莠不齐；传统的闻、思、修和讲、辩、著已难以完整地加以继承，高一级的学衔取得存在困难，一些学僧缺乏继续深造的动力。伊斯兰经堂教育的主要问题是：没有学制，如满拉入学没有学历要求，毕业没有年限等；教学内容陈旧，主要课本仍是中世纪的几本经，文字古老，满拉们学习、理解困难；教学方法陈旧、古板，如语法翻译法，只训练读、口译，不能听说、笔译；只学阿拉伯语、波斯语、伊斯兰经典，不学汉语和其他文化科学知识，知识面不宽；只考虑念经当阿訇，不考虑社会效益等。二是部分宗教教职人员宗教学识浅薄，整体素质不高，常常忙碌于红白喜事、驱鬼避邪、念经消灾等低层次宗教活动，对宗教知识的学习并不积极。三是部分宗教界代表人士自我提升能力不强。虽然近几年互助县统战、民宗等部门加大了对宗教界代表人士的教育和培养，但互助县具有较高宗教学识和文化修养，并在群众中有影响的宗教界代表人士数量依然较少。一些宗教界代表人士没有很好地发挥宗教界代表人士应发挥的作用，部分担任各级人大代表和政协委员的宗教界人士参政议政能力较低，不能很好地履行职责。

4. 国内外敌对势力利用宗教进行的渗透活动不同程度存在

青海是境外民族分裂主义分子进行分裂、破坏活动的重点地区之一。利用宗教进行渗透，是国内外敌对势力及藏独集团进行分裂活动的主要手段，他们提出"占领或夺取一个寺庙，就等于占领或夺取共产党控制的一个地区"，企图利用群众的宗教信仰达到其分裂祖国的目的。互助地区虽不是藏独势力渗透破坏活动的核心地区，但也在其计划和组织范围之内。国内外敌对势力常利用维护人权、传播藏传佛教文化、保护生态环境等旗号，向一些寺院捐赠寺院维修费及宗教用品来扩大影响。利用非法出入境人员进行思想渗透活动，散布一些不利于祖国统一、民族团结的言

论，并将个别非法转世活佛的照片在一些重要寺院散发。国外一些非政府组织或有宗教背景的民间组织还通过扶贫、文化、生态等项目实施文化渗透。

5. 部分乡镇宗教管理干部综合素质有待提高

宗教作为一个复杂的社会系统、客观存在，涉及宗教问题、宗教理论、宗教政策、宗教知识、民族文化、国际背景、时代变迁等方方面面，不是单纯社会层面的管理和服务问题，民族宗教工作是维护社会稳定的预警性、基础性、群众性的工作，因此民族宗教事务管理工作干部除具备与其他干部一样的政治素质、作风要求和廉洁勤政标准外，还需要具备民族宗教法规熟知能力、信息获取能力、应变判断能力、调查研究能力等多种能力。从事宗教事务管理工作的干部是党和国家宗教政策法规的直接执行者，直接面对和服务宗教教职人员和信教群众。特别在面对可能发生的突发事件，更需要头脑清醒、正确分析、善于决断、敢于负责、妥善处置、科学应对，努力维护民族团结、国家统一和社会的安定和谐。但在互助县许多乡镇，从事宗教管理工作的干部多为兼职，工作任务繁重，对宗教知识和宗教理论缺乏系统掌握。

6. 部分寺院自养困难，宗教教职人员贫富差距日趋明显

与过去相比，虽然宗教教职人员的宗教学习环境有了很大改善，经济条件和生活质量有了很大的提升，但由于互助县部分寺院在农牧区偏僻的大山深沟之中，交通不便，信息闭塞，缺乏资金，经营能力差，自养困难。寺院的主要收入仍然靠群众的布施，大多数僧人仍需家人供养，部分僧人处在贫困生活状态。在市场经济条件下，各寺院及僧众间竞争压力与过去相比也明显增加，各寺院以及僧侣间贫富差距扩大趋向明显。这种现状促使不少僧侣走出寺庙，去参与世俗社会各项经济活动，忙于挣钱养活自己、改变贫困现状或提高生活水平，却不太重视对佛法的深入系统学习。

（二）关于加强互助县宗教管理的对策思考

1. 进一步深入推进寺院规范化管理

寺院是渗透与反渗透、分裂与反分裂的"主阵地"。因此一要认真履行职责，协调县乡寺院监督评议委员会，按照工作内容、评议标准、评议方法，抓好对寺院和教职人员的评议工作，并制定县、乡宗教寺院管理年度目标责任考核办法并认真加以考核。二要继续加强寺院组织体系建设，

重点做好各宗教寺院民主管理组织的考核工作，支持各民管会成员放手工作，认真履行职责任务，提高民管会的威望，并落实民管会主任津贴制度。三要指导宗教团体开展工作，进一步发挥宗教团体在依法管理、培养宗教人士、团结引导信众、排查宗教领域矛盾纠纷的作用，始终坚持正确方向，有效维护信众正当利益。四要加强阵地建设，提高僧侣的整体素质。发挥佑宁寺在藏传佛教界的重要地位，提升佑宁寺学经院硬件和软件建设水平，制订各项管理制度和教学计划，聘请高水准经师，将佑宁寺学经院办成湟北地区培养宗教界爱国爱教人士的主阵地。五要结合属地管理和三级管理原则，协调各有关乡镇初步建立宗教活动场所财务管理体制，完善会计、预算、收支、资产管理等制度，初步形成合理合法、便于操作、切实有效的自律机制和政府及社会监督的长效机制，使宗教活动场所民主管理进程进一步推进。

2. 加强反渗透、反分裂工作

一是充分发挥乡镇的中坚作用，进一步发挥村级组织的骨干作用。乡镇一级是反渗透、反分裂工作的主阵地和各项任务的具体实施者。因此要进一步增强乡镇党委发动群众、组织群众的能力，广泛开展和谐村社、和谐学校、和谐寺院等创建活动，将反渗透、反分裂活动深入推进到基层单位和千家万户。"上面千条线，下面一根针"。村级组织直接面对群众，动员村级各类组织及广大党员、团员、三老人员（老干部、老党员、老模范）走家串户，做好群众工作。二是利用"西新工程"①投资建设带来的硬件设施的改善，加强宣传力度，牢牢占领宣传阵地。要加强广播电视等宣传媒体的正面宣传，增加功率，扩大覆盖面，提高传播质量，尽可能贴近群众，采用他们喜闻乐见的形式，广泛深入地开展马克思主义民族观宗教观、爱国主义、社会主义以及党的民族宗教政策和改革开放成就的宣传教育，使广大群众深刻认识到"和谐团结是福，动乱分裂是祸"。三是严格宗教职业者的审批手续，严禁私自出家和私自出境。四是积极主动地做好活佛转世工作。活佛转世既是藏传佛教的特点，也是信教群众的客观需要。活佛的政治倾向、素质高低直接影响到所在地信教群众的政治倾向和社会稳定，因此活佛转世审批权始终是敌我双方争夺的焦点。一方面要严禁国内寺院主动要求国外认定行为的发生，另一方面要适当加快活佛转

---

① 基于广播电视"村村通"工程，新中国成立以来规模最大的广播电视覆盖工程——西藏、新疆、青海等边远省区广播电视覆盖工程（简称"西新工程"）。

世工作进程，凡符合规定应转世者要尽早批转，不给国外敌对势力插手的机会，掌握斗争的主动权。

3. 准确把握宗教问题的特殊性，充分发挥宗教的正面作用

一是准确把握宗教问题的特殊性。从国内外形势的发展变化出发，科学分析宗教问题，深刻认识宗教问题的特殊性、复杂性，正确把握宗教的活动规律，进一步落实相关政策，健全各种组织，解决机构、人员、经费问题，明确各级管理职责，重视管理环节，培训管理队伍，提高管理水平。二是充分发挥宗教的正面作用。强化政治引导，通过多种形式，积极引导广大宗教界人士拥护党的领导和社会主义制度，增强祖国意识、法律意识、公民意识、政府意识。积极引导宗教与社会主义社会相适应。既要抑制宗教中的消极因素，又要调动其积极因素为社会发展和稳定服务，创造更为宽松的政治环境，鼓励和支持宗教界对相关教义、教理和主张做出新的解释，多做善行善举，弃恶扬善，从事公益和慈善活动。三是加强宗教团体建设。鼓励高举爱国爱教旗帜，维护民族团结和社会稳定，支持政府打击利用宗教渗透等违法犯罪活动，弥补政府在宗教管理上的不足和缺陷。四是加强互联网、图书影像市场和媒体的管理，打击非法出版物和宣传品。

4. 强化公民意识，注重人文关怀

寺院不是世外桃源，僧侣也不是法外公民。因此要继续按照有关法律、法规，结合各寺院、各教派的实际，突出戒规戒律教育和国家法律法规教育，增强僧人的戒规意识、法律意识、国家意识、公民意识等，使每个僧侣都成为爱国爱教的僧人、守规守法的公民。一是教育宗教教职人员牢固树立公民意识。公民意识是社会意识的一种存在形式，是公民自觉地以宪法和法律规定的基本权利和义务为核心内容，以国家主人的责任感、使命感和权利义务融为一体的自我认识。公民在参与社会活动时，要进行与自己的公民身份相适应的行为，自觉维护公共利益，克服自我或本集团的利益倾向。因此要在宗教教职人员中大力宣传和倡导公民和法制意识，要让广大宗教教职人员明白自己首先是国家公民，应当自觉遵守法律法规，依法严格约束自己的行为。二是用改革开放30多年来我国经济社会发展取得巨大成就的事实教育宗教教职人员，特别是用亲身享用的改革开放的成果来引导宗教教职人员和广大信教群众知恩、感恩。把身边的小道理和只有坚持中国特色社会主义理论才能发展中国这个大道理结合起来，

从而更加坚定信教群众走中国特色社会主义道路的信心，为社会和谐稳定、民族团结做出自己的贡献。充分认识伟大祖国是各民族的共同家园和全体中国公民利益的代表的基本事实，以祖国兴盛为荣，以祖国利益为重，以维护祖国统一、民族团结，反对国家分裂、民族分裂为己任。三是注重人文关怀，切实解决寺院和宗教教职人员的实际困难。完善对宗教寺院的社会服务，改善宗教教职人员的生活。逐步解决寺院的实际困难，提供文化服务，丰富业余生活，不断优化寺院人居环境，通过提高建设资金、生态补偿、护林经费等有效形式，鼓励寺院参加生态建设的积极性。使宗教教职人员深切感受到党的温暖和政府的关爱，不断增强认同感、归属感和幸福感，从而发自内心地拥护党的领导，拥护中国特色社会主义事业。

5. 加强调查研究，改进宣传教育的内容与方式

一是在宣传教育活动中，进一步注重法制教育与宗教教义教规相结合，重点宣传宪法、刑法、民族区域自治法、青海省宗教事务条例等法律法规。二是在宣传教育形式上要改变以往重理论、轻实践的方法，在形式上要采取多样化，责任层层分解，老师讲授与自我教育相结合、理论教育与现实教育相结合，力求理论上重说服，实践上重践行，感情上重打动。三是讲究策略，注重正面引导，由浅入深，由表及里，循序渐进，尽量避免一些敏感、刺激性语言，以防引起部分藏传佛教僧侣的反感和抵触。力求做到把发展、稳定和动乱、分裂的利害关系讲透，把信教僧侣和少数不法分子区别开来，争取绝大多数僧侣，孤立极少数"藏独"分子。四是将修学同适当的社会实践活动结合起来，组织思想上进的僧侣到发达地区进行参观考察，使僧侣亲身感受社会主义祖国日新月异的变化，增强自豪感和责任感。深入了解党和政府的各项宗教方针和政策，深刻认识民族分裂主义和非法宗教活动的严重危害，从而提高"四种意识"、"四个维护"意识。

6. 及时解决影响宗教和谐稳定的突出问题，加强对宗教界新一代代表人士的培养

一是加强与国家相关部门的沟通联系，及时解决影响宗教和谐稳定的突出问题。加强与毗邻省区、州、县的沟通协作，适当增加外出朝圣、朝觐名额，简化审批手续，以减少非法出境人数。逐一研究解决流散僧尼、自行认定活佛、无证开学阿訇、地下传教等突出问题。二是加强对宗教界

新一代代表人士的培养。逐步将一批政治上可靠，作风正派，思想进步，宗教学识较高，群众基础较好，且具有一定组织和管理能力的代表人士安排到宗教团体和寺院民主管理委员会中，让他们在寺院管理工作中发挥特殊的影响和作用。三是密切注视教派纠纷，力争把问题解决在萌芽状态。加强对宗教职业者特别是阿訇、活佛的教育工作，使其首先做到"四个维护"。坚持团结开寺的原则，坚决反对分派立寺。坚持寺院民主管理制度，严禁在寺院内部和信教群众中拉帮结派。

7. 全面提高基层党政干部处理宗教矛盾的能力

宗教领域的矛盾错综复杂，能否处理妥当关键在于基层党政干部特别是统战、宗教事务部门干部处理宗教矛盾的能力。这种能力涉及全面贯彻党的宗教工作基本方针，提高掌握新形势下宗教发展的规律，按照依法行政的要求，依法管理宗教事务的能力；提高适应世界宗教问题突出的新形势，抵御境外利用宗教对我渗透的能力；提高正确处理宗教方面的矛盾，维护政治安定和社会稳定的能力；提高组织、宣传、服务群众，善于做信教群众工作的能力。排查化解矛盾纠纷既要及时依法化解群众上访、草山纠纷、民事纠纷等一般性矛盾纠纷，又要探索根源性、普遍性问题，建立治本之策，不断提高工作的预见性、前瞻性，牢牢把握工作的主动权。注重提炼工作经验，从各类矛盾的分类上、表现形式上、引发根源上、时间上、地域上深入分析，抓住矛盾纠纷的主要因素和关键环节，研究建立切实可行、管用有效的根本性工作机制，实现同一纠纷不再反复发生、化解了的纠纷不再重起波澜，新引发的纠纷能够及时化解。形成在梳理问题上求细致、在研究对策上用心思、在任务落实上求严格、在解决时限上求效率。

第三节　民俗文化及变迁

民俗文化是一个国家、民族、地区中集聚的民众所创造、共享、传承的风俗生活习惯，涉及衣食住行、生产生活、婚丧嫁娶、节庆娱乐等物质生活和精神文化生活多方面。它的形成与一个民族的社会历史发展紧密联系，具有深刻的社会根源、历史根源，是维系一个民族情感的重要纽带，是区分一个民族的重要标志。

一　民俗文化类型

(一) 节日习俗

春节。春节是土族群众最隆重的节日。从腊月就开始繁忙起来，置办年货，打扫房屋，缝制新衣，杀猪宰羊，烙炸年馍、酿造青稞酒等。民间有"快腊月，慢正月，不过三十（除夕）不歇脚"之说。在除夕上午，平时借用的家具及其他物件都要自觉送还。下午将庭院打扫干净，张贴春联和钱马，堂屋正中桌上设香案，供福、禄、寿三大神，献上"酥盘"（镶有红枣的大馒头）等供品。傍晚，祭祖上坟，吃长面。然后全家团聚，喝酒，吃猪头。子夜过后开始接神，点明灯，放鞭炮。天发亮之际每家派一名男性代表去村庙上香叩拜，然后人人身着新衣按宗族内辈分次序到长辈前拜年，初二开始到亲戚家拜年。

正月十五。在夜幕降临之际，大门外堆放7个小麦草堆子，从厨房内点燃白天扎好的火把，引燃麦草堆，全家老小连续跳3次火堆，以祛邪消灾，执火把者口喊"去了！散了！"不停地挥舞着，最后将火把送至山顶或某个较远距离的固定地点。有些地方在十五晚上，还烧醋坛，在醋中放进两个烧热的小石头，冒出热气，借以消毒。

二月二。在农历二月初二。家家炒吃大豆、豌豆、小麦等。从这一天起在当地可以听到雷声，起初听到的人，立即把肚皮揉一揉，认为这样肚子不痛。互助威远地区在二月初二举行擂台会，届时除唱戏外还进行转轮子秋、跳安召舞、赛马、摔跤、武术表演、唱花儿等文体娱乐活动。东沟大庄等地举行庙会活动。届时举行竖幡、招魂、放幡等仪式。在帐房前竖高三丈多余的幡杆，露出地面三丈三尺，埋地一尺八深，寓意33天界和18层地狱。用黄表纸、白纸剪贴云纹、连环套等花样长幡和长钱，挂在杆头，用来招请众神。幡杆顶端横置两齿叉，各戳一个馒头，如同日月当空。幡杆用数根长绳固定，这些绳上还系挂着"粮弹子"。[1]放幡时，围观的众人纷纷争抢"粮弹子"和幡杆头上所戳的馒头，据说抢得馒头者生"状元郎"，抢得"粮弹子"者年内将得到神灵的保佑，万事如意，抢得纸幡者可以给孩子冲邪。

鸡蛋会。是每年农历三月三、三月十八、四月八，大通、互助一些地

---

[1]　包裹粮食、红枣、花生、水果糖、核桃等物的纸袋。

区举行的传统庙会，赶会的人都带许多熟鸡蛋，在会场上敲击作戏，被敲破者将蛋送给赢家取乐。所以人们习惯地叫作"鸡蛋会"。庙会上给龙王、三霄娘娘等神献牲酬祭；请法师诵经，跳法师神舞，以避祸禳灾。据传这"鸡蛋会"是明代嘉靖年间，因一次春天的雹灾而举行的，留下庙会打鸡蛋禳灾之俗，迄今已有 400 余年历史。

清明。土族最隆重的祭祖节日。这一天，出门在外的人，嫁出去的姑娘都要回来。当天早上全村的男女老少都要到各自的祖坟前。届时，同姓亲房们将一头猪或一只羊宰杀后抬到祖坟里。有条件的家里还做一盘鸡碗：将一只大公鸡用针刺杀后去毛煮熟，鸡身上盖以用纸剪成的花衣，鸡嘴里衔上一撮棉花，然后将鸡装在木盘里，周围还摆上以豆芽、鸡蛋、腊肉、葱等做成的 5 碗凉拌菜，供献在祖坟前。将宰杀的猪放在木板上抬到祖坟祭祀，焚化纸钱香表，男女跪拜，一长者祈祷祖先赐福于后代。祭奠仪式结束后，把猪肉切成块全部下锅煮熟，按辈分大小列坐地上，边饮酒吃肉，边讲家谱、祖规及家族中荣耀之事。结婚后没有子嗣者爬在祖坟前痛哭，以示向先人要儿女。有高辈年长者拿柳条在哭者身上打，要子嗣者发誓许愿，长者祈祷祖先显灵，麒麟送子。待煮熟肉，将猪头敬给长者，其余给大家野餐。

端午节。在五月初五一天，清晨时家家门口插柳梢，吃凉粉、凉面。给小孩子衣襟上佩戴各种式样的小荷包，并给少年和小孩手腕上拴五色花线，说是可以防止蛇、蝎子、蜈蚣、蜘蛛类毒虫的伤害。

丹麻戏会。互助丹麻乡丹麻村，于每年农历六月十一日至十五日唱青苗戏，同时制定乡规民约，加强护青措施。远近群众赴会看戏，故称"丹麻戏"。丹麻戏会的影响波及整个互助东部地区，各族群众特别是土族群众穿戴节日盛装，从四面八方汇聚到丹麻戏场上，节日除了进行各种体育文娱活动外，大家还可以做些小买卖，进行物资交流。

中秋节。在月亮出来之前，在房顶上献月饼、果子、核桃、枣儿之类供品，并点油灯和柏树枝。待月亮出来后有些人家向月亮磕头，一直等到明灯油干熄灭之后，将所有供品拿下来全家分享。但也有不过中秋节的人家，据说这与"八月十五杀鞑子"传说有关。

九月九庙会。在每年的农历九月初九，村民开始抬上神轿和神箭，带着炊具碗筷，到本村山顶举行"谢降"活动。到山顶后，庙管和老者们先齐跪在神轿前祷告，感谢方神和众神保佑，使庄稼获得了丰收。为答谢神恩，特肉其们还牵来一只羯羊献给地方神，一面给羊身上倒水，一面向地方神轿祷告，如神轿向前一倾，羊浑身一抖，表示神已悦纳。献完牲后，特肉其们将其宰杀煮熟，分与在场的众人食用。结束时，村民们拔除山顶上的大旗，到本村庙还将所插的柏木桩拔出保存。这时表示五月十三日开始的"护青"活动结束，允许众人在田间放牧、砍树、拆房。

腊八。凌晨时分家家到河滩上背回几块冰立在果树或粪堆上。又抱一堆麦草分别在地里、粪堆上和果树底下燃烧。院中盛一碗清水，待结成冰后，根据冰凸起的形状预测来年庄稼的收成情况。这一天还要吃麦仁饭，并将麦仁涂在各类果树上，祈祷果树来年不受虫鸟侵害。

冬至。早上吃油烙饼，吃面茶。晚上吃长面条，意为长命百岁。青年男女打秋千，认为这一天打秋千能长个子。

（二）传统礼仪与禁忌

1. 礼仪习俗

礼仪是土族群众生活中最重要的组成部分之一，它反映了土族社会生产、人际交往的各个方面。它体现了土族的文明程度、文化素养和社会风尚。土族人民非常重视社会公德，注意社交礼仪。讲求人与人之间论资排辈、大小有序、男女有别，彼此以礼相待。喜庆佳节，村舍邻里、亲戚朋友互相拜访庆贺。

敬老礼仪。在日常生活中，他们把第一杯酒、第一碗菜等必须先敬给长者；赴宴坐席，须将老人让坐上位，先请老人动筷开席；父子、岳婿、舅甥不猜拳、不弈棋；与旁系长辈或长者猜拳，须将左手撑于右肘下，表示尊重，等谦让后方可单手猜拳；青年人蹲着聊天，遇见老人，都要起身拱让问候；走路要让老人先行，青少年不能抢先，平时无论在炕上或庭院，他人不能从老者近前横过，而要绕后走过去。下辈见长者进门进屋要起身让座。如长辈出外晚归，下辈坐等，不提前去睡。村里年老者有病或其他事故，子女亲属精心照料，村人和亲戚都去探望。即使是以前曾结仇怨的老人，在患病或死亡后也要看望或吊丧。遵守"生不结仇，死不结怨"的世俗格言。

待客礼仪。土族热情好客，去土族家做客，不论相识与否，都会受到热情招待。民间常以"客来了，福来了"称誉自己民族好客的良好风尚。对客人让到上房炕中央坐息，主人必先给客人敬第一杯酒、第二碗饭，并再三敬饭，直到客人酒足饭饱方休。客人如果过分谦让不吃饭食，主人心中不快，对客人有挑剔或不领情之嫌。客人告辞时，主人则送到大门外，让客人先出门，主人随后跟上告别。在款待客人时，不用带有裂纹的碗碟、长短不齐的筷子和掰开的馍，凡事特别讲究一个圆满如意。

互助施舍礼仪。土族对处在困境中的人乐于相助和施舍。对乞讨者必要施舍饭菜或留住宿。告诫家中小孩不许对过路人或乞丐进行谩骂或欺辱。在一个村里某人有急事，全体村民关照相助。例如打庄廓、办喜事或丧事及农事活动期间，人人出动。

调解礼仪。旧时如两家发生纠纷，引起打架斗殴，经人调解后，理亏的一方须向对方赔情、赔罪。轻者则携一二瓶酒到对方家中互相喝一杯和解酒，比谓"拉和喜"或"拿酒上门"；情节较重的，除携一二瓶酒外，还需搭一条哈达或一条毛红搭（宽约 15 厘米，长 4 米的红布），情节再重的，则须"拉羊搭红"，即一条毛红搭在羊背上，外加两瓶酒，去对方家赔罪，通常也叫做"拉羊磕头"；更严重的，如打伤人，则需"拉马搭缎，说理赔情"，即拉一匹马，上搭一匹缎，登门叩头认罪，请求对方原谅，以求息事宁人。

2. 禁忌习俗

在漫长的社会生活过程中，互助土族人民逐步形成了自己独特的禁忌意识和禁忌习俗。土族忌吃马、骡、驴、狗、猫等动物肉，忌讳在牲畜圈内大小便，认为这会影响畜群的发展。若有人在牲畜圈内大小便，主人认为是对他怀有敌意或不友好的人干的事，并立即铲除污浊，点燃柏树枝，用柏香烟熏圈，以示净化。土族注重对水源地的保护，禁止在泉眼附近洗衣物、便溺，认为违者必遭神灵惩罚。土族忌讳给客人在有裂缝的碗里倒茶水，并忌讳当客人的面吵架或打骂孩子。土族群众走远路或办一些重大事情（如相亲说媒等），早晨出门碰上空桶、空背斗及不干净的东西时，认为凶多吉少，颇不愉快，甚至返回来改日再走。土族的寺庙大殿或家庭佛堂内禁止去过暗房（月房）的人以及孝子（服丧的人）和妇女进入。土族有忌门的习惯，如生了孩子、安了新大门、发现传染病、驴生了骡驹等时，别人不得进入庭院。忌门的标志是：大门旁边贴一方红纸，插上柏树枝，或在大门旁煨一火堆，有时在大门旁挂上系有红布条的筛子。

（三）婚丧生育习俗

1. 互助土族婚俗

互助土族婚俗分以下步骤：说媒、定亲、讲礼、婚礼。结婚的前一天是女方的出嫁之日，需宴请亲朋好友。男方则在这一天下午请两名能歌善舞、能说会道的"纳什金"（即娶亲者）带上娶亲的礼品和新娘穿戴的服装、首饰，拉着一只白母羊（象征着纯洁和财富）到女方家娶亲。此时，女方家故意不给纳什金开门，并由阿姑（年轻女子）唱起悦耳的"骂媒歌"，让纳什金对歌，还从门顶上向纳什金身上泼水，以示吉祥。直到阿姑们被唱得无歌以对或者是娶亲人词穷时，女方才肯开启大门将纳什金邀至家中。随后由新郎向岳父母敬献哈达、拜神佛，礼毕上炕喝茶、吃饭。此时阿姑们拥挤在窗口唱起婚礼曲，气氛热烈欢快，紧接着阿姑们冲进屋里拉起娶亲人到庭院或麦场上去跳安召舞。整个婚礼一直进行到深夜才结束，其间所涉及歌舞的种类近20种，一场土族人的婚礼就是一次优美的歌舞盛典。① 土族婚礼仪式是土族历史、宗教、生活习俗、审美观念及民族特性方面的总体反映，是研究民族物质形态和精神形态的重要依据。2006年2月，互助土族婚礼被列为国家非物质文化遗产保护名录。

2. 生育习俗

生育孩子，对土族家庭来说是一件大事、喜事。为孩子而举行的满月仪式，非常隆重。按土族的习俗，男孩子提前一天满月，女孩子则必须满一个月。满月时，孩子的外公，本家长辈，凡来看月的亲朋好友都被邀请，给孩子穿戴新衣服，设宴招待客人，表示感谢。孩子满月后，由爷爷或父亲到活佛那里测生辰八字，取乳名，禀问有没有需要给孩子请神禳解的问题。个别男孩，请一方保护神保佑，佩戴护身符。有的保佑七年，有的九年。在被保佑期间，孩子不剃头，扎小辫子，像个女孩似的。保佑期满后，再请来保护神，给孩子剃头。女孩子则没有这些礼仪。土族婴儿，周岁剃头，婴儿一般都要穿枣红大襟长夹衫。

3. 丧葬习俗

互助土族多实行火葬，土族把火葬视为圣神的一种丧葬方式。隆重的火葬限于正常病故的老年人，而且必须有子嗣。非正常死亡的和青少年早逝者，则采取火葬中最简便的方式进行。天葬对象是夭折的婴儿和少儿。土族的天葬与其他民族实行的天葬不同，既没有固定的天葬台，也不举行天葬仪式。土族的火葬仪式隆重肃穆：老人病故后，趁遗体还处于温热状态，将逝者衣服脱去，扶起遗体，成蹲坐状，双手合十，两拇指撑于下颌

---

① 《青海省非物质文化遗产名录图典》编辑委员会编：《青海省非物质文化遗产名录图典》，青海人民出版社2012年版，第251页。

骨，放在主房的炕角头，周围用干净的土坯挤紧，上面披上白布和哈达。当天早晨，即派人去向喇嘛或"宦"占卜葬期，邀请本家各户家长去商议治丧事宜。请木工赶做灵轿。灵轿完成后，遗体入殓。用一条向左拧成的黄布条，土族语称"布日拉"，殓入灵轿内。灵轿精制，用松木制作，灵轿正面精心雕刻悬梁吊柱，顶部雕刻日月模型，其余部位也着色绘画，修饰华丽，灵轿像一座庄严的宫殿，称为"一转三"。也有用杨木制作的一般灵轿，用黄色涂抹。灵堂设在堂屋里。一般在家停放五至七天。老人病故后要请喇嘛诵经超度，还有的要做经事，并由喇嘛主持，每晚请本家老少集体念"嘛呢经"。举行葬礼的前一天，是集中祭典的日子，土族语称"日格"。本家各户、亲戚、朋友、左邻右舍都来吊唁，舅舅来"认骨"。黄昏时分，请人到一个僻静处，用120块土坯砌火化炉。火化仪式，一般在早晨六七点钟举行。灵轿由儿子、侄子等抬到火葬场（临时的），遗体由其儿子或侄子从灵轿中抱出，脱去黄布套，面向西方，放入火化炉内后，送灵者都跪在周围祭典。女儿、媳妇都要哭丧。由指定的两位本家兄弟点火，灵轿也要砸碎焚烧。喇嘛诵经，向火化炉内投放五色粮食，以及各种祭物，两小时左右，火化结束。在过去，隔日拾取骨灰，现在就于当天下午拾取，放在一尺长的柏木匣内（形如棺椁），由儿子或孙子用一根红线牵引，埋在临时选定的地方，待到第二年清明节时，再迁到祖坟地埋葬。实际上，这是一种复合型葬俗。亡人送葬后，子女服丧，一般为七期。子孙守孝期为一年。服丧和守孝期内，不玩乐、饮酒、不赴宴，不穿新衣，当年春节不贴春联，不拜年。

（四）居住饮食民俗

1. 居住习俗

土族村落大都依山傍水，相聚而居。川水地区的村庄一般坐落于近水之处，布局紧凑，表现出较强的整体感。山区的庄廓靠山修筑于山脚向阳的缓坡上，利于避风和地面水的排除，并为建造时的就地取材创造了条件。土族每户人家都有自己独门独院的庄廓，若干个庄廓围墙相互共用或紧靠而形成庄廓群，并与道路相连，在一定程度上表现出聚族而居的特点。力求浓厚的宗教色彩是土族村落文化的又一大特点。村庄四周的山头上都修有"俄博"及嘛呢石堆，犹如土族村寨的门户。土族庄廓平面布局以四合院式居多，其中北（正房）是核心部分——主体建筑，坐北朝南，布置在宅院轴线上，并通过装修等手段使其更明确和突出。其内部一般分隔为三间：堂屋居中；左侧是家庭中长辈的卧室和款待宾客的地方；右侧大都是佛室，供家人日常膜拜之用，正房的正立面是在檐下作成檐廊的形式，形成一个半开敞的、遮风挡雨、充满日照的家庭活动空间。东西两侧的厢房为晚辈们生活居住的场所，也有在一侧厢房中卧室与厨房结合设置的；南房常作为存放较重要物品的仓库（如粮仓、农具等），有时也兼作卧室。厢房及南房大都不作檐廊，立商处理，较正房简洁。四角上的角房是庄廓四边房屋的连接体，也是形成庭院空间不可或缺的重要部分。一般用作门房、厨房、畜舍、厕所、杂物库（柴草房）等，由于所处位置偏僻，用作附属用房大大减少了其对内庭院及主要房屋的影响。角楼大部用作柴草房，上角楼无固定的楼梯，而是利用可以搬动的木梯。

　　庭院是家庭中的公共活动中心，是庄廓各个房屋、各个空间进行交流和联系的联结体。土族庄廓内庭院的特色主要表现在其宗教色彩上：庭院正中有一拴牲口用的转槽，亦称之为嘛呢台；圆台正中竖有高达数米的"达日加克"（嘛呢旗杆），它与设于正房中的佛室一起构成土族家庭内部的宗教信仰标志着与村庄中众多的宗教设施相呼应，使土族生活居住环境中的宗教色彩浓厚、鲜明。[①]

　　土族民居属于物质文化，但其相关建房礼俗属于精神文化。如相宅，俗称"阒庄廓"，即打庄廓前择卜宅地和四角地位。最理想的房基地是，后有所倚，前有所凭，左右完固，地势平夷，四水来潮，地基滋润。打庄廓即筑外围土墙前先要请"阴阳先生"或喇嘛占卜，择定吉日，燃香点烛，梵烧纸钱，在一只陶罐（即镇宅"宝瓶"）内先倒入少许水，再放活鱼、青蛙、娱蚁、穿山甲、石燕"五腥"；麦、豆、青裸、菜籽等五色粮食；金、银、铜、铁、锡、珊瑚、珍珠、玛瑙"八珍"；海龙、海马、天南尾、地南星等十二味"金药"，以及佛经、符篆等物，安置在预先挖好的庄廓"中宫"穴位。为了避免人们踩踏中宫（或崩巴），其上要砌上花坛，花坛之上再设焚香用的小桑炉，坛中种植花草。据说它十分灵验，能保佑家宅平安，人畜兴旺。建房时，要请风水先生确定安门的方向和高低，俗称"调门"。在安门吉日，风水先生主持仪式，步罡踏斗，念安门咒。民间认为，门是"主"，房是"宾"，宾主相合，财源茂盛，选好门第座向，会使家道兴旺，子孙昌盛。

①　秦永章：《土族传统民居建筑文化刍议》，《青海民族研究》1996 年第 1 期。

2. 饮食习俗

土族的饮食习俗，随着经济的发展而不断变化着。明代以前，土族主要从事畜牧业，那时人们的食物结构单一，主要以牛羊肉、奶制品为主，还食用青稞炒面等。明末清初以后，土族由畜牧经济转为农业经济，饮食则以面食为主。土族做的馍馍花样众多，酥香味美，主要有焜锅馍、花卷、"哈流"（油面包子）、油饼、"盘馓"、馓子、"包适左"等。土族用白面（小麦面）、青稞面、豌豆面加工制作的汤面品种也较多，用小麦面做的有长面、面片、寸寸面、"热温"（一种较宽的面条）、凉面等。土族的肉食主要有猪肉"肉方"和牛、羊肉手抓。此外，还有用猪、羊、牛肉等制作的各种菜肴，基本上与汉族菜肴相同。土族喜欢饮酒，酒在土族的饮食中占有很重要的地位，并形成了土族特有的酒文化。历史上，土族人家几乎都能酿造"酩馏"（一种低度的青稞酒），尤以互助土族为最。现在，酿酒已成为土族地区重要的产业之一。

（五）服饰民俗

1. 男子服饰

土族青壮年男子一般戴红缨帽和"鹰嘴啄食"毡帽。红缨帽，系一种织锦镶边的圆筒形毡帽，为土族语"加拉·莫立嘎"的意译。相传由清代朝帽演变而来。因红顶连一绺长约五寸的红缨，故名。"鹰嘴啄食"毡帽，其样式为帽子的后檐向上翻，前檐向前展开。衣服是穿小领斜襟的长衫，袖口镶有黑边，胸前镶有一块四寸方块的彩色图案。还有穿绣花领高约三寸的白色短褂，天冷时在领子上衬以羊羔皮。外套黑色或紫红色坎肩，纽扣多用铜制。腰系花头腰带，为一块十二尺长的窄幅蓝布或黑布，其两端缝上五寸长绣有花卉盘线图案的接头。穿蓝色或黑色大裆裤，系两头绣花的白色长裤带和花围肚，小腿扎"黑虎下山"的绑腿带，扎腿时把黑色的一边放在上边，故称"黑虎下山"。此又是青年男女表示爱情之信物，象征忠贞不贰，足穿白袜或黑袜，鞋子为双楞子鞋和福盖地鞋。老年男子多戴礼帽。冬天戴皮帽，即用毛蓝布缝成喇叭口，喇叭口内缝以羊羔皮，可翻上或放下。帽顶上加有一颗核桃大的红绿线顶子。穿小领斜襟长袍，外套黑色坎肩，系黑色腰带，脚穿白袜黑鞋。冬天下雪时，男子一般穿大领白板皮袄，领口、大襟、下摆袖口都镶着四寸宽的边子。劳动时穿褐褂，式样为小圆领，大襟，配以蓝布、黑布沿边。所用褐子，由白色或杂色羊毛捻线自织而成。富裕人家的男子多穿绸袍及带有大襟的绸缎背心、马褂。

2. 妇女服饰

土族妇女服饰具有独特的结构式样和艺术特色，表现出了土族独有的服饰风格。其中最具有民族特色的则是土族妇女的头饰——"扭达儿"。"扭达儿"是土族语音译，指的是土族妇女在 20 世纪三四十年代以前佩戴的传统头饰。互助土族"扭达儿"种类多样，主要有："土浑扭达儿"、"奈仁扭达儿"、"适格扭达儿"、"加什扭达儿"等几种，其中以"土浑扭达儿"为最古老、最尊贵。据说凡是戴着"土浑扭达儿"的妇女，受人尊敬，路上相逢，要下马让道；在河边打水，要让其先打水或到上游打水等。"奈仁扭达儿"，"奈仁"土语音译，意为"细"，又叫三叉头、尖尖头，分布在互助自治县丹麻那楞沟，形状像直立的三支箭，这种头饰与过去战争中用的箭和头盔有关，经过后人的更改、设计，演变为一种妇女的头饰。土族姑娘一到结婚年龄，家人就专门请匠人到家中为女儿剪裁嫁衣、制作"扭达儿"，作为女儿出嫁时的陪嫁。土族妇女的"扭达儿"多用红黄绿三色，清新协调，色彩鲜艳别致，形制各异，并且佩戴"扭达儿"也有诸多讲究，其主要目的是镇魔驱邪，同时也标志着已结婚成年（别有意味的是老年妇女却很少戴"扭达儿"）。

土族妇女一般穿绣花小领斜襟长衫。两袖由红、黄、橙、蓝、白、绿、黑七色彩布圈做成，鲜艳夺目，美观大方。俗称七彩袖，土族语称作"秀苏"，意为"花袖衫"。为土族妇女服饰的象征。从最底层数，第一道为黑色，象征土地；第二道绿色，象征青苗青草；第三道黄色，象征麦垛；第四道白色，象征甘露；第五道蓝色，象征蓝天；第六道橙色，象征金色的光芒；第七道红色，象征太阳。花袖长衫上面套有黑色，紫红色或镶边的蓝色坎肩，腰系白褐或蓝绿布带，带的两头有花、鸟、虫、蝶、彩云刺绣或盘线的花纹图案。腰带上有罗藏和钱褡裢。罗藏，是用铜、银薄片制成，有兽头形、圆形、桃形等样式，其上有孔，一般用于系花手巾、小铃铛、针扎等什物，垂吊于腰带左侧。钱褡裢，一般为长一尺五寸，宽四寸的小袋，两端有绣花或盘线图案饰物。女式的钱褡裢由三块白底绣花条块缝合而成，下端连三绺彩线穗。用作钱袋和装饰品。下穿褶裙或裤子。有镶白边的绯红百褶裙，裙分左右两扇，形似蝴蝶两扇红翅膀；裤子膝下部分套着一节蓝色或黑色的裤筒，土族语称"帖弯"。

妇女戴额带，其形如倒写的"丁"字，用蓝布或黑布做成两指宽筒状后缝合，交叉处用白线挑成齿形花纹，称"狗牙花"。头戴卷边毡帽，足穿"过加"、"花云子鞋"、"腰鞋"。"过加"，又称"其吉都鞋"、"仄子花都鞋"，鞋面上用彩色丝线绣成各种花卉及打仄子花，鞋尖饰彩色短穗，鞋后跟接三指大小的红布溜跟即成。"花云子鞋"，以鞋面上用彩色丝线绣制云纹状盘线图案，故名。"腰鞋"，又称"斯果尔玛鞋"、"快子都鞋"，因其形似长筒靴，故名。老年妇女服饰以深色、黑色为主，一般头戴黑色卷边圆顶绒毡帽，身着小领斜襟长袍，上套黑色坎肩，不穿七彩花袖衫，不系绣花腰带。

未婚姑娘习以两鬓梳小辫，中间梳一条辫，三条辫子合辫在背后，用绯红头绳扎紧，系一海螺圆片。少女额前戴的额带叫"箍儿"，白布绣花做成，宽二寸，长及两耳，上沿连几束彩线短穗和几个小铃铛。有的姑娘头戴一条绣花头巾。其裤腿套一尺长的红色"帖弯"，在膝下方用白色布条将"帖弯"与裤腿相连，使其泾渭分明。发式、"帖弯"颜色和额带的不同，常是区别已婚或未婚妇女的标志。

土族妇女喜戴耳坠，喜庆节日或探亲访友时，还要在耳坠下吊一对"面古苏格"，即银耳坠，如铜钱大小，桃形，正面有刺纹图案。戴时用数串珍珠把两只"面古苏格"连起来，挂在额带上。土族妇女颈上所戴项圈称作"索尔"，用茇茇草扎成圆环，蒙上红布面，镶以铜钱大小的圆海螺片约二十枚即成。

二　民俗文化变迁

民俗是一个民族在特定的地域生态环境中在长期实践活动中形成的具有稳定性的心理行为特征。但它并不是一成不变的，而是会随着外界客观环境和时代条件而发生变迁。随着社会的不断进步和现代生活节奏的加快，互助土族传统习俗正在悄然发生变化，有些传统习俗在人们心中逐渐淡化。

1. 节日习俗的程序简化与内容多元

土族传统节日日渐简化，传统色彩在城镇附近的村落中日益减少，许多年轻人对传统节日的概念模糊和淡漠。有些乡镇传统的花儿会、庙会也仅成为物资交流会。土族人家都供奉灶神，但供奉的灶神在外形上与汉族不同。多数人家的灶神是在厨房内离灶台一尺高的上方墙壁抹黄泥，上面再用石灰或白土点满成圈或三角形，泥下放着一块供板作为点灯或供奉供品之用。所谓腊月二十三送灶神就是用新黄泥在上一年抹上的黄泥和白点上再抹上一层，在抹以前，要向灶神祷告说："到天上见到玉皇时多说好话，少说坏话；回来时多带些财宝来。"将灶神送走之后，在腊月三十日又要迎接灶神。迎接时只要用白面在新抹的黄泥上抹上一些白点，便算迎回灶神了。而现在许多村民家都贴从市场买回来的灶君画像，送灶时撕下旧画像，迎灶君时贴上一张新画像。画像的内容多为灶神奶奶和灶神爷爷一同坐在画有对联形式的画框内，上联为"上天言好事"，下联为"下界保平安"，横批是"一家之主"。

在传统节日习俗程序简化的同时，节日内容日益多元。如互助县民众在过春节时，大部分按照传统习俗度过，少数经济条件较好的家庭就会选择全家去海南、新马泰等地旅游，有些村落在大年初一不仅仅是按照传统习惯转山、拜年，而且还举行团拜、文娱等一些具有现代生活气息的活动。如2011年正月初一笔者参加了东沟大庄村第五社拉日自然村麦场上举行的"大庄村第五社春节团拜联欢运动会"，现将整个活动过程简述如下：

早上9点钟，在拉日村麦场财门两边贴上了"谢国策农民快富奔小康，感觉恩乡村和谐迎新春"的对联，拉日村60岁以上的老人全部坐在长条桌前，桌子上摆放着烟酒、焜锅、糖果、油香等。拉日村历届春节团拜会发起人和组织者牛文禄老人正在宣读"拉日村2011年春节团拜会捐助农户名单"，宣读完毕后又将收入支出情况进行了公布。接着拉日自然村的青年女子向就座的老人赠送新年礼物（一对枕巾），向捐助者"搭红"。之后，能歌善舞的村民开始表演节目，主要有：土族安召舞、土族传统家曲、现代流行歌曲和舞蹈。中午1点多，场上开始举行篮球、拔河、踢毽子、象棋、跳绳、蒙眼打鼓、老年头球、端乒乓球、拔棍、拌腿赛、吹蜡、滚球、长跑等活动。

2. 饮食及生育习俗的变化

随着多民族交流的进一步深入和土族生活水平的提高，土族饮食习俗日益丰富，并对传统饮食制作程序也进行了改良。如土族习惯上饮用的是茯茶，据《碾伯所志》等地方志记载，"土民肉食为生，非茶即病"，每日早晨煮茶时茶中放花椒、盐等调味品，在茶壶中熬制，称作"熬茶"。喝此茶可以健胃御寒，适合高原民族饮用。有些人家还在茶碗里放置酥油，或将熬茶与牛奶混合熬制成奶茶。现在家庭富裕的人家还喝铁观音、碧螺春、毛尖等清茶，有些还将普洱茶与牛奶混合制成奶茶。婚宴上的饮食也日益丰富，多在城镇周围较大的饭店中待客，或请厨子在家里摆宴席，菜谱多为红烧鲤鱼、酸辣里脊、东坡肘子等。随着土族人民生活水平的迅速提高，参加婚礼吃宴席也不再被视为改善生活的良机。

互助土族生育习俗也在市场经济推动、国家宣传教育和外来文化影响下，发生了重大变化。土乡"少生优生"、"男女平等"等生育新风在城镇乡村群众中深入人心。现在许多土族青年改变了传统的以"生子为贵"的传统观念，觉得生儿生女都一样，普遍树立起了新的生育观。

3. 婚俗的简化与嫁妆的变化

婚姻习俗是世代相传的一种文化现象，因此，在它的发展过程中有一定的稳定性和传承性。当下一些流行、新潮的婚礼也逐步为土族未婚青年男女喜爱和追求。但大多数土族成员还是愿意听家中长辈安排，按照土族传统的方式举办婚礼，即使是这样，土族传统婚礼仪式程序也已被大大简化，一些礼节有所变通。土族传统的婚俗要经过求媒、说媒、举办婚礼、吃席、回门、认亲等几十道程序。现在不少地方土族婚俗中的求媒、说媒等环节已经省去，许多土族青年男女婚姻自主，不再拘泥于听命父母的世俗框架。按互助婚俗，婚礼前一天新郎、新娘是不能见面的，现在互助城镇周围的一些自由恋爱的土族青年，抛开这些禁忌，婚前一天还在一起选购物品，甚至还陪着新娘化妆。嫁妆的种类和样式也随之发生改变。解放前，土族的陪嫁一般是两个木制的箱子、一条毡，家庭条件比较好的还要陪嫁一条炕柜、两床被子、绣花枕头等。在传统土族婚礼中，女方在迎娶到男方家后，还要举行抬针线仪式，向新郎及其直系亲属赠送绣花枕巾、手工鞋帽、刺绣腰带作为陪嫁物。而现在，婚礼仪式的这些传统程序越来越简化，甚至被开明的家庭取消。一些出嫁女子宁愿外出务工挣钱，也不愿耗费精力和时间去做针线活、备嫁妆，生活富裕的家庭出嫁女儿时陪嫁的嫁妆有小轿车、摩托车、组合柜、沙发、电视机、洗衣机等现代化设备。土族婚姻的需求已由生存型逐渐向生活型转变，土族传统的和封闭的婚姻文化环境近年来随着国家政治的进步和经济的发展而迅速开放，出现了与汉族文化趋同的倾向。互助土族婚俗文化中传统民族文化的元素越来越少，而外来文化的比重越来越大。与此同时，当今在互助不论汉族、土族，还是城镇农村，青年男女结婚都大讲排场，彩礼之风正兴盛蔓延，在互助农村娶一媳妇一般家庭需 10 万至 11 万元的彩礼，生活富裕的家庭则需要 15 万至 18 万元，这给男孩多的家庭带来了沉重的经济负担，因付不起高昂的彩礼而难以成家的情况比较普遍。

4. 服饰的汉化和民族歌舞的舞台化

一方面随着土族地区的日益开放和发展，土族人民与外界经济文化交流越来越频繁，穿本民族服装的人也越来越少，富有特色的民族服装逐渐演变为礼服或表演服装。许多土族群众在重大传统节日时才会穿民族服装，平时穿土族服装的人群范围日益缩小。在小庄等民俗旅游村，土族服饰已成为表演服、工作服。另一方面，随着旅游业的发展，一些土族民众逐渐认识到了民俗文化的商业价值，一些原先几乎被人们遗忘的传统习俗和文化活动得到恢复，传统的音乐、舞蹈、戏剧等被重新挖掘出来。如小庄、大庄、姚马等村土族将安召舞、"轮子秋"、婚礼仪式、土族刺绣等民族文化元素进行挖掘和整理，并列为旅游开发项目。为了改进传统歌舞，小庄村还专门聘请了县文化馆的专家定期进村指导编舞，改编的集体舞蹈曲目多达十几种，例如《土族迎亲舞蹈》《土族敬酒歌舞》《七彩袖》《请到土族家乡来》等。一些熟悉土族民间文化的文化名人还被土族风情园高薪聘请，传授土族歌舞、民俗、礼仪等知识，月收入达 3000 元以上。

与此同时，一些土族传统舞蹈音乐也在一些民俗旅游村日趋舞台化、戏剧化。一些土族风情园的演员在演唱土族传统曲目时，只会曲调单一、唱词简单的民族歌谣，历史悠久、曲调复杂、文化底蕴深厚的歌谣却无人会唱，甚至个别歌手还对传统唱腔、唱词随意篡改，失去了原生态歌曲的质朴特色。对此，一些群众显得非常忧虑和无奈。

此外，互助许多土族村落以前用黄土夯起的庄廓和精雕细刻的土木平房已慢慢被砖混结构和钢筋水泥结构的平房或楼房所代替，一些传统民居及村落正在被破坏，其负载的文化记忆和文化场景也逐渐消失。祖传的民族图案和手工艺品被现代装饰图案和现代日用品所取代，使许多来土乡作民俗考察旅游的学者和游客感到遗憾。绝大多数家庭基本都用上了电视和地面卫星接收器，晚上全家人听老一辈人讲寓言故事、唱酒曲的景象已不复存在。

总之，互助土族传统的风俗习惯、民俗活动以及民族性的物质和非物质事象，随着经济社会发展速度的加快，渐趋简化或者重构、甚至消失，各民族间趋于更多的共性。互助土族民俗文化的变迁多是从物质层面开始，并逐步引起了精神层面的变迁，但其传统民俗核心仍居于主导地位。互助土族民俗文化变迁与消解是历史的必然，但不会与传统彻底分离，而是将通过功能转换、形态变异等形式继续留存于当地人们生活当中。多元民俗文化特质并存互渗、相互适应构成了土族民俗文化变迁的基本走向。

参考文献

编写组:《土族简史》,民族出版社 2009 年版。

编写组:《互助土族自治县概况》,民族出版社 2009 年版。

编写组:《互助土族自治县县志》,青海人民出版社 1993 年版。

李克郁等主编:《土族婚丧文化》,青海人民出版社 2003 年版。

李克郁:《李克郁土族历史与语言文字研究文集》,民族出版社 2008 年版。

李克郁、李美玲:《河湟蒙古尔人》,青海人民出版社 2005 年版。

李志农、丁柏峰主编:《土族:青海互助县大庄村调查》,云南大学出版社 2004 年版。

郝时远、任一飞主编:《中国少数民族现状与发展调查研究丛书·互助县土族卷》,民族出版社 2006 年版。

张生寅等编著:《中国土族》,宁夏人民出版社 2012 年版。

吕建福:《土族史》,中国社会科学出版社 2002 年版。

秦永章:《甘宁青地区多民族格局形成史研究》,民族出版社 2005 年版。

马占山:《土族音乐文化实录》,中国文联出版社 2006 年版。

马光星:《土族文学史》,青海人民出版社 1999 年版。

鄂崇荣:《土族民间信仰解读——地方性信仰与仪式的宗教人类学研究》,甘肃民族出版社 2008 年版。

祁进玉:《群体身份与多元认同——基于三个土族社区的人类学对比研究》,社会科学文献出版社 2008 年版。

裴丽丽:《土族文化传承与变迁——以辛家庄和贺尔郡为例的研究》,民族出版社 2010 年版。

〔比〕许让神父:《甘肃土人的婚姻》,费孝通、王同惠合译,辽宁教育出版社 1998 年版。

李友楼编:《土族民间故事选》,中国民间文艺出版社 1985 年版。

朱世奎主编:《青海风俗简志》,青海人民出版社 1994 年版。

赵宗福、马成俊主编:《青海民俗》,甘肃人民出版社 2004 年版。

曹娅丽主编:《土族文化艺术》,中国戏剧出版社 2004 年版。

张廷国、郝树壮:《社会语言学研究方法的理论与实践》,北京大学出版
　　社 2008 年版。

范俊军编译:《联合国教科文组织关于保护语言与文化多样性文件汇编》,
　　民族出版社 2006 年版。

中共互助县委组织部、中共互助县委党史研究室、互助县档案馆编:《中
　　国互助县委组织部志》,2009 年 12 月内部印刷。

青海省政协学习和文史委员会编:《七彩之路——土族变迁史料选辑》
　　(内部资料),西宁民族印刷厂。

编写组:《互助土族自治县政协志》(内部印刷),2009 年 9 月。

李林财、解统恩编:《互助土族自治县教育志》(内部印刷),2011 年
　　10 月。

李生华:《土族绝非吐谷浑人后裔》,《青海社会科学》2004 年第 4 期。

韩儒林:《青海佑宁寺及其名僧》,载《穹庐集》,上海人民出版社 1982
　　年版。

鄂崇荣:《百年来土族研究的反思与前瞻》,《青海社会科学》2007 年第
　　1 期。

秦永章:《浅谈历史上互助土族地区的宗教寺院统治》,《中国土族》1994
　　年第 1 期。

乔生华:《土族语言文字的应用与保护项目实施完成》,《中国土族》2007
　　年冬季号。

乔生菊:《浅谈土族语言现状》,《中国土族》2010 年夏季号。

群克加、乔生华:《土族语言文字的应用和保护现状》,《中国土族》2008
　　年夏季号。

孙竹、吴安其:《从试行到推行的土族文字》,《民族语文》1990 年第
　　2 期。

席元麟:《土文的价值及推行工作——兼议土族教育》,《青海民族研究》
　　1991 年第 3 期。

席元麟：《从土族语词汇看其文化的多元性》，《青海民族学院学报》1993年第1期。

宝乐日：《土族语言及新创文字使用调查研究综述》，《内蒙古师范大学学报》2008年第1期。

宝乐日：《土族语言及新创文字在学校教育领域使用现状研究——互助县调查个案分析》，《青海民族研究》2008年第2期。

宝乐日：《文化资本理论视野下土族、羌族语言及其新创文字使用与发展研究》，《中央民族大学学报》（哲学社会科学版）2008年第4期。

关键词索引

后　　记

　　课题组在互助土族自治县的调查工作得到了青海省民宗委、青海社会科学院的大力支持，特别是得到互助县委、县政府、县人大、县政协的热情帮助与大力支持。为了使课题组顺利开展调研工作，互助县政府办公室组织本县 30 余个职能部门与课题组成员举行了见面座谈会。互助县领导高度重视本次调研工作，要求各单位给予大力协助，并指派县民族宗教局干部乔志良同志全程陪同协助课题组进行调研。课题组在互助县调查期间，县民宗委、党史办、档案馆、信访局、发改局、统计局等部门，不仅为我们提供了许多文字资料，还多次派人陪同课题组成员深入基层协助调查。另外，在调研及撰稿过程中，《21 世纪初中国少数民族地区经济社会调查》项目总主持、中国社会科学院民族学与人类学研究所所长王延中研究员，以及项目办公室各位成员给予了大力支持和帮助。由于上述各个部门和相关人员的大力支持，使我们的调查和撰稿工作得以顺利推进和完成，在此谨向为我们提供过帮助与支持的单位和个人致以诚挚的谢意！

　　在本书的撰写过程中，除了利用课题组成员大量的实地调查资料外，还参考、吸收了学术界已有的许多相关成果，对此我们尽可能地在本书的注释及附录的参考文献中有所反映，在此谨向这些文献的作者表示由衷的感谢！

　　由于课题组成员在互助地区调研时间有限，加之这是一项综合性、专业性很强、涉及面相当广泛的课题，又由于课题组成员知识面的局限，成书时间仓促，谬误与不足之处在所难免，恳请读者批评指正。

　　课题组成员及本书分工如下：

　　秦永章（中国社会科学院民族学与人类学研究所研究员），该子课题主持人，负责全书框架结构的设计、统稿等工作，撰写前言（与梁景之合写）、第二章（政治建设与政治发展）、后记。

梁景之（中国社会科学院民族学与人类学研究所研究员），撰写前言（与秦永章合写）、第四章（生态建设与环境保护）。

李臣玲（青海大学省情研究中心主任、教授），撰写第一章（经济建设与经济发展）。

侯红蕊（中国社会学科学院民族学与人类学研究所助理研究员），撰写第三章（社会建设与社会发展）。

李丽（中央民族大学民族学与社会学学院教授）、杨学燕（宁夏大学旅游系副教授），撰写第五章（文化建设与文化保护）、第六章（文化产业与旅游业）。

哈斯其木格（中国社会学科学院民族学与人类学研究所助理研究员），撰写第七章（民族教育和民族语言文字）。

马骏驰（中央民族大学研究生院民族学专业硕士研究生），撰写第八章（医疗卫生事业的发展）。

鄂崇荣（青海社会科学院民族宗教研究所副所长、研究员），撰写第九章（宗教信仰与民俗文化）。

《21 世纪初青海省互助土族自治县经济社会发展综合调查》课题组

2014 年 3 月 10 日